索·恩

THORN BIRD

忘掉地平线

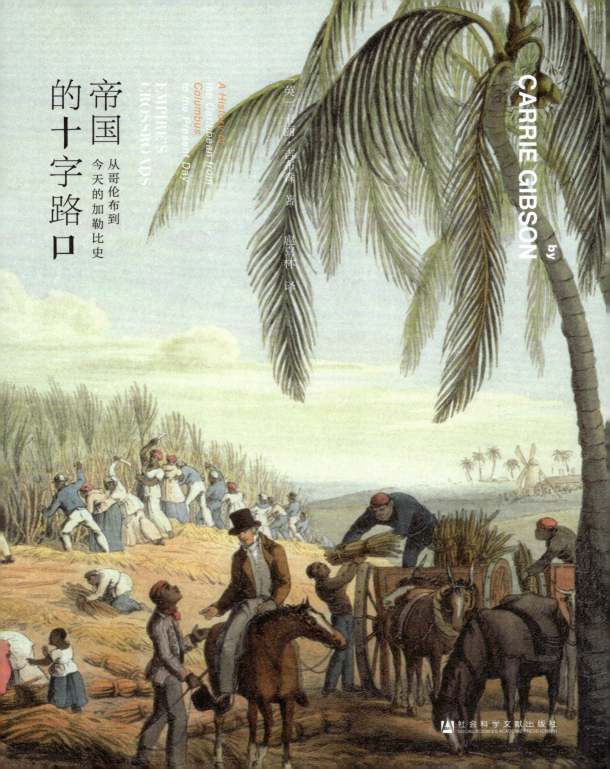

帝国
的十字路口

从哥伦布到
今天的加勒比史

〔英〕卡丽·吉布森 著
屈喜林 译

EMPIRE'S CROSSROADS

A History of
the Caribbean from
Columbus
to the Present Day

CARRIE GIBSON

by

社会科学文献出版社
SOCIAL SCIENCES ACADEMIC PRESS (CHINA)

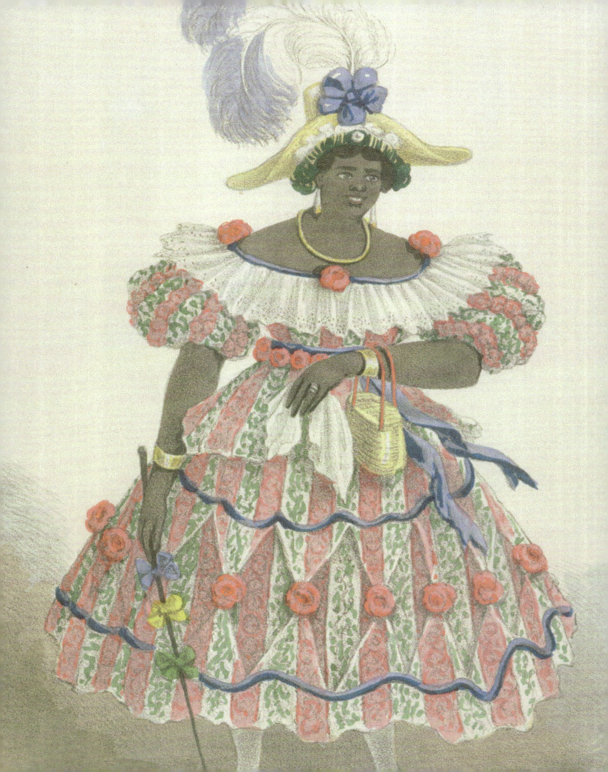

本书获誉

吉布森深知如何依靠深度挖掘的事实和优美的语言引起读者的兴趣。

——《纽约时报书评》(*New York Times Book Review*),"编辑精选"

卡丽·吉布森用理性的笔触、通俗的语言、详实的资料为我们书写了一段很少受人关注的地区史。在很多人的意识里,加勒比地区不过是一处旅游胜地,然而,她带领我们一同了解了这个地区那些令人着迷、错综复杂以及悲剧连连的过往。

——亚当·霍赫希尔德(Adam Hochschild),《结束一切战争》(*To End All Wars*)和《利奥波德国王的鬼魂》(*King Leopold's Ghost*)的作者

立意非凡……凭借罕见的热情、综合运用各种材料的天赋,吉布森将这些岛屿的历史浓缩成一个内容广泛、娓娓动人的故事。

——英国《观察家报》(*The Observe*),"2014 年优秀历史题材作品"

一部内容丰富的描述加勒比地区从殖民时代至今的通史……卡丽·

吉布森的《帝国的十字路口》思维缜密、内容详实、文笔犀利。它是一本通俗易懂的深度调查作品……无论对于专业人士还是在读学生，都是一部很有价值的必读书……倾注了作者的强烈情感，含有大量的逸闻趣事。

——《基督教科学箴言报》（*The Christian Science Monitor*）

吉布森的社会历史用大量笔墨专注描述了奴隶制的破坏性影响、种族主义的深重分裂作用和加勒比地区富庶的甘蔗种植园（这些种植园主导当地经济长达 300 年）的残忍与不公……她用流畅、富于变化的言辞，以及生动的逸闻趣事讲述了这个［故事］。

——《外交》杂志（*Foreign Affairs*）

对加勒比地区有浓厚兴趣的人都应该读一读这本书；对这一领域没有兴趣的读者也应该读一读它，因为读完这本书，你就会有浓厚的兴趣了。

——彼得·查普曼（Peter Chapman），《香蕉：联合果品公司怎样塑造世界》（*Bananas: How the United Fruit Company Shaped the World*）一书的作者

极其丰富且全面地概括了 5 个世纪以来的加勒比历史……为一个经常受历史学家冷落的领域带来了新鲜的能量、信心和观察。吉布森的这本研究作品必将让那些专业人士、历史爱好者，以及对加勒比地区多彩、动荡、多面的社会感兴趣的人爱不释手。

——《图书馆杂志》（*Library Journal*）

吉布森分析整合了近来有关奴隶制、资本主义、殖民帝国的专业历史研究成果，将它们综合成加勒比地区近 5 个世纪历史的通俗易懂的概述。曾经就读于剑桥大学的作者依托深入的反思、高超的语言技巧、专业记者对当前事态的敏感，打造出一部兼具可读性和思想性，融合地区历史和全球视野，既有历史性又同当下生活最迫切问题密切相关的作品……对于非专业读者来说，这是一本有关加勒比历史的极好的入门书。

——《选择》杂志（*Choice*）

吉布森出色地将 500 年来错综复杂的历史梳理成条理清晰、主题突出的记述……［一部］极为成功的处女作。

——英国《观察家报》（*The Observe*）

史诗般的加勒比史……文字生动，发人深省。

——英国《旁观者》周刊（*Spectator*）

谁知道组织翻译《圣经》的詹姆斯国王居然是历史上第一批呼吁禁止吸烟的人？谁能想到，那些旅游宣传人员会将海地——西半球最穷的国家——的一个小岛用铁丝网圈起来，说那是"天堂"？在《帝国的十字路口》中，卡丽·吉布森告诉我们，那些看似一件件孤立的轶事逸闻是怎样经过精心梳理和拼接，成了能够揭示历史真相的马赛克图案。

——T. D. 奥尔曼（T. D. Allman），《寻找佛罗里达》（*Finding Florida*）一书的作者

卡丽·吉布森追问的不仅仅是欧洲怎样塑造了加勒比地区，还追问

了那些岛屿怎样塑造了欧洲和世界。她使用的方法新颖且重要。《帝国的十字路口》娴熟地展现了加勒比地区的复杂程度，以及它适应并排斥塑造这一地区的外部力量的巨大能力。

——米歇尔·沃克（Michele Wucker），《缠斗：多米尼加、海地以及对伊斯帕尼奥拉岛的争夺》（*Why the Cocks Fight: Dominicans, Haitians, and the Struggle for Hispaniola*）一书的作者

关于这个复杂地区及其悠久历史的全景式展现。

——《出版者周刊》（*Publishers Weekly*）

一部立意恢弘的作品，将绵延 3000 英里的 20 多个海岛的历史片段连在一起……她在圣马丁岛、特立尼达岛、圭亚那和其他地方的考察为本书提供了很大帮助。

——《柯克斯书评》（*Kirkus Reviews*）

鉴于历史差异巨大，很难在笔墨上对加勒比海诸岛进行统一处理，然而吉布森发现了包括伊斯帕尼奥拉岛在内的一些大岛和包括蒙特塞拉特岛在内的一些小岛所具有的共同主题……在全方位地知晓好似天堂的赤道地区的艰难生活后，吉布森为普通读者讲述了一段细腻且多面的历史。

——《书单》（*Booklist*）

［一场］对该地区历史深入而动人的全新叙述……《帝国的十字路口》是一部有关某段极具吸引力的——对于很多人来说是知之甚少

的——历史的上乘佳作……非常了不起的处女作。

——英国《文学评论》（*Literary Review*）

卡丽·吉布森写了一部引人入胜的加勒比史，并明智地将它置于欧洲殖民活动的中心。这是一份出自具有天赋旳学者和故事作者之手的动人叙述。

——英国在野内阁教育大臣特里斯特拉姆·亨特（Tristram Hunt, British Shadow Secretary of State for Education）

有关加勒比地区的书籍有多少也不算多。其社会生活的多样性和文化上的丰富多彩无与伦比。卡丽·吉布森的这本新书给这个领域增加了一本受欢迎的上乘之作。

——英国《BBC 历史》杂志（*BBC History*）

献给克里斯

Contents /

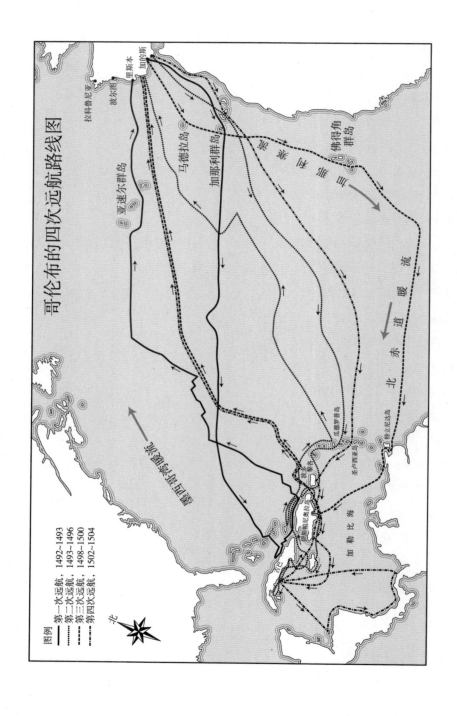

哥伦布的四次远航路线图

图例
第一次远航，1492~1493
第二次远航，1493~1496
第三次远航，1498~1500
第四次远航，1502~1504

北

拉科鲁尼亚
波尔图
里斯本
加的斯
亚速尔群岛
马德拉岛
加那利群岛
佛得角群岛
莫塞多尼亚
北 赤 道 暖 流
墨西哥湾暖流
瓜德罗普岛
多米尼加岛
圣卢西亚岛
特立尼达岛
牙买加
海地
加 勒 比 海
伊斯帕尼奥拉岛
古巴

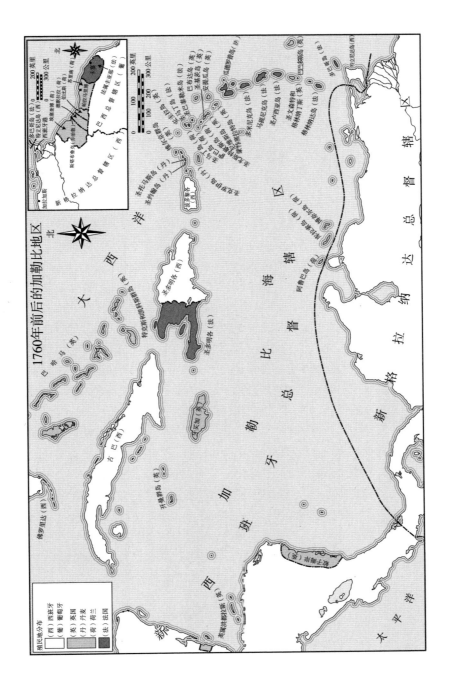

1760年前后的加勒比地区

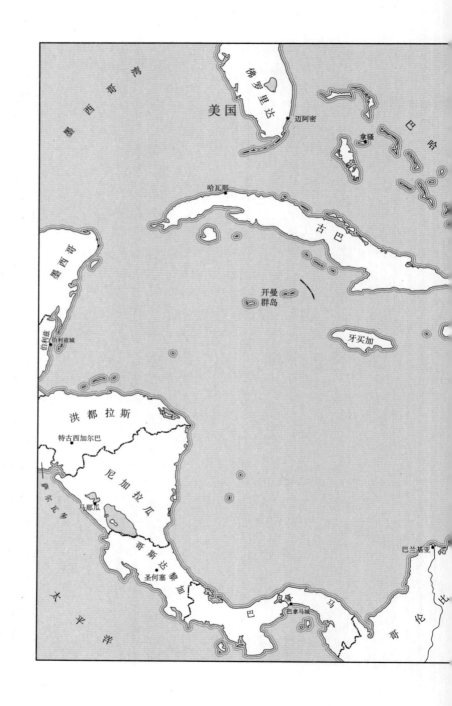

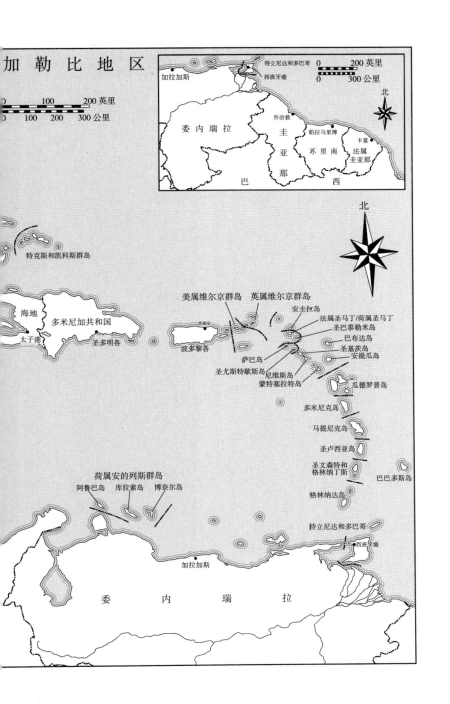

加 勒 比 地 区

100　　　　　200 英里
100　　200　　300 公里

特立尼达和多巴哥　　0　　　　　200 英里
加拉加斯　　西班牙港　　0　　　　300 公里

北

委 内 瑞 拉

乔治敦　　　帕拉马里博　　卡宴

圭　　　苏里南　　法属
亚　　　　　　　圭亚那
那

巴　　　　　　西

北

特克斯和凯科斯群岛

海地　　多米尼加共和国

太子港　　　圣多明各

美属维尔京群岛　　英属维尔京群岛

安圭拉岛

法属圣马丁/荷属圣马丁

圣巴泰勒米岛

圣朝安　　　　　　　　　　巴布达岛

波多黎各　　　　　　　圣基茨岛

萨巴岛　　　　　　安提瓜岛

圣尤斯特歇斯岛　尼维斯岛

蒙特塞拉特岛　　　瓜德罗普岛

多米尼克岛

马提尼克岛

圣卢西亚岛

圣文森特和
格林纳丁斯　　　巴巴多斯岛

荷属安的列斯群岛

阿鲁巴岛　　库拉索岛　　博奈尔岛

格林纳达岛

特立尼达和多巴哥

西班牙港

加拉加斯

委　内　瑞　拉

引　言　

　　在多山的马提尼克岛（island of Martinique）上，在首府法兰西堡（Fort-de-France）边缘的萨瓦公园（La Savane park）的边上，矗立着一座无头女性雕像。在浓密的树阴里，在一个坚固的底座上，那位女性身穿 18 世纪后期时兴的高腰长服，右手将一枝玫瑰拿在胸前，左手放在一块雕刻着拿破仑·波拿巴侧面像的石头上。这位女性是拿破仑·波拿巴的第一任妻子玛丽－约瑟芙－罗丝·塔契·德·拉·帕热利（Marie-Josèphe-Rose Tasher de la Pagerie），也许是最有名（或者说是最具恶名）的马提尼克岛女性。她出生于法兰西堡海湾对面特鲁瓦伊莱镇（Trois-Îlets）的一个甘蔗种植园主家庭。

　　没有人清楚地知道，雕像的头是什么时候被弄掉的，但可以肯定的是，头像早就没有了，但人们一直懒得去给被称为"马提尼克的玫瑰（Rose of Martinique）"的她补装一个头。现在，雕像上又被人"装饰"了红色油漆点子。马提尼克人之所以对她这么反感，不仅仅是由于她是种植园主的女儿，或者她是拿破仑的妻子，而是二者的结合：岛上很多居民认为，是她当初为了保住娘家财富而说服拿破仑在 1794 年废除奴隶制的 8 年之后，在法国殖民地恢复了奴隶制度。虽然没有证据表明她和拿破仑说过有关恢复奴隶制的事情，但人们就是这么认为。

　　有关这个故事的某些东西反映了加勒比史的几乎所有元素：这个弹

丸小岛与欧洲当权者之间的关系、奴隶制的影响、谣言和传说的持久流传以及人们记述这段历史的奇特方式。这座雕像目前仍然矗立在这个岛屿的首府——朝着大海，没有头部，身上被人甩上了油漆。

*

　　本书书名中"帝国（Empire）"一词似乎不甚应景。当前，学术圈的趋势是将研究角度集中于广泛的"全球性"，它不像"帝国"这个词很容易让人联想到头戴植物茎髓材料制成的遮阳帽，到处进行帝国扩张的欧洲人，却可以将更多的国家和人口囊括在研究范围之内。但是，现实情况是，现代的加勒比地区，从1492年之后，呈现了欧洲人与其他民族冲突的结果。这并不是说欧洲人让加勒比地区成了现在的这个样子，而是说他们开启了让加勒比海变成今天模样的进程——建设性的，或者是毁灭性的。欧洲人彻底破坏了这些岛屿大部分的本土历史。一点不假，人们越来越认为，哥伦布并不是"发现"美洲，而是以为自己身在远东，带领手下征服了当地人。发现和殖民西印度群岛（以至于美洲）的早期阶段，是一个激变的时代，而当时的动荡又由于枪炮和细菌的"毒性"结合，而变得更加独特和致命。可以肯定的是，当年印第安人大批死亡，疾病是其中一个因素，但同时，在天花肆虐的时候，欧洲人并没有袖手旁观。他们利用了这一形势。当然，新旧大陆的碰撞带来了死亡和毁灭，同时也催生了新的进程，其中包括大西洋对岸的奴隶制。不夸张地说，在旧的土地上建立新世界，会给这些岛屿赋予它们在历史中的独特地位。再加上：有关这些岛上原住民的生活，人们的了解和文字记录少之又少，因而形成鲜明的对比，关于附近阿兹特克人和印加人建立的国家，保存下来的历史资料要丰富得多，在此基础上的讨论也非常广泛——虽然欠缺之处也不少。

　　不过，让西印度群岛变得像今天这样异彩纷呈的因素还是人：幸存下来的印第安人、大量的非洲人、些许欧洲人，以及后来在加勒比地区出生和长大的人，即克里奥尔人。这种异彩纷呈不但体现在这些群岛的音乐、食物、艺术、舞蹈等文化形式的多样性上，还矛盾地体现在这种多样性共同经历的历史上。即使是认识到这一点，也是很晚近的事情了。在关于这些岛屿或岛上居民的描述和记叙中，欧洲人很少表现善意。英国小说家安东尼·特罗洛普（Anthony Trollope）在 1859 年一篇记叙其游览这些岛屿的文章中，写到了他在牙买加遇到的出生于岛上的非洲后裔："他们没有自己的国家。迄今为止，他们没有一个称得上定居国的地方，因为不管是在古巴为奴，还是在英属岛屿上做自由劳工，都属于异国土地上的奴仆。他们没有自己的语言，没有国家概念，没有种族自豪感。"[1]圣卢西亚诗人德里克·沃尔科特（Derek Walcott）在 1992 年发表诺贝尔奖获奖感言说到有关西班牙港（Port of Spain）时，这个城市可能愿意接纳特罗洛普排斥的人，提到了"特罗洛普说的'下等人（non-people）'"。沃尔科特写道，这个城市"市中心是杂乱的店铺招牌、街道名称，各种语言混杂使用。这是一种没有历史的混乱场面，就像是天堂。因为新大陆的城市就是这个样子，所以它是写作者的天堂"。[2]但是，在 18~19 世纪有关加勒比地区的书面记叙中，根深蒂固的白种欧洲人和后来北美人，以及所有种族主义者的观点主导了这些文字的立场。而且，这些白人殖民地官员撰写和整理的其他文件往往是历史学家们参考的所有资料。直到 20 世纪下半叶，这些观点中的相当一部分才被人们驳倒和摒弃，虽然仍有一些刻板印象就像是刻在石头上的文字一样难以消除。

帝国的影响至关重要，因为欧洲人在加勒比地区长达 500 多年的统治不可能完全被冲刷得无影无踪，虽然很多人希望如此。很多岛屿独立了，帝国统治时代成为正在消失的记忆。然而，其影响不容忽视。同时，加勒比地区的历史不仅仅是有关欧洲列强与非洲奴隶的传说，从美国延伸到中国的，更为广阔的全球性视角正在形成。帝国也不是一个静态的词语——它的意义已经从施加直接的政治控制发展到了间接的经济控制层面。

　　不过，本书中的"帝国"并非要用轻松的口吻向读者叙述有关西班牙人、英国人、法国人或荷兰人如何给这些岛屿带来秩序或文明。需要指出的是，欧洲人带来了毁灭、混乱和无序。虽然他们铺设了公路，建立了一套官僚制度，通过压制不同意见和起义，维持了表面的控制，但反抗和起义风起云涌，而这一情况在帝国初期已经显露端倪。

　　厘清这么多条相互矛盾的线索远不是一件容易的事情。每个气定神闲的种植园主都有一个心怀叛逆的奴隶；每个气急败坏的总督也都有一个决心推翻相关体制的部下。不过，也存在相当程度的合作和同化。生活往往不像表面经常呈现的那种非黑即白。如果作一个整体概况的话，那么主题就不是进步、发展，而是持续。这就是欧洲人到来之后发生的一切，不管是好事还是坏事。如果能够将加勒比地区所有岛屿都合并在一起，给他赋予人格的话，那么这个人被掠自非洲海岸，干的是海盗的活儿，被强迫为奴，在甘蔗地里辛苦劳作，抗争，在空地上盖房安家，被吸收成为劳工工会成员，打理一个旅游度假场所。当然这有点夸张，不过，西印度群岛的特点与继承自欧洲人的很多暴力行为、限制和挑战密切相关，当然，日后的美国也是如此。这还不包括在这个受频繁的飓风、周期性地震和火山喷发袭扰的地区，如何不断地跟大自然作斗争。如果这段历史有一个核心的话，那么这个核心就是强大的适应能力。这正是不同世界之间的冲突——强烈程度不逊色于任何自然力量的冲突——所需要的。适应——对异国他乡、疾病、奴隶制、种族主义、地震、贫困、大批涌来的游客的适应——是人们面对一系列让人倍感艰辛的事件时作出的反应。然而，文化理论家斯图亚特·霍尔（Stuart Hall）指出，在西方人眼中，加勒比海各个地区"在很大程度上'没什么两样'"。我们都属于边缘的、欠开发的、远离中心的外围地区，属于"他者地方"。我们处于都市社会（metropolitan world）的外围，或者说"边缘"——对于那些在北方实现了美好生活梦想的人（El Norte）来说，我们总是"南方人"。[3]

＊

历史不仅是枯燥事实和日期的组合。它可以被操纵、被定性、被夸张、被影响。关于历史事件的笼统叙述背后的社会心理往往很复杂。这些叙述往往出于一种集体需求，感觉过去的不当行为没有那么糟糕，或者觉得比我们想象得更为糟糕，或者觉得形势严峻，我们是为了让形势好转。历史学家可以帮助国家来定义这个国家的历史形象，或者人们希望他们的历史是什么样的。然而，我们无法轻松地将过去装入箱子，这本书里讲述的故事往往是这些极端中的一对：残暴与解放、压迫与自由。历史被用作政治手段的做法由来已久。想想最近的例子：美国右翼共和党成员曲解利用"波士顿倾茶事件"；再如，英国政府和专业历史学家关于狭隘的以英格兰为中心的历史课程设置的长期争论。延伸到加勒比地区，哥伦布和其他欧洲人给加勒比地区带去了文明，而不是破坏了这一地区的文明，这种错误看法已根深蒂固，虽然它正开始遭到人们的摒弃。

思考整体的西印度群岛，深入了解这些岛屿，意味着要将长期以来碎片化的历史穿起来。历史倾向于从语言和帝国两个方面进行归类，其中一个重要原因是，很多档案材料和原始资料都是英文、西班牙文、法文或荷兰文，所以语言往往会影响研究工作。另外，还有民族主义问题。牙买加或古巴这样的岛屿在了解自己历史的过程中，为了专注于本国历史，必然会忽视更为广泛的历史大背景。

本书书名的第二部分——"十字路口（Crossroads）"——将西印度群岛的这段历史看作是众多连接点和交叉点中的一个，比如，嫁给自封的法兰西皇帝的那位种植园主女儿的故事就是这样的一个连接点或交叉点。今天，对于很多人来说，提到这个群岛，脑海里浮现的只是单调的蓝色水域和绿色的棕榈林，但实际上，每个岛屿都有它丰富、厚重的历史，涉及的事件延伸到全球，远远超出了加勒比地区的范围。这里还有一个精神的维度。宗教学者恩尼斯·埃德蒙兹（Ennis Edmonds）、米歇尔·冈萨雷斯（Michelle Gonzalez）指出："在源自非洲的各种加勒比宗教里，精神实体（spiritual entity）'雷格巴老爹（Papa Legba）'，又称埃勒瓜（Elegguá），统治着这些十字路口——人间与冥界象征性的连接处、当前现实与非洲历史之间的通道、现在与未来的分隔点，以及宗教仪式发生重大变化和宗教力量日渐强大的、自主决策和充满机遇的地方。"[4]

进出这些岛屿的水上航道将这个世界连接在一起。通过这些航线，中国丝绸经巴拿马运到西班牙，然后再从西班牙运抵其他地方。人口也在流动。有时候，大海成为人们追求解放，逃离规则约束的通道，或者是饱受奴役和蹂躏的原因。大海还是食物的提供者。岛上的人们热切地盼望商船带来欧洲的货物，而欧洲的人们希望数量空前的廉价商品，让他们享受已经成为日常生活中不可或缺的糖和烟草。这种今天看来司空见惯的全球贸易链条——为了带来 iPad 和廉价鞋子的贸易链条——即形成于这一时期。

不过，一些方面不容忽视。称某个地方是人类历史上第一个"现代"地区或最早的"全球化"国家有点像在象牙塔内搞军备竞赛。很多领域的历史学家，比如研究中世纪欧洲、17 世纪印度、15 世纪中国的历史学家，分别认为现代世界的根肯定是在威斯特伐利亚、孟加拉和上海。虽然这是一场无法明确认定胜者的竞争，但是，西印度群岛与世界其他地区的密切往来让它成为有资格问鼎早期全球贸易中心的竞争者。在相对较短的时间之内，西印度群岛上欧洲殖民行为的兴起将圣多明各与马尼拉，将特立尼达与印度密切地连接在一起。当然，当时还有其他贸易环路（trade circuits），但是，没有一条贸易路线向东西两个方向延伸到这种程度——20世纪开通巴拿马运河，从此给穿越巴拿马地峡的那条艰辛费力的陆上通道画上了句号，尔后，这条贸易路线就变得更为缩短。

加勒比地区既是工厂也是市场。种植糖料作物和其他作物先是赚钱，之后就赔钱。小一些的岛屿靠倒卖世界各地的货物谋利，有时候会公然违反商业规则和税收法律。这是现代世界经济发展的一个重要中心。不过，和当今的那些血汗工厂一样，这种经济发展的成本是由那些被剥削的劳工来承担的。随着非洲劳工被运上海岸，对利润的追求让这些岛屿的人口结构发生重大变化，人口发生大迁移。后来，随着奴隶制时代接近尾声，印度人和中国人循着这些帝国扩张路线来到特立尼达、圭亚那*、牙买加的大门口，甚至有人前往古巴。他们的经历并非都有一个幸福的结局，但是其结果让这些岛屿成为一个世界独一无二的地方。

加勒比地区的另一个重要方面是它让人们产生的情绪。当时，这里立刻成了一个人们追求梦想、幻想、财富、性放纵的地方。同时，这里也让人们心生畏惧，因为它是一块巨大的"墓地"，既是有形的墓地，也是精神上的墓地。数百万人——欧洲人、非洲人、亚洲人——死于热带疾病，直到科学的进步和公共卫生机构控制了蚊子和其他疾病传播媒介的杀伤力为止。另外，还有人担心这些岛屿上的生活方式会毁掉欧洲人道德方面的"健康"，将他们变成贪淫好色、道德败坏、纵情享受其非法所得的堕落分子。哥伦布开始了他寻找黄金的使命。一些人来到这里，靠种植糖料作物寻求致富之道。当今，游客们走下飞机之后就迅速赶往让他们将所有烦恼都抛诸脑后的假日别墅。这些岛屿让人们不断产

---

* "Guyana"是英属圭亚那（British Guiana）独立之后的拼写方式。它先前是英国的殖民地。此外，笔者使用这个特定名称，为的是与那个时代的这个国家的地位相一致。（本书的页下注分两种："*""†"为原书脚注，由作者添加；"①"等圈码为译者、编者添加。后不再说明。）

生幻想和完全与现实不沾边的念头。乍一看，这里确实看似天堂：蔚蓝的天空、清澈得不能再清澈的青绿色海水，还有沙滩、棕榈树和温柔轻拂的海风。然而，就在大自然的壮美中，岛上的大多数居民要为每天的生存挣扎。梦想也是两方面的——岛上的很多居民无法在加勒比找到他们想要找到的东西，于是就离开这里前往美国或欧洲，继续寻找他们想要寻找的东西，不管他们要找的是什么。

也许现在，这话已经不再时髦，不过加勒比当今的很多东西，确实能够从过去中找到。虽然历史经常重演这句古话已经老生常谈，但是这里确实存在一些不容忽视的顽疾。一些问题一再成为当今社会的热门话题：奴隶制（不管是发薪水的还是不发薪水的）、环境危机、疯狂的破坏性超强的股市泡沫、不公平贸易、政治压迫。为什么人类会反复做出违规行为这个问题，也许最好留给哲学家去解决，但是一些类似事件和先兆性事件却有目共睹。在人们群起抵制血汗工厂之前，人们也群起抵制过加勒比地区生产的糖。在萨达姆·侯赛因被推翻之前，即已发生了危地马拉政府被推翻一事。当今问题的答案不一定都能从过去找到，但是相关线索肯定能找到。加勒比的历史是属于所有人的历史。

*

我与加勒比的关系发轫于两件事情。第一，一件事一直让我深为不安，这就是糖。这种无甚价值的商品居然极大地改变和歪曲了加勒比的历史。当然，这里所说的无甚价值，不是指当时或现在的糖不值钱，而是说，它不是人类生活的必需品。一种压制与奴役体系强化了对这种可有可无的东西的渴望。人类最初寻找金银的行为很容易理解——这些金属有价值，这也是西班牙人当时四处寻找它们的原因。然而，糖作为一种草本植物中没什么用处的副产品，不但极大地影响了西印度群岛的历史，还推动了消费社会（consumer society）的崛起。其间必须要有一种强烈的需求，或者说是贪婪。另外，还需要大量的劳动力、适宜的气候、大片的空地、让人们将农业视为致富途径的具有哲学意味的时刻，以及给它赋予高价值的交易网络。产品的产量和消费量之间还需要存在一定差距。这一条件也很快就具备了。欧洲人对糖的用量迅速增加，对糖的来源则置若罔闻。从更为现代的商品上，比如血汗工厂生产的衣服和毒品贸易中，我们可以看到明显的相似之处。建立在他人痛苦之上的暴富梦，是一种顽固的梦想。

第二个切入点与我个人密切相关。虽然我的先辈不是加勒比人，而且据我所知，我的所有家庭成员没有一个人与那些岛屿有利益往来，但是 1980 年代，我在美国的深南部（Deep South）①度过了童年时代。我们家是在种族隔离政策结束将近 20 年之后搬到那里的。深南部的那段日子给我留下的心理创伤仍然历历在目、痛彻心扉。当时，加勒比，至少我略微知道和理解的加勒比，似乎要给我提供一个不同的经历，给美洲历史上的一段丑陋时期画上一个较为积极的句号。毕竟这是一段大家共同经历的历史（shared history）。很多元素是类似的——冲突（encounter）、剥削、奴隶制、解放、流亡（displacement）、迁移——但是，这些元素好像混杂在一起，就像是一箱子零散的拼图块。很显然，这出自一个儿童的视角。我后来发现的情况不算是更好，也不算是更坏，但与先前的情况有所不同，这也是当然的事情。虽然中间有让人痛苦的插曲（nasty episodes），也有令人振奋的时刻，但是它给我注入了一种对这一地区的持续好奇，而这种好奇发展成为过去几十年孜孜不倦的写作和研究。美国和西印度群岛，尤其是美国南部各州和西印度群

---

① 深南部是美国南方腹地的文化与地理区域名，与之相对的是上南方（Upper South/Upland South），又被称为棉花州。深南部的定义并不统一，一般情况下，将亚拉巴马州、佐治亚州、路易斯安那州、密西西比州和南卡罗来纳州视为深南部的范围，有时得克萨斯州和佛罗里达州也被视为深南部的一部分。

岛，共同经历了一段很长的历史，但人们很少考虑和注意到这一点。在很多方面，美国独立战争放射出来的历史光芒让其他角度的叙事方式相形见绌：美洲的故事。北美 13 个殖民地和后来的美国远远不仅是一块背景幕布或贸易伙伴，而是一个稳步崛起的，整个西半球无论如何都要学着与之打交道的庞然大物。深陷于"美国例外论"，会让人们无法从宏观或更为细微的角度看待这种关系。

同样，拿一个同质化程度很高的地方——美国南部——同语言和民族各不相同的 20 多个岛屿和众多沿岸国家组成的大杂烩相比，就像是拿一个橘子与一大桶水果相比。虽然如此，撰述有关"加勒比"的文字还是有点过时。这些岛屿内部千差万别，怎么写？有的岛屿是独立国家，有的岛屿是殖民地，有的岛屿讲英语，有的岛屿讲帕皮阿门托语（Papiamento）。有的岛屿经济繁荣，有的入不敷出。有的岛屿是稳定的民主社会，有的国家是政权更迭频繁，社会动荡。将它们放在一起阐述，是不是太困难了？它们的一些共同的历史因素要追溯到这些岛屿最初的形成过程。虽然这些岛屿分布在长约 3000 英里的水域，但是在水下，它们之间存在着古老的联系。大约 5000 万年前，如今的古巴、牙买加、伊斯帕尼奥拉岛、波多黎各、巴哈马群岛、特克斯和凯科斯群岛（Turks and Caicos）、英属维尔京群岛等散布的岛屿都产生于地表板块的运动，较大的岛屿形成了雄伟的山脉，在海底刻出了深深的海沟，比如波多黎各海沟。加勒比的骨架，以及小安的列斯群岛中较小的岛屿，形成于相对较小的加勒比板块与周围板块的碰撞，这些碰撞催生了一系列的火山。巴巴多斯作家乔治·拉明（George Lamming）用诗一般的语言，将这一系列火山描述为"点与距离的弧线"。[5] 对于所有共同经历的过去，不管是可触摸的，还是抽象的，20 世纪的碎片化都持续了下来。在研究过程中，我意识到，如果用传统方法研究加勒比历史，尤其是将这段历史与广阔的美洲历史放在一起研究，将是一件非常困难的事情，将我的研究放在更广阔的美洲背景下进行将更为困难。美国历史字里行间显示着自信，其发展主线中既有好人也有坏人。加勒比的历史色彩斑斓，分散但不集中，就像树阴和阳光下的漫步，而不是为了争取胜利的烈日下行军。这些岛屿之间的距离好像扩大了。每个岛屿都开始热切地但并非不理性地了解自己的历史。

*

　　遗憾的是，包括本书在内的研究作品，从其本质来说，不可避免地是广泛、深度撒网的结果。拖网式的搜索可以让我们获知丰富的资料——其中很多资料来自大量优秀的研究成果。在这些研究中，很多专业的历史学家挖掘了各种档案，提出了有关西印度群岛过去的运转方式和它如何作用于今天的新观点。这是撰写所有通史的基础。我非常感谢这些历史学家。另外作为写作者来说，也存在局限性：最初，我感兴趣的研究方向是西属加勒比地区。然而，多年在英国的生活经历让我对讲英语的岛屿（Anglophone islands）产生了兴趣。我这样做并非不重视那些法属、荷属（和丹属）岛屿，主要是因为我的法语不如西班牙语灵光。荷兰语、丹麦语资料需要别人帮忙翻译。但是，不管是哪种语言，包括英语，任何错误和疏忽都由我自己承担。研究加勒比历史适合采用马赛克式拼合法（mosaic approach）——这方面有太多的碎片需要使用和整理。

　　到档案馆查询历史资料则更是困难——寻找近来或关键的学术书籍、杂志反倒容易得多。从档案馆寻找不为人知的"珍宝"有时候不啻大海捞针。恶劣的自然条件往往让这一困难雪上加霜。例如，一场飓风可以卷走档案馆的所有馆藏。尼加拉瓜的布卢菲尔兹（Bluefields）档案馆就发生了这样的事情。许多档案馆或博物馆不受重视，虽然这种情况可以靠政治意志来改变。多米尼加共和国的情况就是一个鲜明的例子。最近几年来，一些机构在保护幸存的历史资料方面付出了巨大的努力，比如，佛罗里达国际大学（Florida International University）制作了加勒比地区数字图书馆。总部位于塞维利亚的全国性机构西印度群岛综合档案馆（Archivo General de Indias）做了大量的数字化工作。每次在家里登录该数字图书馆网站，都会发现它的资料数量又有大幅增加。这一点有点类似"殖民遗产"，很多有关加勒比历史的重要文件仍旧存放在位于该地区北面的美国或大西洋对面的欧洲。考虑到这种情况，再联想到加勒比本地众多档案馆令人悲哀的状况，我禁不住问自己：为什么一定要去加勒比？当面对炎热、焦虑和沮丧时刻时，我就问自己这个问题。不过，亲身经历这些地区是完成本书的一个至关重要的部分。可惜的是，我不能在每个档案馆都花上好几个月，也无法亲自探访属于这一地区的每个角落。但是，值得一提的是，我确实探访考察了一些地方（按照时间顺序排列）：伯利兹、危地马拉、洪都拉斯、尼加拉瓜、巴拿马、多米尼加共和国、海地、古巴、牙买加、圣马丁（St Martin）、圣尤斯特歇斯（St Eustatius）、荷属圣马丁（St Maarten）、圣巴斯（St Barts）①、圣基茨和尼维斯（St Kitts & Nevis）、安提瓜、多米尼克、马提尼克、巴巴多斯、格林纳达、特立尼达、圭亚那、苏里南、库拉索（Curaçao）、博奈尔（Bonaire）以及阿鲁巴（Aruba）。

相较于岛屿四周的海岸，我的研究更重视整个岛屿，但是这些岛屿面积广大，而且它们的发展脉络有时候重叠，有时候分开。这意味着，我们无法在精力上平等对待所有岛屿和周围的所有国家。相较于古巴和海地，百慕大、巴哈马、委内瑞拉、哥伦比亚、中美洲和一些较小的岛屿受到的关注要少一些。墨西哥也是如此。虽然韦拉克鲁斯（Veracruz）是加勒比地区的一个重要贸易中心，但是本书并没有重点介绍它在这段历史中扮演的角色，因为关于哥伦布时代之前与之后的墨西哥，在此之前的大量研究作品已经就这个主题作了详细、深入的阐

---

① 圣巴泰勒米岛的别称。

述。这同样适用于巴西——这是一个历史悠久而复杂的国家。关于它的历史，前人作了很多介绍，哥伦比亚、委内瑞拉的情况也是如此。

如果将圭亚那、苏里南、法属圭亚那也包括在内的话，看似有些自相矛盾，不过，我要说的是，这三个地方，其中两个现在是独立国家，与那些群岛都有着相似的经历，而且圭亚那（英属）和苏里南（荷属）也处于蔗糖—奴隶的贸易环路中。因为蔗糖经济没能在法属圭亚那生根，所以这座"岛屿"走了一条略微有些差异的道路。现代圭亚那是英属西印度群岛不可分割的一部分。它的板球运动员和作家是加勒比传统的一部分，而不是南美传统的一部分。在某种程度上，这三个地区很像是岛屿。将它们与外界隔离起来的不仅仅是河流、丛林，还有语言，因为在这个大洲上，西班牙语和葡萄牙语是主导语言。缘于这一点，我对这三个地区所用的笔墨要多于南美洲的其他地区。

同样，在 18 世纪里，狭小逼仄的圣尤斯特歇斯岛处在大西洋贸易网的关键路口上，虽然它在 20 世纪的故事略显黯淡。在这期间，随着西班牙征服者在别处寻找传说中的黄金国（El Dorado），古巴的发展悄悄开始。到了 19 世纪中期，它在人口和财富方面远胜于加勒比地区的其他岛屿。既然在时间和空间上无法平等对待每个岛屿，那么，我竭力将一大堆形形色色的"拼图块"拼在一起。伟大的法国历史学家费尔南·布罗代尔（Fernand Braudel）在他那篇有关地中海的影响深远的作品的导言中很好地概括了我面临的这个处境。

但是，基本的问题仍旧没变。这是每项历史研究工作都要面对的问题。能否在解释因为持久、戏剧性的变化而引起我们注意的明显的历史事件的同时，揭示其他的被湮没的，沉默无言的，往往是不引人注意的，即使是观察者或参与者也难以觉察的，绝少受到漫长时间侵蚀的历史？[6]

本书没有将关于加勒比诸岛屿的所有事实都记录在内，也没有提供每场会战、每艘运糖船、每个种植园主的详细索引和附录。写作本书的目的有两个。第一，向读者展现这一复杂地区的整体面貌，在逐渐发展成为全球食物、民族、观念链条上一环的同时，这个"新世界"是怎样被很多群体用暴力共同塑造出来的：欧洲人、非洲人、美洲印第安人、亚洲人、北美人。第二，研究加勒比历史，可以让我们深思一些现代性问题，尤其是所谓"全球化"和消费主义。同时，研究加勒比历史也可以帮助我们思考过去和当今社会的各种矛盾与复杂问题。

    现代加勒比的故事并非开始于克里斯托弗·哥伦布那次闻名世界的远航，而是开始于东非北部一个可以望到伊比利亚半岛的港口小镇。1415 年 7 月 25 日，恰逢圣雅各日，葡萄牙的亨利王子（Prince Henry）*——后来被称为"航海家（Navigator）"——率领一支由大约 200 艘船组成的船队离开里斯本，沿塔古斯河（Tagus）顺流而下，驶向大西洋。在船上的大约 45000 名士兵中，只有极少数人知道最终的目的地。有关这次远征，船上的人们议论纷纷，但知道内情的人寥寥无几。

    调遣这么多艘船和人手，不是一朝一夕能够完成的，自然引起了很多人的注意。葡萄牙的舰队不足以实施这一宏伟计划，不管具体的计划是什么，因而不得不向卡斯蒂利亚（Castile）、佛兰德（Flanders）、布列塔尼（Brittany）、英格兰租借了一些船。[1] 卡斯蒂利亚王国驻里斯本的一个密探毫不费力地注意到了正在集结的庞大船队，并向斐迪南一世国王（King Ferdinand I）① 报告了这一情况。这位密探估计，这支船队一共有 5400 名重装骑兵、4900 名弓箭手和 9000 名步兵。[2] 这一情况对卡斯蒂利亚来说不是什么好事，因为这位密探和摄政王都猜测葡萄牙人要去攻打临近的格拉纳达（Granada）。格拉纳达是伊斯兰教徒在信仰天主教的伊比利亚半岛的最后一个据点。一度几乎占领了整个半岛的强大的伊斯兰帝国，势力已日渐缩小。哈里发统治的地区因为内部危机而四分五裂，天主教国家一点一点地夺回了当初被占领的土地。位于内华达山脉（Sierra Nevada mountains）脚下，作为壮观的阿尔罕布拉宫（Alhambra palace）所在地，格拉纳达成了欧洲天主教国家的最后一个，也是最想拿下的

---

  *   出于一致性考虑，本书中凡涉及王室姓名，一律采用英语化版本。

  ①   斐迪南国王是当时的阿拉贡国王，同时也是 1406~1416 年期间卡斯蒂利亚的摄政王。

目标。

消息传到斐迪南一世耳朵里，他大感惊讶，倒不是主要因为船队集结的规模，而是因为，他认为亨利应该知道，卡斯蒂利亚国王之前曾声称有权利侵略和再次征服格拉纳达。[3] 虽然早在1249年，葡萄牙就再次征服了阿尔加维（Algarve）南部领地，但是伊斯兰教长期统治格拉纳达一直让卡斯蒂利亚的天主教统治者如芒在背。另外，斐迪南一世还猜测，这些船只可能是要远征直布罗陀，因为该地区当时仍然在穆斯林的控制下。但两方面，他都猜错了。

扬帆起航之后，人们才慢慢知道了作战计划。他们的目标是距离葡萄牙海岸150英里的北非休达港（port of Ceuta）。得知船队的目的地之后，大多数士兵，如果不是全部的话，都很意外。休达是北非半岛上一个建有城堡的面积很小的前哨。它不像格拉纳达那样尽是珠光宝气，但是，繁忙活跃的商业活动可以弥补它在繁华富庶方面的欠缺。在亨利王子的时代，这个港口以小麦、黄金交易闻名于世。休达的地理位置至关重要。相对于直布罗陀海峡北岸高出海面的巨型石灰岩，它是南岸的"海格力斯之柱（Pillars of Hercules）"，是进入地中海商业世界的门户。它还是通向人们知之甚少的、令人恐怖不已的大西洋海域的出口。不管出于什么原因，选择休达作为军事攻击目标，士兵们十分困惑。虽然征服穆斯林符合亨利王子对外用兵的计划，但这并非唯一的原因。他考虑的还有黄金和小麦。

对于葡萄牙来说，小麦是一个亟须解决的棘手问题。葡萄牙面积狭小，内陆多山，可耕地很少，小麦严重依赖进口，而进口量往往受到与热那亚、荷兰等小麦出口地政治关系的严重影响。更为多变的是天气，导致有的年份产量过剩，有的年份歉收。获得一个稳定而可靠的小麦来源会让这个国家受益多多，而休达就是这样一个地方。另外，也有对黄金的渴望。很多人认为，休达是连接地中海与传说中的深藏于未知非洲内陆财富之间长长的供应链上的最后一环。说到黄金，欧洲所有君主的黄金储备欲望没有尽头，不过，亨利绝对不是这样的人。对于葡萄牙国王约翰一世（John I of Portugal）与兰开斯特的菲利帕（Philippa of Lancaster）之间幸存的第三个儿子（一共有 5 个儿子幸存），父母亲希望他能够像英格兰王子那样拥有奢华气派的宫室。然而，与英格兰不同的是，葡萄牙的人口少得可怜——仅有 100 万人口，大多数人只能勉强填饱肚子。向他们课税也无法筹集到足够的财政收入。实际上，葡萄牙甚至没有发行自己的金本位货币。仅有的财政收入几乎都用在了与实力不断增长的卡斯蒂利亚的长期战争上。直到 1411 年双方签订休战条约，这场战争才暂时告一段落。

亨利出生于波尔图，那天是 1394 年 3 月 4 日，恰逢"圣灰星期三（Ash Wednesday）"①。他是一个虔诚的天主教徒，受到的是出身于金雀花王朝家族的母亲灌输的英格兰骑士教育。同时，家族还向他灌输了对"异教徒（infidel）"摩尔人的仇恨。⁴ 攻打休达让他一举成名，也让他亮明了对伊斯兰教的态度，同时也是他增加财富的机会。这在当时不是什么不可思议的事情。之前，在卡斯蒂利亚与摩尔人作战时，贵族首领允许部下将部分战利品据为己有。亨利也保留了这一传统，但是，他希望在扩大地盘的过程中，能够另外有所收获。

他的心中除了粮食、黄金和上帝之外，现在，又增加了约翰王（Prester John）。他是一个传说中的天主教徒。据说他长途跋涉前往一个遥远的国度（一般认为是埃塞俄比亚）。在那里，他当上了国王，手中不计其数的黄金和士兵能够击败基督教国家的任何敌人，强大的军队能够抵御来自伊斯兰教的任何新崛起的威胁和日益强大的奥斯曼帝国。人们说，一旦约翰王发现自己的基督徒兄弟面临危险，他会义不容辞地派军队打败异教徒。并且，他当然拥有大量黄金。虽然中世纪的传说中

---

① 在这一天，牧师或神父会用去年圣枝主日用过的棕榈枝烧成的灰，在信众的额上画上十字记号。

经常提到约翰王，但没有证据证明他确实存在，即便他活在亨利及同代人的脑海中。关于约翰王的故事，在漫长的几个世纪里，人们众说纷纭，依据当事者心中期望和忧虑的事情而变化不定。亨利坚定地相信约翰王的存在。他认为，占领休达，葡萄牙不但可以在穆斯林主宰的地中海获得一个立足点，得到取之不尽的小麦，而且还能深入内陆，找到约翰王，分享他的财富。心怀这种渴望的不仅亨利一人——自从300多年前十字军东征开始后，关于约翰王的传说就一直存在。这一传说激励人们去寻找他和他的财宝。亨利对约翰王的坚信不疑和对黄金的渴望产生的结果，远远超越了休达城堡的范围。

那年7月，亨利的船队起航后穿过直布罗陀海峡时，天上出现了不吉利的日食。暴风雨接踵而至，船队不得不退到安达卢西亚（Andalusia）南岸的阿尔赫西拉斯（Algeciras），在那里下锚休整。同时，休达总督萨拉赫·本·萨拉赫（Salah ben Salah, governor of Ceuta）接到敌军进犯的消息，正在调遣援军之际，听说来犯者已经返回，他以为敌人改变了主意。萨拉赫的这一误判带来了灾难性的后果。他收回了调集援军的命令。结果，8月21日的战况让他深感意外，懊悔不已。经过13个小时的苦战，休达的马林人（Marinid people）被打败了。[5] 按照获胜方的惯例，葡萄牙军队洗劫了这座城市，掘地三尺寻找传说中的黄金。虽然他们对这种贵金属几乎一无所获，但是，在疯狂寻找黄金的过程中，他们毁掉了大批的贵重香料，全然不知那些来自异国的香料价值往往并不逊于同等重量的黄金。

在葡萄牙人占领休达期间，本地居民仓皇出逃。很快，这次行动就被证明是一次经济上的失败。亨利的军队接管了休达，这位王子确立了声名，但这是一场没有什么实际意义的胜利。穆斯林商人——作为小麦和黄金的关键来源——已经离开了，来自内陆小麦产区的穆斯林商人没有人愿意和葡萄牙人做生意。因为经济前景黯淡，欧洲大陆的人也不愿意到这里来，所以士兵们不得不长期驻守这个殖民地。*虽然找不到他们渴望已久的黄金，但是亨利并不气馁。搜寻行动开始了。

虽然有"航海家"这个绰号，但没有任何证据证明这位所谓的"航海家"曾经去过比休达更远的地方。†事实上，亨利在 15 世纪推动葡萄牙开启海上霸权时代这件事，在某种程度上源于成功占领休达，并且是以葡萄牙最大的船主的身份进行的。虽然占领休达在某种程度上属于表面的胜利，但亨利和其他人品尝到了海外征服——而不是征服伊比利亚半岛——的滋味。这位王子和身边的贵族精英知道，找到黄金不仅对于个人财富至关重要，而且对整个国家的繁荣，对于解决长期与穆斯林作战的资金问题，都至关重要。休达的胜利让亨利倍感振奋，后来，他虽然在 1419 和 1434 年两次怂恿卡斯蒂利亚王室入侵格拉纳达，但这场会战几十年之后方才爆发。

大约在亨利突袭北非之际，地中海地区的航海技术发生了深刻的变化。与之前的数百年一样，15 世纪的航海是一件非常辛苦的事情。传统的桨帆船（galley）需要桨手。这意味着，这种船走不了很远，载重量也有限。船上要带着一队队的桨手，还要给船上的每个人备足饮用水和食物。当时，探险家为数很少，虽然据说数个世纪之前，北欧海盗（Viking）就曾抵达北美的一些地方。然而，随着造船技术的进步，

---

* 但是，这并没有妨碍进行另一次军事行动。这场军事行动发生在 1437 年，位于丹吉尔（Tangiers）。指挥军队的是亨利的弟弟斐迪南（Ferdinand）。这一仗以他们的惨败收场。艰苦谈判之后，亨利没有兑现用休达换回被俘的弟弟的承诺，任他死在对方手里。休达一直处于葡萄牙的控制之下，直到 1668 年时才根据《里斯本条约》（Treaty of Lisbon）交予西班牙。今天，休达是西班牙管辖的一个自治城市。1471 年，丹吉尔最终被葡萄牙征服，虽然它目前是摩洛哥的一部分。

† 因为亨利拥有部分英格兰血统，所以英格兰人喜欢宣称他是英格兰人。17 世纪的地理学家塞缪尔·珀切斯（Samuel Purchas）、理查德·哈克卢伊特（Richard Hakluyt）称赞了亨利的功绩，说他体现了英格兰人在航海方面的天赋，"航海家"的绰号即由此得来。后来，亨利的形象被 1926~1974 年间的葡萄牙独裁统治利用。

一些勇敢的葡萄牙人已能够有组织地探索大西洋。当时的大西洋被称为"大洋（Ocean Sea）"①。这一进步的关键是设计出了卡拉维尔帆船（caravel）②。先前的多数船只是柯克船（cog），它们起初航行于波罗的海，船体呈圆形。这种船能借助水流航行，却不能利用风力。虽然它装有横帆，但航行距离很有限。而卡拉维尔帆船——这种船与阿拉伯单桅三角帆船（Arab dhow）存在相似之处，这不是巧合——使用了大三角帆，也称纵帆，可以更省力，以更接近逆风的角度行驶。中国人也使用了新技术，可以让船走得更远。他们早在 15 世纪就到过非洲海岸。中国人还使用了火药和罗盘，不过，那是因为这两种东西是他们自己发明的。⁶ 这些发现让葡萄牙人感到振奋和新奇，只是因为西欧当时大大地落后于世界的其他地方。在 15 世纪，中国、印度王国和伊斯兰世界出现了很多水平相当的科学发现，远远超过了当时正逐渐走出黑暗时代（Dark Ages）的欧洲。不过，形势再一次发生改变。伊斯兰世界的衰弱和欧洲的复苏意味着地中海的力量平衡即将发生改变。

　　事实证明，对于葡萄牙和欧洲其他国家的水手来说，人力到风力的转变是一个戏剧性的变化。这种变化后，船需要的人手减少了，可以相较于先前的船只走得更远。大约在征服休达的 1415 年，欧洲人了解的世界最靠南的地方大约在北纬 27 度，博哈多尔角（Cape Bojador）附近（今西撒哈拉海岸）。此地以水流汹涌，经常浓雾漫天，盛行风强烈，船只根本无法掉头返回里斯本著称。阿拉伯地理学家比葡萄牙人更了解这一地区。他们将它称为"黑暗的绿海"。对于很多水手和地图绘制者来说，这里是一个名副其实的有去无回之地。但是，葡萄牙的卡拉维尔帆船可以让他们平安挺过这段航程，迅速绕过上述海角。他们发现，借

---

① "Ocean Sea"远远超出了已知的地中海海域范围。大概从 1650 年前后开始，人们才开始单独用"ocean"一词来指代广阔的外海水域。

② 又译轻快帆船，指 16 世纪前后西班牙人和葡萄牙人使用的小吨位快速帆船。

助风力，他们可以顺着原路安全返航。现在，水手们信心倍增，克服了对地图上空白区域的恐惧。

一批又一批的葡萄牙水手开始一点一点地认识洋流和季风。他们发现，其中是有规律可循的，他们利用这些规律抵达比"海格力斯之柱"更远的地方，进入未知海域，然后安全返航。利用直觉、推理、经验，他们很快发现，借助风力，他们可以沿着非洲西海岸，一路颠簸向南，然后进入大西洋，最后借助西风返航回国。北半球的洋流是顺时针运动的。了解这一点很关键——如果在返航途中，靠海岸太近航行的话，北风会带来巨大破坏。过去，这种情况发生过很多次，曾让整支船队遭受灭顶之灾。迂回航行，船只就可以利用风向。很快，水手们发现，这些海风存在一些非常固定的规律。有时候，天上的星星也可以派上用场。穿越赤道之后，懂得利用北极星与地平线的相对位置确定方向的水手，能利用不同的天体进行计算。[7]

制图师也有了新的发现。一些最早的欧洲地图大约出现于8世纪。这些地图被称为"T-O地图"。与其说是真正的地图，不如说它们是象征性的地图。这种地图整体形状是一个圆圈，亚洲处于上半部分，下半部分是非洲和欧洲。"T"代表分隔欧洲和亚洲的地中海、尼罗河与顿河。[8]这种地图是基督教世界的实物体现，几乎成了一种象征宗教崇拜的东西。地图上标示的是精神实相，而不是地理层面的现实。耶路撒冷往往位于世界的中心，因为它是基督教世界的精神内核。不过，随着时间的推移，以及水手的记述，地图的形状开始发生变化，后来的地图反映了真实的地理面貌。14世纪，波特兰海图（Portolan charts）问世，为航海提供了帮助。这种地图往往看上去就像是线条纵横交错的蜘蛛网和航线的罗经点。之前，东征的十字军战士曾经带回有关东方各地的具体见闻。现在，水手们又让人们增进了对地中海外海域的了解。[9]欧洲一些地方成了制图活动的中心，比如，巴塞罗那港口附近巴利阿里群岛（Balearic islands）的马略卡岛。这里聚集了一批很有影响的犹太制图师，其中包括亚伯拉罕·克列斯克（Abraham Cresques）。他在于1375年精心绘制的，后来声名远播的《加泰罗尼亚地图集》（Catalan Atlas）上标出了非常隐秘的非洲"黄金河（River of Gold）"的位置。

政治现实也发生了变化，卡斯蒂利亚和阿拉贡等王国合并，成为更强大的政治实体。欧洲各地的港口城市不再是偏远的前哨，而是逐渐成为欧洲进行扩张的重要商业和战略武器。再加上与伊斯兰世界的长期战争，欧洲开始不断扩展自己的知识边界和地理边界。随着商业不仅在葡萄牙，还在欧洲其他新兴经济体中扮演空前的角色，当时的人们对欧洲短缺的黄金和白银的需求量与日俱增。[10]

葡萄牙水手在乐观的亨利和其他人的资助下，沿着非洲海岸艰难向前。不久，他们遇到了那里的居民。1482年，迪奥戈·康（Diogo Cāo）进入非洲内陆，接触了刚果王国。当时，欧洲人已经开始频繁与沿海的非洲人做生意。这些非洲人和葡萄牙人一样，很乐意与对方做生意。没多久，葡萄牙水手就在这里建立了定居点，为的是和当地人做生意，并继续寻找黄金。一个新的时代由此开始。这甚至可以从语言中体现。1472年，葡萄牙语中出现了"descobrir"——"发现（discover）"的动词形式；而"descobrimento"——"发现（discovery）"的名词形式——的使用则始于1486年。[11]此段时期，里斯本的水手远航这些非洲前哨，以及布里斯托尔（Bristol）、爱尔兰，甚至冰岛，这已经成为理所当然的事情。据说，1470年代，一个名叫"克里斯托弗·哥伦布（Christopher Columbus）"*的年轻热那亚水手就曾经去过冰岛。

了解哥伦布，不仅需要了解他的航海记录，还意味着要回到他当年的那个世界。这里指的不是里斯本的港口，也不是卡斯蒂利亚的宫廷，

---

* 哥伦布有很多名字。其中热那亚版本是"Cristoforo Colombo"，葡萄牙语是"Cristóvāo Colombo"，西班牙语是"Cristóbol Colón"。本书的拼写形式采用英语化版本。

而是热那亚，时间是在 1451~1452 年前后，也就是据说他出生的那一年。他出生时手里没有攥着地图，脑海里也没有有关新大陆的计划。他是时间和地点的产物。这里说的地点是一个面积很小但极为重要的利古里亚港口（Ligurian port）。它坐落在距离亚平宁山脉很近的地方。乍看起来，热那亚是一个很简单的城市。不过，仔细观察的话，就会发现，它其实是一个自给自足的小社会。孤立于意大利半岛的其他地区，只有大海这一条外出通道。人们通过狭窄的街道涌向码头，最后在码头处形成空前拥挤、混乱的人海，因为只有进出港口的船只能够将人们带往外面的世界。

就像威尼斯、比萨这两个竞争对手一样，热那亚也繁荣于十字军东征时期。当时，信仰基督教的中东士兵与这些港口签订了贸易协议，通过这些协议为自己谋利——不但用这些港口让新船下水、调动部队，还经由它们去黎凡特（Levant）的市场上做生意。事实证明，经商是一件很来钱的事情，这些城市国家很快就富裕了起来。但是，海里到处是穆斯林的舰船，海盗活动猖獗。虽然热那亚、比萨、威尼斯之间的矛盾日渐增加，但是它们同时经常并肩作战——这些城市联合起来，共同抵御穆斯林。在当时和早些时候，穆斯林控制着地中海贸易且穆斯林水手比天主教水手的航海技术更为先进。自从 8 世纪开始，他们的海盗行为就让海上和陆上的欧洲人谈虎色变。他们高超的航海技术和残暴冷血一直让欧洲人恐惧不已。

不过，热那亚人做生意的对象并不限于黎凡特。虽然存在宗教上的敌意，但这不影响热那亚与北非海岸港口做生意。相较而言，威尼斯更多地将目光投向东方，与拜占庭的商业往来更为密切。当时，东方被称为富庶之土，东方的丝绸、香料等奢华产品经由丝绸之路到达欧洲。因为供应量有限，价格奇高，所以只有富裕阶层才可以享用。

虽然热那亚不像威尼斯那样可以便利地接触到东方的财富，但是它也繁荣起来。很快，它不但成为货物销售和货币流通的中心，还凭借充斥着水手和荒诞故事的混乱街道，成为制图师、造船匠、冒险家的一个重要集中地。在所有被海水冲到热那亚的水手中，最重要的一个就是马可·波罗（Marco Polo）。13 世纪，这位威尼斯探险家在威尼斯与热那亚两个城市国家的海战中被俘，之后被关进热那亚的监狱中。

在狱中，他将数次前往东方的奇妙见闻（肯定有些夸张）讲给同室的另一个囚犯听。那个囚犯即是比萨的鲁斯蒂谦（Rustichello of Pisa）。鲁斯蒂谦后来将这位旅行者讲述的故事写成书后出版。书里记载了马可·波罗见到忽必烈可汗，后来在他的朝中为官，再后来乘船到达波斯和其他域外国家的经历。这本书出版后，立刻引起了轰动。当时，民众对世界上的这些地方知之甚少，充满好奇。书中还提到了西欧读者熟悉的人物，甚至约翰王也出现了。很快，这本书在西欧各国被广泛地翻译、传抄、散播。虽然连接东西方、运输黄金和香料的丝绸之路已经开辟多年，但是，马可·波罗故事中有关东方的描述，让东方的富裕奢华在越来越多的西欧读者头脑中，一下子变得异常真实。马可·波罗这样回忆忽必烈的宫殿："议事厅的墙壁和楼梯都铺着黄金和白银，还装饰着龙、马等动物的图案。大厅格外宽敞，可以举办 6000 人的宴会。宫室的数量多到令人难以置信。"[12] 更为重要的是，这些故事吊起了水手和商人的胃口。他们迫切想要找到一条通往这些财宝的路线。哥伦布肯定在某个时间读过了马可·波罗的故事，因为这些故事已经流传了很多年。即使没有马可·波罗的故事，热那亚也为年轻而雄心勃勃的哥伦布提供了一个闯荡四海的温床。

他是一个织工的儿子。在一个富人靠经商发财的城市里，这样的出身让他在社交和经济上都处于不利的地位。他的家族来自山区，而不是海边。和热那亚的大多数家庭一样，他们也有很明显的政治倾向。哥伦布的家族属于这个城市里与阿拉贡人对立的派别，因为阿拉贡王国也是热那亚在地中海贸易区的一个竞争对手。复杂的地中海和伊比利亚政治对哥伦布的教育让他在日后的发展中受益良多。虽然哥伦布出身卑微，但热那亚仍然是勤奋上进的青年人出人头地的地方。他打算通过航海实现这一理想。实际上，在那个时代，热那亚是一个充满活力的城市。热那亚已将其巨大的影响力传到了科西嘉岛，甚至远及爱琴海的希俄斯岛（island of Chios）。关于希俄斯岛，1474 或 1475 年，就在哥伦布抵达葡萄牙之前不久，他可能已经到过这座岛屿。

这是地中海商业活动异常活跃的时期，贸易航线从埃及延伸到英格兰。与哥伦布同时代的人可能抵达了南安普敦和亚历山大海港，以及这之间的很多地方。他们建立了很多贸易站（Trading posts），买卖油、糖、香料与布匹。他们将西西里岛的橄榄油、坚果卖到埃及，[13] 将其他货物卖到佛兰德，换回布匹，再卖到地中海沿岸各地。商船停靠西班牙，买卖羊毛和黄金。这些羊毛要么卖到托斯卡纳，要么卖给热那亚像哥伦布父亲那样的织工。城市开始到处是生意人。船只开往地中海各地。威尼斯的船只向西去，阿拉贡的船前往热那亚，而比萨的船则向西西里进发。

在这之中有一种不光彩的交易——贩卖人口。奴隶劳动是地中海社会生活的一部分。最早的奴隶贩子是摩尔的水手。他们将非洲其他地区不信上帝的人抓住，运到伊比利亚半岛；在那里，这些人被转卖到欧洲各国。不过，摩尔人有时候也被抓住后当作奴隶卖掉。哥伦布肯定在热那亚街头看到过摩尔奴隶。但是，奴隶贸易并不局限于来自伊斯兰世界的人。这段时间里，奴隶的背景差异很大，其中有日耳曼人、斯拉夫人，* 还有来自黑海的鞑靼人、撒拉逊人，甚至犹太人。被活活累死的奴隶并非都是男性，也经常有女性。奴隶的肤色越白，价格越高；皮肤越是发黄或发暗，价值就越低。[14] 少量的非洲人也开始抵达港口。不过，不同于之后抵达的非洲人，他们没有被送到田里劳作，而是在里斯本、塞维利亚等港口充当仆人。[15]

---

* "slave（奴隶）"一词的词根即来自被奴役的"斯拉夫人（Slav）"。

　　大多数奴隶住在主人提供的屋子里。热那亚的奴隶并不多，不过，社会上有关奴隶的限制一点也不少。例如，商店不许把钥匙卖给奴隶，不许从奴隶手里购买黄金或白银。药店里干活的奴隶不许卖砒霜。奴隶离开主人所在的城市必须要有许可。奴隶的主人可以将他们的"财产"用链子拴在一起，防止他们逃跑。[16] 这个时候，加泰罗尼亚的巴塞罗那港也加入了奴隶买卖行列。在整个 13 世纪，巴塞罗那的经济一直在发展，它处于从北非的穆斯林奴隶贩子手中购买"人货（human cargo）"的黄金位置。同时，西西里岛开始尝试生产糖，因为甘蔗种植已经从该岛的东部扩大到西部，从南部扩大到北部。随着蔗糖这种价格高昂的食品添加成分传播到热那亚、安特卫普和巴塞罗那，新出现的富裕消费阶层开始喜欢上了它。然而，1348~1349 年造成地中海沿岸和欧洲其他地区数万人死亡的黑死病让这一切戛然而止。

　　到哥伦布出生时，热那亚的经济开始走向下坡。1453 年，君士坦丁堡被奥斯曼帝国攻克之后，热那亚很快就放弃了它的殖民地和海外定居点。热那亚开始衰退。土耳其人占领了位于福西亚（Phocaea）和莱斯博斯（Lesbos）前哨位置的地区，威尼斯人占领塞浦路斯，但是希俄斯仍旧牢牢控制在热那亚手中，直到 1566 年。面对新形势，热那亚开始作出调整，因为很多商人开始意识到，相较于货物买卖，控制好资助探险的资金要安全得多。后来，很多热那亚人成为欧洲王室和大西洋探险的重要资助人。

　　贸易节奏也在发生改变。此前，热那亚和威尼斯曾经与十字军国家大做生意，但是趋势改变了，加泰罗尼亚船只纷纷开往佛兰德甚至英格兰海域，寻找羊毛等原料。看到加泰罗尼亚和葡萄牙商人实力强大，热那亚商人无力再和他们同东方的贸易展开竞争。这时候，劳动力形势也发生了巨大改变。因为供应短缺，奴隶的价格增加了一倍多。1470 年代，在热那亚港口做工的奴隶不到 1000 人。热那亚商人想办法从巴尔干半岛弄到一些奴隶，但是这些奴隶中有很多是信仰基督教的女性。将同样信仰的人变卖为奴，这些商人还是有些顾忌。后来，在一些遥远的国家也出现过类似顾虑。在哥伦布决定前往里斯本的时候，热那亚在很大程度上已经不是经济贸易的灯塔，不过，毫无疑问的是，过去的历史给这个城市最有名的年轻人留下了深刻的印象——繁忙的港口、财富的诱惑、司空见惯的奴隶劳动，还有糖的味道。

*

/ 012

　　哥伦布于 1476 年前后远赴葡萄牙，不管是经过谋划，还是无心之举，这非常明智。他离开了一个正在衰落的港口，前往的那个港口不仅处于上升阶段，而且在航海知识方面处于领先的位置。远航返回的水手带回了他们在非洲海岸和大西洋岛屿的大量经历。另外，越来越多的关于这些新世界的叙述引起了公众的极大兴趣。无论是水手，还是学者，都为地理发现技术注入了新的活力。公元 2 世纪，托勒密在其著作《地理学指南》(Geographia)、《至大论》(Almagest) 中描述了太阳怎样围绕地球转动，这一观点被公认为关于宇宙的基础知识，直到 16 世纪中叶才被哥白尼颠覆。它们在 12 世纪被译为拉丁文。现在，这一经典理念再次在公众中引起热潮。航海活动的兴起意味着很多水手和制图师热切地重温托勒密的观点，其中包括将世界分为若干个经度和纬度区域。水手们还开始注意太阳和星辰。在船上，哥伦布学到了日后对他帮助极大的知识。

　　同样，人们还重新燃起了对马可·波罗故事的兴趣——1485 年，《马可·波罗游记》被译为多种语言在安特卫普出版，畅销一时——不过，这一次，这些故事还被注入了某些现实的可能性。另外，印刷技术的发展在数量和阶层上扩展了读者群体。和很多水手一样，哥伦布很可能读过这些书，或至少在酒馆闲谈想要到"大洋"寻找远大理想时，和其他人讨论过书中的观点。远东，也许并没有那么远。据说，在塞维利亚的一本有关马可·波罗故事的书上，有哥伦布作的标注。如果这些标注确实出自哥伦布之手，那么他标出了马可·波罗抵达"日邦格（Ciampagu，或称 Cipango）"——据称是日本——时的一段话。

> 这里到处是黄金，但是王不轻易让人将黄金带出这个岛屿，所以，到那里做生意的商人很少。外来船只也很少停靠那个岛屿的港口。王的宫殿极为宽敞，大殿顶部是漂亮的黄金屋顶，就像我们用铅板来装饰教堂屋顶。王宫窗户的四周镶着金边，通往大厅的过道和很多宫室的地面铺着金板，有两个指头厚……还有很多珍贵的宝石，所以说，日邦格岛富得流油。[17]

在后面提及印度有很多岛屿的章节，哥伦布也作了评注。在书中，马可·波罗认为："印度的岛屿如此之多，以致没有人能回忆它们的所有特点。这些地区的水手和引水人（pilot）也这么说。查看海图，观察印度洋的罗经方位可以知道，这片海域至少有 1378 个岛屿。他们说，这些岛屿都有人居住。"[18]

虽然，我们很难知道，这些评注是不是真的出于哥伦布的手笔，不过，不难看出，他很容易被误导。阅读马可·波罗的故事，人们会以为，通往东方的航线并非真的那么难找。还有，一旦到了那里，就会看到众多的岛屿和遍地的黄金。但是，所有人——包括哥伦布自己——都清楚这种梦想的风险。不管航海技术的进步有多么快，遇到海难的可能性仍然很大。一些胆大的人冒险驶出熟悉海域，有去无回的故事在坊间流传得很多。例如，1487 年，佛兰德水手费迪南·冯·奥尔曼（Ferdinand von Olmen）带着葡萄牙王国的使命出海寻找新的岛屿，从此音信全无。[19]

即使有新型的卡拉维尔帆船，航海也是一件很辛苦的事情。距离是个大问题——即便有卡拉维尔帆船，从里斯本到直布罗陀海峡，大约也需要五天。此外，还要始终担心被地中海上那些信仰伊斯兰教的海盗袭击和捕获。准备给养也是一个问题——即使有卡拉维尔帆船，水手每天也需要半公斤重的硬面饼做口粮。另外，还需要足够的淡水。当然，酒也是不能少的。

在这段时间里，哥伦布不仅成长为一个经验丰富的水手，还变得雄心勃勃。通过计算，他相信自己能够找到通往东方的航线——只需找到出资人即可。在一些地方碰壁之后，1485 年，他抵达塞维利亚。虽然口袋里没有钱，但他心里已经想好了办法。他打算求助于阿拉贡国王斐迪南二世（Ferdinand II of Aragon）和卡斯蒂利亚女王伊莎贝拉一世（Isabella I of Castile）的联合王室。

/ 014

然而，这种事业远远不是这两位天主教君主的头脑所能理解的。在之前的 1469 年，他们俩缔结婚约。1474 年，伊莎贝拉同父异母的哥哥亨利四世国王（King Henry IV）去世之后，他们开始统治两个国家组成的联合王国，控制了伊比利亚半岛的大部分地区。当时，伊比利亚半岛上有三个国家：卡斯蒂利亚、阿拉贡和葡萄牙。"Spain（西班牙）"一词来自拉丁语"Hispania（伊斯巴尼亚）"。在中世纪，这个词指的是伊比利亚半岛，而不是现代意义上的国家。当时，两位君主主要关心的是格拉纳达。那时此地仍然控制在穆斯林手中。这个在五十多年前困扰亨利王子的问题仍然没有解决。1453 年奥斯曼土耳其攻陷君士坦丁堡刚过去不久，因此，两位君主对基督徒在这场持续多年的格拉纳达争夺战中的优势没有一点信心。另外，他们还有其他烦心事。斐迪南与伊莎贝拉婚后不久，就爆发了 1474~1479 年争夺卡斯蒂利亚王国王位继承权的战争。如果伊莎贝拉同父异母哥哥的女儿胡安娜·拉·贝尔特兰尼佳（Joanna la Beltraneja）胜出的话，卡斯蒂利亚就要与葡萄牙统一，而不是与阿拉贡统一。当时，卡斯蒂利亚占有半岛面积的 65%，阿拉贡占有17%，其中包括加泰罗尼亚、瓦伦西亚及一些重要港口，还有撒丁岛、西西里岛——1409 年，阿拉贡夺得了这两个岛屿的控制权——以及那不勒斯。

　　1481 年下半年，这两位天主教君主开始对格拉纳达的部分地区发动进攻。1490 年代，他们开始了最后一轮攻势。他们执意要让全世界都皈依基督教，尽管当时，对于他们来说，全世界指的就是地中海沿岸地区。1492 年对于斐迪南和伊莎贝拉来说是里程碑式的一年。这一年的 1 月 2 日，穆斯林对伊比利亚半岛几近 800 年的统治历史终于被终结了。1 月 6 日，这两位君主的军队以胜利者的姿态进入格拉纳达。针对这一迅速的胜利，他们安排了盛大的庆祝活动。和 77 年前亨利成功陷休达一样，打败伊斯兰军队，标志着基督教世界信心的恢复。"收复失地运动"①之后，紧接着就是对半岛上非基督教徒的血腥清洗。很快，斐迪南和伊莎贝拉强令这里残余的穆斯林要么皈依基督教，要么离开。这一命令也适用于犹太人。很多犹太人被迫流亡欧洲各地。这种事情不是第一次发生在犹太人身上。1391 年的屠杀迫使很多犹太人皈依基督教或离开伊比利亚半岛。正是这段时期，种下了执意"纯化血液（limpieza de sangre）"的种子。

　　虽然在信仰天主教上，葡萄牙和卡斯蒂利亚、阿拉贡一样狂热，但是葡萄牙国王意识到，容忍这些异教徒——他们具有资金和商业渠道——要优于将他们统统逐出半岛。这样，犹太人在葡萄牙找到了一个避难所，虽然是短期的（1497 年，他们再次被驱逐）。不过，很多穆斯林和犹太人依然选择改变信仰，另有一些犹太人不愿意改变信仰，在宗教裁判所的残酷迫害下离去。那些皈依了基督教的摩里斯科穆斯林（Muslim moriscos）和犹太改宗者（Jewish conversos），在大西洋对岸发生的事件中扮演了重要角色，虽然在很多情况下，即使在那里，宗教裁判所也没有放过他们。

　　在抵达塞维利亚之前的最初几次筹资尝试中，哥伦布联系过葡萄

---

① 在西班牙语和葡萄牙语中，表示收复失地的"Reconquista"还有再征服的意思。

牙、英格兰和法兰西的投资者。这些投资者都不愿意出资，他们认为这种冒险不大可能成功。很多人对他的计划不以为然。不过，哥伦布还是说服了安达卢西亚（Andalusía）的两个修道士，胡安·佩雷斯（Juan Pérez）和安东尼奥·德·马切纳（Antonio de Marchena）。他们得到伊莎贝拉的器重，可以在宫廷中为他说话。当时，"收复失地运动"已经结束，非基督徒的驱逐和皈依正在顺利进行，两位君主可以再次将注意力放在国内事务之外的其他事情上。

两位君主都深受东方财富的诱惑。因为这些财富可以弥补格拉纳达战事的开支。他们也听说过马可·波罗和一些耶稣会传教士的故事。那些耶稣会传教士长途跋涉到达东方，后来派人将他们的报告送回欧洲。一想到可以让卡斯蒂利亚和阿拉贡新成立的强大的联合王国在不信上帝的地区声名远播，两人就心情愉悦。另外，其中的物质诱惑简直无法抵御：东方的黄金和香料，以及可以轻松使其皈依基督教的众多人口。到这时候，哥伦布循着王室的脚步，已经在半岛各处走动了很长时间，用各种机会争取人们对探险活动的支持。但是，王室的很多顾问，不愿意相信这个名不见经传的热那亚水手。虽然他在葡萄牙认识了一些有影响的人，娶了有地位人家的女儿，但是他相对低微的出身让人不敢相信他。想从海上前往亚洲的人不止哥伦布一人，虽然他是第一个相信可以经由"大洋"抵达亚洲的人。有的宫廷顾问核对了他的计算，发现存在不足之处。哥伦布以为卡斯蒂利亚和"日邦格"之间的距离是 2400 海里，但实际上，这个数字接近 10600 海里。[20] 虽然如此，女王还是动了心。也许是因为财富的承诺，也许是因为女王内心的冒险精神，或者干脆就是"收复失地运动"之后的信心使然。有的历史学家认为，也许哥伦布能说服女王，是由于情感方面的因素——伊莎贝拉外曾祖父是葡萄牙国王约翰一世（King John I of Portugal），外祖父是约翰王子，伯祖父是亨利王子。虽然哥伦布是热那亚人，但是他在葡萄牙的人脉给他帮了不少忙。[21]

/ 016

哥伦布与王室的谈判开始了。哥伦布在很多方面毫不让步，尤其是在报酬方面。除了要求王室授予他海军将军头衔，还要担任代表王室宣称的所有岛屿的总督，以及远航活动十分之一的利润，其中包括对那些岛屿的很大一部分权利。也许，这有些贪婪，也许这就是热那亚商人的世界观。占有部分战利品是他们的传统。[22] 另外，他是织工的儿子，决心要超越父亲，不仅要为自己的儿子留下一笔财富，还要留下一个头衔。虽然承诺的回报是丰厚的，但是，如果这一使命没有完成，代价也将是巨大的：羞辱、金钱损失，甚至死亡。尽管"大洋"仍旧是航海活动的禁地，但前往东方的角逐早已开始，与人们梦寐以求的那条航线的距离在逐渐缩短：1488 年，葡萄牙航海家巴托洛梅乌·迪亚士（Bartolomeu Días）绕过了好望角。

1492 年 4 月 17 日，女王为哥伦布提供了资金支持，答应了他提出的各项条件。于是，哥伦布紧锣密鼓地开始了远航的准备工作。当时，他找到了两艘卡拉维尔帆船和一艘叫作"瑙（não）"的大船。两艘卡拉维尔帆船分别是"圣克拉拉号（Santa Clara）"和"平塔号（Pinta）"。"圣克拉拉号"也因主人胡安·尼诺（Juan Niño）的名字而又被称为"尼娜号（Niña）"。"平塔号"的主人是克里斯特巴·金特罗（Cristóbal Quintero）。哥伦布还从胡安·德·拉·科萨（Juan de la Cosa）手中租了"圣玛利亚号（Santa María）"，因为它建造于加利西亚（Galicia），所以又被称为"拉加列加号（La Gallega）"。哥伦布还请船主马丁·阿隆索·平松（Martín Alonso Pinzón）和他的弟弟维森特（Vicente）招募船员，并担任"平塔号"和"尼娜号"的船长。这是一次大胆的、前途未卜的航海任务，但是平松兄弟还是设法招募了大约 90 个人，其中只有 3 个是囚犯。这些人愿意前往那片未知的海域，愿意参与这次冒险。

四个月之后，也就是 1492 年 8 月 3 日，哥伦布从阳光海岸（Costa de la Luz）的韦尔瓦（Huelva）附近的帕洛斯（Palos）出发。这并非从始至终都是一次前往未知海域的航行：哥伦布途中在加那利群岛中的拉戈梅拉岛（island La Gomera）上停留了一段时间。那里，强劲的海风为船队开始下一段航行提供了良好的条件。1492 年 9 月 6 日，船队从拉戈梅拉岛出发，不久遇到了东北信风，被吹得向西偏离了航道。不过，自此之后，唯一能确定的就是哥伦布前往东方的执着。

离开拉戈梅拉岛一个月之后，他们才再次看到陆地。这时候，海面平静，天气晴好。船队很快驶过马尾藻海（Sargasso Sea）的海藻。要不是之前因为一个偶然的机会，哥伦布听一位老水手提醒过，他们可能就吓得掉头返航了。[23] 哥伦布和船员后来发现空中有鸟儿飞过。这是附近有陆地的征兆。这时候，船上的淡水仍然可以让他们再坚持一些时日，同时，还有大量的硬面饼和腌肉。9 月 25 日，"平塔号"发出了前方发现陆地的信号。然而，事实证明，那不过是海市蜃楼。虽然航行顺利，给养储备丰富，但 10 月 6 日，船上还是几乎发生了一场暴动。"圣玛利亚号"水手焦虑不已，要求返航。不过，哥伦布暂时平息了他们的焦虑。六天后，"平塔号"再次发出信号，发现了陆地。因为当时将近午夜，于是船员们等到第二天天亮才划着小艇，驶向岸边。他们上岸时，带着一面王室的旗子。上面绘有一个绿色十字架和字母"F"与"Y"。他们将旗子插在海边沙地上，宣称这片陆地为两位天主教君主所有。* 哥伦布将这个岛屿命名为"圣萨尔瓦多（San Salvador）"。† 现在，他们完成任务了。他们终于抵达了"日邦格"。

后来，哥伦布记叙这一出海经历时写道："我发现了很多岛屿，岛上居民不计其数。"如果这是实情的话，那么他心里应该有些没底了。在哥伦布时代，不少人已经经陆路去过东方，虽然印度洋上很有可能有

---

* 在这一时期，字母"I"和"Y"往往可以互换，例如"Isabel"也可以写作"Ysabel"。

† 哥伦布最初登陆的地方到底是哪里，一直存在争议。不过，人们一致认为是巴哈马群岛的某个目前也叫作"圣萨尔瓦多"的岛屿。该岛屿曾经多年使用"瓦特林岛（Watling Island）"这个名字。

岛屿——马可·波罗曾声称印度洋上有很多岛屿——但是哥伦布讲述的这一见闻与日本、印度，甚至整个东方的情况，根本不吻合。

这次登陆肯定是哥伦布一生中最为困惑的时刻。没有人知道，被有关东方奢华富裕故事熏陶过的哥伦布，想象力到底有多么丰富。但是，可以肯定的是，不管他梦想中的东方是什么样子，他所看到的情况肯定和他脑海中的不一样。他没有看到黄金、宫殿。他与那里的一些居民作了一些交流，不过很快决定再到其他地方看看。不久，他又起航了。他确定那里肯定有他要找的东西，至少有一些东西。哥伦布当时看到了加勒比地区的诸多岛屿，但它们不是当初从女王那里争取到的岛屿。他打算一定要实现自己当初的梦想。这时候，他的欲望战胜了理智。

见到了一些当地人之后，哥伦布意识到，当地没有什么东西可以交换，也看不到黄金的影子，于是催促船员开船探索周围地区。不久，他们登上古巴岛。他给那个岛屿起了一个短命的名字"胡安娜（Johanna）"，后来还自以为是地说："我敢说，这座岛比英格兰和苏格兰加在一起还要大。"[24] 不久，他们又看到一个比先前那座岛屿大得多的岛屿，给它起名为"Hispaniola（伊斯帕尼奥拉）"，虽然当地人称之为"Quisqueya（基斯克亚）"（意为"万岛之母"）或"Ayti"（后来的"海地"一名由此得来，意为"多山的群岛"）。[25] 哥伦布写道，在抵达伊斯帕尼奥拉岛之后，他看到"那里的居民（和我看到和听说的其他所有岛上的居民）往往一丝不挂，除了一些女人用一片大叶子或一个带叶子的小树枝，或者专门做的一块很普通的布遮住羞处"。这也可以从另一个角度证明他到访的并非东方：那里盛产丝绸，而眼前的岛民居然身上一块布也没有，这本身就很能说明问题。但是，虽然得到了这么多相反的证据，哥伦布仍然相信他置身的地方就是东方。

他遇到了一个很大的问题，"圣玛利亚号"搁浅，再无法出海了。在当地一个名叫"瓜卡纳加利（Guacanagarí）"的君主的帮助下，哥伦布决定留下 39 个人建立一个定居点。因为临近圣诞节，所以他将这个未来的定居点命名为"拉纳维达德（La Navidad）"。他给要留下的人布置了一个任务：寻找和挖掘金矿，随后就带领其他人离开了伊斯帕尼奥拉岛。

后来，1493 年 1 月 16 日，他决定带着好不容易找到的几个金块，以及一些热带农产品、几只色彩艳丽的鹦鹉，还有一些被他们施过洗礼的卢卡约人（Lucayo people）返回欧洲——哥伦布想借此向斐迪南和伊莎贝拉证明他的成功。关于这些卢卡约人，他写道："他们以为我是从天上来的。"不管他们是因为吓坏了还是其他原因，哥伦布要他们上船时，无疑动用了武力，一些人就此上了船。说到被他们抓到的那些人，"船只一抵达某块陆地，他们就会对岸上的人〔喊叫〕：'快来，快来，快来看这些从天上下来的人。'"26 历史学家马修·瑞斯特（Matthew Restall）指出，西班牙语中的"heaven（天堂）"和"cielo（天上）"是一个意思。当然，我们无法知道哥伦布听到的是哪个词，或者他们是不是指的是天上。但是，这种模棱两可意味着，当地人可能说哥伦布一行是从天上来的，或是天上的神灵下凡。如果是后者，敬畏的意味则要多很多。27

很快，欧洲人开始尝试与当地人交流。他们设法从当地几个部落中间找了一些人做翻译。虽然无法知道哪些地方翻译得正确，哪些地方翻译得不正确，但哥伦布宣称，"没有多长时间，借助手势和语言，我们就理解了他们的意思，他们也理解了我们"。虽然没有人能够就"哪里有黄金"给这位海军将军一个满意的回答。他们等到第二次时才能彻底弄清楚这一点。不过，那时候，那些居民并没有立刻欢迎这些驾着大船、相貌怪异的人。

返航归途不像来时那么顺利。虽然加勒比海流从南向西迂回流动，但是哥伦布一行对信风知之甚少，不知道怎样驾驭由西向东流动的墨西哥湾流。一路上行进速度很慢。中间还遇到了猛烈的暴风雨，船出了故障。2 月 18 日，船队不得不停靠亚速尔群岛，修理船只。之后，他们再次出发。但是因为天气恶劣，两艘船失散了。哥伦布所在的"尼娜号"被强迫在里斯本附近稍作停靠之后，挣扎着驶入帕洛斯港。"平塔号"被海水冲到北部的加利西亚的巴约纳（Bayona），然后从那里向南回到帕洛斯。虽然返航路上倍加艰辛，但是，因为对在东方没有发现任何与书上写的相类似的东西的事实只字未提，所以他的这次远航是成功的。他展示了他在新大陆发现的产品和人，整个欧洲都轰动了。他带回了"印度人"①，还有黄金、植物与动物。人们欣喜若狂。

随着哥伦布给西班牙君主的一封信被广泛传播，消息传遍了罗马、巴黎、安特卫普、巴塞尔等几乎整个欧洲。据说，这封信是由莱安德罗·德·柯斯科（Leandro de Cosco）于 1493 年从卡斯蒂利亚语翻译过来的。公众对这封信极感兴趣，仅那一年就印了 9 次，甚至还出现了德语版本。虽然无法知道或准确计算这一出海经过传播范围有多广，但是，有关哥伦布穿越大洋进入未知海域，发现另一个世界的信息确实引起了人们的极大兴趣。很快，有人开始用韵文歌颂哥伦布的功绩。一位名叫朱利亚诺·达蒂（Giuliano Dati）的传教士将这封信写成了一首诗，题为《哥伦布第一次出海的信件》(*Lettera delle isole nuovamente trovate*)。哥伦布保存着当年的航海日志，但是后来丢失了，不过 16 世纪时据说又被人发现了。*

在很大程度上，欧洲与加勒比地区的第一次邂逅与其说是命中注定，不如说是某种意外。与其说哥伦布是一个航海天才，不如说他是一个一意孤行、以自我为中心的人。他始终不承认他抵达的地方不是东方。不过，他的那次出海，不管结果是好是坏，其背景是欧洲影响力的不断扩大。一个信仰基督教的世界正在向更为先进的竞争对手步步紧

---

① 原书是 "Indians"，哥伦布认为他们是印度人，其实是印第安人。

* 多明我会修士巴托洛梅·德·拉斯·卡萨斯（Bartolomé de las Casas）抄写了哥伦布的日记，并作了评注。（见第 2 章）因此，如果不完全是对历史的讽刺的话，这位修道士手上的这份哥伦布日记，也是我们对这段历史保持谨慎的某种原因。实际上，他总结哥伦布的注释时加入了自己的看法，因此，整个日记经常在第一人称和"海军将军说"之间转换。不过，我们现在可以看到的唯一的哥伦布日记就是这个版本。

逼。欧洲的贸易和商业迅速发展。民众在慢慢深入了解那个遥远的地方，以及可以在那里买到和出售的物品（和人）。同时，水手们的步子迈得更大，他们更为科学、准确地了解海风和潮汐。几十年内，欧洲、非洲、美洲、中东被一条 16 世纪的超级高速公路连在一起。这条超级高速公路就是大海。虽然，在未来的几十年里，要想满足针对上述新地域的求知欲，就必须进行漫长、艰苦和危险的探索，但是出海寻梦的人一直没有减少。"新大陆"对于他们来说，正好是这一系列探索行动中缺失的一环。加勒比地区的开发、奴隶劳动的出现和糖料作物的种植就从这里开始。但是，在"旧大陆"和"新大陆"之间还有一些地方，对于连接两个世界的财富至关重要。这些地方就是大西洋中的那些岛屿。

/   **第 2 章   进入新大陆的踏脚石**

哥伦布第一次出海途中，选择停靠加那利群岛的拉戈梅拉岛并非偶然。在船队起航之际，众人已清楚，距离北非海岸较近的这个群岛已成为卡斯蒂利亚的殖民地。实际上，早在公元 1 世纪，老普林尼（Pliny the Elder）就在他的作品中提到大西洋里的这些岛屿，称之为"卡纳里亚（Canaria）"。虽然很难知道当时人们对这些岛屿了解多少，但是，在这勇于探索的新时代，这七个岛屿，距离北非 60 英里，距离伊比利亚半岛数百英里，被重新发现只是时间问题。一些记述将欧洲人再次进入加那利群岛的时间定格在 1312 年前后，当时，据说一位名叫兰扎诺托·马洛塞罗（Lanzarotto Malocello）的热那亚水手抵达了其中的一个岛屿，虽然很少有人知道当时发生了什么事。[1] 后来，另一些探险队也循迹而至，其中包括 1341 年自称受葡萄牙阿方索四世（Afonso IV）委托的一个探险队。虽然关于这些探险的详细介绍很少，不过这些岛屿开始出现在地图上。

在热那亚人、卡斯蒂利亚人和葡萄牙人的一系列短暂而紧张的探险活动之后，这些岛屿安寂了一段时间。待到 1402 年，两个诺曼底人，即让·德·贝当古（Jean de Béthencourt）和戈迪菲·德·拉·萨莱（Gadifer de la Salle）在拉罗谢尔（La Rochelle）会面之际，欧洲对这片群岛的兴趣已经不如从前。贝当古是一个贵族，为了寻找财富偿债。之前，他想说服法兰西王室支持他的计划，但没有成功。这就是他为什么最终求助于卡斯蒂利亚王室的原因。[2] 寻找黄金的同时，他还一直想着怎样将关切人（Guanche）弄上船后当奴隶卖掉。另外，听说岛上的树脂可以卖钱，做成一种叫"龙血"的贵重染料。当然，贝当古也宣称要将基督教带给那些不信上帝的人。萨莱是一位骑士，他告诉贝当古自己的目的是寻找财富。于是，1402 年 5 月 1 日，他们带着一批水手，出发寻找"加那利群岛，见识和探索那个国家的各个地方，然后征服那些岛屿，让那些人信仰基督教"。参与那次航行的一位修道士和一位牧师如此记述道。[3]

　　出海不久，他们遇到了"顶头风（foul wind）"，被迫在加利西亚停留了数天后，继续向南行进，停靠安达卢斯地区（Andalus）的加的斯港（port of Cádiz）。在那里，贝当古遇到了麻烦。他在加利西亚没有交到朋友。"热那亚、普拉森提亚（Placentian）、英格兰等地商人……控告他……说他和他手下的船员是强盗。"在贝当古竭力澄清这一误会之际，船员中间流言四起，说是给养快要不够了。结果 27 名水手离开了探险队。最后，形势逆转。八天之后，他们抵达一个名叫格拉西奥萨（Graciosa）的弹丸小岛。该岛位于岛链最东部面积较大的兰萨罗特岛（island of Lanzarote）的南面。这些火山岛屿形成于数千年前，气候极其干燥。这里如沙漠一般荒芜，雪上加霜的是，每年这个时候撒哈拉沙漠的风都会吹来大量沙子，不过这里也能看到零星充满热带活力的地方，如特内里费岛（Tenerife）的北部。[4]

　　他们航行抵达兰萨罗特岛，但是据船上的修道士和牧师说，开始并没有很顺利。他们意识到自己并不是到达这里的唯一人类，他们最初和当地人打招呼就被形容为"想尽办法抓住一些加那利人，但没有成功"。最后，一些关切人从山上下来。双方建立了脆弱的友谊之后，贝当古获得了酋长的许可，命人建立一个堡垒。他命令伯廷·德·贝尼沃（Bertin de Berneval）负责管理堡垒，他和萨莱去了下一座岛屿，即兰萨罗特岛南面的富埃特文图拉（Fuerteventura）。在这里，他们再一次"四处树敌，同时因为没有和当地人交上朋友而倍感烦恼"。[5]贝当古和萨莱在这里停靠了八天。后来，贝当古回到兰萨罗特岛，之后返回西班牙补充给养，面见国王。在贝当古等着觐见卡斯蒂利亚的亨利三世（Henry III of Castile）期间，贝尼沃抓住了兰萨罗特的统治者，不过同时，萨莱搁浅在距离富埃特文图拉岛海滩较近的一个叫"洛斯洛沃斯（Los Lobos）"的小岛上。此后，贝尼沃控制了一条船，强迫那条船带他回到了西班牙。

贝当古返回卡斯蒂利亚后，立刻开始准备武力征服——亨利三世任命他为这些岛屿的领主，授予他收取这块殖民地五分之一收益的权利，以答谢他为卡斯蒂利亚声索它们。很快，贝当古和萨莱开始了更具攻击性的殖民行为。下船伊始，他们采取了直截了当的措施，那位"经常被抓，多次逃跑"的兰萨罗特岛统治者决定让步，"服从贝当古先生"。这意味着他愿意接受基督教的洗礼。在洗礼仪式上，这位国王"表现得极为真诚……获得了……教名'路易'"。

然而，这两位诺曼底人在其他地方遇到了抵抗，贝当古在西班牙筹集的资金和给养迅速减少。郁闷之下，萨莱和贝当古去了塞维利亚。之后，他们就分道扬镳了。贝当古回到那些岛屿，这次他带了很多人到那里定居，但是萨莱没有回去。贝当古回去之后，他不断设法征服大加那利岛（Gran Canaria），但岛上居民坚决抵抗。鉴于这种形势，贝当古决定离开，留下他的侄子马西奥·德·贝当古（Maciot de Béthencourt）管理兰萨罗特岛和富埃特文图拉岛。贝当古辗转西班牙、罗马，1406 年抵达法国。他后来又给那些岛屿派送了一些殖民者，但自己没有再踏上它们。他最终于 1425 年在诺曼底去世。[6]

在贝当古去世之前，航海家亨利（Henry the Navigator）[①] 早就听说了加那利群岛发生的事情。和阿方索四世一样，亨利也希望葡萄牙控制这些岛屿。1424 年，他组织了一个 2500 人的远征队——虽然他自己没有参加——命令该远征队占领大加那利岛。但是，不同于 10 年前的休达战役，这次战役以惨败告终。关切人严阵以待，击退了来犯之敌。虽然卡斯蒂利亚提出了对这个岛屿的宣称权，并且岛上居民奋勇抵抗，但亨利并不气馁，断断续续对这些岛屿用兵几十年，但每次都以失败收场。

---

① 即亨利王子（Prince Henry），葡萄牙亲王、航海家，因设立航海学校、奖励航海事业而得此称号。

　　兰萨罗特岛和富埃特文图拉岛不像西边的岛屿那样人口稠密，欧洲人也能去那里居住。1455 年，有消息说"基督徒"住在这两个岛屿和面积稍小一些的拉戈梅拉岛、厄尔耶罗岛（El Hierro），而大加那利岛、特内里费岛、拉帕尔马岛（La Palma）仍旧只有"异教徒（pagan）"居住。后来，卡斯蒂利亚也努力去征服关切人。[7] 直到 15 世纪的最后十年，大加那利岛、拉帕尔马岛、特内里费岛才成为卡斯蒂利亚的一部分。

　　和将近一个世纪后的新大陆原住民一样，这些岛上有原住民存在给欧洲人提出了很多难以解释的问题。当时，欧洲人的世界观在很大程度上仍局限于基督教教义。记叙贝当古功绩的郎位修道士和牧师在第一页就指出，这些岛屿"住着很多不信上帝的人，他们的习惯和语言各种各样"。这两个人已经习惯了伊斯兰地区有"不信上帝的人"，但是这些岛屿上的居民让他们深感困惑，因为这里并不属于穆斯林世界。

　　除了那些对关切人语言风俗毫不了解的欧洲人记录的材料，人们对关切人知之甚少。关切人——过去，这个词在广义上指的是那片海域的所有岛屿——也许和北非的柏柏尔部落有关系。有关那些岛屿的人口估计从 6000~60000 不等，相差很大。关切人作为一个民族在 17 世纪之前就消亡了。而且因为只有欧洲人留下了描述他们的文字资料，所以相关的描述大同小异。例如，传教士说大加那利岛上的居民"赤身裸体，只有一小圈棕榈树叶遮羞……［并且］身上印有图案……头发扎在后面……他们相貌英俊，体型匀称"。但是，无论欧洲人对他们的看法如何，在贝当古到来之前，他们一直将欧洲人拒之门外。即使到了贝当古到来之后，他也没有能够占领这里的所有岛屿——积极的抵抗一直存在。[8]

　　然而，随着所有岛屿都落入西班牙手里，大规模殖民活动开始，抵抗的环境被改变了。先是商人和艺术家，接着是大地主和为他种地的雇农。葡萄牙人、热那亚人、加泰罗尼亚人、犹太人、摩尔人、摩里斯科人代替了关切人。[9] 到 16 世纪中叶，甚至英格兰人也来了。岛上的商人用布匹和本地居民换取糖和树木中提取的染料。[10]

但是，后来迁移来的这些居民，没有看到任何神秘黄金河的影子，虽然这些岛屿距离非洲海岸并不算远。即使如此，他们并未转向其他地方，而是将目光投向脚下的大地，为的是产出价值和黄金相差不多的东西——糖。一些岛屿的气候非常适合糖料作物的生长。同时，糖的市场越来越大。不久，本地人都成了田间劳作的奴隶。从葡萄牙人的几内亚据点带来的非洲人在不久之后也加入这里。向来热衷于资本投资的热那亚人在这场殖民事业中投入了巨资。他们获得了丰厚的利润。从一开始，大西洋的探索和蔗糖经济的开发，就根本不全是"西班牙人"的事情——还有卡斯蒂利亚人、葡萄牙人、热那亚人，甚至还有诺曼底人。相当一部分西欧国家参与了这项事业，虽然卡斯蒂利亚王室曾宣称这些岛屿归他们所有。

后来，亨利虽然没有攻下加那利群岛中的任何一座岛屿，更不要说全部，葡萄牙还是设法在大西洋上给自己找到了一些岛屿——而且根本没有动用武力。

*

1420年，航海家若昂·贡萨尔维斯·扎尔科（João Gonçalves Zarco）、特里斯唐·瓦斯·特谢拉（Tristão Vaz Teixeira）在一场暴风雨中被大风吹偏航向，登上一个名叫"波尔图桑塔（Porto Santo）"的小岛避险。[11] 他们进入了一片静寂的世界，只听到海浪轻拍平坦的沙滩和空中鸟儿鸣叫的声音，看不到任何生命的迹象。没有摩尔人去征服，没有非洲人去奴役，没有加那利人去攻击。什么也没有。附近能看到的，仅有隐约的火山岛马德拉（Madeira）。于是，他们上船，前往马德拉岛。接下来，他们肯定惊讶不已，因为马德拉岛郁郁葱葱，气候温和。他们感觉就像进入了春天。火山斜坡几近直角，周围的葱茏景致令人叹为观止。

很快，水手们发现了该岛的潜力。岛屿林木茂盛，气候适宜，适合动植物生长，与干旱的加那利群岛形成鲜明对比。虽然很多水手不敢前往岛内腹地，看不出崎岖的山坡的价值，但是经验丰富的航海家却不一样。同样重要的是，贡萨尔维斯和瓦斯没有偏离航线到无法返回的地步。否则，对于那个时期的探险职业来说，十分要命。

马德拉岛距离里斯本 965 公里（600 英里），位于加那利群岛的拉帕尔马岛以北大约 482 公里（300 英里）处。该岛是火山喷发形成的岛屿，在贡萨尔维斯、瓦斯之前，其他水手也只是曾望到过它的山顶。但是，葡萄牙王室无意深入探索这一岛屿，直到 1417 年接到消息，说是看到卡斯蒂利亚船只在附近游弋，可后来什么事情也没有发生。虽然无人的岛屿因为不会与本地人发生冲突而存在一些明显的优势，但这同时也是劣势：无法抓本地人当奴隶卖钱。但是，在贡萨尔维斯、瓦斯那次远航不久后，葡萄牙国王约翰一世就决定将大约 100 人送到那个殖民地居住，防止将来卡斯蒂利亚人或其他国家入侵该岛。这些人由贡萨尔维斯、瓦斯带领登岛。后来，巴托洛梅奥·佩雷斯特雷洛（Bartolomeo Perestrello）一家人从意大利半岛出发，也加入进来。佩雷斯特雷洛受命负责管理波尔图桑塔岛，即那个位于马德拉岛东北部较小、较平坦的岛屿。1425 年，一批殖民者断断续续辗转来到这些富饶的岛屿。马德拉和波尔图桑塔岛的经济迅速发展起来。在 1478~1479 年间的某个时候，哥伦布来到那里，停留多日。他娶了佩雷斯特雷洛的女儿，这让他与一个葡萄牙望族攀上了关系，虽然这个家族和哥伦布一样，祖籍也在意大利。大海浩瀚无边，但是水手的眼界相对要狭窄得多。因此，哥伦布的殖民教育还要继续。[12]

在最大的岛屿上，人们开始砍伐树木，因为和加那利群岛一样，这里一些树上的树脂可以加工成燃料。波尔图桑塔岛上的树木不多，这些树木遭受的命运有所不同。它们被砍掉，给牲畜和其他吃草的动物腾地方。他们还要将马德拉岛的一些树木砍掉，种上庄稼，尤其是当地急需的小麦，还有糖料作物。这里因为雨水充沛，糖料作物长势很好。在西西里岛、阿尔加维地区种植糖料作物，农民必须配有灌溉系统，以便给庄稼提供充足的灌溉用水。马德拉岛理想的气候条件增加了甘蔗的天然含糖量，使得甘蔗容易生长和蔗糖易被提炼。然而，岛上的陡坡不利于用大种植园的方式种植。这里和加那利群岛一样，热那亚人投资建设糖厂，葡萄牙人出力干活。不过，这些欧洲人很快让从几内亚湾抓来的非洲人和从加那利群岛抓到的关切人，都开始种植甘蔗。虽然蔗糖的种植和生产大获成功，但是这些欧洲殖民者获得的利润微乎其微，绝大多数利润都进了热那亚投资者的腰包。

到 15 世纪中期，马德拉岛每年还生产大约 12000 蒲式耳（bushel）谷物。[13] 另外，该岛还适合种植葡萄。岛上的人们开始酿造流传至今的以其产地命名的烈性葡萄酒。不久，热那亚人继续增加该岛屿贸易和经济开发的投资力度，虽然来自其他地区的商人，比如佛兰德商人，也开始登上这个岛屿。现在，随着葡萄牙的供应量日趋稳定，蔗糖的市场打开了。

1455 年，马德拉岛开始赚钱。大约公元 1500 年，岛上有 211 处制糖工厂。很多房产归热那亚人和佛罗伦萨人所有。非洲人，还有加那利奴隶被送到这里，为的是增加糖的产量。16 世纪初，糖产量大约为1360 吨。然而，1520 年代——当时，新大陆的蔗糖生产开始起步——马德拉岛蔗糖产量却显著下降，再也没有达到先前的巅峰。[14]

不过，有一段时间，葡萄牙的这个产糖岛屿是其他国家艳羡的对象。熟悉了马德拉岛和波尔图桑塔岛之后，水手们开始设法前往更远的大西洋腹地。不久，他们看到了亚速尔群岛等一系列无人岛。该群岛位于马德拉岛的西北部。葡萄牙语 "Ilhas dos Açores（亚速尔群岛）" 的意思是 "苍鹰栖息的群岛"，让人们想到认识自然界是早期航海事业的重要组成部分。[15] 1439 年，葡萄牙人开始移居这个岛屿。虽然对于种植糖料作物来说，亚速尔群岛太靠北，但是葡萄酒和谷物产量则非常喜人。没过多长时间，亚速尔群岛和马德拉岛被并入了日益扩大的葡萄牙势力范围（Portuguese world）。

一些水手继续向南，优化了"volta da Mina"。"volta da Mina"指的是随着人们对海风和洋流的深入认识，进而发现的往返于非洲和葡萄牙之间的航线。其中"Mina（迈纳）"是第一个葡萄牙海外定居点，即今加纳境内的埃尔米纳（Elmina）。大约1440年代，与非洲人建立联系之后，一些欧洲商人迅速在非洲海岸建立了一些"工厂（feitorias）"。这些"工厂"是简单的贸易代理站。第一家设在迈纳，很快就遍布了整个海岸。葡萄牙人带来了纺织品、珠子、马匹、铜制品，以及枪支和其他武器，换来的黄金、香料、象牙、奴隶装满了返回欧洲的大船。从15世纪到1530年代前后，被当奴隶卖掉的非洲人估计大约有156000人。[16]

除了非洲堡垒附近的大西洋岛链之外，葡萄牙又发现和殖民了一条岛链。这条岛链距离非洲大陆西部大约650公里（400英里），是由10个岛屿组成的群岛。葡萄牙人将它称为佛得角群岛（Cape Verde Islands）。具有讽刺意义的是，"verde（绿色）"指的是几内亚、塞内加尔附近非洲海岸的翠绿（verdant）之地，而不是这些岛屿。和北面的加那利群岛一样，这些岛屿大多是干旱的不毛之地，不过部分岛屿，比如最大的圣地亚哥岛（Santiago），多山，处于热带。经由"volta da Mina"航线返航时，水手们中途停靠这些岛屿。后来，1460年代，圣地亚哥岛上才有了设有政府管理机构的定居点。起初，水手们发现这里和马德拉岛一样没有人居住。与非洲大陆上的情况不一样——比如，葡萄牙人在非洲大陆发现了卓洛夫人（Jolof），可是，据目前所知，在圣地亚哥岛，水手们遇到的是一片静寂。如果那里曾经有人类生存过的话，所有痕迹也早就被岛上时刻不停的大风给刮跑了。和马德拉岛、亚速尔群岛一样，佛得角也见证了当年不同群体——水手和商人——上岸的情景，然而没多久，随着这些岛屿，尤其是圣地亚哥岛，因深陷奴隶贸易而充斥了大量的非洲人。

　　很快，圣地亚哥岛具有了欧洲殖民地的所有特征。这是一种形成于大西洋，复刻于加勒比地区的流程。首先，找到一个位置理想的港口，圣地亚哥岛上有大里贝拉港（Ribeira Grande），港口附近有沙滩，环绕沙滩是陡峭的周围遍布绿色植被的小山，还有一条小河为岛上提供了淡水。另外，几排住房、几条街道和一座教堂被修建起来。山坡上较高的地方修建了一个修道院。山顶上修建了堡垒。美丽的风景绵延数英里远。[17] 这种定居点在很短的时间内就可以建起来。当然，不同的地方可能会存在一些差异。有的地方，堡垒先建起来，然后是修道院，接下来才是人们居住的房子。这些元素往往相同，虽然有时候顺序会有不同。定居点一般不设在内陆，而是建在海边，为的是方便将货物装上船，和船上的人做买卖。

　　干燥、多风的气候——这些岛屿的降雨没有规律，往往降水量很少，还经常有撒哈拉沙漠的风刮来——意味着这些地方不适合种植甘蔗。但是，一些群岛可以生产盐，其中一个岛屿的名字"Sal"（和英文"salt"接近）就可以证明这一点。不过，开发这些岛屿的主要目的是为当时迅速兴起的海上交通和奴隶买卖建设一个中途停靠点。

　　教皇对大西洋上发生的这些事情越来越感兴趣，越来越关心。1455年1月8日，教皇尼古拉五世（Pope Nicholas V）颁布了《教宗训令》（Romanus Pontifex），赞扬阿方索五世在管理马德拉岛和亚速尔群岛的殖民活动，以及对非洲的侵袭和让非洲人皈依基督教方面所作的贡献。教皇还授予了将不信上帝的人作为奴隶使用的许可。在这一时期，天主教仍然在欧洲掌握和发挥着巨大的影响力。殖民扩张方向在很大程度上取决于教皇的政策和教会的支持。大西洋的殖民，以及后来加勒比地区的殖民，不仅是市场发展目标或热那亚商人的项目（当然，他们对于这一目标的出现至关重要），同时也是教会和政府的目的。宣称海外领地和奴役"不信上帝之人"需要获得葡萄牙、卡斯蒂利亚、阿拉贡等国王室的支持和梵蒂冈的许可。

　　殖民项目可以追溯到早先的"收复失地运动"。例如，1452年6月18日颁布的《教宗训令》（Dum Diversas）授予葡萄牙国王攻击、征服不信上帝的人，并夺取其土地的许可。这一训令影响巨大，因为伊比利亚半岛当时很多地方还处在伊斯兰哈里发的控制之下。即使在1249年，葡萄牙将伊斯兰的统治赶出阿尔加维南部之后，对非基督徒的攻击依然没有被禁止。实际上，基督教欧洲一直对异教徒的威胁忧心忡忡。这种传统几乎可以上溯到伊斯兰教建立初期。这种担忧延伸到地理大发现初期也并不奇怪。虽然征服和殖民理念经历了无数次的重大改变（尤其是新教徒到来之际），但是，事情的起点就在这里——伊比利亚半岛的多山地带。这并非一件事情导致了另一件事情，即同伊斯兰教作战导致海外扩张，而是这里存在一种制度性框架。借助天主教会，这一框架将发生的一切合理化。葡萄牙人、卡斯蒂利亚人、阿拉贡人和热那亚人涌入了新世界，遇到了与自己截然不同的人，他们很难找到一个解释这件事的词语，于是，他们选择使用他们所拥有的词汇。

　　然而，地理发现和征服的接力赛旷日持久，让卡斯蒂利亚王室和葡萄牙王室之间本已很脆弱的关系变得越发紧张起来。双方都想宣称这些新发现的地方，并获得发现其他地方的权利。教皇不得不出面来平息矛盾。接下来的一系列条约终止了两个王国之间针对新领土的争吵。1479年签订的《阿尔卡苏瓦什条约》（Treaty of Alcáçovas）终结了卡斯蒂利亚的王室继承权战争，同时还规定，葡萄牙承认卡斯蒂利亚和阿拉贡对加那利群岛的权利，以换取葡萄牙对马德拉岛、亚速尔群岛、佛得角的权利。这为1493年的《子午线诏书》（Inter Caetera）和1494年的《托尔德西里亚斯条约》（Treaty of Tordesillas）提供了一个先例。《子午线诏书》是教皇亚历山大六世——他来自臭名昭著的瓦伦西亚波吉亚家族［Valencian Borja（or Borgia）family］——在哥伦布航海之后颁布的训令。《托尔德西里亚斯条约》将葡萄牙殖民地界限确定在佛得角以西370里格（league）（约1185海里）处。这条线以西之地归卡斯蒂利亚。

/ 030

这条虚拟的界限具有实实在在的意义。

1492 年之后，随着伊比利亚半岛上的国家排斥拒绝皈依的非天主教徒，很多非天主教徒开始进入这一逐渐扩大的大西洋世界，其中，犹太人占了大部分，尤其是 1497 年，葡萄牙决定效仿西班牙，强迫犹太人皈依时。当时，数千人被杀，另外数千人被驱逐到殖民地，尤其是几内亚湾的圣多美岛（São Tomé）。一些人虽然为了活命选择了皈依，但皈依后离开了先前的国家，这些所谓的"新基督徒"，或葡萄牙语所谓的"cristãos novos"辗转前往佛得角，然后从那里再到其他地方。

哥伦布出海时，他不仅具有地中海的航海经历，还在欧洲早期殖民大西洋的过程中扮演了积极角色。在抵达波尔图桑塔之前，他曾经去过希俄斯岛、突尼斯、马赛，而且，更早的时候，甚至去过冰岛和爱尔兰。1480 年代，他还参与优化了"volta da Mina"航线。他了解加那利群岛和佛得角，对非洲人和关切人也有所耳闻。他意识到，蔗糖是一个能带来高收益的东西。哥伦布不是一个对着地图想入非非的人，而是这一新兴的大西洋殖民活动的积极参与者。

*

这位海军将军第一次进入西印度群岛海域，看到不信上帝的人，他想起他在加那利群岛和地中海岛屿上遇到的那些不信上帝的先例，认为也可以将这里的人抓去做奴隶，让他们信仰基督教。他与这些岛屿的第一次接触可能和他心中的奢华景象不一样。这些岛屿看上去差别不大，没有那种东方的异国感觉。在日记中，哥伦布说他遇到的"'印度人'相貌英俊，个头不小。没有一个人是黑皮肤，肤色和加那利群岛上的人一样"。不过，哥伦布和他之后到来的数百人无法——也懒得——想办法用现有的词汇来解释这个新世界及它的居民，而是想出了一套新的词汇。

迭戈·阿尔瓦雷斯·切昂卡医生（Dr Diego Álvarez Chanca）是哥伦布第二次前往西印度群岛（1493 年 9 月到 1496 年 6 月）的随行医师。这位医生的日记可以被视为他们自创词汇来描述新世界原住民的始作俑者："泰诺人（Taino）"和"加勒比人（Carib）"。虽然，人们今天用"泰诺人"和"加勒比人"［有时还用"阿拉瓦克人（Arawak）"］来指加勒比地区的原住民，但是这两个词的含义相当模糊。几乎从一开始，这两个族群就反差强烈：泰诺人性情和善，乐于助人并效力于西班牙人，而加勒比人天生好勇斗狠，他们残杀泰诺人，经常吃泰诺人的肉，并攻击新上岛的人。切昂卡生动描述了远征队停靠日后被称为"瓜德罗普岛（Guadeloupe）"时所发生的事情，栩栩如生地反映了这两个民族的不同之处。那位医生看到，"船长划小船到岸边，然后进入几户人家……他带走了四五条胳膊和人腿。看到这一幕，我们就怀疑这些岛屿是加勒比群岛，岛上的人吃人肉"。[18] 实际上，关于他的第一次远航，哥伦布写道，据说这个新大陆有人"吃人肉"。[19]

后来，切昂卡看到，"很多男女岛民走在海边的沙滩上，看到船队后非常惊诧……一艘小船来到岸边，跟他们说'tayno'，'tayno'，'好'的意思。只要我们的人不离开海边，他们就一直待在那里。他们希望用这种方式逃生"。[20] 哥伦布使用这些词语，而切昂卡将这些词语记录下来，关于两种截然不同的民族的说法就这样产生和流传下来。一般认为，大安的列斯群岛，即伊斯帕尼奥拉岛、古巴岛、波多黎各岛的居民属于天性和善的泰诺人，而那些小岛上的居民则是性格暴烈的加勒比人。

不过，在过去的大约 30 年里，很多领域的学者对这些美洲印第安人的差别如此之大提出了质疑。他们还质疑，这些人是否如好几代作者在关于这些岛屿历史的作品中所述的那样，已经"灭绝（extinct）"。研究不仅（通过 DNA）发现了那些岛民在生物学上的存续，还发现了遗存的文化习俗，甚至档案证据。[21] 然而，不容置疑的是，这一相遇让彼此的生活从此发生了天翻地覆的改变。各种背景，过去素未谋面的人——

美洲人、非洲人、欧洲人——时而聚集，时而分离。疾病开始攻击每一个人。暴力也是如此。有人调查过加勒比地区原住民之间的差异。数百年来，欧洲人撰写的历史短文章或第一手记录，例如切昂卡，对加勒比原住民的身份作了很多阐述。但是，他们既不了解当地文化，也不懂当地的语言。

岛与岛之间也会发生战争，这并不奇怪。和其他地区的国家和民族一样，盟友关系经常变化，战争时而开始，时而结束。一个民族说另一个民族是好人还是坏人，不能成为新上岛的外来者作判断的依据。相反，欧洲人经常根据哪些民族帮助他们，哪些民族朝他们射箭来判断他们的好坏。一般认为，泰诺人乐于助人，加勒比人具有强烈的敌意。大安的列斯群岛的原住民对欧洲人进行了不断的反抗，但是双方愿意合作的传说也一直存在。加勒比的印第安人成为旧世界和新世界相遇的象征。即使数千印第安人死亡，但是这种对立的看法依然存在：他们吃人肉，他们性情和善；他们是野蛮人；有时候，他们是食人族与性情和善的统一体。欧洲人对这些原住民的看法体现了他们殖民这些岛屿的成败。矛盾的认知并没有因为一些从未涉足这些岛屿的欧洲人发表的大量文章，比如彼得·马特（Peter Martyr）1516 年出版的《新大陆》（*De Orbe Novo*）而有所改变。这些作者依据的是欧洲人的记述，但这些欧洲人去新大陆主要是为了寻找黄金，皈依那些不信任何宗教的原住民，而不是为了深入研究那里的文化。马特的作品汇编了一些探险家的报告和书信，极具误导性。该书出版之后，很快被翻译为不同文字并广为传播，欧洲各国的读者争相阅读。

虽然根据我们生活的社会来判断那个社会没有什么意义——人类学和考古学直到 19 世纪才出现——但是，需要指出的是，"Taino" 和 "Carib" 一直沿用到今天。同时，具有讽刺意味的是，想出这两个称谓的人可能不太清楚他们自己的身份。"Hispania" 一词是罗马人的发明。那时，现代意义上的西班牙还没有完全形成。热那亚尚不属于后来于 1861 年独立的意大利。在那个时期，宗教信仰是划分社会群体的一种重要方式。

如果那些原住民不是加勒比人或泰诺人，那应该是什么人？最近的考古学研究揭示了一段极为详细和确切的历史。[22] 在广义上，这些民族主要来自南美奥里诺科河（Orinoco）流域和其他流域。人们越来越多地在这一点上达成共识：在那位热那亚水手奉命出海的数千年前，他们中的一些人就学会了怎样利用河水和海水的流动向北行进。他们也在寻找某些东西，不过不是黄金，而是食物、植物，也许是新的落脚地。虽然他们也是水手，不过他们驾驶的是独木舟（canoe，独木舟一词最早来自阿拉瓦克语）。大约 6000 年前，他们抵达西印度群岛。从人类历史的角度上讲，可以说，他们是距离现在时间不算很久的移居者——加勒比海的居民。现在，据我们所知，这是人类历史上较晚的定居点之一。[23] 到了约公元前 4000 年，这些岛屿中的很多岛屿在人口上已经颇具规模。后来，又出现来自奥里诺科河流域和南美其他地方的多次移民潮。其中包括后来来自南美的数量庞大的萨拉顿德人（Saladoid）。他们在约公元前 500~公元 600 年之间登上这些岛屿。他们的居住点散布于从特立尼达到波多黎各的诸多岛屿上。其他人可能从南美沿海地区直接到达了伊斯帕尼奥拉岛和古巴。[24]

考古学家塞缪尔·威尔逊（Samuel Wilson）指出，这些早期的殖民者，和后来的欧洲人一样，"为了生活，有意识和无意识地改造了岛上的环境"。[25] 他们也需要种植庄稼，砍伐树木，在水中捕鱼。哥伦布抵达加勒比地区时，那里已经有了人口稠密的居住区，已经有了好几千人的"村落"。虽然"泰诺人"是一个笼统的称谓，指的是大安的列斯群岛的所有民族，其实那里还有其他民族，比如巴哈马群岛上与泰诺人做生意的卢卡约人（Lucayan）。这一地区各岛屿上讲的阿拉瓦克语各不相同，虽然阿拉瓦克人生活在南美北部，但人们经常觉得他们与泰诺人、卢卡约人没什么两样。[26] 实际上，有证据表明，大多数原住民都认为他们的文化与周围岛上的其他原住民，甚至与同一个岛上的原住民存在明显差异。[27]

　　哥伦布称为"泰诺人"的民族源于古代善于制作陶器的卡斯米诺德人（Casimiroid）和奥斯提诺德人（Ostionoid）。另外，面积小一些的岛屿上的很多居民是萨拉顿德人的后代。[28] 但是，在哥伦布之后，加勒比人的体貌特征发生了很多变化：卡里纳古人（Kalinago）指的是多米尼克岛和格林纳达岛上的居民，圣卢西亚岛（St Lucia）和圣文森特岛（St Vincent）上的居民后来被称为"加勒比黑人"，因为逃亡的奴隶和岛上的原住民混杂而居——他们也因激烈反抗欧洲殖民者而出名。因为说着各种各样的阿拉瓦克语，所以小岛上的居民有时候又被称为阿拉瓦克人。虽然有各种传言，但没有证据表明，这些岛屿上有人吃人肉。有关这个岛上居民吃人肉的传言都是民间传说。但是，对加勒比人的这种看法仍然一直存在，甚至流传到环绕这些岛屿的大海上。

　　有关泰诺人／加勒比人的这种误解引出了一场有关加勒比地区各原住民民族起源和区分的长期辩论，不过"加勒比人"吃人肉的看法可能是最难被改变的。1719 年，丹尼尔·笛福（Daniel Defoe）出版《鲁滨孙漂流记》（Robinson Crusoe）之际，新大陆的大多数原住民早已过世，但是，欧洲人对他们的传统看法仍然没什么改变。

　　书中主人公鲁滨孙船只失事后流落到一个荒岛上安顿下来。他因为这件事苦恼："曾经听说，加勒比海岸的人是吃人族，他们吃人肉。从纬度来看，我应该距离那个海滩不远。"后来，他在岛上发现五具独木舟，开始悄悄观察上岸的那些人。他看到的一切证实了他的怀疑。"两个可怜人被拖出船……拖到船外杀掉。"当他看到一个即将被杀掉的人拼命逃跑，不过后面的人并没有追很远，感到很惊骇。不过，他很快高兴起来，因为"我突然欣喜地想到……这是给自己找一个仆人的好机会……上帝在清清楚楚地呼唤我拯救这个可怜人的性命"。

　　鲁滨孙帮助这个逃跑的人杀死了追他的几个人，将他置于自己的保护下。大家都知道，这个人叫"星期五"。没过多久，他们再次前往星期五差点送了命的那个地方，发现那里"到处是人骨头……大块的肉乱七八糟地丢在那里，有的吃了一半，有的被砍烂了，有的烤焦了……虽然这让鲁滨孙感觉很恶心，但他说：'我发现星期五仍对地上的一些肉块垂涎欲滴，本性上他还是一个习惯于吃人肉的人，'但是我让他清楚地明白，'如果他胆敢再要吃人肉，我就杀了他。'"29

在这本文学作品的好几页中，这个加勒比地区的原住民不但被描述为一个做苦役的理想人选，而且还是一个本性难改的食人者。其他作者也固化了加勒比地区原住民是食人族的传说，虽然他们将食人原因归因于一种残忍的报复，而不是他们的天性。法国传教士佩雷·拉贝特（Père Labat）曾于1693年造访加勒比地区，写了很多关于这些岛屿的作品。针对多米尼克人，他说道："我也知道，这也是事实——最初英格兰人和法兰西人在这些岛屿落脚时，这两个国家的很多人被这些加勒比人杀死、熏烤，然后吃掉。但是，这是因为他们无力报复欧洲人的不公正与残忍行为，这是出于一种无奈的愤怒，而不是习俗使然。"30

在哥伦布到来前夕，伊斯帕尼奥拉岛上的民族生活在有组织的聚落中。有的聚落的居民多达5000人。男人狩猎、捕鱼，女人在田间劳作，哺育孩子，承担其他职责。他们所在的群体总的来说等级比较严格。31认为美洲印第安人好色或懒惰，当然是欧洲人的猜想，至少这是一种虚假的印象。伊斯帕尼奥拉岛存在集约型的农业和捕鱼业。关于哥伦布到达前西印度群岛的人口，估计值在几十万到数百万之间，差别很大。可以肯定的是，与欧洲人接触之后，因为疾病、劳作或杀戮，大多数人很早就死了。

哥伦布和他的部下，不久又有其他水手随后，将技术和细菌带到这些岛上。那些原住民对欧洲人带来的疾病的抵抗能力很差。欧洲人的枪炮往往是弓箭无法匹敌的。在哥伦布的时代，枪炮和其他武器，尤其是滑膛枪，取得了很大进步。32 在15世纪中期，船只可以携带越来越多的武器。这些武器的进步为欧洲人提供了相对于非洲人、加那利人和美洲原住民战术上的优势。后来,随着欧洲人用枪支在西印度群岛换取奴隶,武器还成了以物易物的一种商品。[33]

虽然对方携带疾病、马匹、船只、武器,但是原住民并不总是轻易投降。有很多充满敌意的记载。例如,1514 年,当西班牙人佩德罗·阿里亚斯·达维拉(Pedro Arias de Ávila)带领 19 艘船来到多米尼克岛时,他和 1500 名部下遭到了一阵毒箭的袭击。他们将船停泊在西北岸后,来到日后被称为"鲁珀特王子湾(Prince Rupert Bay)"的海湾里。慢慢的,这些西班牙人将岛上很小的一片土地变成了船只的补给站,但他们还是经常遭到袭击。往南,在圣文森特岛和散布的格林纳丁斯岛屿(Grenadines)上,加勒比人(和后来的加勒比黑人)与欧洲人的战斗一直坚持到 1796 年他们被押送到其他岛屿为止。[34] 在中美洲海岸沿线,欧洲人也面临着类似的骚扰。在尼加拉瓜和洪都拉斯,米斯基托人(Miskito)经常给西班牙人制造麻烦。欧洲人还侵入南美沿海地区,向南进入圭亚那领地(Guyana territory,后来的英属圭亚那、苏里南和法属圭亚那)。欧洲人将落脚点设在沿海的土壤肥沃之地,亚马孙内陆的原住民因为欧洲人几乎无法穿越的浓密丛林,而在很大程度上没有受到侵扰。当被运抵这里的非洲奴隶逃入森林,在那里聚集和组织反击时,欧洲人的麻烦就开始了。[35]

如历史学家马修·瑞斯特所说,另外还有一些更为常见的反抗。这种反抗包括各种形式,从怠工、破坏工具到干脆逃往其他荒岛,不让欧洲人找到。这些袭击和反抗一般发生在局部,而且往往很快就会被镇压下去,不大可能成为欧洲人撰写的岛屿历史中着重描写的部分。[36]

另外一方面,在加勒比地区的殖民过程中,西班牙人与那些被他们奴役和杀死的原住民之间的合作关系起了重要作用。实际上,据瑞斯特说,这种合作开始于船上。那些披坚执锐的"征服者"——经常被描述为西班牙人——实际上是背景各异的船员。非洲人是早期殖民过程中的一部分。他们被当作奴隶运到西班牙、葡萄牙，很多时候被当作高级仆人使用。他们频繁陪着主人出海，参与岛屿的殖民。胡安·加里多（Juan Garrido）从老家西非被带到里斯本，后来参加远征队前往波多黎各和古巴，为那里的开发作出了很多贡献。加里多在1502或1503年登上伊斯帕尼奥拉岛，属于最早造访新大陆的非洲人之一。从1519年前后的墨西哥远征回来之后，他获得了自由，居住在墨西哥城。[37]

同样，伊斯帕尼奥拉岛，后来还有美洲其他地方的很多原住民认为，帮助这些新来的人对他们有好处。从一开始，哥伦布一行至少需要翻译。有时候，他们之间的联合是出于战略上的政治考虑，有时候是出于个人利益考虑。性也是他们相遇的一部分。整船的西班牙人到来时，没有人带着女性。有些原住民女人自己愿意投怀送抱，有些女人是有影响力的父亲手中的筹码，还有一些女人是粗暴抢劫的牺牲品。其结果就是"梅斯蒂索人（mestizaje）"：原住民和西班牙人的混血。鉴于这个原因，伊斯帕尼奥拉岛和其他岛屿的传统被保存下来，虽然美洲印第安人的数量在持续下降。两个种族的分界不是那么严格。事实上，这个界限很容易逾越。

现代历史学家和社会学家只了解哥伦布之前的加勒比地区的部分碎片。美洲原住民看到哥伦布及其船队，经历了后来的混乱年代，他们的感受如何，会想些什么？关于这方面的记载极少。大量的记载讲的是欧洲人认为原住民们说了什么，讲的是加勒比人如何不与他们合作。随着时间推移，双方的相遇毁掉了很多文物，中断和改变了很多习俗，研究残余的文物和习俗意味着分析原住民自己说了什么，而不是别人替他们说了什么。整个美洲，从加拿大到阿根廷，都流传着当年的印第安人很听话的说法。第一个感恩节的想法，即美洲原住民救了最早登上北美大陆的英格兰殖民者，他们才免于饿死，已成为缔造美国的传说之一。温顺的泰诺人和与他们性情正好相反的加勒比人一样给加勒比历史留下了不可磨灭的印记。

　　1493 年，哥伦布急切地回到伊斯帕尼奥拉岛，一睹拉纳维达德的情况。这第二次远航规模要比第一次大得多。随行的有 17 艘船只。他计划将当初建立的那个偏远的定居点变成一个贸易中心，像迈纳一样的"工厂（feitoria）"，不过他也计划买卖黄金。[38] 他改变了航线。他和部下航行到了更靠南的海域，将船开到瓜德罗普和多米尼克之间。这一次出海，他命名了几个他们经过的岛屿："Santa María de Guadalupe"（即瓜德罗普岛）、"Santa María de Montserrat"（即蒙特塞拉特岛）、"Santa María de la Antigua"（即安提瓜岛）、"San Cristóbal"［即圣基茨岛（St Kitts）］、"Santa Cruz"［即圣克罗伊岛（St Croix）］、"San Juan Bautista"（即波多黎各岛）。直到 11 月，他们才抵达伊斯帕尼奥拉岛。他这样做，是想给自己的梦想更多的时间去发展成熟。结果，抵达定居点之后，这些梦想很快就化成泡影。那里什么也没有。没有生命的迹象。没有一个人。只是万籁无声的寂静。切昂卡医生这样描述当时的情景："我们来到先前的那个小镇。我们看到，小镇已被烧为平地。在草丛中，我们看到了基督徒穿过的衣服。"[39]

　　要是换了其他人，肯定不敢尝试再建一个定居点，但哥伦布不一样。在出海时，他就准备了一些牲畜和准备在定居点种植的甘蔗、葡萄和小麦。出发前，他有很多憧憬，但从来没有想到眼前可怕的沉寂和破落的定居点。他的部下很快选了一个新的地方，也是在北面的海岸边。这一次，他用西班牙女王伊莎贝拉（La Isabela, Queen of Spain）的名字来命名它。在很大程度上，哥伦布在这一紧要时刻的执着标志着美洲殖民活动的开始。哥伦布和他的部下没有被死亡的威胁吓倒，也不畏惧原住民，坚忍不拔，就像在他之后抵达的西班牙征服者一样，他勇敢进入了遍布岩石的现实地带，同时又勇敢地进入了一个更加可怕的精神地带。伊莎贝拉的开局很不顺利。没有足够的食物和水。不久，这些殖民者就前往内陆，寻找先前传说中的财富——从原住民那里抢夺，或者强迫他们干活。结果，这引燃了那些原住民因为先前拉纳维达德陷落而郁积的愤怒。1494 和 1495 年，哥伦布对伊斯帕尼奥拉岛的美洲印第安人实施了两次残暴的军事行动。经过杀戮和征服，他将大约 1600 人变为奴隶，将其中约 550 人送到西班牙。[40] 在这个意义上，哥伦布依然体现了旧大陆的道德准则。他知道，葡萄牙在使用非洲奴隶，教皇允许他们这样做——实际上，1436 年，教皇尤金四世（Pope Eugene IV）在一份训令中说非洲人是"上帝的敌人"。[41] 距离欧洲近一些的加那利群岛，欧洲人已经迫使关切人给他们做奴隶了。1495 年，西班牙王室允许买卖从加勒比地区抓到的人。除了那些被卖掉和被强迫去寻找金子的人，哥伦布让其他原住民种植木薯和其他作物。

还有其他问题。一些殖民者不大接受建"工厂"的想法。这些人很多是地位较低的贵族。他们觉得建设定居点这种艰苦工作有失他们的身份，尤其是周围有可以做这种工作的原住民时。他们头脑中总是想着"收复失地"的宏伟蓝图。他们认为，他们应该执行"劳役分派（repartimiento）"制度①。这种制度曾经用来重新分配从穆斯林手中夺取的土地。后来，加那利群岛也采用过它。实际上，这是一种协议。根据这一协议，如果一个人承诺在一块土地上耕作一定年限，那么这块土地就归这个人所有。然而，解决这个岛屿的问题，这种制度根本不合适。

/ 039

1494 年 3 月，哥伦布再次离开。这一次，他要探索更远的地方。他仍然认为自己处在东方。他让兄弟巴托洛梅（Bartolomé）留下管理岛上的事情。在接下来的航行过程中，哥伦布更深入地环绕和察看古巴岛、牙买加岛［圣爪哥（St Jago）］。而这个时候，他的兄弟正在应对一场大规模的叛乱。这场叛乱的起因并非一时一日。早在 8 月份，南部发现了一条很不错的金矿矿脉。巴托洛梅于是将首府迁移到那个矿脉附

---

① 西班牙殖民美洲和菲律宾时所用的一种强迫劳动制度。

近一个他命名为"圣多明各"的新建定居点。这也是一个具有战略意义的位置，因为这里有一个很理想的港口。不过，这大概是他所作的那个唯一让众人满意的决定。那时，定居点的移居者已忍无可忍，他们在弗朗西斯科·罗丹（Francisco Roldán）带领下发动叛乱。这些分离出来的殖民者迁往该岛西部。他们控制了原住民的一些岛屿，在那位王室任命的首领缺席的情况下，强迫当地人干活。与此同时，1496 年 3 月离开西印度群岛的哥伦布已经返回了卡斯蒂利亚。可惜的是，有关殖民失败的消息已经传到了王室。不过，巴托洛梅已没有时间担心这件事，因为与美洲印第安人的紧张关系再次激化。

但是这时候，两位天主教君主已经开始担忧这个殖民地的情况。显而易见，虽然哥伦布有所发现，但这些发现和他先前的承诺完全不一样。虽然王室顾虑重重，但是哥伦布要求进行第三次探险的游说工作做得很成功。1498 年 5 月 30 日，他再次从西班牙出海，这一次他只带了 6 艘船。船队经过佛得角群岛时，遇到了一片由于没有风而无法航行的水域——声名狼藉的赤道无风带。他们继续向南航行了很远，7 月 31 日船队驶抵特立尼达岛和南美洲之间，发现了陆地。一个月之后，他们终于回到伊斯帕尼奥拉岛。当时，岛上的形势已经非常严峻，哥伦布向愤怒的殖民者赐封劳动人口。

赐封制度借鉴了当时已经存在的一些制度：岛上的劳动力分配制度类似于一种原住民在酋长（cacigue）手下劳动的制度。实际上，这和伊比利亚半岛上的劳动制度有所不同。后者很像是近代早期欧洲的封臣制度（vassalage）。但是，在西班牙控制下的伊斯帕尼奥拉岛，这些酋长要向持有土地的西班牙监护主（encomendero）纳贡。作为交换，酋长和劳工可以获得一些报酬，可以皈依基督教。还有，作为西班牙王室的封臣，还可以享受理论上的保护，免受其他劳役或攻击。这种制度可以让当地有势力的统治者和西班牙人受益，对于很多在矿上和田地里劳作的劳工则没有太大影响。

听说哥伦布将获得原住民纳贡和劳动的权利授予了当地的殖民者，伊莎贝拉女王非常不满，因为这完全属于僭越行为。愤怒之下，两位君主派弗朗西斯科·德·波巴迪利亚（Francisco de Bobadilla）前往伊斯帕尼奥拉岛，取代让他们失望的哥伦布。此外，他们还授权准许其他探险家出海探索。另外，公元1500年，伊莎贝拉决定颁布"法令（cédula）"，宣布那些被哥伦布带到西班牙的美洲奴隶为自由人。为了解决西班牙人之间的骚动，同一年，波巴迪利亚将哥伦布、巴托洛梅和他们的另一个兄弟迭戈（Diego）镣铐加身，解往西班牙。不久，尼古拉斯·德·奥万多（Nicolás de Ovando）被任命为总督，于1502年抵达这个岛屿。和他一起到来的还有2500名殖民者。其中有一个名叫"巴托洛梅·德·拉斯·卡萨斯（Bartolomé de las Casas）"的雄心勃勃的年轻人。[42]卡萨斯的父亲佩德罗（Pedro）参加过哥伦布规模庞大的第二次远征。后来，他带着一个奴隶回到西班牙。仅仅一年之后，巴托洛梅就和他的父亲一起加入了奥万多的远航，准备到外面开拓未来。无论如何，巴托洛梅的这次出海经历不仅是身体上的，也是精神上的。

奥万多登上伊斯帕尼奥拉岛之后，决心让这个岛屿产生更多经济效益。他派人将制造麻烦的罗丹送到西班牙，派更多的原住民开凿矿石，竭力让黄金填满前往西班牙的船只，兑现找到黄金的承诺。这些殖民者急功近利，结果给所谓的"黑色传说（leyenda negra）"打下了基础，让人们认为这些来自伊比利亚半岛的侵入者是一群残忍无情的征服者。1503年，奥万多无计可施，只好告知王室，必须强迫让原住民去矿上干活。他还到周边岛上掠夺奴隶，以取代岛上奄奄一息的大批奴隶。他之所以可以这样做，部分原因是，他利用了最初由哥伦布炮制的食人的"加勒比人"概念和当地其他原住民之间的概念差异。伊莎贝拉女王被误导了。1503年，女王允许抓掠其他岛上的人做奴隶，"前提是，如果那些食人者继续抗拒，不愿意皈依神圣的天主教，不愿意为朕效力且服从于朕，你就可以抓住他们，将他们派到你认为合适的任何地方去"。[43]1503年

12月20日，王室颁布法令，批准了这种制度，但是关于西班牙殖民者虐待奴隶的消息经常传到西班牙。

奥万多想办法从这块殖民地中榨取利润，代价是原住民们因为过度劳累和疾病成批死亡——死在他的手上。1504年，他屠杀了很多当地酋长。1509年，当地据说有60000人，而1518年的人口统计显示只剩下11000人。黄金的供应也趋于枯竭。出口昂贵的亚洲丝绸、异国香料、贵重陶瓷的梦想越来越渺茫，取而代之的是伊斯帕尼奥拉岛上严酷的热带现实。

1502年5月11日，哥伦布再次起航，开始了他的最后一次出海。他带了4艘船，必须严格遵守不许前往伊斯帕尼奥拉岛的禁令。途中遇到6月即将刮起的飓风，他们想登上伊斯帕尼奥拉岛躲避时，遭到了拒绝。结果，他们只好在海上经受了暴风雨的洗礼。之后，他们的船经过伊斯帕尼奥拉岛，驶向洪都拉斯，考察了海湾群岛（Bay Islands）及中美洲沿岸。第二年4月，他再次起航前往伊斯帕尼奥拉岛，结果在6月份，他的船在牙买加搁浅。他们被困在牙买加。一些船员划着独木舟去伊斯帕尼奥拉岛求助。开始时，奥万多拒绝了。将近一年后，态度有所缓和，允许圣多明各派船去接他们。1504年，哥伦布终于返回西班牙。1506年，他在巴利亚多利德（Valladolid）去世。虽然他后来被剥夺了海军将军和西印度群岛总督的头衔，但是由于生前积攒了很多黄金，所以死的时候非常富有，但是他寻找黄金的过程并非一帆风顺，这让他在生命的最后一段时间里陷入了强烈的宗教狂热。他一直不承认他发现的地方不是东方。他看到的那个大陆没有用他的名字命名，而是用后来一个名叫"亚美利哥·韦斯普奇（Amerigo Vespucci）"的佛罗伦萨探险家的名字命名的。韦斯普奇在1490年代后期抵达新大陆。他写的航海经历被人们广为阅读。与哥伦布的航海日记不同的是，他认为自己看到的不是东方，而完全是另一个大陆。1507年，德国制图师马丁·瓦尔德泽米勒（Martin Waldseemüller）绘制的地图认可了这一判断，隔大西洋与欧洲相望的那片大陆被标为"美洲"。[44] 虽然哥伦布的名字没有直接出现在美洲地名里,但是它一直鲜活地留存在那些他当年途经岛屿的名字里:西印度群岛、加勒比群岛。

在这一时期,巴托洛梅·德·拉斯·卡萨斯一直在享受赐封制度带来的好处。这一制度让他发了财。他还向原住民说到,帮助镇压伊斯帕尼奥拉岛上美洲印第安人的叛乱。在这一段时间里,奥万多已下台。1509 年,哥伦布的儿子迭戈获得了这个岛上的最高权力。这一时期的其他远征活动推动了波多黎各岛(1508)、牙买加岛(1509)和古巴岛(1511)上定居点的建立。1513 年,卡萨斯前往古巴岛居住。他以牧师的身份前去,在一年前获得了这个神职。在古巴岛上,他的心灵经历了真正的转换。当时,一些有识之士越来越意识到原住民劳工遭受的虐待。1511 年,牧师安东尼奥·德·孟德西诺〔Antonio de Montesinos〕在圣多明各有关这个话题的布道内容引起争议。相关内容迅速扩散,引起岛上西班牙人的不满,卡萨斯深受触动。

卡萨斯开始意识到,西班牙控制下的美洲印第安人正在遭受虐待,赐封制度必须停止。他改变观念,开始呼吁废除赐封制度。1512 年,王室颁布了《布尔戈斯法》(Laws of Burgos),用于规范赐封制度,禁止虐待原住民。例如,其中规定"任何人都不得鞭打或侮辱任何一个印第安人,不得称呼对方为狗。除了称呼正式的名字之外,不得用其他方式称呼印第安人"。[45]

很难知道《布尔戈斯法》的很多条款是否真正得到落实——西班牙帝国的一个鲜明特点是"服从但不执行(obedezco pero no cumplo)"。随着这个听起来像是在弱化中央的法令被推行,新出现的制度能够让地处偏远的殖民地基层官员尽可能务实地执行王室政策,同时也给西班牙的帝国官僚政治应对出现的问题提供了一些灵活性。但是和大多数管理制度一样,这一制度也有可能被滥用。

古巴岛、牙买加岛、波多黎各岛经历了一条类似的轨迹——黄金

（迅速枯竭），饲养牲畜，人口减少，被冷落。不过，在 16 世纪上半叶，矿上的美洲印第安人劳工给欧洲殖民者生产出大约 60 美吨黄金，供后者出口西班牙。[46] 不过，欧洲人要的不仅仅是金属，和那些大西洋岛屿一样，他们还要人在这里给他们开垦田地，种植庄稼。农业生产方面的巨大变化开始了。大约 1513 年，伊斯帕尼奥拉岛的第一个蔗糖加工厂建成开工。很快，波多黎各也出现了不少加工厂。

卡萨斯开始向斐迪南国王讲述殖民地原住民的情况。实际上，他被授予了"印第安人保护者"的头衔。不过，劳动力短缺问题仍然存在，尤其是制糖产业。早在 1502 年，奥万多曾经运来一些非洲人，可是到这时候，那些人都已经跑掉，去原住民中寻求保护，于是他下令禁止从外部运入奴隶。[47] 但是随着原住民人口的减少，岛屿正在失去它的劳动力。1517 年，卡萨斯认为自己找到了解决问题的好办法——再次使用非洲人。后来，他后悔实施这个想法，因为到了后来，非洲奴隶的人数远远超过了美洲印第安人。1510 年，斐迪南国王允许将大约 250 名非洲人运到伊斯帕尼奥拉岛。可是到了 16 世纪末，大约 100000 名非洲人被运到西班牙在新大陆的殖民地。[48] 由于非洲奴隶来自教皇指定的葡萄牙在非洲的殖民地，因此，这意味着西班牙不能直接从源头那里购买奴隶，基于此，西班牙王室允许奴隶贩子给西班牙殖民地输送一定数量的奴隶，同时要求他们为这一资格支付金钱——这可谓一箭双雕。[49] 随着时间的推移，这一输入奴隶的安排被正式确定下来，后来被称为"协议（asiento）"。

在接下来的几十年里，卡萨斯继续在所有被西班牙征服的地区奔走呼吁，要求人们保护秘鲁和墨西哥的原住民。他还向西班牙国王查理五世（Charles V of Spain）请愿，将西班牙对尼加拉瓜的征服活动中止了两三天。查理五世发布"法令"，要求停止军事行动。在这段时间里，卡萨斯一直在撰写《西印度通史》（*History of the Indies*）。这本书直到他去世后才出版，不过，1540 年，他送给查理五世一本缩略版。这一缩略版后来以"关于西印度群岛被毁灭之简述（An Account, Much Abbreviated, of the Destruction of the Indies）"为名出版。在书中，他向国王陈述："在这四十年来［自1502年］，超过1200万人——男人、女人、孩子——被残暴、不公正地杀害，死于基督徒的残暴行为和工作环境极为恶劣的工程。"[50] 他向国王讲述了殖民者的戕暴行为："他们闯入村寨，连孩子、老人、孕妇、喂奶的女人也不放过，他们还划开女人的肚子，将婴儿乱刀砍死，就好像是在屠宰关在自己家羊圈里的羔羊。他们打赌，看谁能一刀划开男人的肚子。"[51]

随着时间的推移，非洲人替代了美洲印第安人。一个崭新的生产体系出现了。[52] 在南面，相关的殖民项目也在继续进行。大约1510年，在巴拿马的达连（Darien），在被称为"大陆省（Tierra Firme）"的地方，即从中美洲沿岸到委内瑞拉，西班牙征服者终于在危险重重的中美洲丛林深处建立了一个稳固的落脚点。三年后，巴斯克·努涅斯·德·巴尔波亚（Vasco Núñez de Balboa）穿过巴拿马地峡抵达太平洋海岸。此后的几年正值他暴力血腥的统治时期，造成大批原住民死亡。1519年，巴拿马城建立。西班牙人从达连迁往巴拿马城。大约在同时，古巴成为其他远征队深入探索美洲大陆，尤其是矣尔南·科尔蒂斯（Hérnan Cortés）进入墨西哥的跳板。

随着殖民者的四处流动，委内瑞拉海岸的珍珠成为黄金和蔗糖之外的出口商品。西班牙人在马加里达岛（Margarita island）和附近面积较小的库瓦瓜岛（Cubagua）、科切岛（Coche）附近海域建立了牡蛎养殖点。1520年，养殖点增加到100个左右。负责采集珍珠的是原住民（后来还有非洲人）。为了采集珍珠，他们被迫潜入牡蛎栖息的海底。[53]

有关西班牙人在美洲所作所为的消息，虽然有些迟滞，但还是传到了欧洲。当时正赶上欧洲的文艺复兴热潮。同时，随着1450年代印刷术的进步，各种消息和冒险、探险故事的传播速度大大加快。各种消息不胫而走。一些大胆的英格兰人、荷兰人、法兰西人纷纷为自己的探险计划寻找资金支持。不久，欧洲和加勒比地区之间的航线就成了一条船只经常来往的航线。随着欧洲的水手登上新世界海岸，这一情况越来越明显：加勒比地区是一个追求幻想的地方，是一个超越规则和社会规范的地方，同时，这也是一个充满财富、诱惑和活力的地方。在这里，先前的身份会受到挑战。在热带太阳的炙烤下，欧洲的社会阶层概念很容易"脱落"。同时，对于很多人来说，这里是野蛮和残暴之地，一个必死之地。对于很多对国内听说的那些浪漫故事深信不疑的人来说，这里会用粗鲁的方式唤醒他们。在16世纪末，新旧两个世界被牢固地连接在一起。虽然这时候，中世纪和文艺复兴的欧洲仍有微弱的脉搏，但是，在哥伦布和后来者横穿大西洋之后——不管结果如何——不仅想要控制"新世界"，还想为他们自己打造一个世界。不过，不是所有人都热衷于前往西印度群岛。1497年，威尼斯探险家乔瓦尼·卡博托（Giovanni Caboto）——又名约翰·卡博特（John Cabot）——受英格兰王室委托，从布里斯托尔向北穿越大西洋，抵达纽芬兰岛（Newfoundland）。1498年，葡萄牙人瓦斯科·达·伽马（Vasco da Gama）离船上岸，终于发现了通往真正印度的海上之路。探险时代随之开启。

对于西印度群岛来说，新的一章即将翻开。西欧人急切地登上这片海岸，一心要从听说了太多次的财富中分得一杯羹。然而拿到金子之后，他们并没有就此离开，还要继续用其他方式寻找财富。

在美洲发生了这些戏剧性事件之后，西班牙无法对外界封锁消息。整个欧洲的民众都在谈论"新世界"，讲述他们听到或读到的故事，并激励很多水手横渡大西洋。然而在理论上，这些新发现的岛屿，对于除了西班牙人之外的其他人来说，是禁止涉足的地方，因为教皇之前已经将新大陆划分为葡萄牙和西班牙两国的势力范围。英格兰和法兰西根本没有机会——除非他们不理会这些规则，擅自进入。16世纪早期，西班牙探险者和征服者抵达美洲大陆，看到了印加人（Inca）、玛雅人（Maya）和阿兹特克人（Aztec）的伟大文明，攫取了巨额黄金和白银之后，私闯禁地的动力就更大了。如果仅有好奇心还不够的话，那么获得财富的预期肯定具有足够的诱惑力。于是，从约1520年代开始，英格兰和法兰西的船只出现在西印度群岛的消息便时常传来。

　　然而，在探索加勒比海时期，欧洲正经历着一场对下一阶段殖民西印度群岛产生深远影响的巨大变化。当心有怨言的德国修道士马丁·路德（Martin Luther）于1517年将他撰写的《九十五条论纲》钉在维滕堡（Wittenberg）的教堂大门上时，就等于公开表达了对天主教会诸多腐败现象的不满。他当时的想法是改革教会，结果后来发生的事情极具戏剧性，影响颇广。不久，欧洲基督教分裂：宗教改革开始了。在随后的几年里，人们进行激烈的辩论，不同观点之间火药味很浓，新教教派得以确立。于是，天主教会召集特伦托会议（Council of Trent，1545~1563），应对这场危机。整个欧洲，包括低地诸国和德意志各邦，都有人反对天主教。1534年，英格兰的亨利八世（Henry VIII）也与天主教会决裂。这场矛盾并不局限于口头上的宗教理论之争。在马丁·路德发表《九十五条论纲》后的十年里，这场宗教分裂引发的武装冲突开始蔓延到整个大洲，以及大洋的对面。

　　在加勒比地区，这场宗教分歧最明显地表现在非西班牙水手表达的反天主教态度上：新教水手将悬挂西班牙（即天主教）旗帜的船只看作是合乎法理的攻击目标。北欧水手更为胆大，他们公然进入这些海域，进行探险和抢劫。很快，法国、荷兰船只也经常出现在西印度群岛海域，并登上一些岛屿。这种长途航行，不可避免要中途停靠港口，补充淡水和其他给养。就在这一时期，这些水手开始接触小安的列斯群岛岛链，其中很多岛屿上的西班牙人寥寥无几。这些岛上的原住民听说他们也是西班牙的敌人，往往很愿意帮助，并与这些不一样的欧洲人做生意。不过，西班牙开始憎恨闯入这些海域的水手，经常称他们是"路德的海盗（corsarios luteranos）"。[1] 当然，这些私闯禁地的水手还有一个名字——海盗（pirates）。这些来外海抢劫的人并非来历不明：这一时期，来自摩洛哥、阿尔及尔、的黎波里和突尼斯的水手抢劫基督徒的船只，囚禁异教徒，为奥斯曼国库筹集资金——给地中海地区造成了巨大破坏。他们被称为"柏柏尔海盗"，令出海的欧洲基督徒闻风丧胆。在1600~1644 年期间，他们一共俘获了 800 艘英格兰、苏格兰、威尔士和爱尔兰商船——更不要提俘获的数千艘其他基督教国家的船只——总共俘获了大约 12000 人。[2] 但是，当柏柏尔海盗俘获这些他们认为不信真主之人时，加勒比海的北欧水手利用欧洲的这种宗教分歧为他们劫掠满载贵重商品的西班牙货船进行辩解。

虽然人们对欧洲教会，对于加勒比地区信仰天主教的西班牙人怀有敌意，但是 1556 年登基的西班牙腓力二世（Philip II of Spain）有一个重要的心理安慰：新大陆的贵金属，而且这些贵金属的供应似乎永不枯竭。实际上，1545 年有人在波托西（Potosí）发现了一个储量很高的白银矿脉之后，这个坐落在安第斯山麓海拔大约 4050 米（13300 英尺）的城镇很快繁荣了起来。在那个世纪结束前，这个城镇的人口就达到了150000，远超新大陆的其他城市。在高出云端的山上，采掘银矿的矿工下入矿井，为数千英里之外的战争提供资金。然而，腓力国王对银子的嗜好永不满足。大约在这个时候，出现了一种将金银运到西班牙的更为系统的方式。这就是人们称为的"flota"西班牙船队。每年春天，一支大型船队从塞维利亚起航（后来直接从加的斯动身，因为瓜达尔基维尔河往往充斥着淤泥，大船很难上溯到塞维利亚），顺流而下。船上装载着各种各样的西班牙商品，如橄榄、葡萄酒，以及欧洲其他国家生产的布匹。抵达加勒比地区之后，船队分成两部分，"大帆船（galeones）"①驶向"新西班牙"（墨西哥），"flota"则驶向大陆省（巴拿马）。在大陆省农布雷德迪奥斯港（port Nombre de Dios）和后来的波托贝洛（Portobello），商人兜售船上的货物，水手们去逛酒馆。同时，骡队从秘鲁出发，沿太平洋海岸北上的船上驮着一包包贵重金属，穿越巴拿马地峡。骡队还要等待来自西班牙太平洋殖民地马尼拉的大帆船，他们要驮着这些船上的奢侈品穿越地峡抵达加勒比地区的各个港口。1560年代，西班牙人差一点就到了中国。他们在离中国不远的菲律宾宿务岛（island of Cebu）建立了一个太平洋前哨站。从那里，他们可以接触到奉行闭关自守政策的中国人。中国的船只，具体说是舢板（junk），很快就开始用他们的商品换取一种自己紧缺的，但西班牙可以提供的东西——白银。³ 驾驶大帆船的西班牙人是连接早期全球市场的"缺失的一环"。⁴ 几个月之后，当黄金、白银等货物装上停泊在巴拿马和新西班牙的商船后，船队就起航驶往哈瓦那。在那里，两路船队会合，沿着北美海岸，驶向佛罗里达海峡（Florida Straits），穿越大西洋。

其他水手了解到西班牙船队的这套运输线路之后，很多人急切地想要俘获其中一艘装满黄金或白银的商船。这也诱惑水手们继续向西，而不是像很多欧洲水手那样向东。并且，在反天主教情绪的道德情境下，一些敌意和挑衅心日盛的荷兰、英格兰和法兰西船员开始进入加勒比海。荷兰与西班牙的矛盾尤为深重，因为"联省（United Provinces）"作为神圣罗马帝国的一部分，被置于西班牙哈布斯堡王朝

① 西班牙大帆船（Galleon）音译为"盖伦船"或"加利恩帆船"。

（Spanish Habsburg）的统治之下。后来，当神圣罗马帝国皇帝查理五世（Emperor Charles V）①将哈布斯堡王朝统治下的尼德兰领地交给他的儿子腓力二世时，更加惹恼了尼德兰人，因为这意味着，这一地区将永远由西班牙管理。零星的反抗最终酿成了1568年荷兰（Holland）和泽兰（Zeeland）的大起义，很快发展成为一场史称"荷兰独立战争（Dutch Revolt，即八十年战争）"的大规模独立战争。这场战争持续了八十年。西印度群岛周围的海面也成为陆上战场的延伸。英格兰也开始对西班牙用兵。英格兰的伊丽莎白一世允许民船帮助信仰新教的荷兰人争取独立。这些民船到处攻击西班牙船队。这种袭击行为被称作武装民船的私掠行为。这意味着，这种本来属于海盗行为的活动披上了合法的外衣。例如，这些船只携带着英格兰国王开具的，允许袭击西班牙船只的捕掳特许状在海上游弋，自己留下一部分战利品——剩下的，当然要交给王室。而海盗则不受这种约束，他们与英文中被称为"freebooter"、法语中被称为"flibustier"、荷兰语中被称为"vrijbuiter"的水手的行为如出一辙。他们虽然实施攻击和抢劫行为，但有时也依据王命实施私掠行为。这些海盗往往人员繁杂，有男性，也有女性，既有白人，也有有色人种，既有奴隶，也有自由人。年龄也相差很大。未成年的男孩为了上船往往虚报年龄。大多数海盗来自社会最底层。17~18世纪，逃亡的奴隶据说占到了海盗的四分之一——在船上效力往往可以替代服劳役和被奴役，虽然船上也有一直被当作奴隶使用或被非法卖掉的人。[5]

　　这些实施武装民船私掠行为的水手在有战事爆发时往往可以代替海军行事。当时，作为国家军事力量组成部分的海军还没有完全成形。英格兰和荷兰往往依靠这些自发行事的水手来实现政治目的，如果不只是财务目的的话。在英格兰，最后的一名私掠船长（英格兰说他是私掠者，而西班牙则说他是海盗）是弗朗西斯·德雷克（Francis Drake）。

---

① 即西班牙国王卡洛斯一世。

在他的指挥下，英格兰船只对西班牙商船发动了大规模的劫掠活动，西印度群岛包括在内。虽然他没有俘获运送贵重金属的船队，但是他在1586年的行动震动了西班牙。在那次行动中，他先突袭圣多明各，将那座城市相当一部分烧为平地，接着突袭卡塔赫纳（Cartagena），最后突袭佛罗里达的圣奥古斯丁（St Augustine），将整座城市付之一炬。后来，腓力二世决定强化西班牙在西印度群岛重要前哨的防卫力量，制订了一个庞大的堡垒修筑计划，为哈瓦那的莫罗城堡（Castillo de los Tres Reyes Magos del Morro）和圣胡安气势恢宏的圣费利佩德尔莫罗城堡（Castillo San Felipe del Morro），以及墨西哥的圣胡安德乌鲁阿（San Juan de Ulúa）堡垒和巴拿马地峡的波托贝洛堡垒打下了基础。其中很多工程规模浩大，花费了一个世纪的时间才完成，迫使西班牙不得不经常动用海岸守卫（guarda costa）的船只巡逻，拦截各种可疑舰船。

1588年，德雷克的战绩达到了一个戏剧化的高潮。那年，西班牙派遣由大约130艘船组成的无敌舰队北上英吉利海峡进行报复，结果一败涂地，颜面尽失。在这场战役中，英格兰没有损失任何一艘船。德雷克还和另一个私掠船长约翰·霍金斯（John Hawkins）帮助埃芬汉的霍华德勋爵（Lord Howard of Effingham）指挥的英军获得了胜利。这场战役结束之后，私掠活动继续进行。1596年，德雷克在波托贝洛港附近死于痢疾。但是海盗活动一直持续到1604年英格兰与西班牙签订条约。然而，条约的签订并没有带来持久的和平。1618年，极具破坏性的三十年战争（Thirty Years War）开始了。在宗教的推波助澜之下，这场冲突将欧洲的大多数国家都卷了进来。

*

虽然这个时期充斥着政治动荡、宗教纠纷、战争、海上劫掠，但是欧洲人在加勒比地区持续殖民的其他方面也在改变他们对这个世界的认知。那些岛屿和周围的海滩到处是这些欧洲人从来没有见过的动植物——这一片新发现的陆地上的自然景观立刻让他们产生了强烈的好奇心。随着海上运输的日渐频繁，被带到大西洋对岸的植物样本也随之增加。

塞维利亚医师尼古拉斯·莫纳德斯（Nicolás Monardes）总是热切希望能收到新植物品种的样本，尤其是那些具有药用特性的植物。一种植物让他格外兴奋。他在 1574 年首次出版于塞维利亚的一部多卷本著作中详细介绍了这种植物，以及它的诸多优点。三年之后，这本书被译为英语，书名是《关于新世界的趣闻》（*Joyfull Newes out of the Newe Founde Worlde*）。[6] 莫纳德斯在书中说，这种植物的叶子"对于治疗头痛格外有效，尤其是着凉引起的头痛……头痛发作时，必须将加热后的叶子敷在痛处。必要时多敷几次，直到疼痛消退"。[7] 这简直是一种神奇的植物。他对于治疗胸痛和胃痛也很有效。莫纳德斯还认为它可以"祛除口腔脓液和溃疡"，杀死体内寄生虫，缓解关节痛。这种植物的使用方式多种多样，既可以将叶子直接敷用，也可以研磨后再敷用，还可以点燃后吸其烟雾。将叶子研磨后"与糖混合在一起，做成糖浆"，"在祛除溃疡和胸部脓液方面效果非凡"。[8] 这种神奇的植物到底是什么？烟草。

当时，身处美洲之外的人从来没有见过烟草。它是产自新大陆的一种植物。烟草的种植早在公元前 5000 年就开始了。[9] 美洲各地广泛使用。它还被传播到加勒比地区。正如莫纳德斯意识到的，它有很多用途，不限于药用。莫纳德斯引用很多旅行者的记叙，说明当地祭司在很多仪式上使用了烟草，"印第安人用这种东西来消遣，他们吸闻烟草产生的烟雾，为的是让自己醉倒，看到某些幻觉，使某些逝去的东西再现，进而让他们产生强烈的愉悦感"。[10] 但是，点燃后吸入烟雾只是摄入这种东西众多方法中的一种：美洲原住民的用法还包括嗅闻、咀嚼、饮用，或将它用在奶油中。[11]

莫纳德斯说，印第安人也使用烟草"来消困解乏，缓解疲惫"。[12]
它的提神效果似乎还传到了非洲，因为莫纳德斯说，"从非洲去的黑人
用与印第安人同样的方式使用烟草。当他们感到疲惫的时候，他们就用
鼻子和嘴吸入烟草的烟雾"。[13]烟草里的尼古丁会刺激大脑，麻木疼痛。
结果，欧洲药剂师和草药医生纷纷研究这种植物，将它入药。然而，有
很长一段时间，他们是最早吸烟的欧洲人。哥伦布的两个船员，罗德里
格·德·耶勒兹（Rodrigo de Jerez）、路易斯·德·托雷斯（Luis de
Torres）是最早吸烟的欧洲人。1492年10月28日，他们试着吸了吸
美洲印第安人递过来的烟卷。[14]不过，哥伦布那次返航时，船上并没有
带着烟草，因为他怀疑这和美洲印第安人的异教风俗有关。宗教裁判所
也持类似看法，他们用行动表明了对这种植物的态度：耶勒兹被囚禁三
年，原因是当众吸烟。[15]但是，人们的好奇心太大了，很快烟草种子被
偷偷带入西班牙和法兰西。这两个国家的人们开始种植烟草，并对这种
植物进行深入分析。

据说，约翰·霍金斯将这种药草从美洲带回后，1560年代的英格
兰人将它推而广之，将这种药用植物变成了一些人眼中威胁社会的东
西。[16]英格兰国王詹姆斯一世（King James I of England）将人们对烟草
的狂热视作民众体质虚弱的根源，是"野蛮的印第安人"的产品。[17]他禁
止吸烟和使用烟草，不满地说：

> 出于最低等的品味，让自己容忍、愚蠢地接受这种腌臜之物，
> 幼稚地以为在正确地使用它，你没有感到羞耻吗？滥用此物之时，
> 即在对上帝犯罪，在身体和外物方面戕害自己，装模作样，招摇
> 过市……这种习惯看着恶心，闻着呛人，它还伤害大脑，危及肺
> 脏……[18]

然而，已经为时过晚。这位国王在1604年发布他的《抵制烟草》

（Counterblaste to Tobacco）时，他的子民已经在广泛使用烟斗和痰盂了，而且早就在寻找养成这种习惯的更为经济的方式。詹姆斯的前任君主伊丽莎白一世曾经允许在北美海岸的劳诺克（Roanoke），位于今天的北卡罗来纳州，开辟一个种植烟草的地方，但后来没有成功。在詹姆斯一世在位时期，虽然英格兰的烟草税和烟草种植限制都有所增加，但这对于控制使用烟草或烟草棚的数量没有产生任何作用。

被烟草攻陷的不仅仅是英格兰。17 世纪，欧洲人还将烟草带到了远东。烟草在那里也广受欢迎。[19] 一旦人们清楚地意识到能用烟草大发一笔，西班牙人就会不顾宗教裁判所的劝诫，不断倒卖这种东西。他们将新大陆采摘的大多数烟草叶子运到塞维利亚加工。1620 年，这个城市建立了它的第一个烟草工厂，生产鼻烟，随即出现了烟草店。[20] 其他国家的商人对这种垄断日益不满。他们不愿意支付西班牙烟草行业制定的高价格。很快，英格兰人打算再次发现自己的供货渠道——这次他们成功了。英格兰人于 1607 年在弗吉尼亚建立的北美殖民地尝试种植烟草，虽然一开始很不顺利，但还是挺了过来，终获成功。1618 年，弗吉尼亚输出的烟草达到 20000 磅。1627 年，这一数字达到了 500000 磅。[21] 后来，英格兰人在百慕大建立了另一个种植烟草的殖民地。实际上，1624 年威廉·亚历山大（William Alexander）在他的小册子《致殖民地之建议书》（An Encouragement to Colonies）中提到了这件事。这个建议书的目的是怂恿苏格兰人前往新苏格兰（Nova Scotia）气温较低的地方。他说："百慕大的这个种植园，这个在先王抵达英格兰之际还不为人所知的地方，在很短的时间内就繁荣起来，现在，除了普通的（和价值极高的）烟草商品之外，他们还种植柑橘、无花果，以及其他各种水果。另外，他们现在确实想建一个糖厂。"[22]

烟草以疾风骤雨的方式攻陷了英格兰，以及整个世界。这也给英格兰投资者冒险去大西洋对岸开辟殖民地提供了动力。烟草很快褪去了它的原产地属性和药品属性，成为一种全球富裕群体能够支付得起的时尚品。在全世界范围内，很快出现了各种各样与吸食烟草相关的"装备"，例如锃亮的银质鼻烟壶、精雕细刻的烟斗，从而让这一嗜好超越了纯粹的化学物质带来的享受。不过，事实证明，这种植物大受欢迎也为欧洲其他各国提供了一个绝佳机会，去挑战西班牙的自娱自乐。这些欧洲国家越来越意识到，新大陆相当一部分土地和加勒比地区的很多岛屿上，西班牙的守卫力量很薄弱，这也许是殖民的好机会。

在 17 世纪最初的二三十年里，小安的列斯群岛不是被法国宣称占有［圣基茨岛的一部分、瓜德罗普岛、马提尼克岛、圣卢西亚岛、圣巴泰勒米岛（St Barthélemy）、格林纳达以及圣马丁的一部分］，就是被英格兰（巴巴多斯岛、尼维斯岛、安提瓜岛、蒙特塞拉特岛）或荷兰［圣马丁的一部分、刚从英格兰手中夺取的托尔托拉岛（Tortola）和安圭拉岛（Anguilla）、萨巴岛（Saba）、圣尤斯特歇斯岛（St Eustatius）、库拉索岛（Curaçao）、阿鲁巴岛、博奈尔岛］宣称占有。很多殖民者想要进入高利润的烟草行业，甚至马耳他的骑士阶层也参与进来，出资 120000 利弗尔（livre）购买圣基茨岛、圣马丁岛、圣巴斯岛（St Barts）、托尔图加岛（Tortuga）、圣克罗伊岛，虽然后来是法国在 1665 年花费了 500000 利弗尔把这些岛屿买了回来。[23] 这些欧洲国家在岛上建立了简陋的定居点，移居到这里的人们饱受风雨侵袭，飓风时而将他们吹得无影无踪，此外，他们还经常遭受原住民的攻击——跟他们做生意是一回事，但要拿走他们的土地完全就是另外一回事了。殖民根本不是一件容易之事。不过，慢慢的，情况有了转机。他们开垦荒地种植庄稼，商人们为过往船只提供给养，房子也越盖越结实，可以抵御热带大风。当地统治者为他们授予了土地所有权，为殖民活动提供了合法性。后来，又有其他殖民者到来和离开，还有人死在那里。其中很多人来自北欧。他们信仰不同的教派，其中包括法国的胡格诺派教徒、荷兰的加尔文派教徒和英国的清教徒。[24] 但是，和西班牙控制下的伊斯帕尼奥拉岛、古巴岛、波多黎各岛相比，这些信仰新教的岛屿没有迅速修建起来的网格状街道和庄严的教堂广场。

*

不同于海盗行为，烟草经营是合法的，但对西班牙人来说，它仍然是一件令人忧虑不安的事情。除了担心其他国家的烟草生意挤掉西班牙的市场份额，很多西班牙官员还担心烟草种植完全成为非法贸易的幌子。走私和海盗行为一样，可以带来很高的收益。西班牙殖民地执行着一套交易规则，规定殖民地的定居者只能向西班牙商船购买西班牙商品。走私的过程很简单。比如，古巴的西班牙殖民者需要布匹，而这些布很可能在塞维利亚布匹商人的仓库里，或者甚至，塞利维亚的布匹商人可能在等着加泰罗尼亚商人将他们从英格兰或佛兰德进口的布运过去。因为从殖民地获得的金银很少投入到西班牙经济之中，所以，西班牙的工业没有发展起来。随着殖民者需求的增长，西班牙被迫从欧洲其他国家进口商品，然后装船卖到海外殖民地。这种延迟刺激了需求，而需求又推高了价格。很早以前，这些商人就意识到，因为自己有商品出口的垄断权，所以可以控制价格。同时，西印度群岛上的西班牙人不管怎么迫切地想要新裙子或葡萄酒，也必须等待。载着这些商品的船只进港时，他们必须支付高价格，有时候还含有进口税。

没过多久，不列颠和荷兰走私者意识到，他们即使以低于西班牙人的价格出售商品，仍然能够获利丰厚，同时，可以为迫切的消费者提供他们想要的布匹或任何其他稀缺玩意，而且还不用支付任何税收。西班牙商人根本无法和他们竞争。这些岛屿是从事这种非法活动的天然场所——众多山洞和小海湾可以隐藏货物，没有人能把岛屿周围海域的任何一个角落都查到。当然，这并不意味着加勒比海岛上的西班牙人反对或不屑于参与这种事情——他们中的很多人也渴望从这种非法活动中获利，或至少愿意笑纳不法商贩提供的贿赂。17 世纪早期，西属岛屿要依赖于"船队（flota）"的兴衰，人们的生活往往很艰难。实际上，这些岛屿在很大程度上依靠殖民地的一种以银元进行的所谓"安置（situado）"补贴来度日，靠大规模劫掠获得的贵金属进行岛屿的防卫和管理。[25] 然而，这些收入远远不够，居住在岛上的人们，即使是官员，也不得不寻找补贴收入的其他方式。

很快，走私给伊斯帕尼奥拉岛北部海岸带来了一段痛苦的插曲。在多米尼加的历史上，这段时期被称为 1605 年的"浩劫年代"。这里发生了强制性人口迁出。17 世纪，"船队"不再停靠圣多明各，而选择停靠条件更好的哈瓦那港口。结果，伊斯帕尼奥拉岛的经济迅速下滑。岛上一部分人口开始从事走私，很多殖民者在金矿逐渐枯竭后对这里失去了兴趣。16 世纪，他们纷纷迁往墨西哥或南美各地。甚至载有运往这个岛上的甘蔗种植园的奴隶的船只也少了很多，使得大多数殖民者只能雇到给家里做仆人的奴隶，而雇不到去大型种植园劳动的奴隶。因为牛皮的价格很高，所以是牛而不是糖或烟草成了主要的经济支柱。伊斯帕尼奥拉岛的经济已隔绝于西班牙的主要贸易路线，这迫使岛上居民只能购买和使用欧洲其他国家商船销售的走私货。从西班牙商船之外的船上购买商品是非法的，但情况往往是，如果不从其他国家船上购买，就无处可买。在伊斯帕尼奥拉岛，最早的贸易点设在北部沿岸，比如蒙特克里斯蒂（Monte Cristi）和普拉塔港（Puerto Plata）等，而不是设在岛屿的另一侧，即圣多明各周围。

走私的特点决定了这种行为不可能有固定的路线，但商船有一些常见办法来通知岛民货船即将到来。例如，商船下锚停好之后，就会发送信号，响一声炮，岛上想要购物的居民就会坐进一艘小船里，向商船划去。大多数商人因为害怕被绑架，所以一般不上岸。如果商船停靠在某个隐蔽的地方，买卖双方就会在海滩上交换物品。奴隶，或者是船上干活的自由黑人，被委派为双方的中间人。[26] 岛上的官员很清楚这里面的文章，但他们睁一只眼闭一只眼（或者实际上，利用职务在货物交易中获取便利，或用其他方式从中渔利）。然而，因为这种非法贸易，这些岛民生产的牛皮很少能够大规模地运抵西班牙。到了1598年，每年走私的牛皮大约有80000张。[27]

巴尔塔泽·洛佩斯·德·卡斯特罗（Baltasar López de Castro）很少关心这个问题。他曾在圣多明各审问院（Audiencia）担任重要的行政职务。1597年，他因为政治矛盾而丢掉了工作。对他的惩罚措施是，在接下来的四年内，不准进入距离圣多明各20里格以内的地方。他绕过直属上级，坐船去马德里申诉。1598年，为了重新获得王室的器重，他制订了一个计划，向王室呈送了两份请愿书，详细陈述了伊斯帕尼奥拉岛的自然资源多么丰富，而其他国家商人的非法贸易如何破坏了该岛的经济潜力。另外，他还说，这些外国商人不信仰天主教，会污染当地原住民的灵魂。他建议用各种各样的措施来终结走私行为，其中一个措施是大幅减少走私活动频繁发生的岛屿北部的人口，强迫他们迁往圣多明各附近。类似的措施之前就有人提出——王室早已知道走私问题的存在——不过这一次，这一建议不仅恰逢其时，而且正赶上决策者情绪激昂。1602年初，西班牙东西印度群岛政务会（Council of the Indies）批准了这些措施，让洛佩斯官复原职。

但是，不难理解，伊斯帕尼奥拉岛北部居民并不欢迎这一方案，而且实际上，该岛其他地方的居民也不欢迎这个方案。执行这一命令的该岛总督安东尼奥·奥索里奥（Antonio Osorio，后来被认为是这一命令的残忍策划者）职业生涯的相当一部分时间在军营中度过。事实证明，这对于他来说倒是一件幸运之事，因为平息岛民的反抗和愤怒需要作战经验。政府命令普拉塔港、巴亚哈（Bayaha）、蒙特克里斯蒂、拉亚瓜那（La Yaguana）等地的人口必须迁走，前往新的城镇。不愿意将房子或牧场迁往南方的居民与官兵发生了冲突。奥索里奥寡不敌众。1605年，他从波多黎各调集了150名士兵。一个意外的讽刺性事件是，奥索里奥写给西班牙的一封信，信中他抱怨了面临的困难，落到了一群袭击西班牙商船的走私者兼私掠者手中。一年以后，这封信在古巴圣地亚哥被人发现。人口迁移政策一旦获得执行，对该岛的整体影响将是巨大的，因为它将严重打击该岛的牛皮贸易，以及该岛当时产量很小的蔗糖和姜。[28]

*

对于荷兰法理学家及哲学家雨果·格劳秀斯（Hugo Grotius）来说，新出现的全球海洋版图提出了一个新的问题：这片海域到底属于谁？他提出这个问题并不意外——他曾经是名律师，荷兰东印度公司（East India Company，EIC）就是他的一个客户。[29] 他在 1609 年发表的《海洋自由论》（*Mare Liberum*）中，认为那片海洋不属于任何一个国家，所有国家的海员都能够自由航行。这一看法得到很多荷兰、英格兰水手的热烈响应。但是，当时发生在公海上的冲突反映了一个法律问题。水手和西印度群岛的殖民者共同面对着法律的缺位，或者说，他们国内的法律如何适用于这个新世界，这缺少一个明晰的说法。让人们更加糊涂的是，那些年没有一张有关这片海域的准确地图。[30]

除了自由航行之外，格劳秀斯认为，在战争时期，敌人的船只——以及船上的货物——都可以是攻击目标。[31] 不过，其他人不同意这一看法，认为这种劫掠应该获得国家最高统治者的许可，例如王室开具的捕掳特许状。在现实中，决定谁是私掠者，谁是海盗的往往是外部事件。船长和水手都希望自己的劫掠行为是合法的。[32] 事实上，一些水手可能会说，他们是为了以防不测，出于自卫被迫攻击对方。[33] 当今天的我们认为 17 世纪的某些水手在做"海盗"营生时，那是因为我们在用现代的标准进行判断。至少在那个时期，那片海域归属于谁——以及在那片海域航行需要注意些什么——人们在这方面没有任何概念。

格劳秀斯出版那本小册子的同时，荷兰与西班牙签订了一个休战协定，中止了持续了 12 年的独立战争。格劳秀斯认为，任何与公众有关的东西——海洋、空气——都不应视为私有财产。没有一个国家可以像葡萄牙拒绝荷兰进入南大西洋海域那样，宣称海洋归自己所有。然而，虽然西班牙在 1609 年授予荷兰在东印度群岛海域航行的权利，荷兰商船也得以立刻开始前往东印度群岛海域，但是联省的居民对西班牙人的憎恨仍然没有消除。1621 年，联省的很多居民准备继续通过战争取得独立。他们认为，此前西班牙参与三十年战争给他们的独立战争创造了理想的机会。那一年，荷兰建立了西印度公司（West India Company）。公司的主要任务是私掠，以及扩展在巴西的殖民地，增加非洲航线的货运量。[34] 虽然袭击西班牙舰队不是一件容易的事情，但是荷兰人在 1628 年创造了骄人的战绩。当时，荷兰西印度公司的一艘船在韦拉克鲁斯附近俘获了"船队"中的一艘货船，公司由此赚了大钱，股东那年获得了 50% 的分红。[35]

随着西班牙和英格兰关系的再次变坏，有人提出，英格兰也应效仿荷兰，建立一个类似西印度公司的机构。但是这一提议一直没有落实。1600 年，英格兰建立了东印度公司，但它不是一个针对西印度群岛贸易的垄断企业。[36] 它的任务是在东方进行殖民扩张，最初采取垄断方式，将印度的货物运到英格兰，通过长达几个世纪的暴力将这种垄断贸易变成了英国在印度和东南亚的殖民统治。在这段时期，随着荷兰也极力扩张自己的势力范围，双方的公司经常在印度洋海域兵戎相见。不过，就西印度群岛而言，这种争夺的规模要小得多。

在弗吉尼亚殖民地繁荣起来之后，私人投资者开始跃跃欲试，打算在尚未被西班牙人殖民的加勒比诸岛屿上建立类似烟草种植的殖民地，不过这方面的试验经历了很多挫折，而且往往颗粒无收。英格兰人建立的两个殖民地，普罗维登斯（Providence）和巴巴多斯，它们清楚地反映了冒险者可能遇到的困难和收获。在很多方面，普罗维登斯岛对于普罗维登斯岛公司（Providence Island Company）的投资者来说，是一个大胆的选择。这是一个面积仅有 17 平方公里（约 6.65 平方英里）的小火山岛。它是英格兰人早前私掠加勒比海附近的西属美洲大陆时意外发现的。1629 年公司建立时，这个岛屿周围都是西班牙的领地。岛屿位于距离尼加拉瓜海岸不远的地方。它的西面和南面是所谓的"西班牙大陆（Spanish Main）"①，北面是牙买加，当时已被西班牙宣称为领土。

这些投资者中包括伯爵（earl）和从男爵（baronet），其中很多人先前投资过弗吉尼亚和百慕大（萨默斯群岛）的殖民地。他们了解其中的风险，知道回报可能需要很长时间才能实现。马萨诸塞的普利茅斯殖民地（1620）经过十年才收回成本。詹姆斯敦（Jamestown）和弗吉尼亚（1607）花了十五年才找到稳固的经济基础。[37] 虽然如此，他们仍然对这项事业充满信心。1629 年圣诞节前夜，在新任总督菲利普·贝尔（Philip Bell）的带领下，第一批殖民者登上普罗维登斯岛。他们是清教徒，并认为自己来到岛上符合上帝的旨意。于是，他们将这座岛命名为"普罗维登斯"②。1631 年 2 月，100 多名定居者从伦敦港登上"海花号（Seaflower）"。岛上信仰天主教的西班牙人对这些异端殖民者颇为怀疑，认为他们所说的烟草种植只不过是掩饰走私和私掠的幌子。因为在此之前，据说荷兰人就曾经将普罗维登斯岛和附近岛屿当作抢劫财物的落脚点。

英格兰人的意图是让契约佣工（indentured servant）种植烟草，后来又增加了棉花，但是种植计划没有成功。这些作物在这里长得不好，再加上虐待佣工的事情经常发生——1634 年，公司无法找到足够愿意乘船来这里的殖民者，因为很多英格兰人听说了虐待传闻。[38] 虽然附近大陆的北美原住民——米斯基托人——有时候会来岛上捕捉海龟，但是他们习惯于独来独往，不想被强制劳动。人们在契约期满后不断离开，殖

---

① 西班牙在新大陆的殖民地，即环加勒比海和墨西哥湾的美洲大陆海岸。

② "Providence"意为天道、天意。

民者找不到替代人选。再加上，在田里做工的雇工对田地没有所有权，这一情况更增加了人们的不满。没有多久，岛上居民开始考虑使用非洲劳工。据说，贝尔就将自己的黑人奴隶带到了百慕大。1633 年，因为劳动力短缺，他想再从非洲买一些奴隶来建设公共工程。一些恪守教义的清教徒担心，奴隶的使用将会破坏移居群体对上帝的信仰。另外，1635 年西班牙人袭击了普罗维登斯岛，他们向新英格兰呼吁更多的殖民者加入他们，但没有任何结果。1638 年，后来接任的总督纳撒尼尔·巴特勒（Nathaniel Butler）获得了购买 100 个奴隶的许可。对于没有土地所有权的殖民者来说，拥有奴隶可以作为一种补偿。没多久，岛上有了几百个非洲奴隶。英格兰的其他殖民地中，没有一个殖民地在购买非洲人方面达到过这样的速度和数量。同一年，具体地说，1638 年 5 月 1 日，奴隶掀起了英国殖民地的第一次起义。这个岛上的经济持续恶化。1641 年，西班牙人发动的另一场攻击彻底断送了这个殖民地。1641 年 5 月 19 日，一艘西班牙船队带来一支 1400 人的军队。他们在岛上找到了 350 名英格兰人及 381 个奴隶。据说，他们预料到了西班牙人的这次袭击，提前将很多奴隶送到了圣基茨和百慕大。5 月 25 日，西班牙重新占领了岛屿。[39]

地理及其他因素，让巴巴多斯岛的命运大为不同。该岛面积 431 平方公里（约 167 平方英里），大大超过普罗维登斯岛。而且巴巴多斯岛地处西班牙领地之外，位于加勒比海边缘，就像是不小心掉落在小安的列斯群岛诸多圆点形成的优美弧线外围的一滴墨水。它的东面是海，西面只有圣文森特岛、圣卢西亚岛两个小岛。这两个小岛上都没有欧洲人居住。不同于普罗维登斯岛和很多其他岛屿，巴巴多斯岛地势平坦。它杳无人迹，美洲印第安人曾在这里居住，但在欧洲人抵达之前，他们已经搬走了。

在伦敦商人英裔荷兰人威廉·考廷爵士（Sir William Courteen）看来，这是一个非常有前景的业务。他当时很想投资烟草种植业，感觉巴巴多斯是一个很不错的地方。1625 年，他的一个合伙人，约翰·鲍威尔船长（Captain John Powell）偶遇巴巴多斯岛。当时，他从南美大陆（有人说是从圭亚那，有人说是从巴西）返航，短期停靠在这里。他亲身感受到这个岛屿是一个种植烟草的理想地方。1627 年，他的兄弟亨利·鲍威尔（Henry Powell）乘坐"威廉和约翰号（William and John）"抵达岛上，同时带来的还有大约 80 个殖民者和从一艘葡萄牙船上俘获的 10 个奴隶。他们将这个殖民地命名为"詹姆斯敦（Jamestown）"［今天的霍尔敦（Holetown）］。早期的殖民者为考廷的公司工作。公司不给他们土地，只向他们支付薪水。很快，人们开始砍伐森林，开垦田地，种植庄稼。公司还从南美大陆招募原住民帮助他们种植庄稼和烟草（关于这些人是否被当奴隶使用，说法各异）。1628 年，该岛出口了 100000 磅烟草。这一成就吸引了更多英格兰殖民者前来，大都以三年期到十年期契约的方式工作。因为一场有关该岛屿所有权的纠纷，考廷的殖民地最终在 1629 年被卡莱尔伯爵（Earl of Carlisle）接管。种植烟草的人缴纳 40 磅烟草，就可以从卡莱尔伯爵那里获得一块土地。但是，他们必须自己组织这片土地的生产，给自己的劳工开支，并自行筹集相关资金。[40]

良好的经营状况没有持续多长时间——没过多久，烟草价格开始下跌，很多人无法糊口。实际上，相较于其他殖民地的烟草，巴巴多斯的烟草质量很差，一位作家说它"有土腥味，一文不值"——甚至岛上的欧洲人也不愿意吸食他们自己种的烟草，而是吸食从弗吉尼亚或西班牙殖民地进口的。[41] 再加上市场供过于求，虽然全世界吸烟成风，但烟草价格还是大幅下降。烟草种植者忧心忡忡，于始转向棉花和靛青，一种贵重的染料，然而 1631 年的一场旱灾让人们陷入绝望。1630 年代被称为"饥荒岁月"。每一次转种其他作物带来的都是景气与萧条的循环。这种情况一直持续到 1640 年代，那时这个岛屿农业生产上的不确定性才宣告结束。

1640 年，一个名叫"詹姆斯·德雷克斯（James Drax）"的年轻种植者离开巴巴多斯，前往巴西的累西腓（Recife）。在那里，他听说荷兰人在种植甘蔗。他去当地的甘蔗产区考察，学到了种甘蔗的方法。回到巴巴多斯之后，他开始试验种甘蔗。一开始时，结果时好时坏。和普罗维登斯岛的情况不同，德雷克斯这样的种植者使用的是契约劳工，没有完全使用非洲奴隶。他们获得契约佣工的渠道有很多种——其中一部分通过英格兰的中介公司获得。这些中介到农村搜罗极度贫穷的愿意冒险前往新大陆碰运气的人。那些能买得起船票的人就这样去了新世界。一到巴巴多斯，他们就和种植者签订了劳动契约。这些契约往往是短期的。[42] 其他后来者，如爱尔兰天主教徒，因为遭受英格兰人的迫害，被迫远走他乡。契约佣工的待遇比奴隶好不了多少。他们的工作辛苦又肮脏。他们的主人即使不是赤裸裸的残暴，也往往不好说话。1649 年，一群契约佣工密谋造反，打算杀死他们的主人，结果计划泄露。这些佣工即使契约期满获得自由，也没有什么前途。1652 年，接近峰值时，巴巴多斯大约有 13000 名契约佣工。到 1683 年，数量下降到 2301 人，1715年下降到 1500 人。[43] 甘蔗种植园主必须从其他地方寻找劳动力。

*

和普罗维登斯、巴巴多斯一样，人们殖民圣基茨的最初目的也是种植烟草。1622 年，英格兰人托马斯·沃纳（Thomas Warner）前往圭亚那地区，想在那里建立一个定居点，但是被西班牙人赶走了。后来，他将目光投向加勒比地区。1623 年，他离开英格兰，前往圣克里斯托弗岛——圣基茨岛旧名。在那里，他"受到了加勒比群岛原住民的热情欢迎"。[44] 后来，那个夏天的一场飓风不但毁掉了地里的烟草，也吹走了粮食和房子，不过他们艰难地生存了下来，最终有了好收成。1625 年，他们加固了房屋，又有一些人移居岛上。这之后，沃纳可以第一次将像样的收成运回英格兰。不过，他的麻烦并没有终结。1626 年，岛上原住民发动起义，英格兰人进行了血腥镇压。[45] 1629 年，沿其他航线前往巴拿马的西班牙船只途中看到这个岛上的定居点后发动攻击，曾短暂地占领过这座岛屿。同时，法国也占据了该岛的一部分。和英格兰人一样，法兰西人也是一边进行殖民一边进行海盗活动。早期的殖民者只为寻找一个藏身处，而后来的殖民者想要种植烟草。很多法国人在陆续抵达圣基茨岛、瓜德罗普岛、马提尼克岛之后，也开始种植烟草，使用契约佣工（engagé）。这些契约佣工的契约期短则一年，长则超过三年。虽然开始的时候并非一帆风顺，但数十年后，这些殖民地已站稳脚跟。

然而，欧洲人与本地原住民之间，法兰西人与英格兰人之间的冲突仍在继续。在理论上，英法双方完全可以阻挡原住民和西班牙的攻击，但实际上，欧洲大陆的政治矛盾也渗透到了圣基茨岛。这段时间以不间断的暴力活动闻名。法兰西人和英格兰人设法从原住民那里夺取了岛屿的控制权。沃纳继续向其他岛屿扩张，首先是尼维斯岛（1628）。该岛屿隔海湾与北面鼓槌形状的圣基茨岛突出端相望。后来，沃纳又开辟了安提瓜岛、蒙特塞拉特岛（都在 1632 年）殖民地。他聚敛了大量财富，最后死于 1648 年。不过，有传言说，沃纳和一个掳自多米尼克的原住民女奴有一个私生子。这个男孩被称为"印第安沃纳（Indian Warner）"，后来前往多米尼克岛，不久成为母亲所在部落的酋长。1664 年，他带领多米尼克岛的卡里纳古部落帮助英格兰人袭击圣卢西亚岛上的法国人。但是，这并不足以确立他在英格兰人中的地位。他死得很惨。据一个法国人的记载，菲利普·沃纳（Philip Warner）——印第安沃纳同父异母的哥哥——用白兰地将他灌醉后杀死。其他传言说，印第安沃纳死于一次纵酒狂欢。具体细节已无从得知。多少个世纪过去了，有关印第安沃纳生死的真相与传闻变得扑朔迷离，但是这件事反映了殖民地的残暴和嗜血本性。[46]

沃纳的老朋友和副手约翰·杰斐逊（John Jeaffreson）也加入了开

辟殖民地的活动。他死后，他的儿子克里斯托弗·杰斐逊（Christopher Jeaffreson）继承了他在西印度群岛的一些土地，以及东英格兰（East Anglia）的一些房产。1676年，在他22岁时，他动身前往圣基茨岛，察看他继承的土地。他写给英格兰的信被保存下来。在信中，他介绍了圣基茨岛怎样像巴巴多斯岛那样过渡到蔗糖生产和奴隶劳动。在写给岳父的信中，克里斯托弗哀叹："希望上帝成全我种植甘蔗赚钱，而无需忍受法国人的攻击带来的巨大阻挠。他们的实力是我们的两倍。"[47]

现在，蔗糖生产成了第一要务，不过生产技术还不够成熟。杰斐逊说："我不断给种植园投资，希望能够给我带来利润。可是，我必须有耐心，因为在糖厂完全就绪之前，除了需要大笔投资之外，还需要时间。现在，如果在这个岛上将时间或财产暴露在靛青或烟草的风险之下，是一件很蠢的事情。当下，糖是唯一前景好、价值高的商品。"[48] 他提到，这个岛屿还不是贸易路线上的重要部分，因为"每年有四五十趟船……从这个岛和尼维斯岛经过，但是迄今为止，很少有船停靠，导致定居岛上的人并不多"。[49]

在写给外甥威廉·波因茨（William Poyntz）的信中，他慨叹岛上缺少白人劳动力。他说：

> 我必须向你重复先前的请求，我不仅需要一个文书或技工，这里什么人都需要。可能的话，给我找一两个女人来。这个岛上到处都缺人。所有奴隶的契约都到期了。[这是他来岛上的第五年]……在东西印度群岛的任何地方，尤其是这里，或者在殖民人口不多的岛屿，很少有原住民和勤劳的殖民者不发财的。据我所知，现在就有好几个这样的例子——从一无所有到拥有大片种植园。我敢说，我们的奴隶生活条件和先前的佣工一样好。[50]

然而，正在兴建的蔗糖加工厂被1681年8月27日的一场飓风摧毁了。在给姐姐的一封信中,他写道,10 月时,"种植园上没有一个没倒的屋舍足够让我可以挡风遮雨"。他新建的"糖厂"被"夷为平地——石头墙塌了,到处是横七竖八的椽子"。我要给 32 个奴隶和几个白人佣工提供食宿。[51] 他最后决定返回英格兰。1682 年 7 月离开时,他将管理职责交给了爱德华·索恩(Edward Thorn),而种植园会好起来的希望根本无法看到。这些岛屿上的生活充满不确定性,对杰斐逊这样的种植园主是如此,不久后对所有参与者也将是如此。

在此期间,荷兰人一直在增加自己的食盐供应。1585 年,他们被排斥出利润颇丰的伊比利亚半岛盐业贸易。葡萄牙盐业供应充足。1580 年,葡萄牙成为伊比利亚联盟(Iberian Union)的一部分。在这个联盟内,葡萄牙和西班牙实现了统一。统一局面持续到 1640 年。这段时间正值西班牙与荷兰的 12 年休战期结束。这之后,荷兰用来腌制鲱鱼——当时的一种重要出口商品——的盐已不够用。荷兰水手迅速前往巴拿马、委内瑞拉海滩寻找新货源。1634 年,他们很快从西班牙手里夺取了库拉索岛,以及附近距离南美大陆不远的博奈尔岛、阿鲁巴岛。三个岛屿都很干燥,因此可能会有盐滩。西班牙人担心荷兰人为了寻找海盐而入侵南美,于是在委内瑞拉海岸的阿拉亚半岛(Araya peninsula)建起了一个巨大的堡垒,目的是挫败任何企图获取盐的活动。

人体可以离开烟草和糖,但离不开盐。平均每个人体内含有大约 250 克(0.6 磅)盐。人体的正常活动要消耗体内的盐分,因此人要经常补充盐。[52] 考虑到热带地区炎热、潮湿,人们不停出汗会损失体内盐分,所以至少为岛上居民找到日常所需的食盐成了一项当务之急。不过,对盐的需求不止这些——腌鱼是一项利润很好的生意。纽芬兰的鳕鱼和当地的鲱鱼都可以腌制。而腌制鱼在天主教徒中拥有很大市场,因为在一些天主教节日中,人们要食用腌制鱼。而且,随着岛上奴隶劳动越来越广泛,进口的腌制鱼成了奴隶一日三餐的必需品。

荷兰人马不停蹄地建设了自己的盐滩。1640 年,荷兰西印度公司员工接到命令，"关于盐滩，不管是这里的，还是布纳尔罗岛［Buenairo，博奈尔岛（Bonaire）］的，必须关注季节变化。在干燥季节，一定要尽可能地多生产［即收集］、晾晒和储藏盐，这样，抵岛的船，不管是公司的船，还是个人的船，都可以供应它们"。[53]

英格兰人也在到处寻找食盐。他们设法与葡萄牙人达成协议，使用佛得角附近马约岛（Maio）和波亚维西塔岛（Boa Vista）上的盐滩。［葡萄牙建有盐滩的第三座岛屿名叫"萨尔（Sal）"，意为"盐（Salt）"］17世纪后期，随着百慕大人移居特克斯和凯科斯群岛中的荒岛，寻找更好的盐滩，散布在古巴和海地北部的海面上的这些岛屿也成为盐滩环路中的一部分。

1640年代的记载表明，这些荷属岛屿虽然产盐量不错，但生活条件极为恶劣，食物奇缺。阿鲁巴岛、博奈尔岛、库拉索岛干旱的气候和遍地的岩石不利于种植庄稼。殖民者不得不依靠牛和岛上勉强打下的一点粮食为生。实际上，1643年3月13日，博奈尔岛上的人们通过一项决议，要求英格兰政府提供几船粮食。这一要求让英格兰"非常担心再次卷入类似或更严重的饥荒。如果宗主国不能提供粮食的话，很有可能发生饥荒"。[54] 1635年，经历了重重困难之后，荷兰人在库拉索岛上修筑了一个堡垒。该岛屿后来成为大西洋航线的重要一环。后来，大西洋航线向北延伸到新尼德兰（New Netherland，即今天的纽约），最南端则抵达荷兰人频繁进行奴隶买卖的西非。

在那些干燥少雨、遍布岩石的岛屿上，人们生活得非常艰辛。每天的日子已经够困难了，西班牙人还不时来抢劫，以报复荷兰人抢劫他们的地盘。1642年，西班牙人对博奈尔的一次攻击毁掉了刚建成的堡垒和盐滩。生产和生活的所有东西都要从外面运进来。一张收条上列出了运抵库拉索岛的东西："两辆结实的四轮农用马车，针对上述两辆马车的八匹马的马具和装备、一套带有必要配件的犁、几台用来运盐的结实的手推车……"[55]

其间，不少奴隶运抵库拉索岛，被带到盐滩干活，不过也有少量印第安原住民离开这里。岛上发回欧洲的报告声称，印第安原住民"干得非常好"，表现了对荷兰的"忠诚"。1643 年 4 月 14 日，另一份报告说，博奈尔的盐滩恢复了生产，还说，岛上殖民者要求"将公司所有的奴隶都送到岛上"，虽然粮食仍然不够用："在［一次］计算粮食供应之后，我们发现，即使按照过去那样，只给雇来的黑人吃面食、豆子和鱼，要是宗主国或新尼德兰不救济的话，粮食还是不够用，可是，对于那些在盐滩工作的人，营养一定要跟得上。因此，如果可能的话，我们决定派一艘单桅帆船（sloop）……抓海龟给黑鬼吃。"[56]

当时，这个岛屿的最高管理者是彼得勒斯·施托伊弗桑特［Petrus (Peter) Stuyvesant］。他是新尼德兰的最后一任荷兰人总督。1635 年，他抵达库拉索岛，曾在 1642~1646 年间担任荷兰西印度公司董事，管理库拉索岛和附近的博奈尔岛、阿鲁巴岛。当时，他负责殖民工作。1651 年，一个住在巴西名叫"若昂·德·伊伦"［João de Illan，也写作朱达 (Jeudah)］的犹太人，向西印度公司提议，由他出面建立一个殖民地，要公司找一些人来这里定居。然而，他的努力遭到了对犹太人怀有敌意的施托伊弗桑特的阻挠，未能成功。[57]第二年，西印度公司的董事授权约瑟夫·努涅斯·达·方斯卡［Joseph Nunes da Fonseca，也叫戴维·纳西 (David Nassi)］和他的伙伴"在库拉索岛上建立一个殖民地"。公司给予他们很多自由，其中包括"销售六料和盐的许可，还可以通过……夺取和俘获葡萄牙船只获得佣金，条件是缴获的东西要交回国家……"[58]1659 年，曾经在巴西种过甘蔗的艾萨克·达·科斯塔（Isaac da Costa）获得了建立殖民地的特许权。他带了大约 70 人登上库拉索岛，加入到这个岛上虽然人数不多但很重要的犹太群体中。[59]这为后来重塑该岛屿埋下了伏笔。不久，这个岛屿由一个前哨站变成了大型贸易中心。

这个时期，除了烟草、盐、糖之外，还有一种重要的货物——咖啡。不同于烟草，咖啡当时已经为全世界消费者熟知。它从原产地埃塞俄比亚，通过穆斯林商贩，传到了阿拉伯世界。大约在16世纪，咖啡传到了欧洲。大约1650年，伦敦的第一家知名咖啡馆开张。五十年后，仅仅伦敦一城，咖啡馆就超过了2000家，虽然在中国精美的茶叶传到英国之后，咖啡豆就失色了很多。

欧洲其他国家的人仍然用咖啡来提神。威尼斯、巴黎等大城市到处是咖啡馆。[60] 荷兰人将咖啡豆带到爪哇和锡兰①的殖民地，而法兰西种植园主将咖啡豆传到马提尼克岛。一些岛屿，尤其是内陆多山的岛屿，具备适合这种作物生长的温度和光照条件。到了收获时节，劳工就要将豆荚摘下，放在太阳下（或在干燥筒中）晒干，然后去皮。咖啡基本上属于劳动密集型作物。虽然咖啡后来也在包括古巴、牙买加在内的加勒比地区扎了根，但是那里不如法属圣多明各的长势好。1780年代，除了生产大量蔗糖之外，法属圣多明各岛的咖啡产量占到了世界的一半。[61] 1788年，该岛咖啡出口量在1765年的基础上，迅速上涨了六成。[62] 虽然不同于烟草和能赚大钱的蔗糖，咖啡并非欧洲殖民的推动因素，但是它也很快成为西印度群岛贸易的重要组成部分。咖啡还传到了很多面积较小的岛屿上，并在那里广为种植。

饮用巧克力也流行起来。可可被引种到中美洲之后，和烟草一样，传播到整个欧洲。它在欧洲迅速大热，成为欧洲人，以及北美人日常生活离不开的东西。这一时期引入加勒比地区的还有另外一种重要饮品：朗姆酒。1664~1665年间，库拉索岛的朗姆酒出口量达到102744美制加仑，并且这一数字还在不断增长。很快，其他蔗糖殖民地也开始跟进。[63]

在人们关于加勒比地区的想象中，烟草仍旧占据着重要地位——作为一种农作物，它确实见证了古巴雪茄魅力的长盛不衰——但是，作为一种经济作物，蔗糖很快让它相形见绌。总的说来，这些新出现的东西

---

① 今斯里兰卡。

引起了当时处于过渡时期的欧洲公众的极大兴趣，融入了他们的血液。除了烟草和蔗糖，西印度群岛还有与之相辅相成的另外一些作物，如姜、可可、棉花和靛青。烟草和咖啡引起和刺激了公众的消费需求。这个时期，数量持续增加的中产阶层完全有条件消费这些产品。同时，全球海上航线逐渐将世界联系在一起。18世纪初，全球航运的结果已然显现。各种各样的农作物被移植或运输到另一个半球，到达某个新崛起的阶层手中。如同烟草催生了一个生产装饰性存放器皿和吸烟用具的行业，茶叶也让人们产生了添置精致瓷罐和用于敬茶和喝茶的上好茶杯的欲望。这些产品通过远东辗转进入欧洲和美洲。需求和时尚结合在一起，能量不啻咖啡与烟草的组合。随着更多产品进入更多的家庭，更多的船只扬帆出海，更多的债务由此产生。

消费不仅限于欧洲。加勒比地区的殖民者也要追逐最新时尚，虽然这里的气候和生活方式与欧洲相去甚远。例如，圣基茨岛的继承人克里斯托弗·杰斐逊在岛上时，曾托人将一个采购单送给英格兰的一个亲戚，要对方"委托最近开往这里的第一艘船"给他捎过去。

> 一顶海狸皮帽子……一个上好的假发……一个蕾丝边的男用围巾和配套衣袖……一大块够做一套时尚外衣的布料……任何颜色的衬里和装饰性花边，不要蓝色和黄色的，这几天我穿的就是这两种颜色……至少12码长，用以搭配围巾和衣袖的彩带……一条时髦漂亮的皮带……一双丝袜、四双棉线袜……帽子边缘要有足够的金银丝线做的蕾丝……八双鞋。我希望，这些东西能够我穿到离开这里。[64]

没过多久，欧洲商业活动的无形之手也伸向了这些新开辟的殖民地。1686年，伦敦出口到巴巴多斯的货物价值将近70000镑，出口牙买加的货物大约为30000镑，折合现价分别为970万英镑和400万英镑。[65] 在连接全世界的货运航线中，运送时尚品和食品的船只时而相遇，时而分

开。商人曼努埃尔·鲍蒂斯塔·佩雷斯（Manuel Bautista Pérez）曾经
从葡萄牙前往塞维利亚、秘鲁，不仅在西印度群岛做生意，还将业务网
络扩展到全世界。他不但在韦拉克鲁斯、巴拿马、卡塔赫纳，还在危地
马拉、安哥拉、智利圣地亚哥（Santiago de Chile）设有业务人员。通
过这些业务人员，他贩卖非洲奴隶和中国纺织品，以及类似靛青的加勒
比地区产品。他的经营网络延伸到了印度和远东。[66] 加勒比地区连接着
东方和西方，南方和北方，正好处于这种商业贸易活动的中心。殖民地
之间也有很多贸易往来。这一时期，欧洲人已经到达了北美。这些欧洲
人包括英格兰人和法兰西人，他们是从加拿大北部的大西洋沿岸直至佛
罗里达的西班牙人殖民地，专为获取动物毛皮的陷阱捕兽者。* 相较于
岛屿上的定居点，北美大陆上的这些定居点拥有丰富的自然资源，尤其
是木材。他们想要稀缺的，或者是当地很难生产的热带产品，比如蔗糖
或生产朗姆酒用的糖蜜。很快，连接北方和南方的航线就热闹起来，比
如，从罗德岛到巴巴多斯，从马提尼克岛到路易斯安那。当然这中间有
很多不遵守合法运输路线的事情，比如，从特拉华（Delaware）装上船
的英国货物莫名其妙地被运到了古巴。[①]

　　定居点的经济发展无助于抑制海上非法活动的蔓延。至少，殖民
者对新材料的需求为一些水手提供了继续走私的理由——走私产品的
市场越来越大。然而，随着 1648 年《威斯特伐利亚和约》（Peace of
Westphalia）的签订——该条约同时结束了西班牙与荷兰之间的三十年
战争和八十年荷兰独立战争——各国还达成一致，禁止签发捕掳特许
状，从源头上禁止了私掠行为。这次签订的和平协议还同意北方的联省
（今荷兰）独立，而低地诸国（现代的卢森堡和比利时）仍然控制在哈

---

　　*　在詹姆斯敦和普利茅斯定居点之前，早在 1530 年代，法国人就到达了加拿大圣劳伦
　　　斯河流域。而纽芬兰则于 1583 年被英格兰人殖民。

　　①　古巴是西班牙的殖民地，而特拉华是英国殖民地，故有此说。

布斯堡王朝手中。协议的这部分内容得到了执行,禁止私掠却没有。在这个时候,荷兰与英格兰的一些冲突仍然存在。1642~1651年英格兰内战期间,荷兰的航运技术和商业实力大大发展,这让英格兰忧心忡忡。然而,1653年随着战争的结束,奥利弗·克伦威尔(Oliver Cromwell)成为英格兰、苏格兰、爱尔兰联邦的护国公(Lord Protector),政府开始关注海洋贸易的现状。1651年,克伦威尔政府通过了《航海法》(Navigation Act of 1651),针对的目标是荷兰。该法规定,英格兰联邦殖民地或英格兰联邦之外其他国家的货物必须由英格兰联邦船只运输,这意味着荷兰人和其他国家的人都不得将货物运到英格兰联邦港口,也包括在美洲的港口。这一法案激化了英格兰与荷兰的关系,引发了第一次英荷战争(Anglo-Dutch War)。1654年,这场战争结束后,接着就是英格兰与西班牙间的贸易战。这场贸易战对西印度群岛产生了重要影响。

这时候,在人们的日常交流中,克伦威尔几乎等同于"帝国"。公众话题转向克伦威尔提出来的"西方计划(Western design)"。信仰天主教的西班牙不愿意遵守《航海法》提出的相关贸易要求,显而易见地成了信仰新教的英格兰联邦的敌对势力。[67] 这时,托马斯·盖奇(Thomas Gage)走上了政治舞台。他是多明我会的天主教修道士,后来成为清教徒。他是为数很少的于西班牙征服早期在西属美洲待过多年的英格兰人。因为当时,西班牙之外的其他国家的人并不被允许前往新大陆,他是躲在船上的一个装饼干的大桶里前往美洲的。在1625~1637年间,他作为修道士在墨西哥、危地马拉传教。回到英国之后,他将冒险经历写成一本书,于1648年出版,极为畅销。这时,盖奇已经皈依成为清教徒。他的书反映了他对西班牙和天主教的憎恶,体现了他在政治上的精明。毫无疑问的是,他影响了克伦威尔的西印度群岛政策。[68] 盖奇说,人们越来越感到,打败西班牙可以证明——用圣经的话说——"天主教巴比伦(Romish Babylon)"的失败。[69] 当时,巴托洛梅·德·拉斯·卡萨斯写的《西印度通史》的再版,或者随着有选择地编辑和翻译的版本在读者中间掀起热潮，反西班牙的情绪日渐强烈。

其背后的看法是，打败西班牙，上帝就会让英联邦——以及让克伦威尔——成为西印度群岛的统治者，让西班牙交给他们在西印度群岛殖民地占有的似乎是世界上全部的黄金。实际上，在提交给克伦威尔的《有关西印度群岛的一些简单真实的发现》("Some Briefe and True Observations Concerning the West-Indies")中，盖奇指出："世界上再没有人比美洲西班牙人更加罪恶深重。不管是显赫还是卑微，不管是总督、法官，还是贫穷的农民，都身背罪孽。他们毫不掩饰自己的罪恶……因此，只要有任何国家反对他们，他们的罪恶就会出卖他们，对抗他们。"[70] 盖奇更进一步，实质上成功地怂恿克伦威尔对西班牙开战。他说："这么多年来，他们中间有一个来自某些预测，或他们叫'预言'的、流传很广的说法：一个陌生人将征服他们，夺走他们全部的财富。"他提醒克伦威尔，西班牙人经常袭击英格兰新开辟的殖民地，"毫无人道，极为野蛮地"对待那些殖民者。

虽然，依托盖奇具有的"西班牙大陆"的一手知识，可以信心十足地告诉克伦威尔，那里的"西班牙人的密度极小"，但是，他同时也清楚那里的原住民和奴隶对欧洲人怀有敌意。对于盖奇来说，伊斯帕尼奥拉岛是一个很有吸引力的进攻目标，这不但是因为它是西班牙年头最长的殖民地，"如果它被夺走的话，对他们来说是一个不好的兆头"，还因为那个岛上的欧洲殖民者很少。盖奇承认，虽然那里的财富不能"和'西班牙大陆'相比"，但那里有姜、兽皮、糖，据说还有银矿。接下来，盖奇开始介绍古巴和新西班牙的情况。不过，最后，克伦威尔决定进攻伊斯帕尼奥拉岛。克伦威尔生活简朴，和那些渴望黄金的征服者完全不同。对他来说，金钱是——现在也是——一种力量。征服伊斯帕尼奥拉岛，意味着英格兰可以继续向前推进清教革命（Puritan revolution）。

1654 年，英国海军将军威廉·佩恩（William Penn）和将军罗伯特·维纳布尔斯（Robert Venables）带领远征队伍从英格兰出发。他们中途在巴巴多斯召集了更多士兵。1655 年 4 月登上了伊斯帕尼奥拉岛。面对这个岛屿，士兵们完全没有准备：不仅对面前的西班牙人没有准备，也对这里的炎热和疾病没有准备。维纳布尔斯后来解释说，在伊斯帕尼奥拉岛，"敌人放任我们长驱直入，等到我们深入险境（坚苦跋涉 8 英里没有水喝，很多人纷纷晕厥），向我们发起冲锋"。[71] 他也承认，当时自己染了病，得了"严重的腹泻"。[72] 作了两番抵抗之后，他们投降了。传说中西班牙世界的财富——这时候已经被掏空——一直让这些英格兰人难觅踪影。不过，他们不愿意让这次远征一无所获，于是，他们前去进攻牙买加。"牙买加（Jamaica）"来源于原住民语言中的"xaymaca"，意思是"有树和水的陆地"。1655 年 5 月 10 日，他们登上了那个岛屿，"用几支枪，没费什么力就占领了敌人的堡垒"。据维纳布尔斯回忆，双方签订了条约，"我告诉他们，我们不是来抢劫的，而是来耕种的"。[73]

对于克伦威尔来说，失败带来的羞辱极大地挫伤了他的自信。他一直在追问，为什么感觉如此有把握的事情会失败。1655 年 7 月 24 日，接到伊斯帕尼奥拉岛惨败的消息之后，他一天没有出门见人。[74] 后来，1655 年 10 月，他写信给牙买加海军将军古德森（Goodson）："不容否认，上帝严厉地羞辱了我们，让我们在伊斯帕尼奥拉岛遭受惨败。我们肯定惹怒了上帝。认识到这一点，对我们来说是一件好事情。"[75] 实际上，这次失败影响很大，佩恩和维纳布尔斯一回到伦敦，就被关进了伦敦塔。

克伦威尔死于 1658 年。他死后不久，英联邦解体。1660 年，查理二世复辟，通过了另一部《航海法》，规定所有进出殖民地的货物必须由船员大多数为英格兰船员的英格兰船只运输。这一法令同样也是为了打击荷兰。和先前一样，这些措施很难实施。1665 年，战争再次爆发。[76] 1667 年，《布雷达和约》（Peace of Breda）的签订让战争告一段落。根据和约，英格兰将苏里南殖民地交予荷兰，而荷兰将苦苦支撑的北美新尼德兰前哨让予英格兰。

这个时候，法国成为地中海地区的第四大力量。1664 年，法国也建立了一个西印度公司，名叫"Compagnie des Indes occidentales"。在这段时间里，法国在某种程度上像西班牙和英格兰一样，对市场采取了贸易保护政策。路易十四的财政大臣让-巴普蒂斯特·柯尔贝尔（Jean-Baptiste Colbert），1665 年掌权，担任该职务直到 1683 年去世，对岛屿殖民地的经营活动颁布了诸多限制政策。理论上，殖民地必须购买法国货物，作为交换，法国应该接受殖民地的货物，比如糖。这一政策适用当时法国逐渐扩大的全球帝国的所有殖民地。但是，加勒比地区的很多法国人不遵守它。1685 年，克伦威尔去世数年之后，路易十四废除了《南特敕令》（Edict of Nantes），剥夺了法兰西新教徒的宗教自由，结束了法国的宗教容忍政策。很多胡格诺派教徒逃离法国，辗转前往北美和加勒比地区。一些人卷入私掠和海盗活动。

在从事私掠和海盗活动的人中，有一个叫亚历山大·奥利维尔·埃克斯姆林（Alexandre Olivier Exquemelin）的人。他宣称自己之前从未想做这个行当，是后来意外卷入的。他的第一份工作是在法国西印度公司的船上当理发师兼外科医师。大约 1645 年，他出生在阿夫勒尔港（port of Harfleur），21 岁时，加入了法国西印度公司。1666 年 5 月 2 日，他随船从圣约翰岛（St John）出发，前往距离伊斯帕尼奥拉岛北部很近的小岛托尔图加。他记录了自己的航海经历，并于 1678 年出版。第一版是荷兰语，畅销之后又被翻译为欧洲的其他语言。埃克斯姆林让欧洲人开始注意"Americaensche Zee-Roovers"（引自埃克斯姆林那本书的题目），即加勒比海盗（buccaneers）。就是因为埃克斯姆林，人们将加勒比海盗与托尔图加岛联系了起来。1659 年，欧洲殖民者在那里建了一个小殖民点，种植烟草，少量地砍伐一些树木，尝试与附近的西班牙领地进行一些非法贸易，虽然埃克斯姆林到达那里的时候，岛上的经营情况不是很好。即便西印度公司增加了投资，这块殖民地最后也以破产告终。埃克斯姆林继续去海船上谋生。然而，早在那块定居点建立起来之前，水手们——其中很多是法国人——已经开始将那个岛用作劫掠商船、捕捉野猪和野牛的据点。在那里，他们可以吃肉，将剥下的牛皮卖掉。[77] 这些早期在无主荒地上盖房子居住的外来人，其中有一部分是逃亡的奴隶，向伊斯帕尼奥拉岛上剩下的原住民学习这块原始、荒凉之地的生存之道。他们学会了怎样将肉熏干，学会怎样将一条条的肉挂在烤架上。这种烤架在法语里被称作"boucan"。后来人们用"boucanier"指代用烤架烤肉的人，再后来，它成了英文中的"buccaneer"。他们用以烤肉的烤架是木棒做成的，它是现代金属烤架的前身。[78]

不过，这些"加勒比海盗"之所以名声不佳，并非因为他们猎捕野猪。他们还经常出海，袭击和抢劫生活在海边的公社，就像海盗一样。他们和海盗之间的区别是，虽然他们中的一些人也在陆地上猎捕动物，进行非法交易，但如果有机会，他们也会劫凉西班牙船只。虽然他们经常被描写成不法之徒，但他们绝不是没有任何规矩，他们的船也不是漂到哪里就是哪里。去哪片海域，水手们投票决定。关于怎样分享抢来的东西，如何补偿受伤的人，水手们和船长商定了明确的方案。比如，"失去右臂，补偿 600 枚八里亚尔（piece of eight），或是 6 个奴隶"。[79] 这些加勒比海盗和其他海盗一样，也需要藏身处，最好是各国的法外之地。有一段时间，托尔图加岛是一个不错的地方，还有一些人去了中美洲海岸。那里的欧洲殖民者很少。水手们往往能和当地人建立起融洽的关系。尼加拉瓜的布卢菲尔兹（Bluefields）这样的城市，在发展成为港口城镇之前，最初就是海盗的藏身窝点。当时，英国和荷兰水手经常造访并在那里安家，他们中的一些人在做买卖（有的是非法买卖，有的是合法买卖）。[80]

埃克斯姆林的行程使他成为那个时代最为臭名昭著的一个海盗首领的手下。那个海盗首领就是亨利·摩根（Henry Morgan）。摩根出生于威尔士，大约在1658年，他作为一个契约佣工，抵达加勒比地区。不过有人说他去那里的时间更早。和很多英格兰老水手一样，他将牙买加当作据点，进行私掠和抢劫活动。和一些法国私掠者——其中包括埃克斯姆林——多次成功攻击了西班牙人。1668年，他攻击了古巴的王子港（Puerto del Príncipe），同一年又攻击了巴拿马的波托贝洛港。虽然波托贝洛港因为寻宝舰队停靠而以守卫森严闻名，但对于他来说也算不上最棘手的目标。堡垒"圣雅各的荣耀（Santiago de la Gloría）"大约在1629年竣工。它坐落在一个可以俯视整个海湾的山腰上，但是造访者可以从山后上山，从背后袭击堡垒。摩根就是这样做的。摩根当年发动攻击时，另一个名为"圣杰罗尼莫（St Geronimo）"，毗邻"海关（aduana）"的堡垒正在建设，还没有完工。波托贝洛港因为季节性的银元和其他货物的流入与流出而成为东西方贸易的枢纽，成为欧洲各国海盗的垂涎之地。将"海关"建在海边不是表明了西班牙人的绝对自信，就是表示他们缺乏警惕性。好像他们坚信没有人胆敢觊觎西班牙王室宣称的地方。摩根，以及在他之前和之后的海盗，用行动证明了这种想法的愚蠢。偷袭成功之后，摩根立刻大举庆祝，他和部下"开始欢宴作乐，尽情享用美酒和女人"，埃克斯姆林回忆道。[81] 他们在那里大约停留了一个月，勒索赎金，抢劫财物——他们往往用严刑折磨岛上的居民，要求他们说出藏财物的地方，虽然有的人根本没有藏钱。用今天的货币价值计算，他们这次的收获大约是现价900万~1400万英镑。不过，波托贝洛港只是摩根劫掠经历的开始。第二年，他成功抢劫了委内瑞拉海边的马拉开波（Maracaibo），抢到约为现价400万英镑的财物。[82] 然而，他心中有一个更为大胆的目标：巴拿马城。

和坐落在巴拿马地峡加勒比海一侧北部边缘的波托贝洛港不同，巴拿马城在太平洋一侧，因此，攻击巴拿马城对他们来说是项艰巨的挑战。摩根带着大约400人的队伍穿越河流和大陆。长途奔波让他们饥肠辘辘。途中走到一个废弃的村庄时，看到先前被村民扔在地上的用来装面包和肉的皮囊。饥饿驱使他们"大嚼这些皮囊，就像是在吃肉"。[83]
又走了半天之后，他们抵达巴拿马城。遭遇了印第安人的伏击，和西班
牙骑兵交战之后，摩根他们攻下了这座城市，抓了 200 名人质。他们残
酷地折磨这些人。埃克斯姆林记载了一个身上带着一把银钥匙的"可怜
的瘸子"。后者发誓那把钥匙根本不是什么金库的钥匙。

> 当众人清楚地意识到，他不想说出其他情况时，他们将他的双
> 臂绑在身后，然后用绳子的一头系着他的双臂，将他高高地吊起，
> 直到他的双臂完全脱臼。然后用一根绳子用力勒住他的额头，直到
> 他的眼部向外凸出，双眼像鸡蛋一样大。他仍旧不说金库在什么地
> 方，他们用绳子系在他的生殖器上，将他吊起来。一个人拷打他，
> 另一个人在他脚下点火烧他——各种残忍手段无所不用其极。最
> 后，那个可怜的人再也说不出话来，他们也想不到其他的手段，就
> 让一个黑人用长矛将他戳死。[84]

摩根和他的人在那座城市里大肆抢掠了三个星期。1671 年 2 月 24
日，他们离开的时候，175 匹骡子上驮满了财宝，还有 500 个用以索要
赎金的人质。返回途中，他们再次穿过大陆和河流。最后，据埃克斯姆
林说，"大家都发现自己应得的份额仅仅为 200 枚八里亚尔"。不但如
此，而且"很多珠宝不翼而飞——手下公开指责摩根做了手脚"。[85] 埃
克斯姆林决定离开摩根，他和几个人一起前往洪都拉斯海岸的格拉西亚
斯阿迪奥斯海角（Cape Gracias a Dios）。而摩根和他的一批亲信则去
牙买加的罗亚尔港（Port Royal），即岛上的主要城镇，也是他们的据
点，庆祝他们的收获。英格兰政府对他在英格兰的行为作了一些半心半
意的指责，虽然 1672 年他曾在伦敦塔里待过一段时间，1674 年还是被
任命为牙买加的副总督。这一任命让西班牙惊慌不已。就在几年之前，
西班牙和英格兰签订了《马德里条约》（Treaty of Madrid）。根据条约，

西班牙承认英格兰的殖民地，包括牙买加和弗吉尼亚，这个条约也意味着两国在海上敌意的终结，尤其是私掠行为的结束。

1675年，摩根回到牙买加，管理岛上利润丰厚的私掠活动——在他离开的那段时间里，岛上的私掠活动一直活跃着。事实上，摩根坚定地认为他的行为是合法的。埃克斯姆林那本书的英文版在1684年问世之后，摩根以诽谤将他告上法庭，因为书中将他称为"加勒比海盗"。

在他的管理下，牙买加一直是走私者和私掠者的天堂。虽然它是英格兰殖民地，但岛上的农业和其他岛屿一样不发达。后来，摩根由于岛上的政治斗争被解职，但他仍然积累了巨大的个人财富。他死于1688年。在几年之后的1692年，罗亚尔港这个海盗聚集地——公认的世界上最邪恶的地方——毁于一场地震。很多恪守法律的英格兰人——更不要提西班牙人——认为这个城市得到了应得的报应。

*

加勒比海域不仅是劫掠和暴力的频发之地，它还激起了科学家的兴趣。一些人被吸引到这片海上，不是为了寻找财富，而是为了满足好奇心。其中的一个水手是威廉·丹皮尔（William Dampier）。虽然他也参与了抢劫和性质可疑的与海盗有关的活动，但是他更感兴趣的是身边世界的神奇之处。1651年，丹皮尔出生于萨默塞特（Somerset）。22岁时，在牙买加的一个甘蔗种植园工作。不久，他就想辞职。他说："我很不习惯那里。"[86]乘船在牙买加周围环游了一段时间之后，他在墨西哥坎佩切（Campeche）周围找了份伐树的营生。之后，他回到英格兰。然而，他离开大海没有多长时间，就又出海了。他参加了很多史诗般的航行，观察和记录了他看到的一切。在他的航海生涯中，作为水道测量者、航海家和博物学家，他的技术水平受到人们的高度尊重。他关于环游世界的记述久负盛名，进行了三次环球航行。他的作品，例如《环球航海记》（*A New Voyage Round the World*，1697）、《新荷兰航行记》（*A Voyage to New Holland*，1703），影响了后来的很多科学家，包括达尔文。[87] 这种殖民活动需要科学——科学知识却并不总是有利的；归类、记录和观察的方式同样很重要。

*

在喧嚣纷乱的 17 世纪即将画上句号时，开辟海外殖民地的事情让苏格兰民众怦然心动。苏格兰人迫切地想要尽可能地不和威斯敏斯特和英格兰打交道。他们越来越认为，只要建立自己的帝国，或者至少建立一个繁荣的殖民地，他们就可以做到这一点。大约 1691 年，邓弗里斯郡（Dumfriesshire）的威廉·帕特森（William Paterson）突然想到一个办法，这就是在巴拿马地峡建立一个港口，这个方案正中苏格兰决策层下怀。帕特森曾短暂造访过西印度群岛，认为那个地方是发展贸易的理想地点，然而他从来没有亲自去过巴拿马。这一疏忽酿成了后来的灾难性后果。

1695 年，苏格兰议会颁布一项法案，"与非洲、东西印度群岛开展业务的苏格兰贸易公司"成立，进行苏格兰与亚洲、非洲、美洲的垄断贸易，授权期限为三十年。考虑到这个公司将为国家带来急需的金融安全，1400 多名苏格兰人为此提供了数额浩大的 400000 镑钱款，这是当时苏格兰所有流动资金的四分之一到二分之一。[88]

1698 年 7 月，人们给 5 艘船装了 1500 册《圣经》、羊毛制品、花格地毯，25000 双鞋、14000 枚针，以及假发。[89] 大约有 1200 人随船出海。爱丁堡的所有人都前去港口送行。[90] 1698 年 11 月 2 日，他们登上巴拿马地峡的陆地。在横穿巴拿马地峡过程中，44 人遇难。他们开始着手修建一座名为"圣安德鲁"的堡垒和一个叫"新爱丁堡"的定居点。1699 年 2 月，西班牙照例用袭击和枪炮来"欢迎"他们，不过苏格兰人将他们赶走了。他们尝试着与当地被称为"库纳（Cuna）"［或"昆纳（Kuna）"］的印第安人做生意。对方看着他们手中的那些稀奇古怪的东西，一脸茫然。

那个地方沼泽众多，疾病很快就开始传播——在初到那里的几个星期里，帕特森的妻子就死了。陆续死去的还有另外 31 人。[91] 虽然圣经可以给他们提供精神食粮，但不能解决饿肚子的问题。他们带去的粮食不够，即使是这些粮食，相当一部分还在极度潮湿的空气中变质腐坏。他们也无法种庄稼，被迫吃鸟、猴子和海龟。他们写给亲友的信中隐瞒了真实情况，仍然是一副乐观的口气。1699 年，又有 1300 名殖民者出发前往。然而，这些满怀希望的人不知道的是，这个时候，第一批到达那里幸存下来的大约 700 人中，除了 6 人之外，其他人已经登上 3 艘船，正在返回欧洲的途中。留下的那 6 个人死于高烧。

当第二批船队抵达巴拿马时，眼前的景象——破败的殖民地、明显危及生命的生存环境——让他们大为惊骇。所有建起来的东西几乎都被雨水冲走了。没有被冲走的地方重新被丛林覆盖。西班牙人再次发动攻击。还有很多人死于疟疾和黄热病。最后，第二批船上只有不到 100 人回到了苏格兰。一共算起来，先后前往达连的 2500 名苏格兰殖民者中，仅有 500 人生还。公司损失了 219000 镑，相当于现在的大约 2700 万英镑。[92] 英格兰王室提出弥补这一亏空，补偿苏格兰投资者的损失。然而，接受了这一提议之后，苏格兰独立成了泡影，帝国梦从此破灭。1707 年，随着《联合法案》（Acts of Union）生效，苏格兰并入英格兰（已包括威尔士），成为一个国家：大不列颠（Great Britain）。

*

英格兰人具体什么时候在洪都拉斯周围海岸安顿下来——如果可以用"安顿"这个词的话——并不清楚。虽然这里的地形同造成苏格兰人灾难性后果的巴拿马地形一样恶劣。他们在洪都拉斯海岸没有什么宏伟的计划。人们是断断续续来到这里的。有人说，大约 1630 年，随着私掠者闲时伐木，那里才逐渐建起了第一个定居点，不过，也有人说，那是在 1655 年西班牙为了给英格兰提供一个联络点，牙买加被割让给英格兰之后。更多的定居点出现在 1670 年《马德里条约》签订，私掠行为暂停后的一段时间里。一些人没事可干，就前往陆地谋生。这时，新西班牙（墨西哥）尤卡坦半岛（Yucatán per.insula）沿海一带兴起了洋苏木生意。据说，1671 年，这里输出了 2000 美吨洋苏木，价值 40000 镑。[93] 洋苏木能够用来提炼毛纺染料，市场需求量非常大。

有一段时间，这些伐木的英格兰人与西班牙人发生了一些小冲突。作为海盗兼博物学家，威廉·丹皮尔详细记录了他 1675 年在那里的赚钱经历。"我们用朗姆酒和蔗糖来换取洋苏木，朗姆酒和蔗糖对于那些砍伐洋苏木的人来说是好东西。当时砍伐洋苏木的大约有 250 人，大多数是英格兰人。他们住在附近的好几个地方。"[94] 不过，他并没有将洪都拉斯湾的这些早期殖民者的生活浪漫化："到了雨季，洋苏木生长区到处是水。他们从床上下来，就要行走在大约 2 英尺深的水里，而且要在水里待一整天，直到再次上床。"[95] 这是一项辛苦、潮湿、让人痛苦的工作。不过，回报还是不错的。

所谓"蚊子海岸（Mosquito Coast）"指的是从格拉西亚斯阿迪奥斯海角——哥伦布在 1502 年的最后一次航行发现了这个海角——向南延伸到尼加拉瓜圣胡安河的一条狭长沿海地带。这里的"蚊子（mosquito）"指的不是飞行的昆虫，而是米斯基托人。他们设法避免了欧洲殖民者对西印度群岛原住民人口结构的破坏。这在某种程度上是因为南美大陆几乎不适合欧洲人生存，丛林和沼泽里的疾病是欧洲人最大的威胁。另外，米斯基托人也在顽强抵抗西班牙人的侵袭。根据"敌人的敌人就是我的朋友"这一原则，他们愿意容忍反对西班牙人的英格兰人和荷兰人。虽然在 18 世纪，那里的英格兰、苏格兰和爱尔兰殖民者只有大约 2000 人，但因为距离牙买加很近，所以这个海岸很重要。有的殖民活动从 17 世纪中期的海盗时代就开始了。1642 年，英格兰人夺取了海湾中的罗阿坦岛（Island of Roatán，也写作 "Ratten"），但是后来的占领没有获得西班牙的承认。这个岛屿成了两国长期争夺的焦点。

但是，在美洲大陆，英国人可以利用米斯基托人对西班牙的敌意建立自己的贸易点，比如在尼加拉瓜和黑河（Black River）地区建立的布卢菲尔兹。随着英格兰和荷兰船只的到来，他们渴望利用这里的海岸线相对隔绝的特点从事走私活动。这里是加勒比地区的"狂野西部（Wild West）"。它的发展轨迹与海上岛屿差异很大。这些欧洲船只在岸边停留之际，船上的非洲人，不管是逃跑的非洲人，还是自由的非洲人，都混合地与米斯基托人杂居在一起。他们和他们的后代在那个时代被称为"桑博人（zambo）"①。他们中的一部分人仍旧在木材行业里做奴隶，而其他人则为了自由逃往米斯基托人生活的沼泽地。

当老威廉·皮特（William Pitt the Elder）在英国议会（British Parliament）中塑造他的政治生涯之际，另一个威廉·皮特，他的远房侄子，正在中美洲的红树林沼泽地拓展他的帝国。[96] 他采取的方式不像先前开辟的殖民地那样，将成船的清教徒运过去。这时候，英国人已经在那里了，而且不是种植烟草，而是伐树。他们中的很多人不是那个王国所喜欢的人——海盗、走私者、懒惰成性不务正业的人，不过，一些人误打误撞地进入了高收益的木材行业。[97]

在皮特抵达洪都拉斯很久之前，米斯基托人就与英格兰人结为同盟。1637 年，普罗维登斯岛公司的沃里克伯爵（Earl of Warwick）出海，返航时将一个年轻的米斯基托人带回英格兰。三年后，这个米斯基托人回到老家后，被推选为当地酋长。他请求英格兰将那片土地归入英

---

① 拉丁美洲黑人与印第安人的混血后代。

格兰领土。1655 年，一个叫奥尔德曼（Oldman）的米斯基托人访问伦敦，被授予了一顶"王冠"——就是一顶蕾丝帽子。1687 年，奥尔德曼的儿子前往牙买加，再次向牙买加总督表示了对英格兰王室的忠诚。在那里，他被命名为杰里米国王（King Jeremy），被授予了一些象征王权的装饰品。[98] 这标志着一个王朝的开始，同时，也标志着将来的米斯基托国王都要前往牙买加或接受加冕。在那里，他们获得杰里米一世、乔治二世等称号。王子往往要去英格兰或牙买加学习。[99]

1702 年，西班牙腓力五世颁布命令，要求摧毁英格兰人在坎佩切劳作的营地。这些营地位于新西班牙境内，那些苏格兰人的谋生方式和米斯基托的劳工相仿。英格兰人与西班牙人一直龃龉不断，直到大约1716 年，英格兰人被赶出去时为止。皮特于1725 年从百慕大抵达之际，西班牙再次袭击了尤卡坦和伯利兹地区（Belize）砍伐洋苏木的英格兰人，很多人不得不沿着海岸迁徙到洪都拉斯。[100] 这些伐木人身处西班牙帝国的外围地区，但是因为生活在富裕、强大的新西班牙，也可以说他们处于帝国的核心地带。新教徒顶着西班牙人的憎恶情绪，在这里砍伐树木，实际上说明了帝国边缘的界限是多么的模糊。

/ 080

在很多方面，现代意义上的帝国概念——尤其对于英式的帝国概念来说——由 19 世纪后期的几个概念组成：爱国主义、商业包装、国旗、国歌、宣传、游行、纪念碑。一般来说，这在某种程度上对英属加勒比海岛屿是成立的，但是在这一时期，在这些地方，这种说法并不存在。当时，英格兰拥有初具雏形的殖民地，17 世纪末 18 世纪初在中美洲四处漂泊的英格兰人当时生活在法律的边缘。实际上，就米斯基托人的国王来说，好像与英格兰的关系由他们说了算，而不是由英格兰说了算。1730 年代，皮特在黑河流域建了一个定居点。这个定居点的周围可以养牛，种植甘蔗，也有很多的鱼和乌龟。他觉得那个地方除了适合搞走私活动，也可以用英国的布匹、金属器皿换取西班牙的黄金和白银。另外，这个小城镇坐落在一个潟湖里，它可以防止外敌入侵。[101]

1740 年，"詹金斯的耳朵战争（War of Jenkins' Ear）"（见第 6 章）期间，上尉罗伯特·霍奇森（Robert Hodgson）拜访皮特，确保米斯基托人仍然是英格兰的同盟。后来，他组织了对该地区西班牙势力的抢劫。在这一时期，米斯基托人还宣布"蚊子海岸印第安人的爱德华国王"以及子民"特此声明从此成为大不列颠的臣民"。他们承认"他们希望大不列颠帮助他们从西班牙敌人手里收回祖先的土地"。[102]

虽然这个地区有了定居点，但一直是非正式的，直到 1749 年，霍奇森成了这个殖民地的第一任总督。从此一切开始走上正轨。霍奇森必须向牙买加总督汇报。他的报酬是 500 镑每年，职责是"管理和监督蚊子海岸的定居点。在作为我们朋友和同盟者的蚊子海岸印第安人的保护下，该定居点维持了好几年"。[103] 1757 年的人口普查结果显示，这一地区，即从格拉西亚斯阿迪奥斯海角到布卢菲尔兹，有 1124 人，其中大多数人是黑人和原住民奴隶。这里共有 154 个白人、170 个自由的有色人种和 800 个奴隶。[104] 白人数量虽然很少，但据说，"但凡生活中的一切，都按照欧洲方式处理。通常，住房是木质结构的（当时还没有砖），上面覆盖着茅草……墙壁上刷着白色涂料；不过有些房子看上去非常不错，完全是木制的，有两层楼高"。[105]

现在，虽然对洋苏木的需求已经下降，但是木材生意有所反弹。这种反弹是通过一种高档新产品进行的。这种新产品就是桃花心木。[106] 这种硬木材最初用于造船，不久，家具制造商看到了它的潜力。1720 年代，对桃花心木物件，以及桃花心木桌子、椅子、柜子和其他装饰性家具的市场需求非常高。虽然英格兰人纷纷进入洪都拉斯湾周围密林寻找这种树木，但砍伐工作往往是由原住民和非洲奴隶来做的。和其他木材比较随意的砍伐方式相比，桃花心木的砍伐需要进行良好的组织管理。要将奴隶分成 10~50 人的小队。他们发现这种树木之后，将其砍倒，滚到河里，让其顺流而下。等在海湾的船就会将它们带走。[107] 起初，一部分木材来自周围岛屿，比如圣地亚哥岛，但是后来洪都拉斯的木材占据了绝大部分。到了 1770 年代，这种木材成了一种关键的出口商品。欧洲对奢华的追求影响了丛林。

*

17 世纪是加勒比地区的一个过渡时期。这个新世界的新惯例逐渐形成。约束海盗行为和海外殖民的国际法发展到了一定阶段。私掠和抢劫活动让位于殖民和贸易。实际上，到 18 世纪初，海盗活动的黄金时代几乎已经结束了。英国发起一场运动，呼吁结束海盗活动——英国政府不再支持私掠行为——其他帝国主义国家乐于响应。结果，那些年中，大西洋两岸的绞刑数量大幅增加。[108] 虽然这并不等于说，海盗活动彻底绝迹了，但确实是越来越少，因为原打算做海盗的人，以及剩余的海盗纷纷加入了当时正在扩张的合法的王家海军，或者办起了种植园，或继续和其他人一起砍伐洋苏木。1725 年，从事海上劫掠的海盗不到200 人，虽然这种行径一直没有彻底绝迹。[109]

/ 082

在这个世纪里，各国船只虽然沿不同航线，无数次穿越了大洋，对未知水域的恐惧在很大程度上已然消退，但是航海生活仍旧是一件危险的事情。航海充满了危险。即使可以从地图上看到目的地，如果无法确定经度，仍然无法准确知道船只的位置。大海有时候残酷无情。海上风暴会将船只狠狠地抛向礁石，或者在平静的海面上，让船上的所有人都死于饥渴。疾病可能以令人恐怖的速度传播，很短时间内让几乎所有乘客和船员命归黄泉。还有，海天交界处可能随时出现一艘敌船，伺机抢走船上的所有东西，包括生命。然而，大海同时也会给人们带来自由和机会。很多人愿意尝试它带来的各种可能性。随着这个世纪的逐渐逝去，在公众的心目中，欧洲与西印度群岛之间的距离变得越来越短。曾经的"新"大陆还催生了新的市场，新形式的商业。海盗劫掠让位于公平购买。然而，变化不仅局限于经济层面。在整个 17 世纪，殖民地纷纷建立。从根本上说，殖民地需要建立新形式的政府治理和官僚制度，需要用新的手段来执行命令，实施控制，用新的方式组织劳动生产。这些新的变化聚在一处，最终形成的体系将会强化一种生意——其赚取的钱财远远超过过去最成功的海盗。

历史，似乎是由日期和事件推动的。乍看起来，它毫无规则，没有任何头绪。这一点，没有任何一个地方的经历比加勒比地区的蔗糖生产历程更为典型。关于加勒比地区的蔗糖生产，可谓一言难尽。这期间经历了一系列停顿与重启，失败与成功，既需要资本也需要劳动力，当然，还需要甘蔗。

甘蔗抵达加勒比地区时，在其他地方早已司空见惯。虽然人们总是将这种植物与西印度群岛联系在一起，但是对于蔗糖，以及对于那些被迫种植甘蔗的人，同样的情况是，西印度群岛不是它和他们的故乡。甘蔗真正的原产地是地球另一端的巴布亚新几内亚草原。在那个岛上，人们种植这种植物，通过咀嚼它的外皮来提神。随着东南亚贸易网络的发展，这种草本植物的插枝远涉重洋，抵达中国和印度。印度人榨取里面的甜汁，争相饮用。这种被印度人称为 "iksu" 的东西引起了到访的希腊人的注意。大约公元4世纪，他们将甘蔗从印度带到美索不达米亚，然后又带到波斯。当7世纪前后阿拉伯入侵时，他们将这种植物传到了整个地中海地区、中东和尼罗河三角洲。甘蔗的传播恰逢伊斯兰教的黄金时代。这种植物加工层面的技术创新催生了更好的蔗糖提炼技术。很快，蔗糖加工厂出现在巴勒斯坦、摩洛哥，甚至西西里岛。西西里岛或许是这种本来属于热带植物的作物最靠北的种植区。[1]

直到十字军东征，最靠北的欧洲人才接触到蔗糖。十字军战士看到了黎凡特种植的甘蔗，品尝了甘蔗的味道。舌头上久久不去的甜味促使他们离开时带了一些加工好的蔗糖。在此之前，人们用蜂蜜或果汁给食物增加甜味。然而不久以后，蔗糖的受欢迎程度——和价格——在欧洲开始飙升。在那段时间里，蔗糖成了欧洲价格最高的调味品之一，成了专门用于特殊场合和炫耀财富的东西。在英格兰，爱德华一世（Edward I）

的记载显示，王室很喜欢甜食——1288 年，英格兰王室蔗糖的消耗量为 6000 磅。蔗糖已然成了贵族精英的食物。它的稀缺性和高价格让它成了欧洲的奢侈品。人们将一部分糖用于药物，尤其用来缓解药物对味蕾的刺激，以帮助病人咽下苦药，不过这种加了糖味的药在很大程度上是富人的专利。然而，作为一种甜味剂，糖的受欢迎程度越来越高，威尼斯和热那亚的批发商利用欧洲富人的这种嗜好赚取大量利润。然而，黎凡特的蔗糖开始枯竭，伊斯兰国家的生产量在下降。甚至比西西里岛更加靠北的地区、阿尔加维以及地中海南部的其他地区也开始尝试种植甘蔗。还有人尝试在托斯卡纳和普罗旺斯种植甘蔗。因为这种作物需要大量的水，所以炎热、干燥的地中海夏季对于甘蔗来说是种灾难。当欧洲人获准在大西洋上湿润的加那利群岛和马德拉岛种植甘蔗时，他们立刻抓住了这个机会。

当时，蔗糖的提炼过程基本上已经几代人没有改进了。虽然地区之间有所差别，但基本的提炼流程都是将甘蔗砍下来，切成小段，然后放在以牛（或人）为动力的磨盘上研磨，然后将研磨好的碎末放在横梁或螺旋压榨机下，挤出最后一滴汁液。后来出现了三辊研磨机，大大提高了生产效率，因为已无需在研磨前将甘蔗切成小段。这样一种集约型过程不仅有农民参与，将有关地中海地区蔗糖生产的记录拼接起来，我们还可以看出，它也要依靠奴隶，例如那些被奴隶贩子穿过撒哈拉沙漠卖到马格里布（Maghreb）的奴隶。虽然北欧人不会种甘蔗，但他们可以参与蔗糖的后期生产。将来自西印度群岛的初级产品深加工成各种制成品的糖厂开始在博洛尼亚、安特卫普等地纷纷出现。这些加工厂大大缩短了消费者的等待时间。至 15 世纪，甘蔗已在马德拉岛和加那利群岛引种成功，蔗糖的市场缺口开始慢慢缩小。

据说，哥伦布第二次出海时，将一些甘蔗插枝带到了伊斯帕尼奥拉岛，但是没有获得成功。大约 1503 年，一些殖民者再次在岛上种植甘蔗，但愿意收割和加工甘蔗的农民和奴隶根本不够，这次试验只好无疾而终，田地再次闲置。几年后，加那利群岛懂得甘蔗种植加工的人来到岛上，成功地栽种了甘蔗。1571 年，波多黎各出口了大约 212000 磅蔗糖，圣多明各的出口量大约为 1290000 磅。[2]

葡萄牙人，虽然也是活跃的奴隶贩子，但他们恪守在教皇的调解下达成的交易，坚持在协议确定的范围内活动。这意味着他们没有殖民加勒比地区的任何岛屿，但是，南美的一个地方正好处于规定的属于他们的权限范围内，而且这个地方位于佛得角群岛和非洲西海岸附近，地理位置不错。它就是巴西。依托气候、奴隶劳动相结合的便利条件，葡萄牙种植园主可以将北大西洋生产蔗糖的知识用在赤道南部的巴西。1570 年，这一地区有 60 家 "糖厂（engenho）"。十五年之后，这个数字增加到 120 家，其中包括伯南布哥（Pernambuco）[①] 的 66 家和巴伊亚（Bahia）的 36 家。到了 1612 年，这一数字增加到 192 家。[3] 和先前大西洋上种植甘蔗的殖民地一样，巴西种植甘蔗的劳动力也来自非洲，或者强迫本地原住民来做。在蔗糖产量上，这个殖民地很快明显超过了西属岛屿——1610 年的产量达到了 25000 美吨，而西属岛屿同一年的产量还不到 1000 吨。[4] 伊斯帕尼奥拉岛和波多黎各还不断受到海盗的侵扰，从而更加推高了蔗糖的运输成本。另外，很多殖民者改弦易辙，转而生产姜。当时，生产姜要比生产蔗糖的成本低很多。他们将生产出来的大量的姜送往塞维利亚。16 世纪末，姜的产量也有所下降。17 世纪中期，形势再度发生变化：英法两国殖民者放弃烟草，进入蔗糖市场。但是，和前往伊斯帕尼奥拉岛的加那利群岛人、影响了巴西的马德拉岛人一样，这些法国和英国殖民者也需要人帮助他们启动甘蔗种植园，因为他们没有在地中海或大西洋岛屿种植这种作物的经验。然而，帮助他们的人来自一个令人意外的地方——荷兰。

---

① 巴西东北部的一个州，首府是累西腓（Recife）。

*

在新大陆的蔗糖生产方面，荷兰人扮演了重要角色。虽然他们控制的岛屿干燥、多山，没法种出数量像样的甘蔗（苏里南的情况虽然不是这样），但是他们手里握有雄厚的资金，可以投资种植园，购买昂贵的机器设备和人力。荷兰投资者迫切地要将手中的资金派上用场。1630年，荷兰西印度公司控制了巴西北部的伯南布哥和其他地区，建立了更多的糖厂，直接给安特卫普供货。

参与这一行业的人中，有一部分人是犹太人。长期以来，荷兰有一个庞大的犹太人群体——很多犹太人在1590年代于阿姆斯特丹落脚。在此之前，15世纪晚期，葡萄牙效仿西班牙，对犹太人实行歧视政策，强迫他们皈依或离境，大量犹太人逃往了信仰更为宽容的安特卫普。和阿姆斯特丹一样，随着安特卫普迅速成为一个商业城市，它与新大陆的联系日渐扩大。安特卫普的一些犹太人决定出海去新世界的岛屿上寻求机会。这些犹太投资者和商人对加勒比地区的发展至关重要，但经常因为"葡萄牙人"或"西班牙人"的标签忽略或遮掩了他们的贡献。

在荷兰人——以及犹太人和与之有关的其他欧洲人——逐渐控制巴西北部地区之际，伊比利亚联盟已经终结。从1640年开始，葡萄牙脱离西班牙，再次成为一个独立的王国。葡萄牙的独立，加上巴西当地人要赶走闯入这里的外来者，导致到1654年，荷兰人和其他投资人都被赶出了巴西。

被赶出来的这些人中，有人听说了法兰西人和英格兰人在西印度岛屿上种植甘蔗的事情。这些岛上的一些种植园主，比如来自巴巴多斯的詹姆斯·德雷克斯，曾经在巴西学习甘蔗种植技术。这些被赶出巴西的荷兰人知道法国人也开始在伊斯帕尼奥拉岛的西部种植甘蔗；1697年，根据《里斯威克条约》（Treaty of Ryswick），法国获得了这一地区的合法权利，该地区因此也被称为"法属圣多明各（Saint-Domingue）"。

先前很多将托尔图加岛作为据点的"加勒比海盗"现在也开始转向农业生产。

同时，在英格兰内战期间，巴巴多斯殖民者的人口有所波动。流亡的保王党分子来到这个岛上——这个岛经常随着骑士党 ① 和圆颅党 ② 政治力量的消长而改变立场——随保王党一道前来的还有政治犯。[5] 其中的一名保王党是理查德·利根（Richard Ligon）。1647 年，他抵达巴巴多斯，在岛上待了几年，经营甘蔗种植园。他计划在安提瓜开辟一个种植园。很快，他拥有了两个合作伙伴和 500 英亩的土地。"其中，他将 200 多英亩用于种植甘蔗，80 多英亩用于放牧，120 英亩用于种树，20 英亩用于种植烟草，5 英亩用于种植姜，5 英亩用于种植棉花，70 英亩用于种植粮食和蔬菜，即玉米、西红柿、大蕉、木薯和扁豆，还有几英亩种植水果，即菠萝、大蕉、甜瓜、香蕉、石榴、西瓜、柑橘、柠檬、酸橙等。"[6] 1650 年，他回到英格兰。1657 年，他出版了一本书，讲述他在岛上的经历。他的种种见闻体现了处于过渡阶段社会的特点。甚至在前往巴巴多斯途中，他看到了社会演变的一些迹象。他们登上佛得角的很多岛屿。"我们在那里购买黑奴、马和牛，打算到巴巴多斯将他们卖掉。"然而，他们最终到达巴巴多斯时，迎接他们的是死亡和疾病，"活着的人光是埋死了的人都已忙不过来"。

在时间上，利根的经历不仅恰逢从烟草到蔗糖的转变，也恰逢白人契约劳工向非洲奴隶的转换。他的书较早地描述了持续 200 多年的残酷的奴隶贸易："他们被运来时，种植园主直接上船购买。他们全身赤裸，身体强健还是虚弱一目了然。种植园主挑选奴隶就像是在市场挑选马匹一样……身体最强健的黑人男性奴隶价格是 30 镑，女性奴隶是 25~27 镑；孩子的价格往往很低。"[7]

---

① 骑士党（Cavalier），即保王党。

② 圆颅党（Round head），即议会派人士。

在巴巴多斯，利根观察了巴西和荷兰人产生的影响："一些非常勤快的人，从'伯南布哥［Fernambock（Pernambuco）］'弄到了甘蔗，到巴巴多斯试种。发现长势不错之后，就越种越多。"不过，最初的试验效果并不好，荷兰人不久"就乘船到那边［巴西］，去提升他们非常需要的知识……他们得到了更多的甘蔗和更为深入的甘蔗种植知识，信心的增加让他们的劲头更为提高"。[8] 后来，据作家多尔比·托马斯爵士（Sir Dalby Thomas）说，登上该岛的"荷兰人"看到上好的甘蔗后，意识到英格兰人"不知道甘蔗的其他用途，只知道针对炎热气候做一些提神的饮料"。[9] 荷兰人有知识，更重要的是，他们握有资金，很快便开始借钱给法兰西和英格兰的殖民者，并教他们怎样加工甘蔗。

然而，这和过去还是有些相似之处。实际上，当1652年海因里希·冯·乌特兹（Heinrich von Uchteritz）在抵达巴巴多斯后被赶下船时，他意识到，自己要被派到田地里干活了。当时，岛上80%的耕地种的是甘蔗。冯·乌特兹是一个德国人，他作为一名保王党雇佣兵在1651年的伍斯特之战（Battle of Worcester）中被俘，在伦敦监狱中煎熬了三个月后，和众多俘虏被赶上一艘开往西印度群岛的船——用当时的话说，即是"巴巴多斯奴隶（Barbadosed）"。在他后来关于这段经历的记叙中，对现实进行了描述："我们一行1300人被运到西印度群岛中英格兰占领的巴巴多斯。据我所知，除了我之外，没有一个人生还。"[10]

在他的海岛经历中，蔗糖是关键。他第一次被卖、他的劳动和后来的自由都和蔗糖密切相关。他和与他一起被运到那里的人一样，被卖到那里换取蔗糖。岛上的货币有限，种植园主只好拿自己地里种出来的东西去换取他们需要的东西。他的新主人是韦特克伯爵（Count Weitecker）。他"手里有100个信仰基督的劳工［白人］，100个黑奴和100个印第安奴隶。冯·乌特兹在岛上四个月的工作包括打扫种植园的院子，喂猪，虽然后来'他还得做平常由奴隶做的活儿'"。这意味着他还要去地里干活。没多久，韦特克发现乌特兹原来是一个贵族之后，就想向他的家属勒索赎金。最后，在一些知道他身份，愿意给他出钱的德国商人的帮助下，商定了一个计划——经过谈判，他们用800磅蔗糖换回了他的自由。

随着葡萄牙接管荷兰殖民地，被赶出巴西的人开始移居从苏里南到埃塞奎博（Essequibo）的南美圭亚那领地的北部沿海地带，虽然那里人口稀少。这里气候非常适合甘蔗生长，种植园的效益很好。[11] 一些从巴西移居过来的犹太人在整个地区拥有很好的业务往来，于是一些人去了库拉索。很快，库拉索成为一个繁荣的商业中心。蔗糖和其他产品源源不断地运往新尼德兰——1659年5月16日的一张收条上显示，那批蔗糖有3789磅。[12] 从这个岛屿运出的货物不都是农产品——库拉索还逐渐成为一个奴隶"仓库"。

*

建设甘蔗种植园需要具备很多条件。关键是，土壤不易被洪水冲走，气候炎热，光照强烈，还不能太干燥——这些条件加勒比地区都具备。不过，茂密的丛林是一个问题。殖民者必须将很多树砍掉，为种植甘蔗腾出地方。后来，岛上大片树木被砍伐，永远变成了种植壮硕甘蔗的田地。这一变化不仅从长远角度改变了每个岛的生态，而且在短期内立刻产生了严重后果。汉斯·斯隆（Hans Sloane）是一位伦敦内科医生。1687年，斯隆抵达牙买加，迫切地想见识一下他在书上读到的新大陆的动植物，而且，和其他初出茅庐的博物学家一样，他还希望能够看到更多新的品种。牙买加的森林让他印象深刻。他说，那里的森林里有很多很不错的树木，但他也意识到，这一情况正在迅速发生变化。

我发现一件很奇怪的事情。在很短时间内，砍掉树林和灌木之后，建起的种植园出了问题。原因主要有两个。第一个原因是砍倒树后没有将树根拔起，树根处又长出不少新芽。第二个原因是这里的土壤非常肥沃。不仅是印第安人的住处和种植园，甚至西班牙人的住处和种植园周围，高大树木野蛮生长，要不是旧的栅栏、房子、两边种有橘树的小路等清楚地显示先前曾经砍伐过树林，否则你看不到一点种植园的痕迹。[13]

他看到的是发轫于哥伦布的历程的一部分。眼前的景致、动物，甚至是人，已经进入了一个日渐扩展的全球商品链条，结果喜忧参半。例如，哥伦布和他的船员从欧洲带来了马匹和牛，以及甘蔗、葡萄、小麦等作物，甚至来自更远地方的植物，如咖啡。然而，和这些动植物一起到来的还有各种昆虫，从蟑螂到各种蠕虫。[14] 新的动物、植物、微生物、细菌传入这些岛屿。同时，来到西印度群岛的欧洲人品尝了他们之前从未见过的水果，如木瓜、番石榴、菠萝。这期间还有疾病的"交换"。印第安人对天花和各种流行性感冒没有抵抗力。这对欧洲人来说是一件好事，因为这比任何武器都更为有效。疟疾也在加勒比地区生了根。目前的医学共识认为，在哥伦布抵达之前，美洲没有人型疟疾，而东英格兰的平坦低湿地区，以及整个地中海南部地区都有。[15] 因此，当船只开始抵达加勒比地区时，船上往往携带着这种疾病，而被卖到新大陆的非洲人则带来了这种疾病的变种。

当时，没有人知道砍树造地与田里死水池中蚊子大量繁殖之间的关系，更不要说疾病发作的原因。结果，西印度群岛经常被视为一个坟场——往往是欧洲人进入来世的通道。然而，非洲奴隶的幸存率要高于欧洲人，因为他们中的很多人先前曾暴露在疟疾环境中而对疟疾具有免疫能力；黄热病——传入西印度群岛的另一种讨厌的疾病——也是如此。过去，地中海地区没有出现过黄热病，它的源头在非洲，无疑是通过运奴船带到西印度群岛的。埃及伊蚊（Aedes aegypti）是这种疾病的唯一传染源。17 世纪末 18 世纪初，传染上这种疾病的人有一半会丧命。它非常凶险，患者往往会口吐黑血，皮肤因为黄疸而变黄，这也是这种病得名的原因。不过，如果能挺过去的话，患者就会具有免疫力。[16]

这种免疫力——一般是一种有益的生物适应性反应——对非洲人影响巨大。[17] 没过多久，岛上的白人就意识到，在这一点上，他们与非洲人存在某些不同之处。由于缺乏生物学知识，他们就将奴隶的高幸存率简单地归因于他们是"非洲人"，因此，他们很快形成这种看法：奴隶更"适合"那里的气候和工作，他们更容易"习惯"那里。白人，不管是契约佣工，还是他们的主人，死于这种疾病的概率一样高。种植园主开始意识到，他们的钱与其花在欧洲人身上，不如花在非洲人身上。

*

这段时期，巴巴多斯的种植园开始搜罗大量黑人奴隶，而不是更多的白人契约佣工。在 1645~1665 年间，岛上的黑人人口翻了一番，而白人人口则有所下降。根据希拉里·比克尔斯（Hilary Beckles）关于巴巴多斯种植园的研究，1639~1640 年间，6 个种植园里没有一个奴隶，只有 114 个佣工，而在 1668~1670 年间，4 个种植园里有 421 个奴隶，21 个佣工。他还指出，1640 年，佣工与奴隶的比例是 30∶1，而到了1680 年，奴隶与佣工的比例为 17∶1，出现了戏剧性的逆转。不过，当时的白人仍然超过了 20000 人。[18]

蔗糖贸易的增长支撑了非洲奴隶数量的增长。购买奴隶要比与契约佣工签订协议节省很多成本。这一时期，契约佣工远赴巴巴多斯的积极性越来越低。[19] 他们的平均契约期是 6 年，而奴隶的期限要长很多。和牙买加不同，在契约期满之后，巴巴多斯的契约佣工不能获得土地。另外，英格兰、苏格兰和威尔士人越来越不愿意离开本土，因为 1660 年英格兰君主重新登上王位之后，国内的经济前景大为改观。[20]

数字可以充分说明这一点：1600~1650 年间，27751 名非洲人被运到加勒比地区岛屿。1650~1700年间，这个数字增加到464743人，他们乘坐的船大都登记在英格兰、荷兰商人名下。[21] 这段时期，英属岛屿接收的非洲人最多。在17世纪下半叶，156099名非洲人被送到巴巴多斯。实际上，不久之后，蔗糖种植和加工就占据了80%的耕地和90%的劳动力。[22] 1654年，德雷克斯已拥有200个奴隶，成为巴巴多斯最富有的人。[23] 其他岛屿上的奴隶虽然没有这么多，但数量也很可观。1650~1700年间，38140名非洲奴隶被送到法属岛屿；124158人被送到荷属岛屿和苏里南，甚至还有18146人被送到丹麦所属的西印度群岛的岛屿中。[24] 这一切仅仅是开始。

*

蔗糖生产极大地推动了对劳动力的需求。这不仅是找到平整土地、种植、收获那么简单。加勒比地区的蔗糖生产首先是取一根2英尺长的插枝，将它插种在土里——需要一年才能长成高大的甘蔗。甘蔗和竹子类似，外皮很硬。糖分只占甘蔗重量的10%，因此弄出甘蔗中的糖分，还要获利，关键靠规模。如果种植和收割方法得当，一公顷甘蔗可以生产10吨糖。不过，收割甘蔗不是一件容易的事情，需要丰富的技术知识。甘蔗的收割只能在旱季进行，也就是从11月前后到来年4月。甘蔗收割之后必须在24小时内进行加工，否则里面的糖分就会发酵，不能再用。因此，蔗糖生产过程虽然复杂，但效率必须很高。种植园需要很多外屋（outbuilding）和大量劳动力，必须能够在恶劣条件下加班加点工作。虽然收割甘蔗时不是雨季，但是天气炎热，手工收割是一件让人精疲力竭的事情。

蔗糖提炼过程也对劳动力有着极高的要求。爱德华·利特尔顿（Edward Littleton）拥有1670年代巴巴多斯最大的甘蔗种植园。他这样描述蔗糖提炼工作的风险："如果研磨机操作工不小心将手指卷入机器，他的整个身体就会被卷进去，整个人就会被挤成碎片。如果烧炉工不小心接触到滚烫的糖液，那东西就像是胶水或鸟胶那样黏，那一部分肢体或性命就很难保住。"[25]"研磨机操作工（Mill-feeder）"和"烧炉工（Boyler）"是这个过程中的两个关键岗位。甘蔗送到研磨机旁后，甘蔗秆要经过三个滚轮的挤压，将甘蔗纤维里的粗汁挤压出来。荷兰人资助开发的这种三辊研磨机，对于提升加勒比地区的蔗糖压榨效率至为重要。接下来就轮到了"烧炉工"。研磨机压榨出来的褐色糖汁送到煮炼房（boiling house）后，需经过一连串的大桶提炼。煮炼房内热得让人难以忍受，简直是世界上最热的地方。白天的温度能达到60℃，在赤道地区，简直有如地狱。即使在晚上，奴隶的工作条件也好不到哪里，因为室内温度仍然高达50℃。

大多数煮炼房里摆放着一连串的壶。开始是大壶，相对较凉，越往后越小，也越热。随着褐色的糖汁从大壶倒到小壶里，糖汁开始结晶。最后，糖汁进入冷却罐（cooling cistern）。之后，将冷却后的糖汁倒入纯化房（curing house）里的大锅进行干燥处理。干燥过程中，工人将产生的液体收集起来，而黏稠的黑糖蜜（molasses）则用来酿造朗姆酒。[26]等到大锅完全干燥之后，将锅底剩下的晶体"块糖"再次煮炼，然后放到太阳下晾干。最后，这种没有完全纯化的"黑糖（muscovado）"被装入大桶中——每桶黑糖重16英担（cwt）①——装船运往欧洲。然后，在阿姆斯特丹或利物浦的精炼厂里进行深加工，最后变成欧洲餐桌上不可缺少的白色结晶。

从甘蔗中压榨出糖分，还意味着要进口建设种植园所需的一切物料。一本小册子这样解释道：

---

① 1英担相当于50.80千克。

较于加工蔗糖所需的器具，如铜器、研磨机罩、长柄勺、撇取浮皮的工具、研磨机、蒸馏器以及其他数不清的东西，田地里的用具根本不算什么。另外，种植园主要在别的建筑上用到钉子、锁头、合页、门闩。还有一些东西本身并不昂贵，但是因为长时间使用磨损严重，需要不断更新。所有这些物料，不管价格多高，必须从英国购买，甚至从北部种植园购买木材与耕牛，也需要将钱付给英国，用以抵消殖民地的欠款……27

这位作者指出，所有家具和衣物也必须从英国购买。从这个意义上说，英国的种植园主"对母国的强大和繁荣贡献巨大"①。28

无需惊讶的是，利特尔顿和其他种植园主一样，认为英格兰政府除了感谢他们对整体国民经济的贡献，还应该感谢他们将这种贵重而复杂的商品送到英伦海岸。他写道："我们用自己的劳动、危险和勤奋，促进了英格兰的贸易，拓展了大英帝国——不管我们怎样看待英格兰的美洲帝国，其他人认为它相当了不起。"29 上面这段话出现在利特尔顿那本标题醒目的小册子《种植园的呻吟》（The Groans of the Plantations）的最后一段。这位出生于英格兰什罗普郡（Shropshire），毕业于牛津大学的律师开始了他不懈的呼吁——不是呼吁给予那些辛苦劳作于种植园的奴隶以自由，而是呼吁废除他认为很不合理的蔗糖税。在巴巴多斯生活多年之后，这成为他最关心的事情。在那个岛屿上的事业处于巅峰时，他拥有 600 英亩耕地和 120 个奴隶。后来，他卖掉部分财产，最终于 1683 年退休回到英格兰。这时候，加勒比地区的种植园主正遭受着利特尔顿所批评的不合理的蔗糖税的盘剥。在蔗糖方面，1605~1705 年间，针对甘蔗的税率不断上升。种植园主还被迫支付 4.5% 出口税。对于利特尔顿，这等于说出台了一项让巴巴多斯破产的政策。之前，在这

---

① 本书中的母国指殖民地的宗主国。

个岛屿成为殖民地的短暂时间里，它已经从烟草种植失败后破产的边缘恢复过来。利特尔顿毫不留情，有时候可能有点夸张。他说，他在 1689 年写那本宣传手册"是为了让全世界都知道，就是因为那些严酷的方式，毁灭性的税额，令一度繁荣起来的英格兰殖民地走向破产的边缘"。[30] 当然，那些艰辛劳动的劳工的苦难似乎没有引起他的同情。而蔗糖，1669~1700 年间，西印度群岛种植园主送到英格兰的数量从 11700 吨增加到 27400 吨，巴巴多斯则处于蔗糖贸易的中心。[31] 虽然该岛没有将这一地位保持很久，但种植园主做了他们尽可能做的一切。

*

　　加勒比地区的蔗糖改变了整个世界的饮食方式，为种植园主创造了无数的财富。这个行业比之前所有的行业规模都大，对劳工的剥削也更为残酷。种植园主用蔗糖赚来的钱购买了荷兰画师的油画，在布里斯托尔建造了气派的别墅。然而，糖本身对人体没有什么价值。加勒比地区真正生产的是奢华。先前贵族精英的专利现在摆在了寻常百姓的餐桌上。然而，欧洲中产阶层喜欢它的甜味，但是对于那些被迫种植、收获和加工蔗糖的劳工来说，它意味着痛苦。现在，那些原住民大都已不在，白人契约佣工协议期满获得了自由后也已离开。只剩下一个群体，即那些远离家乡的非洲人，他们继续提供着让这些岛上的很多人发财的免费劳动。

/ 第5章　奴隶制度的兴起

感叹新大陆在科学和经济方面的发展之余，人们也越来越不安。18世纪初，任何去过这些新殖民地的人都可以感觉到与日俱增的财富和种植园残暴的管理方式。在牙买加，汉斯·斯隆观察到：

> 来自某些国家的黑人认为，如果死在牙买加，就会回到自己的家乡，因此他们根本不把死当回事。他们想象着，如果死了，就可以改变现状，获得自由，不再做苦力，因此，他们经常拿刀抹脖子。不管他们这样死，还是自然老死，他们的逝去会让同胞伤心悲恸，号啕痛哭。在他们的葬礼上，同胞们会将朗姆酒、食物扔进墓穴，供死者在另一个世界享用。[1]

奴隶劳动已经让数百万人生不如死，然而这一非人道行业在18世纪变得更为糟糕。这时候，非洲人已经在加勒比地区被奴役了200多年。起初，最早开始在非洲西海岸做奴隶生意的欧洲人是葡萄牙人，虽然后来有其他私人贸易商加入——尤其是1640年代西葡战争期间。葡萄牙人主导了早年的非洲奴隶买卖，将非洲人带到西班牙大陆在卡塔赫纳和韦拉克鲁斯的主要港口。1573~1640年间，至少有487艘船停靠卡塔赫纳港，将78453名非洲人送上岸。这些奴隶很多来自安哥拉、上几内亚（Upper Guinea），还有的来自下几内亚（Lower Guinea）。[2]整个16世纪，大量奴隶被悬挂着葡萄牙旗帜的船只运到美洲。这些奴隶在大陆的港口下船之后，有的待在城市，有的被送往农村，还有的被送到秘鲁的矿井。然而，在接下来的世纪里，英格兰人、法兰西人、丹麦人开始慢慢进入这个行业。17世纪，他们都在非洲西部建立了堡垒或以其他方式存在：英格兰人在黄金海岸和塞拉利昂；法国人在塞内冈比亚（Senegambia，今塞内加尔和冈比亚）；荷兰人也在黄金海岸。1654年葡萄牙人将荷兰殖民者赶出巴西时，葡萄牙人占有了荷兰人的奴隶，并将他们卖到加勒比地区。[3]

在西印度群岛，距离"西班牙大陆"很近的库拉索很快成为奴隶转运点。西印度公司副董事马蒂亚斯·贝克（Matthias Beck）从彼得·施托伊弗桑特手里接过了该岛的管理工作。1657 年 7 月 28 日，他写信给公司其他董事，谈及与"西班牙大陆"的其些非法贸易："黑人买卖很重要，这是因为，[一个]巴斯克人[巴斯克私掠者]——他现在在我这里——明白地告诉我……说我们不但应该买卖整船的奴隶，还应该继续经营当前的合法货物。"后来，贝克为这个私掠者勾勒了一个复杂的奴隶贩卖方案。他说："从现在开始，只要有载着黑奴的船来到这里，他就会得到消息。"他还在信中附上了这个巴斯克人写的一些建议方案，指出："他告诉我，很快，他们将在这里开辟一条路线，将来他们会沿着这条路线来这里购买黑奴和其他货物。"[4]

1660 年代，欧洲其他国家也开始染指奴隶贸易。1666 年，丹麦成立的"非洲公司（African Company）"同意荷兰人提出的条款，接管了位于克里斯蒂安堡（Christiansborg）、腓特烈堡（Frederiksborg）和几内亚湾海岸角（Cape Coast）附近的荷兰堡垒。另外，他们还分别于 1672 年、1718 年、1733 年，在西印度群岛的圣托马斯岛、圣约翰岛，以及从法国手中购得的圣克罗伊岛开辟了殖民地。在这段时期，根据记载，丹麦船只每年驶离非洲海岸达 450 船次。

不过，丹麦人不是来到这段赤道地区的唯一北欧民族。1649 年，瑞典人在很多荷兰人的资助下，建立了一家名为"瑞典非洲公司"的企业，然而，可能是因为当时瑞典在西印度群岛没有殖民地或领地，所以结局惨淡。实际上，荷兰人给瑞典王室支付了一大笔钱，要瑞典公司退出奴隶贸易，并获准使用瑞典公司建立的为数很少的堡垒，后来这些堡垒被丹麦人占领。"准殖民者"还来自波罗的海的库尔兰公国（duchy of Kurland）。1651 年前后，他们在冈比亚河口修建了圣雅各城堡（Fort

St James），后来又修建了7座城堡。几年后，80户库尔兰家庭移居多巴哥岛（Tobago），在那里建立了殖民地，目的是种植烟草然后卖给俄国人。后来，荷兰人入侵。1691年，库尔兰人的西印度群岛计划成为泡影。[5]

不过，其他国家的人不断来到这一地区。1682年，勃兰登堡选帝侯腓特烈三世（Frederick III, elector of Brandenburg）也在荷兰人资金的支持下，建立了勃兰登堡非洲公司（Brandenburgisch Afrikanische Compagnie，BAC）。勃兰登堡非洲公司在黄金海岸修筑了一个堡垒，从丹麦获得了将奴隶卖到圣托马斯的许可。这引起了荷兰西印度公司的不满。很快，他们将勃兰登堡非洲公司挤垮了。然而后来，在此基础上，也是在荷兰人的资金支持下，"勃兰登堡非洲美洲公司"（Afrikanisch-Amerikanische Compagnie，BAAC）成立。这时候的荷兰已经与勃兰登堡达成盟友关系，因此不再干涉该公司的发展。1680~1706年间，公司将19000名奴隶卖到西印度群岛。[6]然而，1717年，荷兰西印度公司向勃兰登堡非洲美洲公司支付了一笔钱，要求他们退出奴隶买卖业务。西印度公司迫切地想要控制勃兰登堡的城堡。不过这一阶段出现了一段更为怪异的插曲，一个名叫"约翰·康尼（John Conny）"的非洲人强占了这座城堡，声称城堡以后归他所有。在之后的七年里，他身穿一身酷似普鲁士军装的衣服，从事着贩卖黑奴的行当。反正人们是这么传说的。[7]

1700年，英格兰船只从非洲运走了大约400000名奴隶，这一数字不可避免地隐藏了死在海上、被海盗掳走、被偷运走的人数。[8]此外，18世纪——该世纪广泛的历史运动受此前世纪的影响并波及之后的世纪，形成了一个经常被称为"漫长18世纪"的时期——开始于另一场冲突，即1701年爆发的西班牙继承权战争。引发这场战争的导火索是西班牙哈布斯堡末代国王卡洛斯二世（Charles II）去世。有人担心宣称继承王位的法兰西储君会建立一个法国与西班牙的联盟，打破欧洲各国的力量平衡。1713年签订的《乌得勒支条约》（Treaty of Utrecht）将法国波旁王朝推上西班牙王位。西班牙本土之外的大片欧洲领土被割让给奥地利哈布斯堡王朝。根据条约，英国可以继续占据他们在战争中占领的直布罗陀和巴利阿里群岛的梅诺卡岛（Balearic island of Minorca）。法国被迫将圣基茨岛，以及包括哈得逊湾、纽芬兰和新苏格兰在内的加拿大领土割让给英国。英国还获得了一份很有价值的"贸易协议（asiento）"，从非洲向西属美洲提供奴隶，为期三十年。

这份贸易协议起到了支持南海公司（South Sea Company）的作用。该公司由英国首席财政大臣罗伯特·哈利（Robert Harley）于1711年建立。哈利担心过去几十年耗费巨资的战争使得英格兰债台高筑。大约在同一时期，伦敦刚具雏形的金融行业开始发展——1694年，英格兰银行成立——海外贸易也是如此，东印度公司的成功可见一斑。哈利认为，南海公司也可以获得同样的收入，尤其是考虑到奴隶贸易的垄断经营。南海公司获得的收入可以用来对冲政府债务。这个公司被形容为一项几乎稳赚不赔的投资。人们趋之若鹜，纷纷购买它的股票。（大家没有认真考虑过公司的奴隶贸易。）这些信心百倍的投资者背景各种各样，不只来自精英阶层。他们之所以能买得起公司股票，是因为公司允许他们赊购，他们可以用分期付款方式偿还。起初，公司效益看似不错——1715年，它贩运了2090个奴隶，大约是那年所有英格兰船只贩运奴隶总数的20%。1717年，这个数字增加到3953，大约是英格兰船只贩运奴隶总数的23%。[9] 然而，公司的整体营利能力非常模糊，不过这丝毫没有影响公众对其的信任，股价持续上涨。1720年，公司将政府负债转换为股票，鼓励持有国债的公众将手中债券也转换为公司股票。公司股价上涨了10倍——1720年秋季，泡沫破裂，股价暴跌。很多因素造成了股价下跌，其中包括南海公司无法继续向投资者提供借款；国外出资人——包括很多荷兰人——已经提前从公司和伦敦撤资；公司利润的不确定性问题持续发酵。然而，南海公司并没有立刻画上句号。它继续经营奴隶贸易，后来又在北海开辟捕鲸业务，公司一直运作到 19 世纪。

*

欧洲人迅速从奴隶贸易中赚了钱，不过，他们没有将这一业务引入非洲——奴隶贸易早就存在于非洲各地，就像它早就存在于地中海沿岸和伊斯兰世界一样。和欧洲不同，在欧洲土地是赚钱机器，是财富的象征，而在一些非洲国家，拥有奴隶才是财富的象征和表现，这与后来西印度群岛上的种植园主颇为相似。前往非洲的欧洲人很难理解这一点。他们不理解土地居然不是私人所有，而是集体所有；实力强大的统治者可能没有土地，但肯定有很多奴隶。[10] 非洲社会的奴隶一般是战争中的俘虏，很多奴隶被征去组建奴隶军队。其他的奴隶来源更像是大家族的延伸，那些不幸的家族成员需要承担其他成员不愿意做的事情。当然，奴隶经常也被主人用来换取枪支和其他物品。[11] 这对非洲人来说也是一个有利可图的事情。欧洲人的需求刺激了奴隶供应，改变了先前的惯例。但是，很多欧洲人只考虑他们自己的奴隶堡垒（slaving forts），很少去思考非洲人的差异和传统。直接参与奴隶贸易的欧洲人很少——仅限于海船船长、船员和城堡的执政官——所以掩饰这种贸易直接和间接带来的恐怖并不困难。与之前 16 世纪的西班牙人和葡萄牙人不同，这时候，欧洲人不再将奴隶卖往欧洲，而是卖往美洲和西印度群岛。奴隶遭受的痛苦被遮掩起来，隐藏在数千英里之外的伦敦和其他欧洲城市的合同与账簿里。而这些城市正享受着这种"贸易"的果实。

非洲奴隶被押上船之后，他们的恐怖之旅就开始了。这趟行程被称为"中途航线（Middle Passage）"。虽然每趟船都会让非洲人遭遇不同的恐怖经历，但是对船上的"货物"毫无怜悯之情的船员会施展某些一成不变的手段：尽可能给船上塞入更多的人；用铁链子将他们拴在一起；不怎么给他们吃食物；强迫他们到甲板上走动；有的人被折磨致死；有的想方设法跳入大海；很多女人被强奸。这条航线有时候安全，有时候会遭遇海盗袭击，有时候会因为恶劣天气而遭遇海难。偶尔，船员的疏忽大意会引发奴隶暴动。

实际上，1786 年，丹麦船上医师保罗·厄尔德曼·埃森特（Paul Erdmann Isert）登上"克里斯蒂安堡号（Christiansborg）"商船时，正处于这样的背景下。[12] 埃森特在几内亚的丹麦堡垒工作了将近三年，正准备返回丹麦。在 1788 年发表的信中，他说，他当时渴望去非洲和那里的奴隶制没有任何关系，"只是因为对自然科学感兴趣"。然而，为了返回哥本哈根，他只能搭乘一艘绕道西印度群岛丹麦属岛屿的运奴船。

/ 100

> 想象一下面对一船黑人奴隶时，他是多么心烦意乱。要知道，这艘船在执行王室任务时，最多只能搭乘 200 人，当时船上的奴隶超过了 452 人，而控制他们的只有 36 个欧洲人。想象一下眼前各色各样的可怜人——有的机缘巧合出生于奴隶家庭，有的是战争俘虏，有的是被随意抓来，根本没有任何犯罪前科，有的因为偶然的原因被卖给欧洲人……另外，他们根本不相信那些欧洲人说的要将他们带到某个美丽国家或类似鬼话的保证。相反，一旦发现机会，他们就会逃跑或自杀，因为对于他们来说，西印度群岛的奴隶劳动比死亡更可怕。实际上，水手们必须采取一切措施，不给他们留下任何自杀机会。出于这个原因，法国商船甚至不允许奴隶腰间围一条很窄的缠腰布，怕他们上吊——这种事情确实发生过。

出海第二天，暴动发生了。以下是埃森特的回忆。

> 当时，我独自和黑人们在一起。因为我懂阿克拉人（Akra）的
> 语言，所以当时正在和一些阿克拉人、登克人（Dunko）寒暄……
> 因为船上人很多，所以喧哗嘈杂声不绝于耳。我忽然发现，周围突然
> 死一般沉寂。因为大多数船员都在甲板下吃饭，所以我决定去船头看
> 看，是否那里的船员都在自己的岗位上，以防黑人产生暴动的念头。

他正这样做的时候，突然传来一声大叫。埃森特感觉一副铁链猛击自己的头部——身上仍然戴着锁链的奴隶们发生了暴动。

埃森特向前爬去，吃力地爬到舷墙上的舱门边。"当时很多黑人抓住那扇门，船员费了很大力气才把它关上，"他意识到形势万分危急，因为"这是一条规矩：即使牺牲一个欧洲人的生命，也不能让黑人控制了那扇门，否则，他们就可以摸到挂满武器的船尾。"

当埃森特挣扎向前的时候，手里拿着一个刮胡刀片的奴隶开始猛划埃森特的额头，直到一名船员开枪打中他后才停下来。很快，水手们拼命镇压，纷纷向奴隶开枪。有些奴隶这时候"已经砸开了锁链"，有些奴隶"看到暴动不成，纷纷跳入大海"。水手们立刻去抓跳下水的奴隶。埃森特这样评论当时奴隶们拼命挣扎的情景："虽然他们双双被拴在一起，只有一只胳膊和一条腿能自由活动（因为另一条胳膊和腿被拴在了一起），但是他们居然能够熟练地漂在水面上。那场面让人大为惊讶。有的人面对死亡毫不屈服，不屑地将从船上扔到他们身边，要将他们拉上去的绳子推到一边，拼命地往下潜。"最后，经过两个小时的拉锯战，34 个奴隶死亡，都是被淹死的。后来，埃森特知道了黑人们最初拿他下手的原因——因为他上船很晚，有的奴隶以为他是他们的买主，"必须先把我送入地狱，之后，其他欧洲人，如同雇佣兵一样，很快就会投降"。

虽然受了这番惊吓，埃森特还是决定返回非洲。不过，这一次，他确定了一个宏大计划——在非洲建立一个种植园。在种植供出口的热带作物的过程中，他不使用无偿的奴隶劳动，而是给干活儿的人支付一小

笔薪水。他想，如果成功的话，就不需要奴隶劳动了。他在一封信中这样说："我们是否应该摒除食用非洲产的蔗糖、咖啡和已经成为我们日常生活中不可缺少的其他奢侈品的习惯？不应该！那样做的话，大量非洲人倒是高兴了，可是同样多的欧洲人却不满意了。我们的先人为什么不明智地将这些产品的种植园建在非洲？那样，只用很少的薪水就可以雇到足够的工人！"1788年，他开始将这一方案付诸实施，不过最后以失败告终。虽然如此，他出版的书让数以千计的读者知晓了运奴船上的恐怖经历。

此时，欧洲的观察者们关于奴隶贸易和奴隶劳动残酷状况的记述已开始见诸文字。然而第二年，也就是1789年，另一篇报道发表，作者是一位亲自经历"中途航线"和奴隶劳动的遭受百般屈辱的非洲人。[13] 在讲述被契约奴役和最终获得自由的过程中，奥拉达·艾奎亚诺（Olaudah Equiano）描述了梦魇般的穿越大西洋的经历。[14] 根据奥拉达的记叙，这位在北美赎得自由身的奴隶出生于现代尼日利亚境内的一个伊博族（Igbo）家庭。按照当时的传统，他的父亲也蓄养奴隶。他家里兄弟姐妹七人，他是最小的男孩。11岁时，他的童年突然被猛然画上句号，因为有人闯入了他的家里："一天，大人们照例出去干活儿，只有我和疼爱我的姐姐在家里看家。两个男人和一个女人翻墙进来，立刻抓住了我们。"[15] 姐弟俩很快被分开了。他"哭喊、难过，不能自已，一连好几天，除了他们硬塞进他嘴里的东西之外，什么也没吃"。一开始，他被卖在国内，没多久，他被送到了海边。在那里，他看到了即将登上的运奴船。那时，据他后来回忆，"我惊讶万分，很快惊讶被恐惧所取代"。上船后，他看到"一大群被锁链拴在一起的各种各样的黑人，每个人的脸上都写满了沮丧和悲痛。[然后] 我不再对自己的命运心存侥幸。一阵恐惧和痛苦袭来，我一头栽倒在甲板上，失去了知觉"。

他生动地描述了甲板下的状况。在那里，"鼻子闻到一股先前从来没有闻到过的气味"。他染上了疾病，没有食欲。他不吃东西时，就会招来一顿毒打。他先前从来没有经受过这种惩罚。最后，他遇到了来自自己国家的奴隶，问他们这是要到哪里去。他们说是要被带到"那些白人的国家去干活"。这并没有缓解他的忧虑。他担心自己很可能会被折磨死，因为他"从来没见过这么凶残暴戾之人；他们不仅对我们黑人如此，对一些白人也是同样"。

在航行过程中，他发现"女人的尖叫和垂死者的呻吟让整个恐怖场面几乎难以置信"。好像艾奎亚诺的描述不够生动似的，有关运奴船的图画也广为传播，直观地揭示了奴隶贩子怎样使非洲人挤满船上的每一寸空间。这是整个 18 世纪数百万非洲人所经历的折磨。据记载，1700~1807 年，英国船只从西非带走了大约 2530969 名奴隶，法国船只带走了 1139381 人，荷兰船只带走了 333504 人，丹麦船只带走了 83444 人。[16] 其中数百万黑奴被带到了西印度群岛。而海上航行仅仅是他们痛苦的开始。

*

在"中途航线"的另一端，奴隶的处境也没有任何改善。有的非洲人被直接带到主人那里，但更多的人被转运到其他地方，或面临被送上拍卖台的羞辱。玛丽·普林斯（Mary Prince）出生于百慕大的一个奴隶家庭，但是她后来获得了自由，并出版了一本回忆录。她在书中这样写道：

> 等了很久，将把我们当牛羊一样拍卖的人终于来了。他问我母亲，哪个孩子最大。她没说话，用手指了指我。他抓住我的手，将我拉到道路中央，慢慢的，我转过身……我的四周很快聚集了一些陌生人。他们端详、摆弄我的样子，就像屠夫端详、摆弄他想要买下的小牛或小羊一样。他们用类似的话品评我的体型和个头——就

好像我只是一个不会说话的动物，听不懂他们在说什么。接着，就开始拍卖我。最初的要价是几镑，后来逐渐加价到 57 镑，最后落锤，我被卖给出价最高的人。周围的人说，我一个那么年轻的奴隶，居然卖了一个那么高的价格……拍卖结束之后，母亲一一拥抱和亲吻我们……这是一场让人悲伤的离别。从此天各一方。可怜的妈妈一个人孤零零地回到家里。[17]

还有一些奴隶通过牙买加、库拉索等转运点被运往其他海岛。当最终抵达作为最后目的地的种植园后，他们遇到了来自众多地区的非洲人。另外，他们还会遇到类似玛丽·普林斯这样的，出生于那座岛屿的黑人奴隶。这些奴隶被称为"克里奥尔人（Creole）"。这种奴隶因为出生于加勒比地区，讲和主人一样的语言，而可以获得很多优势，比如担任监工这样的工作，这让他们明显优于那些新来的黑人。奴隶不是一种均质群体——不但克里奥尔人的历史背景各不相同，而且西印度群岛的非洲人也来自非洲西部的很多不同地方：几内亚附近、贝宁湾、黄金海岸、塞拉利昂；有的非洲人还来自安哥拉及刚果王国。还有的人则来自更远的地方，比如莫桑比克。他们所操的语言也多种多样。哪些非洲人最后被送到哪里也很重要——有证据表明，牙买加最多的奴隶群体是来自黄金海岸和加纳的讲契维语（Twi）的非洲人，海地最多的奴隶是贝宁和尼日利亚西部的讲埃韦—芳语（Ewe-Fon）的非洲人。[18] 1680 年代，汉斯·斯隆在牙买加发现，来自"几内亚某些地方"的奴隶"被认为是最好的奴隶"，而来自"东印度群岛或马达加斯加岛的奴隶被认为是足够好的奴隶，不过［比如穆斯林］太挑食……不太适应这里，死亡率很高。在这个岛上出生的克里奥尔人，以及从西班牙人那里夺来的奴隶，要比其他奴隶更有价值，因为他们已经适应了这座岛屿"。[19] 斯隆这样的欧洲人，以及克里奥尔人种植者，往往自以为理解那些奴隶之前所生活的社会。这种习俗并没有因为奴隶贸易的持续而有所缓和。在 1808

年完成的有关牙买加21年生活的回忆录中，约翰·斯图尔特（John Stewart）说：

> 伊博人狡诈、节俭、勤快……科罗曼提人凶狠、野蛮、暴戾、睚眦必报。这个部落的人往往是各种叛乱活动的首脑，具有后来逃离奴隶劳动，建立独立定居点的那些人的最初血统。刚果人、昌巴人（Chamba）、曼丁哥人（Mandingo）等性格温和、敦厚。曼丁哥人有点像伊斯兰教徒（Mahometan）……黑人中的克里奥尔人当然是非洲人的后裔，据说身上往往具有父母或祖先混合后的性格。不过，他们会竭力表现自己的品位和高雅，夸耀他们作为克里奥尔人的好运气。他们距离非洲人血统越远，他们这种自豪感就越为强烈。[20]

　　不难想象，这样一个复杂的群体往往没有共同的语言或传统，所共有的只是他们的奴隶身份，虽然有时候某个岛屿或种植园的很多奴隶来自同一个地方，或者讲同一种语言。但是，奴隶劳动的现实要求他们抹掉自己的过去，而代之以白人对非洲文化的片面理解。因此，奴隶往往被贴上科罗曼提人（Coromantee）①（大部分人去了牙买加，他们大都来自黄金海岸或贝宁湾）的标签。[21] 然而，这种在外力强迫下形成的混杂，为从穿越"中途航线"中产生的新的身份和传统作了事先准备，并在奴隶劳动的阴影下逐渐发展起来。

*

　　西印度群岛各地在实施奴隶制度方面，情况也千差万别。根据逐渐

---

① "科罗曼提人"得名于距离他们的集中地最近的一个叫作"科罗曼提"的城堡。

形成的，有关奴隶使用的法典，以及相关法律的执行情况，加勒比海各地奴隶的感受各不相同。在 17 世纪的西属加勒比地区，管理奴隶的是一个植根于罗马法（Roman Law），被称为"七部法典（Siete Partidas）"的覆盖范围广泛的法律框架。虽然考虑到非洲奴隶劳动扩展到大西洋沿岸带来的改变，该法后来作了一些调整，然而实质上，它仍旧将奴隶劳动看作一种后来形成的，而不是天然的做法。因此，该法典允许赎身（coartación）。奴隶可以和主人商定获得自由的金额，然后用分期付款的方式支付赎金。加勒比地区的奴隶还可以和主人打官司。他们了解自己的权利，虽然了解得不多。但是，并不能认为这种制度真的具有人性。[22]

1685 年，法兰西国王路易十四（Louis XIV）颁布了一部奴隶法典，体现了当时奴隶群体和种植园经济的发展。这部被称为《黑人法典》（Code Noir）的法律和其他政策禁止法国自由人与奴隶发生性关系（包养情妇）。但是，法律同时规定，如果双方发生性关系，并且这位法国男性是单身的话，他必须娶这位奴隶并为她和他们的所有子女赎身。这部法典产生的一个意料之外的结果是，一些女性奴隶想方设法去追求白人单身男子。这部《黑人法典》和其他政策将犹太人驱逐出法国殖民地；要求奴隶皈依天主教，而不是新教；允许奴隶在星期日不做工；如果白人与其女奴每生一个孩子，这位白人就要被罚 2000 磅蔗糖。另外，法律还明确，女性奴隶的子女继续做奴隶；禁止不同主人的奴隶以任何借口聚集，即使参加婚礼也不行；奴隶要卖掉自己种出的水果和蔬菜，必须获得主人的许可；主人必须照料好奴隶的健康；如果奴隶胆敢动手打主人，主人可以将其处死，不过，主人可以用链条将奴隶拴锁，也可以动手打奴隶（但不能打得过重或致残）。[23]

一个世纪后，西班牙负责西印度群岛事务的何塞·德·加韦斯（José de Gálvez）认为，基于《黑人法典》的法令可以推动圣多明各的经济。圣多明各一直落后于其他蔗糖殖民地，其中包括与之接壤的法属圣多明各。奴隶劳动从来没有大规模地扎根于此。大多数养牛户和小农场主仅有几个奴隶。在日常生活中，这些奴隶与主人密切接触。相关法律，起初是《卡罗里诺黑人法典》（Código Negro Carolino），以及几年后的《西班牙黑人法典》（Código Negro Español），呼吁增加奴隶假日，改善奴隶生产生活条件，让广大奴隶受教育。然而，一些历史学家认为，他们根本不想改善对奴隶的态度——虽然法国人也没有遵守这部法典里的所有条款——他们的目的只是想办法扩大奴隶种植园，让自己的种植园像岛屿上法国那边一样繁荣。[24] 这些法典对于促进圣多明各经济发展没有起到任何作用。这一时期，圣多明各与"邻居"的兽皮生意相当红火。

　　甚至瑞典人也针对他们的圣巴泰勒米岛颁布了一部奴隶法典。这个岛屿是瑞典在 1784 年从法国手中获得。作为交换，法国获准在瑞典的北海港口哥德堡从事贸易活动。和其他国家的奴隶法典类似，瑞典的这部法典也禁止有色人种携带武器或未经许可参加集会，也不允许他们购买黄金白银，殴打白人也要受到惩罚。然而，奴隶主可以给奴隶拴上锁链，可以鞭打奴隶不超过 29 下。奴隶携带武器逃走可以被判死刑。旅店店主不得向奴隶出售烈酒，违者将被罚款 200 利弗尔。[25]

　　受西班牙和法国殖民地的影响，巴巴多斯是第一个颁布奴隶法典的英国殖民地。[26] 不过，所有法典实质上都是少数人强加于多数人的一系列规则。在西印度群岛的众多岛屿上，欧洲殖民者没在任何一个岛屿中占多数。然而此时，在西属岛屿上的克里奥尔人数量庞大，奴隶数量则较少，虽然 18 世纪末，随着外来奴隶数量的增加，这个形势有所改变。虽然在某些地方，自由人的数量可能超过了奴隶，但是其中一部分自由人拥有非洲血统，曾经当过奴隶，或者他的祖先曾经当过奴隶。

　　就像各国颁布的奴隶法典存在差异，各国种植园主对奴隶的管理也不尽相同。英国的种植园主往往住在英国，很少在西印度群岛居住。他们中的很多人在议会任职，因此可以投票通过与他们利益相关的法律。种植园的日常管理都交给白人监工去做。富有的种植园主在英格兰建了气派的别墅，布里斯托尔、利物浦等港口城市的商人靠奴隶和蔗糖贸易赚取的财富改换门庭，兴旺发达。同样，法国人在法属圣多明各和马提尼克岛建立有利可图的种植园后，迅速回到法国。身在加勒比地区的英格兰人和法兰西人往往将孩子送到欧洲接受教育。然而，西属岛屿的大多数种植园主则出生在这些岛屿上，很少像英国模式那样离开岛屿。他们在当地往往具有很大的政治权力，古巴的情况尤其如此。

当然，并不是西印度群岛的所有欧洲人都是种植园主，然而，丝毫不参与贸易或控制其他人种的白人少之又少。商人、牧师、船长、士兵的日常生活都与奴隶制的延续纠缠在一起。另外，奴隶社会持续生活在恐惧中——各种传言、阴谋、假消息让奴隶和主人浮想联翩。暴力，有的是法律允许的，比如种植园主用鞭子抽打奴隶的鞭数，有的是法律允许之外的，比如所有镇压奴隶反抗的私下折磨奴隶的方式。对于数量不占优势的白人来说，如何保持社会结构的稳定是他们无法摆脱的一件忧心事。他们经常做噩梦，梦见奴隶暴动，甚至担心家里也不安全——惧怕晚餐的汤里被下毒。

/ 108

在法属圣多明各，1750 年代是白人担心被投毒，甚至被施咒语的恐慌年代。在这一时期，一个名叫"马坎都（Macandal/Makandal）"的逃亡奴隶被处以火刑，罪名是带人攻击种植园，给白人投毒，而且还教别人如何投毒。[27] 他的这些罪名很快被称为"马坎都主义（Macandalism）"，虽然并不清楚他是否真的给人投过毒。重要的是，他代表了投毒的可能性。

在一件揭示法属圣多明各种植园主残暴的事例中，所谓的投毒指控也承担了重要作用。虽然法国的奴隶法典规定不得折磨奴隶，但是没有人关心折磨的定义——直到发生了乐琼案件（Lejeune case）。[28] 1780 年，尼古拉斯·乐琼（Nicolas Lejeune）继承了法属圣多明各北部港口城市法兰西角（Cap Française）①附近普莱桑斯（Plaisance）的一个种植园。和大多数种植园一样，这个种植园的奴隶经常因奴隶主说他们要给主人投毒

---

① 今海地角，亦称弗朗索瓦角。

而遭受毒打。然而 1788 年时，殖民地的奴隶可以根据法律状告主人非法虐待，其中自然包括折磨。当时，越来越多的法国人开始知晓并反对虐待奴隶。1788 年春，14 名奴隶到达普莱桑斯，要求法庭保护他们不受乐琼虐待。乐琼曾经两次用火把烧伤他们，第一次是一年前，第二次就发生在几天前——两个奴隶，一个叫扎贝斯（Zabeth），一个叫玛丽－罗斯（Marie-Rose），被他故意烧伤了腿部之后，被关在囚室里。[29]

普莱桑斯的司法官开始调查这一案件。一位调查人员在种植园发现了被囚禁着的两名女性奴隶，她们的脚和腿都有被烧伤的痕迹。乐琼说他们毒死了一个叫朱莉（Julie）的女奴；她们还想给他投毒，但是没有得手。虽然扎贝斯和玛丽－罗斯因为伤重不治而亡，但是她们告诉调查人员，她们屈服于乐琼的折磨，被迫承认了乐琼给她们杜撰的所有罪行。调查还发现，这种折磨行为在那个种植园并不是什么新鲜事。乐琼辩解，如果他被法办，那个殖民地就会被大火夷为平地，因为奴隶们肯定会进行反抗。于是，众多种植园主人心惶惶，要求将案子压下来。

然而，法庭发出了针对乐琼的逮捕令。在他逃匿期间，因为两个女奴的死亡，折磨指控被升级为谋杀。当地很多种植园主向法庭递交了请愿书，"我们的命运，您的生命，我们的生命，法国一万个家庭的存亡都建立在奴隶的从属地位上……古代和现代制度所采用的规则可能有悖人性……［但是这些］做法已经成了事实……"乐琼的父亲也四处活动，设法让法庭取消这一指控。乐琼最终被宣告无罪。然而，白人种植园主的担忧很快就变成事实，法国再也无法忽视在这一最有价值的岛屿上发生的暴虐行为。奴隶们最终报复了法属圣多明各的所有"乐琼"。不过，随着法国依靠蔗糖利润获得更多财富，这个岛上的奴隶还要遭受很多次残暴虐待。

*

类似的，英属岛屿上的种植园主也从蔗糖生产中聚敛了大量财富。

18世纪中期，英属加勒比群岛上大约60%的奴隶从事蔗糖生产。规模较小的种植园主被排挤得勉强度日，其余产品则被边缘化。和法属岛屿一样，残暴对待奴隶的事情层出不穷。玛丽·普林斯讲述了和她同属于一个主人的一个黑人奴隶遭受的惨绝人寰的惩罚。

> 可怜的赫蒂（Hetty），和我在一起的奴隶……最悲惨不过……她拴到草地橛子上的一头牛的绳头松了，牛拖着绳子四处游荡。主人勃然大怒，虽然她当时正怀有身孕，主人仍命人将她衣服扒光，绑在院子里的一棵树上。接着，他用鞭子和牛皮鞭拼命抽打她，直到她全身血肉模糊。他停下来喘了口气，然后接着打。就这样一阵又一阵地打。她的尖叫声撕心裂肺。这件事情的结果是，在她生产前，被人抬到床上，经过极度痛苦的分娩，她产下一个死婴。产期过后，她的身体似乎有所恢复——这期间，她还是经常被主人和女主人毒打——但是，她身上的力气从来没有恢复到之前的水平。不久，她的身体和四肢明显肿大起来。她整天躺在厨房的一张席子上，直到体内的腹水破裂而死。[30]

对于外界，很多种植园主将奴隶劳动描述成仁慈的、无伤大雅的行为。布赖恩·爱德华兹（Bryan Edwards）亲身经历过英属殖民地的种植园生活。1759年，他被家人打发到牙买加，和在那里的叔叔住在一起。十年后，他从叔叔手中继承了数量可观的财产，其中包括1000多名奴隶。在岛上生活了大约三十年之后，他回到英格兰，竞选议会议员。并不惊讶的是，在议会里，面对人们对奴隶劳动的日益不满，他为种植园主百般辩护。1793年，他出版了两卷本的《西印度群岛英属殖民地的民商史》（*The History, Civil and Commercial, of the British Colonies in the West Indies*）。在远离牙买加的英格兰，他生动描绘了处于18世纪，正在稳步进入现代社会的牙买加。在奴隶劳动方面，他认为，大多数拥有奴隶的人"通过继承或购买获得种植园",他们中的很多人从来没见过他们在岛上的种植园。[31] 接下来,他解释了种植园的管理方式——所有奴隶分为三部分。第一部分是身体最强壮的男性奴隶。他们负责种植和收购甘蔗,收割完甘蔗后到甘蔗加工厂干活。第二部分是孩子、孕妇、康复期的病人。他们给甘蔗地拔草,做一些"较轻"的活。第三部分是小孩子。他们在花园里干活,或"做某些轻松一点的运动,只是不让他们养成懒惰的习惯"。

第一部分奴隶在日出前就要起来,然后迅速下地干活。早上八九点时,他们可以休息一会儿,吃早饭。早饭是"煮薯蓣、洋芋、秋葵、魔芋、大蕉","这个时候,缺勤的人也露面了。监工有时候会给他们几鞭子,让他们不再敢偷懒"。早饭后,他们要一直干到中午,吃了午饭,睡过午觉之后,在下午2点之前回到地里,一直干到太阳落山。他说,"不过,庄稼生长季节,工作安排有所变化。这段时间内,在蔗糖加工厂和煮炼房干活的黑人经常要忙到深夜,有时候还要干通宵",轮流值守。奴隶还可以拥有一点土地,靠在这些土地上种植庄稼来获得食物,而主人将这一点看作是对他们的恩赐,因为他们可以将自己吃不了的庄稼卖出去。爱德华兹极力否认"最近引起公众同情的大量鞭刑、致人残疾的野蛮殴打"的真实性:"我……敢断言,虽然这样的暴行肯定发生过,还有可能再次发生,但是在英属西印度群岛,总的来说,人们对待黑人的方式是温和、克制和宽容的。"当然,他的这番话是为了遮掩奴隶社会日常生活中经常发生的极端暴行和程度较轻的侮辱,例如玛丽·普林斯目睹的那些事情。不过,爱德华兹自己也承认,他越来越担心——随着时间的推移,人们迟早会知道真相。

爱德华兹还写到岛上的其他人。他将牙买加岛上的30000名白人和大约250000名黑人分为四个群体:欧洲白人、克里奥尔或"土著"白人、混血克里奥尔人和自由黑人、奴隶。[32] 爱德华兹写道,在一个越来越被肤色"撕裂"的社会,白人们具有"独立的灵魂":"即使是最贫穷的白人也觉得自己和最富有的那些人几乎处于同一水平上。"他还说，牙买加有一些让初登该岛屿的欧洲人感到"怪异"的地方，"其中的一个怪异之处是，整体的富足、餐桌的华贵（至少牙买加是这样）和房屋、寓所的肮脏简陋之间的强烈对比；经常能听说……装着盘子和最考究葡萄酒的高档餐具柜、铺着最漂亮的织花桌布的桌子……所有这些东西都摆在一个一点也不比英格兰谷仓强的简陋肮脏的小屋子里"。更令人不可思议的是"奇怪的不协调（strange incongruity）"：身为管家的奴隶穿着鞋袜，而"其他所有人——一般每位客人都有一个奴隶侍候——光着脚一脸严肃地站在餐桌边，其中有的还半裸着"。

根据他的描述，克里奥尔人的女性生活单调乏味得要命，"除了跳舞能给她们快乐和信心"，此外：

> 没有能让她们将体力和脑力派上用场的其他娱乐和爱好。欧洲城市里那些可以频繁消费健康、财富和美色的午夜聚会、赌博场所，均和这里无缘。这也是一件好事情。这些克里奥尔女性的日常饮食，我觉得简朴到了过度的地步。白水，或者是柠檬水是她们能享受的口味最烈的饮品。中午的菜汤加上辣椒粉，就是她们的主餐。[33]

岛上的视觉文化似乎也参与进来。例如，阿戈斯蒂诺·布鲁尼亚斯（Agostino Brunias）的绘画作品描绘了一个秩序井然、静谧安宁的西印度群岛。他是一名罗马艺术家，通过威廉·扬爵士（Sir William Young）——当时是管理多米尼克、格林纳达、圣文森特和多巴哥的政府专员——的关系，远赴加勒比地区，于18世纪下半叶住在这里生活了大约三十年。他专注于描绘西印度群岛的各色人物。1796年，他在多米尼克去世。扬支持布鲁尼亚斯的一个原因是，用积极的调子描绘当时人们在岛上的生活——那些岛屿之前控制在法国人手中——这可能会鼓励更多的人移居那里。[34] 布鲁尼亚斯没有重点描绘奴隶群体，他绘画的重点是自由的有色人种。18 世纪，加勒比地区的自由人群体越来越庞大，主要是因为有关黑人的法典允许黑人赎身，因此，随着时间推移，很多岛屿出现了数量庞大的自由的有色群体。虽然他们仍然面临暴力和歧视，但毕竟他们有了人身自由。通过这些人，布鲁尼亚斯的作品描绘出一个充满生机、衣食无忧的社会。随着与这一群体的交往，他成了这些"被割让"的岛屿上的手艺人，而不是土地所有者。[35] 他最引人瞩目的一幅作品是《亚麻市场》(A Linen Market)。作品的中心有两位优雅的自由的有色女性。她们身着一袭白衣，戴着考究的帽子，正在圣文森特市场向一位黑皮肤的女性买布料。她们的左边都是加勒比人。其中一位叼着烟斗的男子看着她们。远处，两个奴隶好像在用木棍格斗，其他人在观战。蔚蓝的天空下，树木郁郁葱葱。市场热闹而和谐。他完全刻画出了所有人的细微差别，每个人的行为完全符合自己的身份。有趣的是，布鲁尼亚斯向我们展示了那个岛上社会阶层和人种上的细微变化。他作品中的人物远远不止黑人、白人、黑白混血那么简单。自由的有色人种群体在血统上也不是完全相同——有的人有白人血统，其他人则完全是非洲人血统——人数也因岛屿而有所不同。19 世纪初，英属岛屿大约有 70000 名自由的有色人种。[36] 至少在长达一个世纪的时间里，自由人占据了相当大的人口比例。在法属岛屿，尤其是法属哥伦比亚，自由人群体总是相当庞大。

在西班牙和法兰西殖民地，以及英格兰殖民地，英格兰在这方面往往略逊一筹，很多非洲母亲与欧洲父亲生下的私生子和获得自由身份的孩子，得到了父亲的承认，并被送到欧洲接受教育。他们的存在难以追踪，虽然一些文学作品会略有涉猎。他们的存在也说明了欧洲人对这些混血儿的态度。比如，在萨克雷(William Makepeace Thackeray)著的《名利场》(Vanity Fair)一书中，出现在书中前面的次要人物斯沃茨小姐(Miss Swartz)被描述为"来自圣基茨的，头发浓密带卷的富有混血"。后来，回到欧洲时，因为拥有不计其数的种植园和"东印度公司股东名册上她的名字旁边标着的三颗星"，她完全可以嫁入欧洲上流社会。她还拥有"萨里的一套别墅和波特兰大街（Portland Place）的一所大房子"。她是一个孤儿——据说她的父亲是一个"德国犹太人，是一位奴隶主。她和食人岛（Cannibal Islands）有某种血缘关系"，拥有200000镑的财产。对于乔治·奥斯本（George Osborne）来说，钱不是他看重的东西。"娶那个混血女人？"乔治一边竖起衬衫衣领一边说，"我不喜欢那种肤色，先生。问问那个打扫对面海鲜市场的黑人，先生。我可不想娶一个霍屯督人（Hottentot）①的'维纳斯'。"

不过，大多数有色人种女性，在财源上没有那么幸运，也不生活在欧洲的城市里。很多有色人种的自由人经营零售店或货摊，勉强糊口。他们的生意要依靠社区里其他自由人的光顾。白人对殖民地有色人种的态度捉摸不定，经常随着时间变化。人们对他们的态度还受到欧洲习俗的影响。比如在法国，如果贵族与平民通婚（mésalliance），或者新近被授予爵位的人与名门贵族联姻，那么贵族身份可以通过血脉继承的说法就会存有问题。[37]贵族男性与非贵族女性的子女被称为"梅斯蒂索人（métis）"②。这已经成为渗入海外殖民地的欧洲社会层级在"准生物学"方面的基础。例如，在法属加拿大，政府曾设法让法国人和皈依的印第安人平等和谐地生活在一起。1667年，法国向殖民地颁布法令，要求殖民地原住民皈依基督教，这样法国人和殖民地原住民就"拥有同一部法律和同一个主人，形成同一个民族和同一个血统"。然而，这项政策失败了。成为法国人小老婆的印第安人成了各种社会不良习俗的替罪羊。在加勒比地区，1700年之前登记过异族婚姻。当时，法国殖民地法律要求，法国男子如果让原住民女性怀孕，就必须娶她为妻。不过，这一法

---

① 欧洲殖民者对非洲西南部一个部落的蔑称。

② 美洲印第安人与殖民美洲的白人的混血后代。

律很快被调整。在马提尼克岛，如果法国男子与黑人女子生下了黑白混血儿，法国男子就要将 1000 利弗尔的罚金交给教会。早在 1680 年，瓜德罗普岛通过一项法令，要求黑白混血儿必须继承母亲的奴隶身份，不过，人们经常根本不会理会这种不近情理的政策。

对于有色人种中其他获得自由的人，拥有土地除了是一种赚钱手段之外，还是一种获得自主权的方式。在法属圣多明各，有色人种中的自由人经常被称为 "affranchi"①，参与了高利润的咖啡行业，有人还种植靛青作物。甘蔗种植园在岛屿的北部，南部形状像一个伸向古巴的手臂，经济远不如北部发达。有色人种中的很多自由人生活在南方，这里没有种植园。工作之余，他们还参与一些走私活动。[38] 这里为数很少的种植园主意识到，既然咖啡可以在南部地区的丘陵地带长得很好，那么靛青也可以，于是就开始种植靛蓝属植物。靛青和加勒比地区的其他作物一样，也属于劳动密集型，在将收割回来的靛青作物放在大桶里浸泡多次、排水之前，需要种植、除草和收割等多个环节。[39] 不过，靛青种植园不需要很多奴隶就可以营利，有的种植园只有 35 个奴隶。这些种植园让一些有色人种中的自由人，包括朱利安·雷蒙德（Julien Raimond）一家大赚金钱。朱利安的父亲皮埃尔是法国人。1726 年，他抵达法属圣多明各，娶了获得自由人身份的黑白混血穆拉托女性玛丽·贝甘斯（Marie Begasse）。结婚时，玛丽带来了 6000 利弗尔的嫁妆。1772 年皮埃尔去世时，他们的靛青种植园有 115 个奴隶。他们活下来的子女有 10 人，其中几个被送到法国上学。其中的 2 个儿子，即弗朗索瓦（François）和让－巴普蒂斯特（Jean-Baptiste）将先前那块种植园的价值增加了 3 倍。后来，朱利安加入了兄弟俩的行列，再后来他购置了自己的地产。1782 年，朱利安的财富达到了大约 202000 利弗尔。随后，他娶了一个获得自由身份的黑白混血女性，后者带来了 80000 利弗

---

① 摆脱了奴隶身份的自由人。

尔的嫁妆。[40] 他的家族和生意延伸到大西洋两岸。他因努力让这个岛屿实现平等而为人们熟知。

在古巴，很多非洲人和克里奥尔人出身的自由人，有时也包括奴隶，都加入了 "cabildo de nación"，即协会。这些组织的成员往往具有共同的非洲背景或者讲同一种语言。这可以从名字上体现出来，比如 "Konga Masinga"[①] 和 "Mina Guagni"[②]。这些组织为成员提供住房或借款服务，甚至还为奴隶赎身。18 世纪后期，这个岛上一共有 30 多个这样的团体。[41] 这些协会成员可以免于种植园劳动和通常的种族歧视，不过，地方官员和种植园主对它们还是采取了容忍态度，因为他们中的一些人认为这些团体可以起到安全阀的作用，给奴隶和自由黑人发泄心中苦闷提供一个渠道，而不至于酿成暴乱。这些团体植根于欧洲的帮会（cofradía）[③] 传统，或与天主教关系密切的互助团体。历史记载显示，早在 16 世纪中期，古巴有非洲背景的人经常参与宗教节日的游行和仪式，因为一些民族，比如约鲁巴人（Yoruba）——他们在古巴人数不少——在非洲时就有类似的社会组织。[42] 随着时间的推移，这些团体发展成为镇议会（cabildo），将新世界与旧世界结合在一起，将非洲传统融入天主教圣日，比如主显节（Epiphany，也叫 "Día de los Reyes"）。在这一天，有色人种要身穿盛装，敲着鼓，跳着舞，沿着哈瓦那街道浩浩荡荡地行进。19 世纪，白人统治者越来越担心这种庆祝活动会带来不安定因素，于是对其进行重重限制，直到最后完全禁止。[43]

不过，新旧世界的融合不仅仅发生在古巴。也许，只有在精神层面，才能找到诠释这些"世界"——非洲人、穆斯林、美洲印第安人、欧洲人——的最佳方式。在这些精神信仰中，最著名的是海地伏都教

/ 115

---

① 疑与刚果有关。

② 疑与加纳有关。

③ "cofradía"在西班牙语中指兄弟会。

（有 voodoo、voudou、vaudon 等多种拼法）①。这个单词来自非洲的达荷美（Dahomey，今贝宁）——"vodu"的意思是鬼魂或神明。西非的奴隶被运到法属圣多明各，被剥夺了先前的多神信仰体系，他们自然而然地被暴露在天主教的影响下。天主教中的众多神祇为非洲人继续崇拜自己的神灵（伏都教中称之为"loa"或"lwa"）提供了一个掩护。其中的一个例子是，达荷美人崇拜的与尼日利亚的"奥森（Oshun）"女神联系密切的爱神，后来成为法属圣多明各的爱神"尔兹莉（Erzulie）"，在天主教中，又成了圣母玛利亚的化身。另外还有蟒蛇之神"丹巴拉（Damballa）"。天主教中与他对应的神是圣帕特里克（St Patrick）。44伏都教是一种基于共同体的宗教，宗教仪式往往需要众人参与。但是，它的神灵维度是一种强烈的个人体验，因为神灵要"骑上"众人心智这匹马（cheval），短暂地驾驭他们。这种仪式一般要持续几个小时，人们要不停地打鼓、跳舞。这些舶来的习俗——有节奏地齐声喊叫、打鼓、跳舞——令奴隶和有色人种的自由人互相广交朋友，并让法国官员和种植园主感到担忧，最终他们不可避免地要设法禁止这些仪式。

类似的，古巴的萨泰里阿教（santería）也源自约鲁巴的传统信仰，在很多方面与伏都教存在类似之处，尤其在奥里萨（orisha，约鲁巴信仰的神灵）方面。这些神灵与天主教中的神灵存有重叠之处。自西班牙开始殖民这些岛屿之际，就有天主教修道士抵达，因此，基督教的影响在这里最为根深蒂固，虽然天主教修道会对法属岛屿的影响同样巨大。萨泰里阿教的宗教仪式需要支配信众的灵魂，需要打鼓，向神献祭，需要很多人参加。萨泰里阿教和伏都教都有本地祭司——例如，伏都教的男祭司被称为"houngan"，女祭司被称为"mambo"——不过缺少一个起决定作用的集权式的等级制度，也缺少官方指定的拜神场所。在殖民地时代，这种分散的特点方便人们在不引起官方注意的情况下召集和

---

① 又译"巫毒教"，是糅合祖先崇拜、泛灵论、通灵术的原始宗教，有些类似萨满教。

进行宗教活动。

在那些新教徒占很大比例的岛屿上，宗教发挥了很重要的影响。在讲英语的岛屿上，最知名的宗教是牙买加的欧比亚教（obeah）。这种宗教不具有与超自然、神灵世界相关的系统性信仰。它来源于非洲黄金海岸阿散蒂人（Ashanti）的一些习俗。"obeah"最初是"obayifo"一词的变体。最初，西非有很多人被卖到英属殖民地为奴。[45] 与神灵世界交流的动机有时候是好的，有时候则不然。欧比亚教的男女巫师会用树叶与羽毛等天然的东西做出有魔力的药水。服下这些药水，就可以让被他们称为"duppy"或"jumbee"的灵魂"上身"或"下身"。欧比亚教——有时候也拼作"obi"——也帮人解忧除难，比如帮人解决健康或金钱方面的困难。虽然在人们的印象里，这种宗教与牙买加的联系最为密切，但是法属马提尼克岛和瓜德罗普岛上名为"quimbois"的巫术与此很相似。面对鬼魂、药水、与超自然世界的交流，种植园主对欧比亚教巫师很不放心，又因为这些巫师大都是他们那个小群体中的首领，所以他们经常被白人说成是奴隶暴动的始作俑者。

牙买加种植园主布赖恩·爱德华兹认为，发生在 1760 年的奴隶暴动——即"塔基起义（Tacky's rebellion）"——的始作俑者是一个叫"塔基"的"科罗曼提老黑鬼"。他说他是暴动的"首要煽动者和策划者"。在这场暴动中，起义的奴隶从牙买加的一个堡垒里抢夺了枪支和弹药。起义的烈火烧到西南教区，整个起义持续了六个月，大大地震动了种植园主和政府官员。无需惊讶的是，起义被镇玉之后，欧比亚巫师，不管是否参与了起义策划，都受到了白人的严密审查。爱德华兹说，那个欧比亚教的巫师"给参与暴乱的人发放护身符，向他们郑重发誓，交给他们刀枪不入的神药"。他后来被抓住，穿戴上先前他穿戴过的所有羽毛和花里胡哨的衣服，被送上了绞首架。[46]

不过，基督教也出现了一些变化，因为很多奴隶和有色人种中的自由人将他们先前的版本添加到传教士讲授的版本上，虽然传教士在讲解基督教义时极力禁止他们的这种改动。摩拉维亚派（Moravian）是最早开始教化奴隶的新教教派。18 世纪初，他们开始在丹属岛屿上传教。很快，新教的很多教派，如路德派、卫理公会派、圣公会派，以及荷兰归正会纷纷效仿。并不是所有种植园主都希望奴隶信教。因为他们成了基督徒，那么他们奴隶身份的合理性就会成为一个问题，种植园主可能就必须还奴隶以自由。最后，种植园主得到了他们想要的结果，传教士不再大力让奴隶们皈依基督教，虽然奴隶们可以继续倾听基督教宣扬"自由"。然而，随着时间的推移，奴隶和有色人种自由人的数量开始增长，很多人被福音派基督教所吸引。福音派基督教与古老的非洲传统结合在一起，形成了西印度群岛独特的教派。这些教派往往具有福音派的特点，宣传基督救恩，例如叫嚷派浸信会（Shouter Baptist）。这是一种主要活跃于特立尼达的教派。其在承认非洲渊源的同时，坚守基督教教义。其现代表现形式包括魂灵附身（或以难懂的语言祈祷）、有节奏地齐声叫喊及鼓掌。其宗教仪式和庞大信众让英国殖民当局忧心忡忡，最终，在 1917 年，他们禁止了这种宗教，不过 1951 年时，禁令被撤销。

*

虽然宗教给那些仍然被奴役的人们带来了稍许改善，但生活仍旧像是一场永不休止的战斗。细小的抗拒行为是家常便饭，大规模的起义也不罕见。不过，奴隶还可能逃亡——逃到一个偏远地区的逃亡者聚集地。"逃亡黑奴（maroon）"一词来自于西班牙语"野生的（cimarrón）"，指的是逃离种植园，前往偏僻地区——山区、森林、丛林——远离种植园主的控制。他们经常和幸存的美洲原住民一起杂居，或者经常得到他们的帮助。这种情况在洪都拉斯和人口较少的岛屿，如多米尼克，尤为明显。这些岛屿面积较小，深处地势崎岖，山丘纵横，欧洲人不敢深入，所以欧洲人的地图上没有将它们的内陆地形标示出来。

一些岛屿适合逃亡黑奴生存，一些岛屿不适合。巴巴多斯、安提瓜地势平坦，田地肥沃，很少有种植园主不能掌控的地方。然而，另外一些岛屿，如牙买加，内部丛林茂密的山林地带提供了很多天然的藏身之处。实际上，如何与逃亡黑奴聚集地相处，对种植园主和殖民地政府都是一个难以解决的长期问题。1730 年代，逃亡黑奴聚集地的奴隶经常袭击当地种植园，英国军队随之进行报复。这逐渐升级成一场大规模的冲突，即"第一次逃亡黑奴战争（First Maroon War）"。自从西班牙占据牙买加，逃亡黑奴就开始在岛上的山林地带聚集。到了英国统治时期，这些聚集地已经名声在外，不断有逃亡的奴隶迁往加入。其中的一个逃亡奴隶叫"库卓尔（Cudjoe）"。他曾经指挥过奴隶与政府军作战。后来，他中了政府军的埋伏，被迫签订和平协议。协议约定，他和其他奴隶可以继续待在先前那个拥有很大自治权的聚集地，条件是他们必须停止劫掠种植园，并帮助政府和种植园主抓捕其他的逃亡奴隶，镇压奴隶起义。另一个叫"库奥（Quao）"的奴隶首领也被迫签订了类似的协议。女性也参与了逃亡，南妮（Nanny）是其中之一。她后来成为牙买加的民族英雄。她在山区建立了一个自治地，名为"南妮镇"。在一个男性主宰的世界里，她的行为算得上特立独行。当时的女性奴隶不是被当作家庭仆人就是被当作小老婆，然而，南妮是一位公认的无畏战士，她的欧比亚教魔力闻名当地，据说，她能让飞行的子弹停下来并朝那个开枪的人打回去。

对于奴隶们来说，起义是另一种选择。在非洲人遭受奴役的漫长年代里，反抗经常发生。有时候是大规模的尝试，比如运奴船上的黑人尝试制伏船员，还有一些针对恶劣暴虐行径的"本地化"了的抗议行为。上述的群体反抗行为的组织者和参与者往往是讲同一种语言或来自相同地区的非洲人，而不是出生在加勒比岛屿上的克里奥尔人。没有一个殖民地是例外。这方面的故事非常多。例如 1733 年，丹属圣约翰岛爆发了一场暴动，部分原因是因为岛上新颁布了一项更为严格的，加强控制奴隶的法典。该法典规定，逃亡奴隶被抓住，就要被砍掉一条腿。如果举行宗教活动，或者"实施巫术"，就要被痛打。那年11月，一群被描述为"阿米那（Amina）"的奴隶——据说是来自黄金海岸的阿卡瓦姆人（Akwamu）——袭击了岛上的一座堡垒。他们鸣炮为号，号召其他奴隶一起攻击白人，开始了长达六个月的战斗。[47] 1763年，南美荷属殖民地伯比斯（Berbice，圭亚那）爆发了一场大约4000名奴隶参加的起义。殖民地政府花了一年多时间才平息下去。

不过，这些反抗活动的参加者并不限于奴隶。在18世纪后期的多米尼克，总督约翰·奥德爵士（Sir John Orde）与幸存的美洲印第安卡里纳古人（Kalinago）龃龉不断。岛上的很多奴隶逃入山林之后，在原住民的帮助下生存了下来。1786年，担任总督三年之后，奥德在镇压原住民、追捕逃亡奴隶方面毫无进展。他向伦敦递交了一份工作报告。乔治三世国王（King George III）对他的这份报告"极为满意"。报告内容是："在追捕逃亡奴隶方面，囿于这里艰苦的自然条件和其他情况，我们获得了可能的最好结果——我们杀死和抓住了30~40个奴隶。有的已经投降——其他人大都被驱散，给养等问题已陷入极大困境。"[48]

在南面的圣文森特岛上，这个岛屿的面积只有多米尼克岛的一半，总督瓦伦丁·莫里斯（Valentine Morris）面临着同样的问题。逃亡奴隶也混杂到岛上原住民居住的内陆地区，那里的火山经常喷发。1777年初，莫里斯声称"用很小的损失"——他在这几个字下面画了线，以示强调——"一举破坏了逃亡黑奴与大部分加勒比人的联合，如果不是全部的话"——最终和加勒比人达成协议。在协议中，莫里斯向他们提供保护，保证不会剥夺他们的土地，前提是他们愿意合作："我对他们说，那些地方越来越成为所有逃亡黑奴的避难所，他们必须进攻他们，收回他们的土地，立刻结束这种状况。"[49] 实际上这个协议并没有持续多长时间。

逃亡奴隶如果被抓住，将面临严厉的惩罚——狠狠教训他们，但不能让他们没法干活，除非他们还要继续反抗。法国《黑人法典》规定，

"逃亡奴隶……必须割去双耳，在一只肩膀上烙上百合花。如果从他被告发之日算起，第二个月又犯同样的错，他将被割断腿筋，另一只胳膊也烙上百合花。如果第三次犯同样的错，将被处死"。在丹属岛屿上，逃亡奴隶也要受到类似的严厉惩罚——"被火红的烙铁烙三次，然后绞死"，而报信者则会根据参与逃亡计划的奴隶人数获得奖金。[50] 在一个规定"奴隶遇到白人就要让到一边，等白人先过，否则就要被毒打"的社会，奴隶们每天都可能因为这样和那样的原因被惩罚，所以逃跑成了一种非常值得付诸行动的行为。[51] 汉斯·斯隆记述了17世纪后期牙买加用来惩罚逃亡或造反奴隶的刑罚。

/ 120

　　针对奴隶的犯罪行为，主要是反抗，一般是用火烧，用弯曲的木棍将他们的四肢钉在地上，然后用火从手脚烧起，逐渐烧到头部。受刑者的那种痛苦超乎想象。对于性质轻一点的犯罪行为，实施阉割，或用斧头砍掉他们的半只脚。这些惩罚给受刑者带来的痛苦要持续整个后半生。对于逃跑者，会给他们的脚腕套上沉重的脚环，或者给他们的脖子套上"Pottock"，抑或给他们戴上铁项圈，项圈对着嘴的位置，有一个突出的类似马刺的东西，正好塞进奴隶的口中。"Pottock"是项圈，项圈两端焊接了两个钢筋做的螺旋圈。如果工作中犯了错，一般是将他们带到加工厂，将双手绑起来，监工用枪木（Lance wood）枝条抽打，直到数条树枝被打断，受刑者身上到处是血为止……在伤口未愈时，将胡椒粉和盐撒在伤口上，让受刑者更加痛苦。有时候，主人也将融化的蜡滴在奴隶身上，动用一些让人钻心痛苦的刑罚。[52]

迫使奴隶劳动离不开使用暴力，暴力塑造了殖民社会。没有一个岛屿没有爆发过起义或反叛，没有一个岛上没有过大批奴隶逃亡。然而，欧洲人源源不断地将非洲人输送给这个庞大的蔗糖生产机器。这个时期岛上的非洲人数量大增。白人与黑人的数量对比空前悬殊，迫使白人动用越来越不人道的方式维持对种植业和奴隶社会的控制。

*

在欧洲，很多人不仅竭力探索跨大西洋贸易，而且还极力去了解非洲人，以及整个新大陆。我们今天所理解的人种概念还没有成为18世纪世界观的一部分，但是人种概念已经出现。例如，美洲印第安人和非洲人就存在明显的差异。

美洲原住民或温和，或凶悍，或文明，或食人，这取决于记叙者是谁。新大陆逐步成为旧大陆作家的写作题材，结果往往相互矛盾。例如，16世纪的法国作家米歇尔·德·蒙田（Michel de Montaigne）在他那篇《论食人族》（*Of Cannibals*）的随笔中说，欧洲人有时候非常残暴，"我发现，从我收集到的所有情况来看，这个国家没有什么野蛮和凶残的地方，只是所有欧洲人将那些在他们国家没有见识过的事情称为野蛮"。[53] 虽然如此，他接下来这样描述新大陆的人们。

> 他们没有商业，没有文字，没有算术，没有地方官，没有政治特权，没有服役、财富或贫穷，没有合同，没有继承，没有财产分配，没有规矩，除了轻松活儿之外没有职业，除了尊重平常的家庭关系外不尊重任何关系，没有衣服，没有农业，没有金属，没有谷物和酒，从没有听说过表示说谎、背叛、遮掩、贪婪、嫉妒、原谅的词语。[54]

当然，那个时代的写作者，其写作材料不可避免地局限于旅行者的记述，而且这些记述往往是翻译自另外一种语言，并且很多时候，这些写作掺杂了作者的意图。从虚构和想象中过滤事实有时候几乎是不可能的。因此，那些作者往往将对美洲印第安人的想法简单化，根据他们认知的欧洲社会的某些焦虑来塑造笔下的印第安人。刻板的比喻无法反映这些群体社会传统的变化或社会传统的消失。同时，著名知识分子也被卷入这一不断扩大的殖民进程中。格劳秀斯等人并不是在高塔上思考和写作——他们具有新殖民地的一手经历，或至少十分了解长期支持帝国扩张的那些机构，比如荷兰的东印度公司。

英国作家约翰·洛克（John Locke）是另一个和新旧两个世界都有密切联系的思想家。1689 年，他在《政府论》（*Two Treatises of Government*）中阐述了一种奴隶制理论。他认为，人类应该"只用自然法则来统治"。接着，他说，"奴隶制的完美条件"与战争密切相关，而奴隶制是"合法征服者与俘虏之间战争的持续"。[55] 专制君主和残暴统治者对奴隶的压迫是非法的奴隶制。这种看法可能完全是因为他对君主权力的担忧，因为这一观点的写作背景是 1689 年荷兰奥兰治的威廉（William of Orange）在光荣革命期间登上英格兰、苏格兰和爱尔兰王位。洛克在大西洋两岸都有利益。他是从事奴隶贸易的王家非洲公司（Royal Africa Company）的股东。1667 年，他开始担任安东尼·阿什利·库珀（Anthony Ashley Cooper），即后来的沙夫茨伯里伯爵（Earl of Shaftesbury）的私人秘书。另外，他还先后担任了贸易和种植园委员会（Board of Trade and Plantations）、北美卡罗来纳大领主（Lord Proprietors of Carolina）的秘书。因此，洛克受雇于帝国项目的核心领域，并从中获取利益。在他的职业生涯中，能够不断接触从欧洲送到新大陆的账簿和报告。他本可以不必笼统地介绍奴隶制，而在他的作品中，他对新兴殖民地这方面的具体情况三缄其口。不过，他应该知道，新大陆的奴隶并非来自正义战争的俘虏。[56] 这里并不是要争论洛克想要表达什么含义，而是要指出，建立殖民地和扩展帝国版图渗入了社会的每个阶层。

然而，他对土地的观点要明确得多：他倡导土地应该属于能够将

/ 122

其派上用场，或者愿意"改善"它的人。他认为，"不管土地数量多少，只要一个人有能力耕作、种植、改善、照料这些土地，有能力使用这些土地的产出，那么这些土地就应该归他所有"。[57] 这种带有感性色彩的看法后来渗入 18 世纪英格兰和法兰西的政治思想中。[58] 它不但支持了英格兰等级森严的土地使用制度，也为从新大陆原住民手中夺取未耕种土地提供了借口。在对当地复杂的农业制度毫不了解的欧洲人眼里，他们认为原住民没有"使用"那些未耕种的土地。

　　西班牙人更关心怎样在法律上体现人种之间的差异，例如，与旧大陆对穆斯林和犹太人的偏见有关的血统"纯净"问题。然而，在新大陆，西班牙引入了略有矛盾的《推恩赦免令》(gracias al sacar) ——这是一套授予有色人种，可以使其在法律上拥有白人权利的王室法律。[59] 虽然它最初只适用于混血，即白人与印第安人的后代"梅斯蒂索人(mestizo)"，但后来延伸到黑人和"穆拉托人 (mulatto)" ——父母中一方为白人，另一方为黑人。同时，人们越来越迫切地想对跨种族后代进行分类。这一点在反映西班牙种族制度 (casta) 的油画中得到了充分诠释。这些油画作品体现了很多新出现的人种组合。虽然这是西班牙特有的一种艺术形式，但它反映的是出现在整个北美地区的情况。这些油画往往画在一大张被分为 12 或 16 个正方形的帆布上，虽然也有成系列的单人画。几乎所有正方形里画的都是单个的男性、女性或孩子，背景是理想化的宅邸，或是田园风光，下面写着作品中的人种组合。例如，画中有可能有一个穿着现代衣服，肤色类似瓷器白的西班牙男性，旁边是一个肤色略黑，身着当地特色的收腰长裙的女性。孩子拉着妈妈的手，穿着小号的，和父亲一模一样的衣服，他的肤色介于父母之间，油画下面的说明文字是"西班牙男性和印第安女性所生，梅斯蒂索混血儿 (De Español y Yndia, Mestizo)"。这些作品生动地表现了殖民者意欲控制和定义新大陆人种组合的想法。例如，印第安人和非洲人的后代被称为 "zambo" 或 "lobo"（ 在西班牙语中是狼的意思）。虽然殖

民者想设计出一套统一的命名方法，但北美各地的叫法差异很大，只有
"mestizo" 和 "mulatto" 的使用范围很广。其他殖民地也效仿这一模
式，想出了 "half-caste"（混血儿）、"quadroon"（四分之一的非洲血
统）或 "octoroon"（八分之一的非洲血统）等词。

　　随着欧洲进入 19 世纪，人们空前迫切地要命名和区分已知世界的
一切——植物、动物和人。这一热潮引发了科学家和奴隶贩子之间的
激烈争论。应该怎样对待非洲人？他们是否应该被奴役？应该怎样对待
非洲人和欧洲人的后代？人种类别和刻板印象的幽灵已隐约可见。詹姆
斯·斯威特（James Sweet）指出，"欧洲人发明了一套说法，将自己称
为白种人，将非洲人称为黑种人，后来，将印第安人称为红种人"，当
然，他们将欧洲人放在他们发明的这种等级制度的最上层。[60]特立尼
达和多巴哥历史学家，后来成为该国总理的埃里克·威廉姆斯（Eric
Williams）在他那部开风气之先的《资本主义与奴隶制》（*Capitalism
and Slavery*）中写道："奴隶制并非源于种族歧视，相反，种族歧视
是奴隶制的结果。"[61]必须有人去做艰苦的活儿，占据社会这架"梯子"
的最低一档——这是由现在的经济层级决定的。

　　18 世纪，殖民地和殖民主义国家达成了财政协议。汉斯·斯隆在
到访牙买加之后，认识到西印度群岛和英格兰之间贸易的价值。

/ 124

　　　牙买加的贸易对象不是欧洲就是美洲。与欧洲的贸易是买入欧
　　洲的花卉、饼干、牛肉，以及针对主人和仆人的各种布料，如奥斯纳
　　布吕克原色粗布（Osnabrigs）①、蓝布及各种酒等，还大量进口马德拉
　　岛葡萄酒……运回欧洲，或者说该岛出口欧洲的蔗糖主要是黑粗糖
　　（Muscavado）②，还有靛青染料、棉花、姜、多香果（又称牙买加胡

---

　①　因最初从奥斯纳布吕克进口到英语国家而得名。

　②　源自葡萄牙语 "açúcar mascavado"，即粗制糖。

椒）、黄颜木（Fustick-wood）①、西班牙榆木（Prince-wood）、愈疮木（Lignum Vitae）、胭脂树（Arnotto）、洋苏木（Log-wood），以及西印度群岛的西班牙人出口的其他商品……比如撒尔沙（Sarsaparilla）②、可可豆、胭脂虫等。牙买加从这些货物中获得了可观的利润。62

1700 年，加勒比地区的蔗糖产值大约为 170 万镑，相当于今天的 40 亿英镑左右，是接下来七十年产量的 4 倍。63 因此，种植园主手里握有大量的金钱可以用来消费。他们想要显示自己的身价。前往英属和法属殖民地的人中，很多是有爵位家庭中长子之外的无法继承爵位的儿子，其他人的家庭出身则不算太好。大多数富有的西印度群岛种植园主无法抵挡种类空前的各种高档商品的诱惑：东方的上等瓷器、最考究的桃花心木家具、巴黎和伦敦最新潮的时装。在几代人的时间里，甘蔗种植园主的艰辛生活变成了以安逸、奢华、淫乐而闻名的生活。其中的部分原因是英属大西洋殖民地种植园主享受的慷慨赊购。种植园主向伦敦订购产品，费用记到先前的欠账上。这意味着伦敦代理商，可以决定将哪些货物发出去，哪些货物不发，以避免途中丢失，或被送到错误的岛上。64 不论一个人多富有，大西洋对岸总有人敢和他耍心机，以次充好。即使是通过婚姻获得了大量钱财的乔治·华盛顿，也在 1759 年向代理人抱怨，他本来订购了"一批高档、时髦"的商品，"结果收到的却肯定是过去老祖宗用过的物件"。65 毫无疑问，西印度群岛的情况也是如此，甚至更糟，因为种植园主对伦敦有所亏欠，而且北美殖民地还需要从伦敦购买很多粮食。

历史学家克里斯托弗·贝里（Christopher Berry）认为，奢侈品

---

① 一种可以提取黄色染料的美洲树木。

② 一种菝葜科牛尾菜属多年生植物，原产于中美洲热带地区。

"成为从经典的、中世纪的世界观向现代世界观过渡的标志"。他将奢侈品分为四类：食品和饮品、住房、衣服、休闲娱乐。现在，人类生活所需的基本品的种类极大丰富，西印度群岛和植园主在虚荣方面则走在了最前列。实际上，新的消费品和消费方式（不仅是拥有奴隶）出现之后，人们的处事方式也开始发生变化。势利的贵族精英和动辄不满的中产阶层侵蚀了这一观念：特权无法依靠金钱购买。如果人是可以卖的话，那么任何东西都可以买到。[66]

在英国，通过奴隶劳动和蔗糖收益获得的资本被投入工厂的建设中，大规模的工业生产开始了。奴隶主似乎很了解工厂工人（Mill workers）。工厂里被强加的贫困、无知和被残暴对待的劳动者（经常是儿童）在西印度群岛中都能找到类似的情况。虽然工人是自由的，但他们的生活是悲惨的。他们生产出的数量空前的产品输出到那些殖民者手中，后者用卖到英格兰的热带产品赚得的利润来购买它们。殖民者还用一部分利润资助跨洋奴隶贸易，将更多的奴隶卖到西印度群岛，加强岛上的生产，而岛上增加的产品又可以换回更多的欧洲商品。这就形成了一个闭合的贸易三角。但是，这一体系无法永远承载这些负担。

用夸张的动作，向一屋子的议员展示一只在罐子里保存了七年的耳朵，是一件令人难忘的事情。然而，更让人愤怒的是，船长罗伯特·詹金斯（Robert Jenkins）告诉这些政要人士，那个将他耳朵割下来的西班牙船长胡安·德·拉蒙·凡迪尼奥（Juan de León Fandiño）当时还对他说："拿去给你的国王看看，告诉他，要是他敢来这儿，我也会这样对他。"[1]

18 世纪上半叶的前几十年里，西班牙与英国的关系再次紧张起来。这一次是因为西班牙人不断抢掠英国船只。1731 年，拉蒙·凡迪尼奥登上詹金斯的"利百加号（Rebecca）"双桅帆船（brig），称这艘英国船只涉嫌走私和抢掠西班牙"船队（flota）"船只。[2]然而，拉蒙没有在船上找到任何走私货，只是发现了一些西班牙黄金，不过，有这就足够了。[3]当时，詹金斯很可能正在从洪都拉斯或坎佩切走私能够提取染料的木材。此前，他曾被西班牙海岸守卫（guarda costa）的巡逻人员查获。[4]这一次，双方吵了起来，动了粗口。愤怒之下，拉蒙·凡迪尼奥抽出腰刀，割下了詹金斯的一只耳朵。在当时，这种粗暴行为并不罕见。6 月份，"利百加号"回到伦敦，而拉蒙·凡迪尼奥则继续在加勒比海域拦截和搜查英国船只。伦敦商人越发恼火，西班牙人的这种做法会干扰贸易，增加他们的支出，因此他们想让西班牙受到惩罚。

然而，英国首相罗伯特·沃波尔（Robert Walpole）反对采取行动，虽然自 1729 年以来，已有 52 艘英国船只遭到抢掠。[5]1738 年 6 月，詹金斯被召唤到下院。他是否真的带着那只被割下来的耳朵前往，人们说法不一——但是，他讲述的事情经过确实让议员们群情激愤。沃波尔尝试用外交途径解决问题，但是西班牙拒绝签署双方商定的，用以解决走私问题的《帕尔多协定》（Convention of Pardo）。其他解决方案有限，再加上公众支持战争，最后沃波尔让步了。[6]

1739 年，双方开战。英国攻击了巴拿马地区的波托贝洛城。海军中将爱德华·弗农（Vice-Admiral Edward Vernon）率领的英国舰队在这场战斗中取得了胜利。消息传来，英国举匡欢腾。弗农被宣布为民族英雄。[7]之后的战争进展不那么顺利。英国在卡塔赫纳被一支规模小得多的西班牙舰队打败。西班牙舰队的指挥官是布拉斯·德·勒苏（Blas de Lezo）。他的海上生涯让他只剩下了一只眼睛、一只胳膊和一条腿。热带疾病帮助了勒苏，让英国军队损失惨重。

虽然其余战斗失利，然而英国大举庆祝波托贝洛胜利还有一层象征意义——十年之前，英国攻占这个港口失败，铩羽而归。就在詹金斯耳朵被割之前没多久，西班牙和英国进行了一场"英西战争（Anglo-Spanish War，1727~1729）"。在这场战争中，英国曾在 1727 年进攻过波托贝洛，但再次失败。1729 年，双方签订《塞维利亚条约》（Treaty of Seville），意欲结束战事，也给关于贸易和私掠行为的各种不满画上句号。然而，正如詹金斯告诉议会的，这一条约没有得到有效的实施。因为欧洲爆发了另一场冲突，即奥地利王位继承战争（1740~1748），当时形势很不明朗，所以英国船只被召回国内。* 这期间，18 世纪的欧洲爆发了很多场战争，一些会战发生在加勒比海域。18 世纪下半叶，美洲和西印度群岛也爆发了冲突。

随着启蒙运动思想迅速传遍 18 世纪的欧洲，人们开始怀疑旧秩序：君权神授，商业本性，怎样让农业、财政和生产更好地造福国家。关于新大陆和加勒比海——帝国、奴隶、贸易——那个时代最重要的作品中出现了大量相互冲突且矛盾的观点。例如，在孟德斯鸠 1748 年出版的《论法的精神》中，作者起初是旗帜鲜明地反对奴隶制的口吻，说一

/ 128

---

* 1748 年，《亚琛条约》（Treaty of Aix-la-Chapelle）签订，结束了奥地利王位继承战争。条约中包含有关加勒比地区领土的条款，规定多米尼克、圣卢西亚、圣文森特和多巴哥是中立区，需交给"加勒比"人民，但是这项规定一直没有得到真正执行。

个人对另一个人的所有权"从本质上说是不道德的。既不做奴隶主人，也不做奴隶，会有益于品行"。孟德斯鸠承认，如果一个国家所有人都处于一种"政治奴隶制"状态下，奴隶劳动相对较容易接受，但是，在民主社会或贵族社会，奴隶"有悖于宪法精神，只能给公民提供一种他们不应该拥有的权力和奢侈"。[8]然而接下来，他说，在热带气候里，奴隶制的条件是"天然的"，因而是合理的。[9]他对奴隶没有流露任何同情，他认为如果没有奴隶劳动，蔗糖价格会非常高，并且"人们无法想象，圣明的上帝，会将灵魂，尤其是高尚的灵魂，放在一个纯黑的躯壳内"。[10]

这是一个丑陋的矛盾，不过对于这位波尔多议会议长来说，这不算什么。波尔多是法国最富庶的港口。城中那些奢华的建筑都是用奴隶贸易的利润建成。[11]和之前的洛克一样，孟德斯鸠的私人利益也和殖民地贸易绑在一起，他的文字推动了欧洲的种族主义，差点让那些种族主义思想成为科学的一部分。他将"人种（race）"看作决定谁应该受奴役，谁不应该受奴役的依据。实际上在同一年，苏格兰哲学家大卫·休谟（David Hume）在《论民族性格》（*Of National Characters*）一文的脚注中说，"我很怀疑黑人，以及其他所有人种（因为一共有四五个不同的种类）天生就不如白人。世界上几乎没有一个白色人种之外的其他人种的文明国家，甚至没有一个行动和思想方面的出色人物。他们没有匠心独运的产品，没有艺术，没有科学"。[12]

德尼·狄德罗（Denis Diderot）在其鸿篇巨制《百科全书》中驳斥了这种观点。路易·德若古（Louis de Jaucourt）在奴隶制条目中认为，购买非洲人"是一种违反所有宗教、道德、自然法和人权的交易"。他接着说，"如果道德原则能够证明这种买卖合法，那么就没有任何一项犯罪，不管是多么残暴的罪行，不能被合法化"。[13]针对如果没有奴隶劳动，蔗糖殖民地就会垮掉这一流行观点，德若古承认，经济"暂时会受影响"。他坚持呼吁，奴隶殖民地应该"被毁掉，不能让它催生那么多可怜的人"。[14] 亚当·斯密（Adam Smith）也反对奴隶制，认为社会越是富有，奴隶的生活条件就越差，因为主人与奴隶之间的鸿沟会越来越大。社会越是自由，奴隶的境遇越糟糕。他认为"在民主政体下，奴隶的境遇比任何其他政体更差"。[15] 不过，和其他英国人一样，亚当·斯密也酷爱食用蔗糖。[16]

一些思想家不仅对非洲奴隶有偏见，对于出生在殖民地的欧洲人也心怀成见。克里奥尔人——他们中的很多人已经在岛上生活了好几代——饱受挖苦，被说成身心羸弱颓废。孟德斯鸠认为，炎热的气候会让人形成胆小怕事的性格，而寒冷天气则会让人果敢坚强。他写道："印第安人天性懦弱；甚至出生在西印度群岛的欧洲人后代也失去了欧洲气候赋予的勇气。"[17] 不过，和那个时期的非洲人不一样，克里奥尔人可以为自己辩解。其中一个被激怒的克里奥尔人是圣多明各牧师安东尼奥·桑切斯·瓦尔沃德（Antonio Sánchez Valverde）。在 1785 年发表的一个小册子里，他针对"颓废"一说，愤怒地驳斥了被称为美洲问题的欧洲最高权威荷兰哲学家科尼利厄斯·德·保（Cornelius De Pauw）。他说，德·保的"文章融入了太多的想象"。[18] 他在文章中质问从来没有涉足美洲土地的德·保："即使君主全力以赴，在欧洲哪些地方能产出 plátano、piña、ananás、guanávana、mamey、zapote、cacao、aguacate、molondrón？或者岛上品种不计其数的水果中的任何一种？"他列举这些水果的名称意在说明殖民地并非在衰退，而是在繁荣。*

英国文学中最有名的克里奥尔人当属夏洛蒂·勃朗特（Charlotte Brontë）《简·爱》中的罗切斯特夫人。伯莎·罗切斯特（Bertha

---

* "plátano"是大蕉或香蕉；"piña"是菠萝；"ananás"也是菠萝（前者强调这种植物与松果的相似性）；"cacao"是可可豆；"aguacate"是鳄梨；"guanávana"是刺果番荔枝；"mamey"是另一种"zapote"或"sapote"——一种小个的出口量较少的美洲热带水果——而"molondrón"则是秋葵。

Rochester）出生于加勒比地区，被富有的丈夫关在庄园的阁楼上。人们都认为她疯了。最后，她放了一把火，烧毁了整个房子，也烧死了自己。20世纪的多米尼克女作家让·里斯（Jean Rhys）为了重振文坛声誉，选择伯莎这个人物作为她小说《藻海茫茫》（*Wide Sargasso Sea*）的主人公。小说以加勒比地区为背景，很容易让人联想到《简·爱》。在里斯改写的作品中，罗切斯特第一次见到后来成为自己妻子的伯莎时，"她戴着合适的三角帽，至少遮住了可能照到她眼睛的阳光。她的眼睛很大，有时候让人不免紧张。我觉得她好像从来不眨眼睛。很长的、忧伤的、黑色的、异族的眼睛。虽然她是具有纯粹英国血统的克里奥尔人，但是她既不是英格兰人，也不是欧洲人"。[19]

对克里奥尔人的敌意契合了在一些作家中普遍存在的对帝国长期扩张的不满。在启蒙时代，狄德罗、亚当·斯密等思想家的作品就流露了明显的反帝思想。[20] 他们发现殖民地的存在是一个棘手的问题。亚当·斯密认为，"欧洲人当初根本没有必要在美洲和西印度群岛建立殖民地；虽然这些殖民地拥有很多功用，但它们不是十分明显"。[21] 人们对奢华的看法构成了这个争论的大部分内容。狄德罗在《百科全书》上发表了圣朗贝尔侯爵（Marquis de Saint-Lambert）写的一篇有关奢华的文章，呼吁人们进行一场有关奢华及奢华内涵的讨论。历史学家伊斯万·霍特（István Hont）解释说，对于圣朗贝尔而言，奢华是"现代社会核心的道德和政治问题"。[22] 圣朗贝尔在他为《百科全书》写的那篇有关奢华的冗长条目的开篇说道，奢华"是一种人们为了获得愉悦的生活方式而将财富和勤劳派上的用途"。但是很快，他就开始抨击这种说法，说追求奢华的根本原因是"我们对当前状况不够满意，渴望改变境遇"。[23] 他承认，所有国家和民族对奢华都有自己的理解，"野蛮人喜欢吊床……欧洲人喜欢沙发"。[24] 然而在结尾，他认为，如果奢侈品能够创造需求，在相关不良后果能够得到妥善管理的前提下，对国家是有利的。和很多人一样，亚当·斯密逐渐认识到奢华只是发展的一部分。实际上，他在《国富论》中有一章的标题就是"关于财富的自然增长（Of the Natural Progress of Opulence）"。[25] 其他的哲学家认为奢华应受到谴责——它腐蚀了君主，让人们逃避农业，而农业才是国家的繁荣与幸福的真正根源。

18 世纪末，奢华的观念发生了改变。启蒙运动思想家，如约翰·肖夫林（John Shovlin）将奢华看作"商业繁荣的一种无害的副产品和经济的刺激因素"。[26] 欧洲中产阶级的数量在增加，茶水中需要大量的蔗糖加入，需要中国的丝绸，以及各种产品，他们的价值观已经成为哲学争论的话题。在大西洋对岸，新大陆的消费没有停止。他们用蔗糖换取昂贵的家具、巴黎的时装、更多的奴隶。然而，那些担心奢华的种种弊端的哲学家能够看到种植园主所看不到的——那个世纪末，奢华致使法属圣多明各衰落。要知道，法属圣多明各一度是加勒比地区最富庶的岛屿。

*

同一时期，西班牙的启蒙运动专注于另外一些事情。1759 年，宗教裁判所仍在禁书，其中也包括狄德罗的《百科全书》——而且，没有人敢真正挑战君权和教会，而仅有的变化来自王室。卡洛斯三世（Charles III）开启了一个后来被称为"波旁改革（Bourbon reforms）"的时期，在本土和美洲殖民地实施了多项改革。其中一些重要的改革措施包括重组政府，用半岛上新任命的官员替换北美殖民地的克里奥尔人官员；在美洲建立强大的民兵组织；在 1767 年将耶稣会逐出美洲和西班牙。

就像英格兰和法兰西此前满怀嫉妒地看着西班牙在殖民地上采矿、消费矿产财富，当时的西班牙也意识到英法的蔗糖殖民地正在结出累累硕果。在此前两个半世纪的漫长岁月里，西班牙在加勒比地区的政策一直专注于采矿，保护"船队"，打击走私贸易，而疏于开发岛屿殖民地的潜力。有人将此归咎于哈布斯堡王朝，可是波旁王朝在这方面也没有作任何改变。法属圣多明各（Saint-Domingue）与圣多明各（Santo Domingo）之间形成了鲜明的对比。实际上，孟德斯鸠批评了西班牙对黄金和白银的依赖："黄金和白银是一种虚幻的或象征性财富……它们数量越多，越是贬值，因为它们能够换来的东西越少。西班牙在征服墨西哥和秘鲁之后，就放弃了自然的财富，而去追逐这种象征性，结果就是后者越来越贬值。"[27]

西班牙思想家越来越呼吁王室勘察那些富饶的殖民地，看看除了金属外是否还有其他物产。何塞·德·卡比洛-科索（José del Campillo y Cossío）指出，"马提尼克岛和巴巴多斯岛为主人提供的利益可以超过所有……西属美洲殖民地可以提供的利益的总和"。[28] 大多数西班牙财富被耗费在战争中，国家的基础设施建设严重不足，然而，随着海上商业航线的日益成熟，转向农业——尤其是蔗糖——成为一件很有吸引力的事情。来自岛屿的声音也呼应了这种观点。弗雷·英格·阿比德-拉斯拉（Fray Íñigo Abbad y Lasierra）是一位 1771 年造访波多黎各岛的本笃会修士。1782 年，他撰写了那个岛屿公认的第一部历史。其中，他抱怨说，这个岛屿需要更多的人——除了守卫，岛上当时没有多少人——那里为数不多的农场主需要更多的合法业务关系，而不是不得不依靠走私勉强糊口。他哀叹道：

> 在发现这个岛屿最初的几年里，土地的肥力没有被印第安人的庄稼耗尽，新上岛的殖民者会定期种植一些作物，他们收获的可可、靛青作物、姜、棉花、烟草，生产加工的牛皮和其他工业产品，以及明智的贸易政策，让他们收益多多。然而，由于加勒比人和海盗的侵扰，他们的身体，在气候的剧烈影响下，没有了先前的体力和活力……[29]

另外，走私活动还拉低了岛上产品的价格。西班牙官员亚历杭德罗·欧雷利（Alejandro O'Reilly）* 在 1765 年给王室的一份报告中抱怨说，有一次前往波多黎各，明显地看到"岛上的走私活动猖獗"。走私船在距离海边不远处下锚，岛民纷纷划着小船和独木舟去和大船做生意。"荷兰人带走了岛上生产的大多数烟草，英格兰人带走了大多数桑树和轻木（Guayacan wood），丹麦人带走了大部分的粮食和咖啡。而且，他们都带走了尽可能多的牛和骡子。"[30]

　　改革的过程是缓慢的，不过到了 1770 年代后期，西班牙逐步终止了勉强维持的"船队"制度，只允许小型船只出海贸易。更为激进的是，其于 1778 年通过了尝试"自由贸易"的决定。西班牙这时期只有一个港口获准与殖民地进行商业往来。最初是塞维利亚，后来在 17 世纪后期换成了加的斯。接着，其他城市可以与加的斯竞争。很快，西班牙船只可以从巴塞罗那、毕尔巴鄂、拉科鲁尼亚等港口起航，直接将布匹、腌鳕鱼运往殖民地，而无需先将货物运到加的斯。按照英国的标准，这不能算是"自由"贸易，不过对于西班牙来说，这是一项具有重大意义的变革。

＊

　　在 18 世纪下半叶，"开明的"政府政策使得经济和社会产生变化，而战争则是这种变化的既有背景。但是战争已经不同往常。实际上，接下来的这场大冲突并非发轫于欧洲，而是始于遥远的北美据点。

　　早在 18 世纪，英国和法国殖民者就进入了地图上北美西部尚未标注的圣劳伦斯河和俄亥俄河流域。因为土地纠纷，在多年的时间里，双方龃龉不断。在这个过程中，双方都经历了美洲原住民的敌意或帮助。

＊　欧雷利出身于爱尔兰家庭。那时，和大多数爱尔兰人一样，相对于为信仰新教的英国效力，他选择加入了信仰天主教的西班牙国王的军队，或者在国王的政府部门中效力。

然而 1750 年代，随着法国殖民政府驱逐英国殖民者，以及 1754 年英国军队的卷入，形势骤然紧张。由于作战经验不足，战争打响不久，年轻的指挥官乔治·华盛顿将军（General George Washington）就在宾夕法尼亚的"必要堡（Fort Necessity）"一役中失利，同年 7 月 3 日被迫就地投降。然而事情并没有结束，这场战斗后来升级成为一场持续数年的激烈冲突。1756 年，英国和法国正式宣战，形势更为复杂起来。当时，战争已经波及大西洋对岸，并向南推进到加勒比地区，演变成"七年战争"。后来，这场战争扩展到更大范围，最后几乎波及全球的每一个角落，从塞内加尔到孟加拉。欧洲，参战的一方为普鲁士、英国，以及后来加入的葡萄牙，另一方是法兰西、奥地利、俄国，以及后来加入的西班牙。这是第一场现代意义的世界战争。

1759 年，英国开始进攻法国在加拿大和加勒比地区的法国领地，在魁北克和瓜德罗普岛连获胜利。1760 年，英国殖民军还占领了蒙特利尔。同一年，一些时政宣传册开始在英国流传。作者提出了一个问题，战争结束后，英国应该坚持保留哪些殖民地。最初，在《给两位大人物的一封信》（*A Letter Addressed to Two Great Men*）［表面上写给纽卡斯尔公爵（Duke of Newcastle）和老威廉·皮特（William Pitt the Elder）］中，作者认为，法国不久就会"被迫求和"。[31] 作者提醒读者，法国在加拿大拥有大量领土，英国的北美殖民地距离法国殖民地相当近。他说："简而言之，你必须保住加拿大，否则，就为另一场战争埋下隐患。"至于瓜德罗普岛，"我们已经有了那么多"生产蔗糖的岛屿，再要一块是否还有必要。

不过，《论〈给两位大人物的一封信〉》（*Remarks on the Letter Addressed to Two Great Men*）一文的匿名作者认为，"鉴于无论在欧洲还是在美洲，我们都与法国和其他国家为邻，因此，我们不可避免地经常与它们发生冲突或战争"。[32] 他认为，西印度群岛至关重要，不但因为这里高价值的蔗糖，还因为："瓜德罗普岛对我们的加勒比岛屿的威胁，程度绝对要超过加拿大地区对我国北美殖民地的威胁——我们应该限制和阻止法属加拿大殖民地的扩展。法国人在西印度群岛具有绝对优势。这一点，我们之前有了很痛的领悟。"[33] 这篇文章发表后，法国在加勒比地区的实力遭到重创。1762 年，英匡占领了马提尼克岛、圣卢西亚岛、圣文森特岛，而格林纳达岛和多米已克岛在此前 1761 年的攻势中就已落入英国手中。西印度群岛的力量平衡开始被打破。

同时，法国说服西班牙的卡洛斯三世，双方签订了又一个《家族契约》（pacte de famille）。1762 年，西班牙站在法国和奥地利一边参战。后来，英国于同年派出了一个包括 2 艘战列舰在内的由 150 艘船、15000 名士兵组成的舰队，浩浩荡荡地向哈瓦那进发。哈瓦那是加勒比地区最大的城市之一，当时大约有 35000 人口。[34] 虽然不能和拥有约740000 人口的伦敦这样的城市相比，但要比 23000 人口的费城、18000人口的纽约等北美海港规模大得多。1762 年 6 月，舰队发起攻击。西班牙守军猝不及防，他们没有想到，有哈瓦那湾固若金汤的莫罗城堡，居然还有人胆敢觊觎这个港口，因此他们事先将很多士兵调去增援南部港口古巴圣地亚哥（Santiago de Cuba）的域堡，他们认为那里最可能受到英军攻击。这个增援方案被那个降雨奇多的季节爆发的热病和食品短缺打乱。[35] 抵抗英国军队的哈瓦那守军吃了败仗。月底，哈瓦那失守，损失了 14 艘西班牙船只。[36] 在这场胜利的激励下，太平洋上的英国舰队向马尼拉进发，并攻下了它。然而，古巴岛上大量的英国占领军染上了岛上的疾病，大约3000 名英国士兵死亡。约翰·麦克尼尔（John McNeil）认为，死于古巴热病的英国士兵数量超过了整个七年战争期间战死于北美的英国士兵人数。[37]

不过，这并没有影响英国商人的生意，他们很快改变了在古巴岛上的经营模式。有人指责英国商人进口大量奴隶，将该岛屿变成一个集约型蔗糖生产基地。[38] "奴隶越洋出海数据库（Slave Voyages database）"显示，1761 年被运到古巴的非洲人有 258 个，他们都由英国船只贩运。

第二年，这一数字迅速攀升到 1289。1763 年，它已增加到 2342。大量树木在哈瓦那城外被砍伐，为的是种植甘蔗。同时，其余货物的买卖不再受西班牙法律的限制，市场范围大为扩展。[39]

*

1763 年，七年战争结束，各方通过《巴黎条约》就殖民地问题达成一致。在宣传册中希望英国占有瓜德罗普岛的人要失望了，法国得到了这座岛屿，以及马提尼克岛、圣卢西亚岛，还有塞内加尔的戈雷岛（Gorée island）及印度的本地治里（Pondicherry）、尚德纳格尔（Chandernagor）。先前这些地方都控制在英国手中。不过，在北美，法国失去了除圣劳伦斯湾圣皮埃尔岛（St Pierre）、密克隆岛（Miquelon）之外的所有加勒比地区殖民地。1762 年，法国在《枫丹白露条约》（Treaty of Fontainebleau）中秘密将辽阔的路易斯安那领地让给西班牙，并放弃了对密西西比河以东地区的所有宣称权，包括濒临墨西哥湾的新奥尔良港。英国将哈瓦那和马尼拉归还给西班牙，换取了佛罗里达领地。而后，英国控制了密西西比河以东的北美地区，以及被称为"被割让的岛屿（ceded islands）"的多米尼克岛、格林纳达岛、圣文森特岛和格林纳丁斯群岛与多巴哥岛。另外，英国还获得了非洲塞内加尔河沿岸地区，并获准在洪都拉斯地区伐木，条件是不能在那里修筑防御工事。

战后，英国不论在欧洲还是在海外，都确立了强势地位。西班牙在哈瓦那一战中惨遭失败后，卡洛斯三世决定拿出大量银币，强化西班牙在西印度群岛的防卫力量。1763 年，里卡拉伯爵（Conde de Ricla）和陆军元帅欧雷利（Field Marshal O'Reilly）前往古巴执行这些改革。里卡拉被任命为上将和总督，两个人加强了岛上的防卫体系。欧雷利的一项任务是改组民兵，将自由的有色人种和黑人招募进来，在哈瓦那组建了一个黑白混血营和一个黑人轻步兵营。他另外还组建了两个营，其中之一是东圣地亚哥城的穆拉托营 ①。[40] 对于已经尝到英国经济制度甜头的克里奥尔人精英阶层来说，他们现在要求进一步放宽贸易限制，希望能够从任何人手中购买奴隶。他们希望摆脱西班牙经济制度的禁锢，他们中的很多人觉得这些制度正在扼杀这座岛屿的经济。[41]

舔舐伤口的法国人将目光转向南美海岸。那片地区——即今天的圭亚那，当时名为"Kourou"——的欧洲殖民者很少。1763 年，只有 575 名欧洲移民，而非洲奴隶大约为 7000 人。法国为所有殖民者提供定居点和土地。而且，为了急于吸引以吃苦耐劳著称的德意志人，他们还实施了宗教宽容政策。[42] 在埃蒂安·弗朗索瓦·杜尔特（Étienne-François Turgot，他的哥哥在 1774 年时任法国海军大臣）的带领下，1763~1764 年间，大约 17000 人从法国出发，横渡大西洋来到这块殖民地。在这 17000 人中，有 11500 人来自阿尔萨斯和莱茵兰。[43] 他们有的登上南美大陆，有的登上了离大陆很近的小岛。[44] 至 1765 年，其中大约 9000 人殒命异乡。他们大多数死于疾病，也有人死于饥饿。幸存者回到法国，将热带疾病传播到罗什福尔（Rochefort）、圣让当热利（Saint-Jean-d'Angély）等地，另外的一些人逃往法属西印度岛屿，导致那片殖民地的人口从 1178 人激增到 1770 人。这是一场史无前例的大灾难。[45]

另外一场大逃亡与此类似。1768 年，8 艘商船载着 1200 名欧洲殖民者前往英国新获得的佛罗里达领地，虽然其中的大部分人并非来自英国，而是来自距离西班牙海岸不远的英国控制下的巴利阿里群岛中的梅诺卡岛，其他人则来自希腊、意大利，甚至还有法国人。人们当时认为，南欧人更为适应佛罗里达的热带气候。然而事实证明，这完全是一个错误。仅仅过了两年，新士麦那（New Smyrna）的殖民者就死了大半，幸存者计划举家逃往古巴，但是这个计划因为最初提出殖民方案的英国

---

① 西班牙语称"pardo"，灰褐色之意。

投机者处死了一些打算离开的人而夭折。最后，死亡人数继续增加，这个殖民地最终在 1777 年被彻底放弃。[46]

*

　　七年战争不仅改变了欧洲的政治格局，也极大地消耗了很多国家的国库。虽然英国取得了胜利，但是国家财政开始捉襟见肘。政府加征了很多税收——这是经济状况理想时从未有过的事情——后来的事实证明，这是一种很不明智的措施。英国政府无法在各地协调这些征税活动——在一个殖民地看来是优待之举的措施到了另一个殖民地就成了众矢之的。在战争之前于 1733 年出台的《糖蜜法案》（Molasses Act）就是一个很好的例子。西印度群岛的英国种植园主非常不满北美殖民者从出价更低的法国人手里购买糖蜜——一种重要的朗姆酒原料。这些岛上的种植园主抱怨说，这导致北美大陆的殖民者在出售手中产品时要收现金，而不是换取朗姆酒、蔗糖或糖蜜，这逼迫他们在购买北美产品时不得不动用宝贵的现金资源。[47]后来，英国政府向在其殖民地销售的每加仑外国糖蜜征收 6 便士销售税。北美 13 个殖民地的人们被激怒了。因为很少有人愿意支付这笔税款，所以相对廉价的法国走私糖蜜的销量大增。

　　三十一年之后，蔗糖再次成为征税目标，这次由 1764 年的《蔗糖法案》（Sugar Act）实行。该法案降低了朗姆酒和糖蜜的税率，却增加了蔗糖的税率。这一次，北美殖民者怒不可遏。更让他们愤怒的是，英国第二年出台了《印花税法案》（Stamp Act），要对印刷品，例如传单和报纸征税。和北美殖民地不同，西印度群岛在很短时间内，就将这一法案付诸实施。大约 78% 的印花税收自这些岛屿，而北美殖民者对他们支付这笔税款冷嘲热讽。[48]让北美 13 个殖民地的人们愤怒的是，他们并没有就实施这些税种投票。后来通过的英国法律一直没有缓和他们心中郁积的不满。高压的《汤森德法案》(Townshend Acts，1767) 激起了北美殖民者更为强烈的抵制。他们提出"无代表，不纳税 (no taxation without representation)"。双方关系更加紧张。形势在 1770 年五名波士顿殖民者被枪杀后进一步恶化。然而，最具象征性的抵抗活动并非源于不公平的课税和枪杀，而是因为无辜的茶叶。

　　18 世纪中期，来自中国的茶叶已经"攻陷"了整个英语世界，但是与主宰茶叶市场的中国人打交道却不是一件容易的事情。此前，茶叶已经在阿拉伯世界家喻户晓，并在文艺复兴时期出现在欧洲。不过当时，茶叶在西方属于一种稀罕物，这种情况一直持续到 17 世纪欧洲与东方之间的海运航线成熟之前。[49] 1644 年，东印度公司 (EIC) 的英格兰商人在厦门建立了一个贸易站。该贸易站位于台湾海峡的一个极小的岛屿上——清政府不许外国人涉足中国大陆市场。这让英格兰人和其余欧洲人无计可施。然而，1713 年，东印度公司与清政府达成一项有利的协议，获准在广州建立贸易站点，用银元收购茶叶。1700 年时，美国茶叶进口量为 50 美吨，百年以后，这一数字上涨至大约 15000 吨。[50] 清政府也能从中获利，因为它对茶叶课征 119% 的税收。茶叶被长途贩卖到英国，后来又被转卖到英国的殖民地，或被荷兰人私自运入境内，在东印度群岛种植。这对东印度公司利润产生的影响很难说清，不过 1770 年代，东印度公司已经处于破产的边缘。为了帮助库房里堆满茶叶的东印度公司渡过难关，英国议会在 1773 年通过《茶叶法案》(Tea Act)，降低了茶叶的税率，并为东印度公司授予北美市场的专卖权。这样做的一个结果是，北美茶叶商人的经济来源被砍断，而且这一次同样没有征求各殖民地的意见，更不要说授权。1773 年 12 月 16 日，一群愤怒的商人攻击了停泊在波士顿港口的 3 艘运茶船，而 3 位船长不愿意在缴税之前离开港口。这群愤怒的商人将船上的 300 多箱茶叶倒入海中。针对"波士顿倾茶事件"，英国议会在次年实施了更为严格的贸易限制措施，即《不可容忍法案》

（Intolerable Acts）①。1775 年，莱克星顿和康科德的枪声掀开了北美独立战争的序幕。

西印度群岛得知北美独立战争的消息后，人们的心情很复杂。有些人试图调解英国与北美的关系，但无济于事。群岛上有些人支持北美殖民者——实际上，托马斯·潘恩（Thomas Paine）写的《常识》（*Common Sense*）甚至被传到了牙买加。51 但是，这时的西印度群岛的种植园主不得不忧心眼前怎样吃饱肚子，因为英国政府颁布了一条法令，禁止英国商人与北美的 13 个殖民地进行任何贸易。考虑到西印度群岛的很多日常食物，如谷物、面包、咸鱼等依赖于北美殖民地，很多种植园主提出抗议：这些措施不仅会导致大批奴隶被饿死，还会引发暴乱。1776 年，奴隶被饿死的事情已经开始流传。多巴哥岛、圣文森特岛以及牙买加先后发生了暴乱。发生在牙买加的暴乱尤其让白人震惊，因为这场暴乱的领导者们是相较于其他非裔群体，对白人最为忠诚的出生于岛上的奴隶。接下来的几个星期，人心惶惶，很多人被逮捕，最后有 17 人被处死。52 北美反抗军领袖允许人们夺取英国船只，私掠活动从而迅速打断了整个大西洋和加勒比地区的正常贸易。很快，西印度群岛的种植园主便无心关注这些反抗军的事业。

他们面临着很多头疼的事情。除了奴隶暴动和粮食短缺，1780 年一场飓风来袭——据说那是有记录以来破坏力空前的一场飓风。53 飓风给英属殖民地带来了巨大损失，英国议会同意向巴巴多斯提供 80000 镑的救灾援助，向牙买加提供 40000 镑救灾援助。同时，在北美，英国的将军们也许希望乔治·华盛顿死于 1751 年在巴巴多斯染上的天花（如果他们知道华盛顿当年曾前往那里）。那一年华盛顿 19 岁，陪同染上结核病的同父异母哥哥劳伦斯去岛上休养。在岛上的那段时间里，华盛

---

① 英国称其为《强制法案》（Coercive Acts），是英国议会在 1774 年初通过的 5 个针对"波士顿倾茶事件"的惩罚性法案，旨在确保英国在马萨诸塞的殖民统治。

顿住在距离兵营不远的布里奇顿（Bridgetown）市区边缘的一个简朴的出租房里。他在城市中四处走动，探访雅各城堡、查理城堡，染上了天花，从此获得了免疫。这让他在后来的那场夺走很多部下生命的瘟疫中幸免于难。疾病是战争形势发生某些变化的原因——虽然天花让华盛顿领导的反抗军受到一些损失，不过 1780 年的疾病却在查尔斯顿帮了他们。当时，英国军队被疟疾击倒，这对殖民地军队来说不啻雪中送炭。甚至康沃利斯将军（General Cornwallis）也病倒了。[54]

随着战争日渐激烈，英国的敌人看到这是一个一雪七年战争中耻辱的天赐良机。1778 年，本杰明·富兰克林（Benjamin Franklin）通过高超的外交手段成功说服法国对英国宣战。1779 年，西班牙借口英国没有根据 1763 年条约放弃米斯基托领地，加入了战争。[55] 后来，荷兰也参战了。

因为反抗军的所有同盟都在西印度群岛拥有岛屿，因此很容易私运武器和弹药。在战争的头两年内使用的所有枪支弹药中，大约 90% 来自加勒比地区的岛屿，尤其是荷属岛屿。[56] 实际上，圣基茨岛北部逼仄的火山岛圣尤斯特歇斯岛［也称斯塔蒂亚岛（Statia）］不仅是武器交易的中心，还是一段时期以来繁荣的自由贸易港。在战争初期的 1775 年，苏格兰的珍妮特·肖（Janet Schaw）从苏格兰前往北卡罗来纳途中曾在圣尤斯特歇斯岛短暂停留。她说：

> 有生以来从没有遇到这种多样性。看到一个小贩用荷兰语兜售商品，没走多远，又看到一个小贩用法语卖货，很快又一个商贩操着西班牙语招徕顾客。这几人身上的爱国行为特点、衣着习惯都没有改变。这种多样性真让人忍俊不禁……集市从尤斯特歇斯镇的一头延伸到另一头。用途迥异、质量悬殊的各种商品摆放在各个店铺门口。这边悬挂着色彩艳丽的刺绣、五彩的丝绸、印花的平纹细布等西印度群岛生产的产品，旁边的店铺悬挂的则是水手穿戴的夹

克、裤子、鞋和帽子等衣装。下一个商铺陈列着制作极为精良的，我见过最漂亮的银盘。边上紧挨着的那个商铺贩卖的是铁锅、水壶和铁锹。[57]

1776 年 11 月，一艘名叫"安德鲁多利亚号（Andrew Doria）"的商船抵达这个熙熙攘攘的港口。船上悬挂着不常见的荷兰旗帜，有红白两色条纹，角上绘有英国国旗。在圣尤斯特歇斯岛上从港口城堡瞭望，或者从矗立在港口后面山坡上的主要城镇奥拉涅斯塔德（Oranjestad）眺望，守城士兵对驶入港口的舰船一目了然。虽然那艘船上的旗子很陌生，但是他们知道那是哪一方的船，于是他们鸣炮致意，表示认可。就这样，圣尤斯特歇斯岛成为承认美国的第一座岛屿。对这些荷兰人来说，不巧的是，圣基茨岛上驻守硫黄山（Brimstone Hill）的英国士兵——能够清楚地看到斯塔蒂亚——据说看到了事情的整个经过或至少听到了鸣炮的声音。1778 年法国参战加速了事态的变化，因为这意味着马提尼克岛不再是一个"中立"港。斯塔蒂亚岛开始越来越多地填补北美军队供应链的空白。[58] 但是，英国知道那里发生的事情。1780 年，英国派海军上将罗德尼（Rodney）攻占斯塔蒂亚岛，切断叛军的物资和弹药供应。对于罗德尼来说，胜利来得轻而易举——荷兰守军寡不敌众，迅速投降。一部分船只被派去攻占荷属圣马丁、萨巴岛、德默拉拉（Demerara）和埃塞奎博（Essequibo）（圭亚那）与圣巴斯。在 1781 年写给殖民大臣的一封信中，乔治·热尔曼勋爵（Lord George Germain）

汇报说："伯比斯河、德默拉拉和埃塞奎博等殖民地的荷兰国民向我方投降。"这些殖民地的咖啡、可可、棉花和甘蔗种植园的价值约 140000 镑，大约为今天的 1400 万英镑。[59]

同时，罗德尼和一些部下留在斯塔蒂亚岛大肆抢劫。接下来发生的事情让他声名狼藉。他想方设法，大肆敛财——甚至搜刮被他怀疑隐藏钱财的犹太商人。他抢夺所有商人的货物，包括一些英国商人。消息传到英格兰，政府认为他的做法违反了战争惯例。对于罗德尼来说，因为七年战争初期他在巴黎和伦敦欠下一屁股债，所以将德默拉拉看作一个挽回损失的地方。他被召回英格兰，向政府解释自己的行为。他在英国时，法国海军上将德·格拉斯（de Grasse）从马提尼克岛驶向切萨皮克湾（Chesapeake Bay），从战略上阻断英国海上援军的通道，帮助北美反抗军在 1781 年 10 月取得了决定性的约克郡大捷。[60] 从此，北美战争开始渐渐平息，但法国与英国的恩怨并没有就此结束。

德·格拉斯带领部下返回西印度群岛，准备占领牙买加。1782 年，他们开始进攻圣基茨岛。从高耸的硫黄山上，城堡中的守军看到法军舰队逐渐逼近。350 名民兵加入法国正规军，对这座城堡进行了连续五个星期的围困。因为炮火猛烈，守军无法将求援情报传递给英国海军，最后不得不投降。接着，法国舰船抵达圭亚那海岸，从英军手中夺取了那里的殖民地。这时，部分法国舰船需要回到法属圣多明各重新编队，为攻打牙买加作准备，而罗德尼则返回公海，也许是机缘巧合，行驶到勒桑特斯群岛（Les Saintes）——距离瓜德罗普岛海岸不远的一系列岩石遍布的小岛——附近海面时，他率领的 36 艘战舰拦截了德·格拉斯带领的 35 艘战舰组成的舰队。1782 年 4 月 12 日，罗德尼突破法军防线，获得了一场决定性的胜利，甚至俘虏了德·格拉斯和他乘坐的那艘军舰。[61] 到此为止，加勒比地区的战争已结束。罗德尼离开英格兰时还是个无赖，归来时俨然成了英雄。英国举国欢庆，罗德尼被授予贵族爵位。

*

除了派兵出战这种方式，西印度群岛还通过其他方式参与了北美独立战争。在战争过程中，大约 60000 名忠于英王室的殖民者出于人身安全考虑，带着 15000 名奴隶，离开北美的 13 个殖民地，迁往大英帝国的其他领地。同时，大约 20000 名奴隶为英王作战，由此获得了自由。[62]

数千名白人迁往牙买加，因为他们认为自己可以很好地融入另一个种植园社会，也许有人还想再从那里大赚一笔钱。然而，后来的事实是，在那些往往封闭的且社会关系盘根错节的岛屿社会，众多举家前往的忠于英王室的人根本无法站稳脚跟，也找不到任何土地，不得不再次离开。一些人——带着他们的奴隶——前往特克斯群岛落脚，经营盐业生意。很多忠于英王室的黑人选择了另外一条路线，前往新苏格兰、伦敦和塞拉利昂。[63]

一些忠于英王室的人去多米尼克岛碰运气。然而 1786 年，多米尼克总督被迫求助王室，请求英王帮助那些"避难于本岛，生活没有起色的忠诚于国王陛下的美洲臣民"。斯蒂芬·伊根（Stephen Egan）、尼古拉斯·沃灵顿（Nicholas Warrington）、奥利弗·扬（Olive Young）、伊丽莎白·勃利恩特（Elizabeth Bryant）等请愿者希望英王为他们"当前窘迫的境遇"提供一些救济。[64] 实际上，当时担任该岛政务会会长的亚历克斯·斯图尔特（Alex Steward）和其议院议长托马斯·比奇（Thomas Beech）记述了岛上居民经历的远不止于战争的诸多灾难。

> 岛上居民的贫困很大程度上缘于砍伐森林、开垦田地……以及……贫瘠的土地导致的严重的经济支出和劳动力损耗。此外，还有法军对该岛［多米尼克岛］的占领，1779 和 1780 年两次降下的可怕飓风，以及 1781 年吞噬了罗索镇（Town of Roseau）的大火、当时的奴隶暴动，所有这些灾难让岛上居民精神颓唐、斗志全无。[65]

经过约克郡、桑特海峡两次会战之后，北美独立战争已接近尾声。1783 年，《巴黎条约》与《凡尔赛条约》签订，欧洲各国有关加勒比地区和美洲的争端再次尘埃落定。英国被迫承认美利坚合众国，虽然它仍旧占据着加拿大殖民地。法国将多米尼克岛、格林纳达岛、蒙特塞拉特岛、尼维斯岛、圣基茨岛和圣文森特岛归还给英国，继续占有多巴哥岛，重塑了它在这一地区的制海权。西班牙从英国手中要回了地中海的梅诺卡岛，以及佛罗里达领地。该条约还迫使西班牙承认洪都拉斯海湾殖民地的边界——这些殖民地位于今洪都河（Hondo）与伯利兹河（Belize）之间，西部以新河（New river）为界。荷兰与英国的冲突又持续了一年，双方最终于 1784 年签订条约，结束了争端。在条约中，英国将荷兰在西印度群岛的所有岛屿和南美海岸领地都归还给它。

在牙买加"西班牙镇（Spanish Town）"日渐衰败的雅致的"解放广场（Emancipation Square）"的北部*，一座巨大的白色建筑占据了整个街区，傲视垂直于它的风格朴实的乔治时代（Georgian）和英国摄政时期的建筑。它的两翼是两座两层建筑。两翼的建筑都设计有柱廊，柱廊交会处是一个设计精巧的六边形亭子。亭子中央有一座男性雕像。雕像身穿托加袍，置身在阴凉的亭子内，好像完全没有受到将周围柱子的白色漆皮烤得斑驳的赤道烈日的影响。他不是罗马英雄，而是乔治·罗德尼海军上将。雕像底座上刻着纪念桑特海峡会战的文字。[66] 牙买加议会通过投票，纪念这个让该岛免遭法国入侵的人。当年，他们为此向英国雕塑家约翰·培根（John Bacon）支付了六约 30000 镑的酬金。这是一个对北方殖民地战争史的奇怪的、不可思议的注脚。然而，没有一个岛屿是孤立存在的，每个岛屿都是一个社会，它们密切地联系在一起——美国的形成在很大程度上归因于，它的盟友的殖民地彼此非常接近。它也明确无误地提醒人们，西印度群岛的利益与北方殖民地的利益存有多大分歧。

英属岛屿在战争中经历了一些痛苦——猖獗的私掠行为给他们带来了严重破坏，大自然对他们也是难以置信的苛刻。在这之后，甘蔗种植园主团结起来，不过，1783 年英王室颁布的禁止与美国贸易的限制政策

---

* 该广场最近改名为"游行广场（Parade Square）"。在 1872 年之前，西班牙镇一直是该岛的行政中心。在西班牙统治时期，这座城镇名为"St Jago de la Vega"。

严重制约了岛屿的发展。政策虽然允许美国向这些殖民地出口货物，但限制西印度群岛出口美国的货物种类，并且出口货物都要由英国商船运输。1780年代中期，虽然英属西印度群岛蔗糖产值达到约420万镑每年，超过战前的平均值330万镑每年，[67] 但生活水平还没有恢复到正常——如果这一阶段存在正常水平的话。战后的一系列条约改变了加勒比地区的帝国扩张力度，美国独立战争及其带来的思想启蒙催生了新的问题与观念。虽然美国奠基者们开始着力打造一个人人平等的社会，但这个平等只体现了他们自己的利益和世界观，并没有延伸到生活在那里的另一个重要群体——奴隶。在18世纪结束之前，西印度群岛的一些奴隶再次开始追问什么是自由，并产生了深远的影响。同时，英格兰和法兰西正酝酿着一场关于奴隶贸易的战争。

*

1757年，年轻的王室海军舰船医师詹姆斯·拉姆塞（James Ramsay）登上"阿伦戴尔号（Arundel）"军舰，开始了他的第一份工作。在西印度群岛，他们拦截了贩奴的英国商船"快捷号（Swift）"。当时，船上的痢疾正在杀死"货物"——他学过的医疗知识根本无法应对眼前的情景、臭味和声音。在黑暗、潮湿的货舱里，100个非洲人被铁链子拴在一起，几乎被淹没在自己的排泄物里。那一幕让他痛苦不堪、失魂落魄，回到"阿伦戴尔号"时，他重重地摔了一跤，折断了腿骨，落下了终生残疾。除了身体的伤疤，这件事还给他留下了情感上的伤痛。因为受伤，拉姆塞没法继续在海军服役，不过他后来担任圣公会牧师后还是回到了加勒比地区。他在圣基茨岛上任牧师兼医生，照料穷人的同时，作为种植园医生，也照料种植园里的奴隶。他娶了种植园主的女儿丽贝卡·埃克斯（Rebecca Akers）为妻。即便如此，他仍然很快开始呼吁废除奴隶制，禁止虐待奴隶。在这个狭小的岛屿上，这给他带来很多麻烦。他返回了伦敦。大约在北美独立战争期间，他获准回到海军做随军教士。经历了 1778 年圣卢西亚岛外海、1779 年格林纳达和圣基茨的对法作战后，他于 1781 年再次返回英国。两年后，有人介绍他认识了来自赫尔（Hull）的年轻议员威廉·威尔伯福斯（William Wilberforce）。后者在废除奴隶制方面与他志同道合。这时候，拉姆塞感到再不能将先前的经历憋在心里。很快，他点燃了废奴辩论这个火药桶的火花。

《论英属蔗糖殖民地非洲奴隶的待遇与改宗》(*An Essay on the Treatment and Conversion of African Slaves in the British Sugar Colonies*)——这篇将近300 页的文章是一本很有"分量"的宣传册—— 1784 年甫一问世就引起了轰动。依托他在英属西印度群岛二十年的生活经历，拉姆塞阐述了"针对奴隶五花八门的限制与严苛的惩罚"。[68] 很多读者之前可能已经知道"奴隶的待遇远远不如……马、牛、羊"，[69] 不过他能够具体描绘奴隶受虐细节的残忍程度。他认为亟须要做的事情是改善奴隶待遇。他指出："在这个岛上，这个数字 [180] 中每年有 10 人、12 人，甚至 20 人因为热病、腹泻、水肿以及劳累过度、食物太少、生活条件恶劣而死。"

在这本宣传册中，他用大量篇幅介绍奴隶的改宗和"改进"，甚至列举了他们作为潜在消费者的潜力。他说："如果生活条件有所改善，他们就可以成为……更有价值的国民……如果不是目前这样将他们的消费需求限制在粗劣的羊毛制品……数量可怜的谷物、几条鲱鱼和咸鱼范围内，那么他们就可以在每个消费类别中开辟一个新的领域。"他们认为奴隶应该在安息日放假，为他们提供宗教方面的指导，让他们逐渐获得自由。他还草拟了一个落实这些措施的方案。他提到了安提瓜、巴巴多斯、圣基茨和牙买加等岛屿上的摩拉维亚派传教士坚持传教的事情。虽然面临种植园主的阻力，但他们仍然在这些丹属岛屿上取得了很大进展。在阐述必须承认奴隶"具有某些人一直在竭力否认的人性"的同时，他还反对休谟和其他人提出的种族歧视观点。他说，通过他作为一个医生的观察，虽然肤色差异"标志着种族的不同，但这决不能认定他们是低等人"。

　　和同时代的很多白人不同,拉姆塞认为,因为奴隶是人,所以他们的"改进"是可能的。很多人并非具有这样的同情心。根据现代标准判断,拉姆塞被迫阐述的一些奴隶和奴隶制观念有时让人非常震惊,尤其是在欧洲和这些岛屿上进行的让"非洲人有害论"渗入欧洲和白人殖民者中的那些种族主义言论——后来,很多人用它们为奴隶贸易进行辩解。

　　随着数量空前的描述奴隶被虐待、遭受不公正的消息被披露,人们的态度开始改变。1789 年,也就是拉姆塞的那篇文章出版五年以后,英国民众成了第一批听非洲人亲自讲述奴隶经历的欧洲群体。这些经历来自奥拉达·艾奎亚诺的记叙。这一回,人们不但了解了奴隶贸易和中途航线的种种恐怖,而且这种了解还是来自一个具有亲身经历的人。在这本自传的结尾,艾奎亚诺写道:"我希望废除奴隶贸易。"[70] 虽然,奴隶贸易在他有生之年并没有废除——他死于 1791 年——不过,在他临死之际,他知道这个愿望已经指日可待。

　　在艾奎亚诺和拉姆塞的书出版之前,地标性的法律判决已经出现。这一判决被称为"萨默塞特案例(Somerset Case)"。律师格兰维拉·夏普(Granville Sharp)利用詹姆斯·萨默塞特的案例呼吁废除奴隶制。萨默塞特是一个奴隶,他在伦敦被人绑架送上一艘前往牙买加的商船。1772 年 6 月 22 日,首席法官曼斯菲尔德勋爵(Chief Justice Lord Mansfield)作出裁决:"主人不得因为奴隶擅离职守或其他任何原因将他卖到海外。"[71] 萨默塞特的主人不得将他送往牙买加继续为奴。虽然奴隶踏上英国土地并不意味着他就可以像踏上法国土地那样获得自由,但是一旦涉足英格兰,任何人就不能送他到海外为奴。这是一次重大胜利。然而,这对奴隶贸易没有起到任何影响(或制约)。实际上,被卖到英属岛屿的非洲人从 1715~1750 年的 486000 人增加到 1751~1790 年的 875000 人,几乎翻了一倍。[72]

　　1787 年,一些呼吁废除奴隶制的人建立了废除奴隶贸易促进会

（Society for Effecting the Abolition of the Slave Trade）。协会创立者包括夏普和活动家托马斯·克拉克森（Thomas Clarkson）。在1788年发表的《论非洲奴隶贸易的失策》（*Essay on the Impolicy of the African Slave Trade*）中，克拉克森说，"无尝劳动有时候是收获他们［非洲人］国家庄稼的一种方式"，他认为奴隶可以收割甘蔗，自由人一样也可以。[73] 现在，烟草、水稻、靛青作物都在非洲广泛种植，完全可以替代奴隶贸易。不过，废奴主义者知道，奴隶制度的废除必须以法律的形式确定下来。1791年，威尔伯福斯第一次在下院提出《废奴法案》（Abolition Bill），但是没有被通过。接下来的十年提出的大量相关法案的命运也是同样。这时候，西印度群岛的种植园主也建立了一个强大的联盟。他们的利益还延伸到当地的货栈、保险经纪人和造船业者。

虽然如此，这场运动仍旧向前发展。同一年，在克拉克森提出第一个提案之际，他的废奴同道威廉·福克斯（William Fox）匿名出版了一份宣传册，呼吁抵制西印度群岛的产品。他在小册子中说："我们国家的法律真的可以禁止我们食用蔗糖，除非它不再通过奴隶劳动的方式获得。我们可能将它拿到我们的嘴边，让它融入我们同胞的血液里，但是他们无法强迫我们吃下这令人讨厌的东西。"[74] 他呼吁英国民众在以人道的方式而无需奴隶劳动生产蔗糖之前，不要食用蔗糖。他义正辞严地说，"购买这种产品就是参与犯罪"。他可能是第一个给现代消费者提出道德难题的人。对于他来说，蔗糖不是一种日常食品，而是"一种食用习惯本身就可以带来重要影响的奢侈品"。

西印度群岛的游说集团拼命攻击这些观点。在这场论战中，另一份匿名小册子的作者一直站在种植园主一边。这位作者承认："不必否认那些残忍行为的真实性，那些行为很可能也是真的。但是我们必须考虑的是，在根据一些具体例子——那些例子是花了极大力气挑选出来，用单一角度呈现在我们面前的——判断整体情况之前，我们需要全盘考虑，需要针对蔗糖贸易的全貌给出我们的观点。"[75] 接下来，这位作者竭力说服读者，如果人们逐渐停止消费蔗糖，那么"当前西印度群岛的绝大多数黑人都会饿死"。他提醒人们，北美独立战争期间实施的贸易限制就饿死了很多奴隶。他说，如果蔗糖出口量下降，种植园主大不了转而种植其他作物。但是，废除奴隶制会破坏整体经济："很难估计直接或间接为他们的日常饮食提供来源的蔗糖交易的数字……他们有家庭，生活需要自身劳动力价格的支撑。负责进口的商人、负责纯化的精炼厂以及批发商，社会的各种支流，都要依靠这种蕴于其中的商业贸易来生存。"同时，这位作者也承认，"总的说来，虽然每个人道的、有同情心的人都会热情期盼废除奴隶制，"但是他最后警告说，如果废除奴隶制，"将会导致比奴隶制更为严重的灾难。"

奴隶制的存废问题不仅困扰着英国。1760 年，法国出口了大约 100000 吨蔗糖。1787 年，这个数字达到大约 157000 吨。法属西印度岛屿的奴隶进口从 1760 年的 8438 名黑人，他们主要被卖到瓜德罗普岛、马提尼克岛，增加到 1787 年的 35266 人，主要被卖到法属圣多明各。[76] 然而在 1788 年，以英国协会的组织形式为蓝本，雅克－皮埃尔·布里索（Jacques-Pierre Brissot）建立了"黑人之友协会（Société des amis des Noirs）"。不可避免的，和英国种植园主一样，法国种植园主也组建了自己的对抗组织以保护他们的利益。这个组织后来被称为"马西亚克协会（Club Massiac）"。当时的法国已处于剧烈社会变革的前夜。这场变革对西印度群岛产生了深远的影响。

*

自由平等言论在法国及其殖民地的传播威胁着很多欧洲人，尤其是西班牙人。实际上，圣多明各总督瓦昆·加尔西亚（Joaquín García, governor of Santo Domingo）接到来自该岛屿法属地区的情报后，立刻给马德里写信，担心"这些人因为'自由和平等'搞破坏"。[77] 没过多久，他就看到了这两个词的巨大破坏力。

加尔西亚在 1790 年末写这封信之际，法国大革命已经进行了一段时间。巴士底狱已经在一年多前的 1789 年 7 月 14 日被攻破。六个星期之后，革命者们发表了《人权宣言》（Declaration of the Rights of Man and Citizen），宣称"人人生而自由，在尊严和权利上一律平等"。[78]让忠实于王权的西班牙人更为担忧和震惊的是，"主权在民"的共和思想。挑战君权神授观点的思想让马德里的一些人发抖战栗。为了确保法国革命不让西班牙本土民众生出异心，卡洛斯三世的第一国务大臣弗洛里达布兰卡伯爵（Conde de Floridablanca）针对整个半岛，在半岛周围建立了一条"隔离线（cordón sanitario）"，想方设法阻止法文报纸和时政宣传品进入西班牙港口及与法国接壤的边界地区。西班牙的《马德里宪报》（*Gazeta de Madrid*）被禁止提及法国革命——这条禁令持续了三年，其间只允许报道 1793 年路易十六（Louis XVI）被处死一事。甚至所有革命口号或图案的物品，如扇子、邮票也不许进入西班牙。[79]这一政策还延伸到西属殖民地。不管是欧洲本土还是伊斯帕尼奥拉岛，法国和西班牙之间的边界都受到严密监视。西班牙还派人清查和监视西班牙境内的法国人。在仍旧控制在西班牙手中的遥远的特立尼达岛东南部，《公报》（*Gazeta*）编辑胡安·韦洛克斯（Juan Viloux）被逮捕，后来又被流放，罪名是"复制和印刷外国报纸上有关法国革命的文章"。[80]

1788 年，西班牙国内农业歉收，有关粮食的抗议活动让政府异常紧张。西班牙有相当一部分农民不识字，无法阅读来自法国的宣传资料，但是他们已经听说那里发生的事件。然而，殖民地的人们就不一样了。虽然冲突近在眼前，但不满的种子早在很久之前即已种下。之前，卡洛斯曾经颁布一项重大改革措施，用本土的官员替代殖民地的克里奥尔人官员，目的是将对殖民地的控制权从那些与西班牙的利益越走越远的人手中收回来。西班牙帝国各处都在进行这样的改革，激起了各殖民地的普遍不满。不过这个时候，随着克里奥尔人争相打听有关法国大革命的最新消息，人们还仅是在心中慢慢地开始有了些躁动。

对于法属圣多明各，反响很快出现，尤其是在"平等（égalité）"方面。这是一个有色人种非常关心的问题。美国《独立宣言》提出了"人人生而平等"，法国的革命宣言却在非白人的平等问题上只字不提。在法国革命思想持续酝酿的那几年，法属圣多明各以及其他岛屿上的庞大有色人种群体，已经意识到自己被剥夺了多少权利。

整个加勒比地区，虚伪伴随着跨种族的结合与持续。法属圣多明各的情况尤其如此，自由的有色人种的财富和地位一直被白人种植园主和贫困白人仇视。然而，正是那些白人种植园主，通过婚姻或强迫产生了这个自由的黑白混血群体。当然，最为悲惨的往往是女人：很多女性奴隶被强奸，很多取得自由身份的女性看不到其他出路，只好以各种形式屈身为小老婆或情妇。同时，虽然圣地亚哥岛的黑白混血女性以优雅和美貌闻名整个加勒比地区，但她们仍不能自然地获得相较于白人的平等权利。靛青种植园主朱利安·莱蒙德（Julien Raimond）是一位黑白混血穆拉托人。1791年，他在宣传册《论白人殖民者对有色人种偏见的起源和演进》（*Observations on the Origin and Progression of the White Colonists' Prejudice against Men of Colour*）中说：

> 偏见大约开始于该殖民地第三代中期[1]，它的源头就在这里。1744年战争前夕，殖民地的收益如此之高，法国给予了空前关注。很多欧洲人渡海前来，其中包括大批想要改变自己命运的贫困女性。那些已为人母的女性频繁受挫。因为这些外来女性没什么资产，所以很多怀揣发财梦想来到殖民地的年轻男性倾向于与有色人种结婚，她们能带来嫁妆、土地和奴隶。他们的这种做法让白人女性对有色人种的年轻女性心生嫉妒。[81]

---

① 即法国殖民时期。

实际上，一个腰缠万贯的白人克里奥尔人莫罗·圣梅里（Moreau St Méry）在文章中介绍了这种情况。1750 年，圣梅里出生于马提尼克岛。和那个阶层的很多男性一样，他也被送到巴黎读书。学成之后，他回到马提尼克岛，从事律师行业，后来担任法官。他编撰出版了一部多卷本的法属安的列斯岛法律文献。他还写书介绍这座岛屿。书中，他至少列举了黑人与白人的 11 种结合。他说："在白人和黑人的所有结合中，穆拉托人是体格优势最强的一种。在所有结合中……这种结合拥有最为强壮的体魄，最适合法属圣多明各的气候。"[82]

18 世纪下半叶，殖民地政府对获得了自由的有色人种的日常生活作了严格的约束，从必须出示身份自由的证件，到必须对白人毕恭毕敬。虽然如此，自由有色人种的人口仍在增长。1775 年的人口普查登记中，自由的有色人种为 6897 人，1780 年，这一数字为 10427 人，1788 年的数字为 21813 人。白人人口也在增加，但幅度没有那么大。同一时期，白人数量从 20438 人增加到 20543 人，最后增加到 27723 人。[83] 随着广大有色人种群体的不断扩大、越发富裕，挑战限制他们生活的法律的法院判决随之出现。法国大革命增加了这种紧迫性。

对于获得自由身份的黑白混血穆拉托人文森特·奥日（Vincent Ogé）来说，能够让真正变化获得法律认可的是巴黎，而不是太子港。他离开法属圣多明各，首先去了伦敦。在那里，他结识了废奴主义者托马斯·克拉克森，学到了筹集资金和贷款的技巧，为他日后购买武器打下了基础。[84] 1790 年，他在一封信中写道："我们不愿意像过去两个世纪那样继续忍辱含垢。那根曾经毒打我们的铁棍已经折断。"[85] 后来，奥日从伦敦去了巴黎，为自由的有色人种说话。他在国民议会（National Assembly）发言说，作为纳税人，他理应拥有平等的权利。虽然这一话题引发了激烈讨论，但回到法属圣多明各时，他的身份相较于离开时没有任何改变。他决定自己解决这个问题，于是他在法兰西角（Cap Français，也被叫作 "Le Cap"）组织了一场暴动。这场暴动不但没有起到让广大穆拉托人揭竿而起的效果，却让敌对的白人势力团结起来，一起对付自由的有色人种。

实际上，在这之前，由于法国大革命，整个白人群体已开始分化。那些颇具实力的白人种植园主、牧师和殖民地行政人员形成了保王党，而影响力很小的穷苦白人则转向革命派。奥日暂时将后者纳入他的阵营。暴动遭到镇压后，他逃到了西属圣多明各一侧，后来，在被捕后被遣送回法属圣多明各。为了以儆效尤，法国殖民地官员迅速开庭，将他处死。这个结果让很多身在巴黎追随奥日和他奋斗事业的欧洲人大为震惊。虽然奥日的暴动将关注点放在了错误的地方，但还是让种植园主们惊慌不已。这时候，法国大革命的势头越来越猛，不但首都的秩序越来越难以维持，法属加勒比地区殖民地的秩序也很快几近崩溃。实际上，马提尼克岛的奴隶听到传言，说是国王打算准许他们自由。于是，他们拒绝干活。[86] 殖民地的秩序开始瓦解，尤其在法属圣多明各。看到法属圣多明各的情况，1790 年 12 月，佩德罗·卡塔尼（Pedro Catani）在给马德里的弗洛里达布兰卡伯爵的信中说："据可靠消息，与我们接壤的那个殖民地已完全陷入无政府状态。"[87] 这种状态随后持续了十多年。

1788 年 7 月 29 日，弗朗西斯·亚历山大·斯坦尼斯劳斯（Francis Alexander Stanislaus），也被称作温普芬男爵（Baron de Wimpffen），离开勒阿弗尔（Le Havre）。10 月，他抵达法属圣多明各。他原打算经由那里前往好望角，结果在岛上一待就是两年，正好遇上旧政权的瓦解。他详细记叙了这个过程。他关于这个时代变迁的记述是通过书信形式进行的。这些信函写给一个朋友，为的是撰写一本关于好望角的大部头著作，结果却因岛屿上发生的事情越来越吸引他而单独出版。

那年秋季，他抵达法属圣多明各时，迅速观察了殖民地错综复杂的矛盾。他坦言："你们的殖民地，比如这里的殖民地，生存离不开奴隶劳动。我承认，这个情况很可怕，……所以，你们必须认可奴隶劳动，或者放弃殖民地：依靠舆论的力量（唯一能够确保奴隶制的因素），30000 白人只能控制 460000 黑人，任何可能弱化或破坏这种舆论的事情都是对社会的犯罪。"[1] 不过，他对那个社会的观察并不全面，尤其是对富有的种植园主的观察。那些种植园主的富有和懒惰闻名欧洲。温普芬认为他们是一群自以为是的讨厌家伙。"他们几乎不停地讲他们的奴隶、棉花、蔗糖、咖啡，接着又是咖啡、蔗糖、棉花、黑人！"[2]

相对于所有想象中的岛上的豪华生活，现实要残酷得多。实际上，种植园主住在摆满了桃花心木家具和中国瓷器的大别墅里，而这些别墅周围高低不平、粗糙不堪。大多数人生活在种植园里，连基本的生活必需品都难以保证，更不要说奢侈品。欧洲都市中那些可以用金钱买来的浮华对于提供这些利润的岛屿来说，完全是另外一个世界。这其中的鸿沟对于这位男爵来说一目了然。他注意到，在前往太子港的路上：

/ 153

> 我们似乎路过了两种种植园……一种种植园向我们展示了处于这悲惨世界最后一个阶段的懒怠；另一种种植园展示了对穷人的漠

不关心和贫穷导致的混乱。这与最低级欣赏品味下的炫富形成鲜明对比。这里，你有时候会看到不同颜色的马或骡子拉着的车。这些车大小不同，挽绳颜色各异，车厢肮脏不堪，驾车的车夫身上俗气地装饰着金首饰，还光着脚！ 3

他抵达殖民地的首府后，先前想象的富丽堂皇与面前贫穷的现实之间的巨大差距一目了然。在信中，他说：

太子港！——当一个人在法国见识了出手极为阔绰的海外殖民者，尤其是克里奥尔人殖民者之后，他就再也无法接近太子港了。在仰慕、准备面对新奇和刺激之前，不可避免地感受到极度战栗、快乐而莫名的焦虑、羡慕，因为现在这里已经成了海地的政治和军事中心，成了全世界最富有国家的首都！快乐之乡！奢华王座！欲望中心！——简而言之，我走入两排简陋的茅舍中间，沿着被称为"街道"的坑洼不平的土路往前走，在一大片嘈杂无序的木制营房中徒劳地寻找传说中的波斯波利斯（Persepolis）。 4

和这个时期的大多数作家、旅行者一样，温普芬讲述了岛上滥用权力残暴对待奴隶的恐怖景象。例如，他写道："一位年轻的女士——那个岛上最漂亮的女人之一——大宴宾客。看到端上桌的一盘点心烤的略微有点焦，立刻勃然大怒，命人将那位黑人厨师抓来，塞进烤炉里，当时烤炉里的炭还泛着红光。"这种记述很常见。这种暴力事件已经渗入日常生活的各个方面。温普芬这种局外人对这种滥用权力的残暴事件感到十分惊骇。他还震惊于"这种公众谴责应该为之贴上各种罪恶标签的人……居然被效仿和羡慕——因为她有钱、漂亮"。 5

温普芬对岛上社交活动的观察同样细致入微。对于有色女性与白人男性参加的舞会，他写道："这些穆拉托女性，舞步优雅，脸上涂着极具诱惑性的色彩，是美洲维纳斯最为投入的女祭司。她们将性感变成了一种机械艺术，并将它发挥到极致。"[6] 不过，他也意识到种族之间的界限和其中的矛盾。实际上，他发现"最令人震惊的矛盾是人们已经对这些矛盾习以为常"。因此，当他发现"与黑妞在一起干活会脸红的殖民者，在与她亲密地同住一室时并不感到难为情"，也就不觉得意外了。[7] 1790 年春，在岛上四处游逛，并在一个咖啡种植园待了一段时间后，温普芬再也受不了了。那年 7 月，他动身前往美国。他说："我在太子港见到了我期望的两件事：一艘带我去美国的船，一群因为大革命形势的发展而热血沸腾的人……我看到了席卷这个岛屿的政治狂热的预兆。这种政治狂热将给你们带来灾难。我在因人们情绪极度兴奋爆发的第一场混乱中离开了这个岛屿。"[8]

根深蒂固的暴力行为，两性关系上的虚为、妄自尊大都无法长久。温普芬一针见血地指出，法属圣多明各无法离开奴隶劳动而存在。不过，它不会存在很久了——在接下来的那个秋季，那位男爵曾造访过的世界踏上了血腥的死亡之路。

*

岛上的奴隶们一直在关注着事态的发展，打听着有关于自由的消息和传言。他们已经听说了法国发生的大革命，知道岛上的贫穷白人与富有白人矛盾重重，也很清楚之前文森特·奥日的命运。他们感到，现在轮到他们了。奴隶们开始组织起来。参加人数众多的伏都教仪式让他们的谋划活动变得直截了当。除了提供一个持续沟通的渠道之外，这些仪式还是一种很好的掩护。背后的纽织者是一个名叫"布克曼（Boukman）"的牧师。过去几年，布克曼一直在关注形势的发展，准备带领奴隶投身战斗。他们计划放火烧毁岛屿北部的甘蔗田和种植园。然而 1791 年 8 月，兰贝地区（Limbé）的奴隶过于急躁，在接到行动信号之前便已行动。结果，这次暴动很快就遭到法国人镇压。布克曼和身边的人意识到不能再耽误时间了。1791 年 8 月 22 日夜，暴动的领导者组织了一场伏都教仪式。当时的情形众说纷纭。有人说，那场仪式举行于8 月 14 日，宰了一头猪祭祀神灵。有人说，那天在下雨，有人祈祷，有人击鼓，随着一个海螺壳被砰然砸碎，暴动开始了。⁹ 不管这次暴动是怎么开始的，种植园根本没有机会组织镇压。大火烧毁了田里的庄稼，奴隶主被杀死，甘蔗被焚毁。虽然，关于 1791 年 8 月在布瓦卡伊曼（Bois Caïman）举行的那场伏都教仪式上究竟发生了什么，传说不一，但是，这是奴隶群体奋力争取自由的开始，是一场持续了十三年的血腥战争的开始。

这场冲突被称为"海地革命（Haitian Revolution）"，不过，大量的战斗和反抗都被归在这个名目之下。"海地革命"的第一阶段一直持续到 1794 年前后。在很多方面，此阶段是法兰西共和运动的延伸，它导致了奴隶制的废除。第二阶段持续到 1802 年，由三个组成部分：反抗英国，黑人领袖间的内战，巩固奴隶解放运动成果的斗争。第三阶段也是最后一个阶段，持续了两年，直到海地建立方宣告结束。奴隶最终获得了自由。

不过，在 1791 年 8 月，这种希望还可望而不可即。5 月，巴黎的国民议会听说奥日被处死之后，宣布出生于自由家庭的自由有色人种应该获得与白人平等的权利。虽然属于这种情况的自由人口比例不高，但此举还是引发了殖民地白人的一致抗议。这个岛上的白人关于法国大革命的是非功过出现了分歧。贫穷的白人大都属于共和派，土地所有者属于保王党。然而，法国巴士底狱被攻陷之后，双方都感到，除了从残余的保王党殖民官员手中夺取岛屿的控制权外，已别无选择。不久，太子港的白人和自由的有色人种因上述法令的执行发生了冲突。这个意外事件促使奴隶们在当年 8 月采取行动。仅仅几个星期之后，1000 多个种植园被烧为平地。

　　这个岛上的冲突一直持续到次年。在很多方面，它远远超过了法属圣多明各。恐惧——奴隶们最有力的武器——就像笼罩在这一地区的浓雾一样。远在东部数百英里外的百慕大岛上的种植园主忧心忡忡。这里的黑人比白人多，即便是奴隶人口——不到5000人——也远远少于法属圣多明各。百慕大的政务厅成员焦急万分，他们向总督亨利·汉密尔顿（Henry Hamilton）表达了担忧，恳求他向岛上调集正规军。他们说：

　　　　自从有关岛屿上奴隶劳动合法性的观点，以及圣多明各的黑人暴动、破坏和杀戮的消息在这些岛屿传开以后，黑人的行为发生了明显的变化，再加上他们在夜间频繁集会，使得很多"重要居民"担忧起自己的人身安全，以及整个群体的安全。[10]

　　动荡的形式有如发高烧一般传遍整个加勒比地区。众多岛屿接连传出发生暴乱或阴谋造反的消息。1791年的多米尼克就是如此。1783年，这个岛屿刚被从法国手中交与英国。岛上的卡里纳古人早已将崎岖不平的内陆山地变成了抵抗欧洲人入侵的堡垒。岛上的种植园主面临的另一个不利条件是：多米尼克岛位于法国殖民地瓜德罗普岛和马提尼克岛之间，法国革命思想不可能不渗透到这里。该岛总督约翰·奥德（John Orde）在一封信中说，他听说"马提尼克岛的奴隶在继续尝试争取自由"，不过他尽量弱化这一威胁，说在多米尼克岛，"不管是外部环境还是内部环境，这个岛屿的形势都很特别"。[11]

　　1791年1月20日夜，多米尼克岛爆发了暴动，起因是一则传言：岛上的种植园主在封锁一则必须为奴隶提供更多工余时间的法院判决。实际上，法属圣多明各的奴隶领袖早就宣称，国王在几年前就已经允许他们自由，理由是法国大革命开始时的那些传言。这一时期，传言就是强大的武器。虽然多米尼克岛的这些情况发生在8月份开始的法属圣多明各暴动之前，但是人们知道文森特·奥日的遭遇，了解法国国内的形势，知道法属岛屿上发生了很多冲突。多米尼克岛的很多奴隶决定不再干任何活儿。后来的一份报告描述了当时的情况，奴隶们"决心自己支配这些时间，如果自由的有色人种不帮忙的话，就弄死他们"。[12] 有传言说，一些奴隶打算在某次统一行动中一举杀死所有奴隶主。[13] 那次策划活动没有什么结果，暴动很快遭到压制。有报告说，"奴隶们一厢情愿的想法或希望似乎被完美地劝阻了"，虽然这一定是紧张的官员们爱听的话。[14]

来自马提尼克岛的自由的有色人种让·路易·波利纳尔［Jean Louis Polinaire，也叫让·巴普蒂斯特·波利纳尔（Jean Baptiste Polinaire）］，涉嫌组织策划上述暴动——显然，一个卡里纳古人向当局报告了暴动计划。[15] 波利纳尔和很多参与者被抓后一起受审，有的人被判死刑。波利纳尔自称无罪，但没有用。对他的惩罚是"依照国王希望的方式，将他吊起来，活活地剖开肚子，将内脏取出，在他面前点燃。然后砍下他的头，将身体分成四部分，处理掉头和躯干"。[16] 和在他之前被认定的暴动组织者一样，他成了一个以儆效尤的典型。

1791 年 8 月之后，整个加勒比地区的奴隶变得空前躁动，胆战心惊的种植园主觉得夜里的任何响动都是甘蔗地着火了，任何叫喊声都是奴隶暴动的信号。随着船只将暴力和血腥事件的传闻从一个港口带到另一个港口，各种谣言在流传。实际上，形势也需要错误信息的传播。法属圣多明各的一些种植园主看到自己甘蔗地被烧升起的褐色浓烟，决定立刻离开那里，前往距离最近的避难所，即古巴圣地亚哥，就在法属圣多明各的东北。不过，岛上的西班牙殖民官员很警惕。他们不相信法国种植园主，之前就听说有人打算袭击西属圣多明各。[17] 同时，就在这种混乱形势中，仍然有不少非洲人被运到岛上：1790 年是 44572 人，1791 年下降到 28040 人，1792 年进一步下降到 9862 人。[18] 一些种植园主，尤其是南方自由的有色人种，继续种植咖啡和靛青作物。这种情况仍然零星地存在，但即使是这些种植园，也将很快走向末路。

大约在同时，一个年轻的克里奥尔人种植园主拿起武器，与奴隶为敌。他以书信形式，用匿名的方式记述了当时的经历。这些书信在一个世纪之后被发现于他的家族文献中。[19] 在书信中，他讲述了自己如何从1791 年巴黎革命的煎锅中跳到法属圣多明各的火坑里。抵达他们家族位于岛屿北部卡拉卡尔（Caracol）附近的种植园之后，他几乎没有喘气就投入了与奴隶的战斗中。他回忆了一天晚上与手下士兵一起吃饭的情景：

> 我们正在兴高采烈地用餐。突然一发炮弹从窗户飞入室内，就在我们面前的餐桌和盘子下方。这个小失误让那位元帅勃然大怒，他嘴里的饭还没咽下，就起身出门跳上战马，带着 600 名士兵出了营房……2 小时后，在 2.5 英里的范围内，已看不到一个活着的黑人。路边到处是倒在血泊中的尸体。[20]

暴力事件不但没有减少，反而更多了。法国本土也发生了流血事件。首先是 1793 年初，路易十六被送上断头台。接着，革命再次引起了法国、英国和西班牙之间的冲突。法国大革命战争（French Revolutionary Wars）开始于那年 2 月，最初是英国和西班牙对抗法国。英国驻牙买加军队趁机利用法属圣多明各和欧洲的混乱形势迅速出兵，希望能占领那个富庶的蔗糖殖民地。英军声称，法国忠于王室的种植园主担心人身安全，请牙买加种植园主代他们吁请英国保护：他们认为英国军队将很快成为唯一能够保护他们利益的势力。

可是，西班牙的行动很慢。最初，它只是想加强伊斯帕尼奥拉岛西班牙一侧的防卫力量。和英属西印度群岛一样，西属群岛的民兵也招募了大量的自由黑人和穆拉托人。在古巴，这些人占据了民兵总数的三分之一，即 11667 人中的 3400 人，分属步兵中的"巴多人（pardo）"（自由的浅肤色人种）和"莫雷诺人（moreno）"（深肤色人种）两支部队。[21] 起初，西班牙根本没打算卷入法属圣多明各的冲突——实际上，有人要求西属圣多明各总督瓦昆·加尔西亚保持"完全中立"。[22]然而，圣多明各的形势很快明朗起来：也许最佳的选择方案是将布克曼——后来战死——组织的暴动中的一些组织者招募过来，帮助西班牙作战。西班牙承诺给他们自由身份，并向他们支付报酬。这些人包括乔治斯·比埃苏（Georges Biassou）、让－弗朗索瓦·巴比龙（Jean-François Papillon）、让－雅克·德萨林（Jean-Jacques Dessalines）和杜桑·布雷达（Toussaint Brèda）。后者将自己的姓改为"卢维杜尔（Louverture, 或 L'Ouverture）"，意思是"开端"。[23] 他出生于奴隶家庭，在岛上蔗糖产量很大的北部平原上的布雷达种植园干活。那场冲突爆发之际，他获得自由身份已有约 20 年，据说已至少拥有了一名奴隶。[24]

种植园主们越来越紧张——他们想要保住自己的财产，而甘蔗被焚毁之后，他们的全部财产几乎只有奴隶了。他们的当务之急是离开这个岛屿。然而，那些岛屿曾在 1793 年颁布法令，为了防止人们煽动暴乱，不许任何人前往岛屿周围。古巴圣地亚哥接到一个自称"何塞·考斯（José Corsi）"的人的请求。他说自己是热那亚人，在法属圣多明各半岛南部一个叫"热雷米（Jérémie）"的城镇拥有种植园。考斯担心失去农场，想将他的 30 名奴隶带往古巴。他的妻子玛利亚·巴利尼娜（María Balenina）自称来自圣地亚哥。他说他们去法属圣多明各碰运气之前，在圣地亚哥生活了 12 年。[25] 但是，古巴只允许他带货物上岛，不能带奴隶。实际上，古巴人不但热切地关注着奴隶暴动，而且还被卷入其中。法属圣多明各发生的事情对古巴产生了深远的影响。

古巴种植园主弗朗西斯科·德·阿兰戈－帕雷诺（Francisco de Arango y Parreño）并不担忧法属圣多明各的奴隶暴动。实际上，他将这一形势看作进入蔗糖市场的机会。1792 年，他上书西班牙王室。在那份《关于哈瓦那农业和实施方式的报告》（*Discursosobre la agricultura de la Habana y medios de fomentarla*）中，他认为："他们［法国］殖民地的极度混乱降低了产量，给我们的殖民地带来了好处……目前，我们的形势更为乐观，因为邻近岛屿事态严峻，我们可以以有利的价格销售蔗糖；可是明天会发生什么事呢？这是古巴岛真正应该担忧的地方。"[26]

他想让古巴岛成为举足轻重的蔗糖生产地。两年后的 1794 年，阿兰戈和伊格纳西奥·佩德罗·蒙塔尔沃-安布罗狄（Ignacio Pedro Montalvo y Ambulodi），即蒙塔尔沃伯爵家族迫切地想学习制糖技术，深入了解奴隶贸易的过程。他们乘船辗转前往西班牙、葡萄牙、英格兰、巴巴多斯和牙买加。在利物浦——当时欧洲最繁忙的港口之一——的所见所闻让他们叹为观止。他们还描述了蒸汽机在工业发达的英国所发挥的巨大作用，意识到在他们国家它也大有用途（后来确实用在了蔗糖加工领域）。[27] 阿兰戈还写信给马德里，告诉并安慰政府里的熟人，古巴不会爆发类似的奴隶和种植园主之间的战争。他列举了一些情况：古巴岛忠于国王的人数众多；哈瓦那驻扎着火力强大的守军；古巴奴隶的待遇很好："法国人对待他们［奴隶］就像是对待牲畜，而西班牙人把他们当人看。"[28] 很快，政府开始支持蔗糖生产，并出现了一些组织，如致力于改进农业技术的生产协会。另外，前来避难的法属圣多明各种植园主带来了相关的生产加工知识。随着冲突的加剧，古巴的奴隶输入量有所增加，咖啡、蔗糖的出口量也有所增加。历史学家戴尔·托米奇（Dale Tomich）所说的"第二次奴隶制"开始了。[29]

逃离法属圣多明各的其他奴隶主迫切地想走得更远一些，去美国碰运气，比如费城、诺福克、查尔斯顿、新奥尔良等港口城市，希望能将奴隶一并带过去。美国首任总统乔治·华盛顿除了在奴隶暴动初期向法国人提供了用于镇压奴隶的政府资金和武器援助外，甚至还自掏腰包，捐出 250 美元，用于救济这些避难者。[30] 不过，随着时间的推移，对逃难种植园主的这种慷慨越来越弱化。很快，对这个岛屿的避难者的限制开始增加。[31] 1793 年，美国南卡罗来纳州政府命令所有来自法属圣多明各的黑人和有色人种在十天内离开。佐治亚州也禁止来自西印度群岛的奴隶入境。甚至北部各州也担心起难民问题来。1798 年，宾夕法尼亚州的费城颁布一条法令，禁止更多避难者入境。[32] 这个城市已经涌入了大量难民，其中包括 1793 年末离开法属圣多明各的莫罗·圣梅里（Moreau St Méry）。奴隶和自由的有色人种借这个机会离开费城。法属圣多明各的一部分奴隶穿过两国殖民地之间的界线，逃到西班牙一侧。同时，身份自由的有色人种经常设法带着奴隶逃往美国或古巴，但他们不得不面对严格的限制。法属岛屿上的其他种植园主对形势越来越忧虑。1793 年 4 月，一场类似的战斗在瓜德罗普岛打响。该岛南部的三河村（Trois-Rivières）爆发奴隶暴动。暴动的奴隶杀死了 23 个白人。他们自称属于共和派，声称阻止了保王党策划的一场阴谋。后来，他们和自由的有色人种一起加入了共和派军队。[33]

　　这一时期，在法国国民议会授予有色人种平等权利的几个月之后，1792 年 9 月，法属圣多明各的新任行政长官莱热－费利西特·桑托纳克斯（Léger-Félicité Sonthonax）到任。当法国君主政体在 1793 年初终结后，伊斯帕尼奥拉岛上的白人再次分裂。属于雅各宾派的桑托纳克斯迅速将政府中残余的保王党分子清除，进而提拔自由的有色人种取而代之。[34] 同一年，一些自由的有色人种在政府中身居要职，尤其是安德烈·里戈（André Rigaud）。这位从前的金匠现在控制着岛屿的南部地区。

　　1793 年 6 月，一群奴隶袭击了法属圣多明各富庶的港口城市法兰西角。一位之前与奴隶作战，没有留下姓名的克里奥尔人种植园主说他抵达法属圣多明各时，正赶上那个城市燃起的熊熊烈火。当时，他家的甘蔗已被焚毁，这位年轻人抵达法兰西角，准备第二天和其他避难者一起乘船前往美国。那天晚上，他没有睡着。

　　　　难挨的长夜好容易过了一半。突然，耳边响起一阵吓人的喊叫声，一片冲天的火光照亮了半边天空。从山顶通往平原的道路上，出现了大群的非洲人。他们举着火把，手持砍刀，冲入城内。就像一阵旋风，火焰从四面八方升起，到处蔓延……我还听到了子弹的呼啸声，炸药的爆炸声，房屋的倒塌声。[35]

桑托纳克斯发现自己面临着一个左右为难的窘境，白人群体的分裂，尤其是最高军事指挥官弗朗索瓦－托马斯·加鲍德（François-Thomas Galbaud）带领海军袭击了这座城市，让形势更加棘手。他对废奴主义者持同情态度，然而形势复杂，不得不采取灵活务实的应对措施。桑托纳克斯宣布，如果北方的黑人奴隶和他一起捍卫共和事业，他就授予他们自由身份。事实证明，效果非常好，奴隶制最终于1793年8月29日被正式废除。这一政策迅速传遍全岛，数月之内，这个殖民地陈腐的奴隶制度被彻底终结。现在只需要将这一决定告知巴黎的国民议会。刚获得自由身份的让－巴普蒂斯特·贝利（Jean-Baptiste Belley）、自由的穆拉托人让－巴普蒂斯特·米尔斯（Jean-Baptiste Mills）和一个名叫路易－皮埃尔·杜费（Louis-Pierre Dufay）的白人文书在法国"恐怖统治时期"的1794年2月——当时，政权掌握在雅各宾派手中——抵达巴黎，将法属圣多明各废除奴隶制的消息通知国民议会。国民议会别无选择，只好批准。可以说，法属圣多明各奴隶制的废除不是靠巴黎的法令实现的，而是奴隶们争取来的，法国无法忽视否决这一提案将产生的影响。这场抗争的最初几年引发了加勒比人和欧洲人间的诸多问题。谁是公民？谁是平等的？谁可被赋予自由身份？此时，至少对于法国蔗糖殖民地遭受奴役的人来说，问题算是解决了。

这时候，英国有充足的理由继续保留岛上的奴隶制度。不仅是因为距离牙买加很近，而且还因为英国和法国再次兵戎相见。1793年9月，大约600名英国军人攻下法属圣多明各南部海岸的热雷米。不久，重要港口摩尔圣尼古拉斯（Môle St Nicholas）也落入英军手中。在英军登上岛屿的最初几个月里，他们不断扩大战果。[36] 在自由的有色人种控制的岛屿南部和英国人控制的西部，奴隶制仍在继续，不过，这两个地方的种植园不是被烧毁，就是奴隶根本不下地干活。

奴隶解放的消息传到卢维杜尔耳中时，他迅速离开西班牙军队，加入法军。德萨林也是如此。但是，让－弗朗索瓦·巴比龙、乔治斯·比埃苏继续待在西属圣多明各。1794年7月，让－弗朗索瓦违反加尔西亚将军的命令，屠杀了巴亚哲［Bayajá，法国一侧称为"自由堡（Fort-Liberté）"］一带的700名法国殖民者。按理说，这些人应该处于西班牙王室的保护之下。[37] 多米尼加官员大为惊骇，急忙将这件事报知马德里。不过，马德里也左右为难——他们无法禁止黑人士兵站在西班牙一边作战，因为西班牙军队中本就有大量的黑人士兵，但同时他们也担心这些指挥官会胡来。

这一地区的英国军队还占领了瓜德罗普岛，法国后来又夺了回去，以及马提尼克岛。在防守马提尼克岛时，法军坚守的时间稍长。不过，到了这个时候，法属圣多明各相当数量的白人已经逃走。其中有10000多人去了美国。大多数人则前往古巴，在15000~20000人之间。大约1000人通过法属圣多明各前往波多黎各的马亚圭斯和圣胡安，几百人去了特立尼达岛，其他人散布在加勒比地区各地，比如委内瑞拉海岸。[38]

当卢维杜尔开始在法国军队中留下印记时，西班牙军队在积极拓展己方的边境线，进入了法兰西角一带。然而，西班牙军队寡不敌众，无力坚持持久作战。1795年，双方签订《巴塞尔条约》（Treaty of Basle），西班牙将伊斯帕尼奥拉岛的西班牙一侧割让给法国，换取两国在比利牛斯山的和平。后来，一位作家将这件事描述为"西班牙王室在西方世界最持久的臣民，就这样被换走了，如同换走很多羊一样"。[39] 虽然西班牙的政府机构又存在了好几年，不过大部分人已陆续离开。大约700名士兵及家人前往佛罗里达，其他人则前往西班牙、新西班牙的坎佩切、洪都拉斯海岸的特鲁希略（Trujillo）以及特立尼达岛。[40] 意欲登上特立尼达岛的144人遭到了严词拒绝。虽然特立尼达岛人口稀少，而且奴隶比白人多，奴隶人数为 8944 人——但是，特立尼达岛总督不想让自由的有色人种和奴隶在那里落脚。[41]

加勒比海的其他地区，在 1795 年的相当一部分时间里，欧洲军队都在忙着镇压各个岛屿上的暴动。这些暴动开始于格林纳达岛、圣文森特岛，而牙买加特里洛尼区（Trelawny Parish）的逃亡黑奴再次拿起武器反抗英国人。[42] 即使奴隶数量没那么多的库拉索岛，当岛上的奴隶听说法国将荷兰打败，1 月份建立巴达维亚共和国（Batavian Republic）之后，奴隶们在 8 月发动暴动。库拉索的奴隶听说了法国废除了奴隶贸易，在图拉·里戈（Tula Rigaud）、巴斯蒂安·卡帕塔（Bastiaan Carpata）的带领下罢工。大约 2000 人参加了这次罢工，政府花了一个月才将罢工平息下去。荷兰无意效仿法国废除奴隶制。[43] 南美荷兰殖民地也爆发了奴隶和丛林逃亡黑奴联合进行的暴动，虽然这场暴动后来也遭到镇压。

西属领地也无法独善其身。各地奴隶暴动风起云涌。在委内瑞拉的科罗港，领导奴隶暴动的是一个名叫"何塞·莱昂纳多·奇里诺（José Leonardo Chirino）"的桑博人，即黑人与印第安人的混血后裔。他曾跟随主人前往法属圣多明各，与那里的黑人奴隶进行过深入接触。在组织暴动过程中，他要求统治者授予奴隶自由，并宣布建立了一个共和国。然而，暴动很快被镇压下去。大约 170 人，包括奇里诺在内，被处死。[44]

7 月，古巴东部的王子港（Puerto del Príncipe）也发生了暴力事件。在奴隶罗莫尔多（Romualdo）、约瑟夫·埃尔·弗朗西斯（Joseph el Francés，"el Francés"意为"法国人"）的带领下，一群奴隶攻击了一个名为"Cuatro Compañeros"的大庄园（hacienda）的老板塞拉皮奥·雷西奥（Serapio Recio）。参与攻击的奴隶后来被捕。一份证人的证词里说"他们声称要毁掉王子港，大肆抢劫，杀死西班牙绅士（caballero），还说要对所有白人都这么做"。虽然他们自己说只是想要他们应得的自由，正如约瑟夫所说，"现在我们不再需要服侍主人了，我们都应该自由了"。[45] 王子港暴动的组织者后来被送到西属圣多明各受审。这件事促使该省总督颁布了一条有色人种不得携带武器的法令。

这件事之后，1795 年，一个名叫"尼古拉斯·莫拉莱斯（Nicholás Morales）"的古巴穆拉托人援引一项王室法令，呼吁社会变革。他援引的这项法令是 1795 年 2 月 10 日西班牙王室颁布的《推恩赦免令》。该法令允许非白人出钱购买某些白人特权，基本上允许他们用出钱的方式向社会上层晋升，获取层次更高的公职。莫拉莱斯不想通过立法实现这一目标，而是想呼吁取消某些损害穷人利益的税种，呼吁更为平等的土地分配政策。他联络了东部城市巴亚莫（Bayamo）的 40 多人，一起向总督陈述他们的主张。因为呼吁改革，他们被逮捕。10 月，波多黎各的阿瓜迪亚（Aguadilla）爆发起义，后来被镇压下去。之后，这个岛屿的总督拉蒙·德·卡斯特罗（Ramón de Castro）颁布大量法令，禁止来自法属圣多明各的宣传资料或人进入岛屿。[46]

为了控制岛上的形势，西属圣多明各的官员颁布了一系列新规则，其中包括为 "bozal"（非洲）奴隶洗礼，向他们灌输天主教信仰，允许他们星期天放假，禁止自由黑人集会跳舞时摆设祭坛。派人监视和逮捕妓女和"可疑的"流浪汉。如果不穿制服，就不允许巴多人和莫雷诺人携带武器。乡下人不许在城里使用砍刀。任何人都不许使用绞绳。晚上 11 点之后不许在街头或屋里唱歌或喊口号。实际上，在那段时间，除非有紧急的事情，并且携带着灯笼，否则不许上街。禁止将弹药卖给奴隶。禁止家里容留奴隶。禁止酒馆将酒水卖给替主人买酒的奴隶。乡村的酒馆和商店不许从有色人种手中进货。不过，鞭打奴隶仍旧是合法的。[47] 很多规则以前就有，规则的重申或强化明显暗示着形势的紧张。古巴的"隔离线"可能没有那么明显，但仍然存在。

另外，这一地区各处发现了大量所谓的暴动阴谋。我们可以看到当年保持下来的，从巴哈马到西属圣多明各，南部远到特立尼达岛的被认定为暴动阴谋的记录，虽然其他地方也有类似被认定的暴动阴谋。这些所谓的暴动阴谋中，哪些属于真正的暴动阴谋，哪些属于神经过于紧张的种植园主的想象——或者屈打成招的"铁案"——很难说清。奴隶暴动的形式多种多样，原因也很多。一部分是由于虐待或争执，不过到了1794年，可以明显看出，催生很多暴动的因素是法属圣多明各的革命形势。暴动越来越多地源自对自由的渴望、对美洲自由的深入理解、对蓄养奴隶权利的质疑。不一定每场暴动都和法属圣多明各的形势有关，但那时肯定是一段动荡不稳、充满谣言和恐惧的日子。[48]

　　1796 年，随 着 第 二 个《圣 伊 尔 德 丰 索 密 约》（Treaty of San Ildefonso）引发北美独立战争中西班牙、法国与英国的对抗，欧洲各国盟友关系再次发生重大变化。战火继续在欧洲和加勒比地区燃烧。英国已经镇压了格林纳达岛的暴动，这时正设法结束圣文森特岛上与北美印第安人和逃亡黑奴，即"加勒比人"的战争。"加勒比黑人（Black Caribs）"仿效了哥伦布对"加勒比人（Carib）"和"泰诺人（Taino）"的命名，他们对欧洲人入侵的敌意很重，而"加勒比红种人"和"加勒比黄种人"一般很随和。英国直到 1763 年才从法国人手中控制了圣文森特岛，中间的那些年充满了加勒比黑人与英国官员之间充满敌意和紧张焦虑的谈判。1773 年，双方签订了条约。然而 1795 年，双方战事再开，持续了一年多。最后，英国军队将叛乱分子包围，首先将其中的 4000 名"加勒比黑人"于 1796 年送到偏僻的巴利斯岛（Baliceaux，属于格林纳丁斯群岛）。一年后，很多人在岛上死于疾病，剩下的大约2000 人被送到洪都拉斯湾的罗阿坦岛。[49]

　　与此同时，签订《巴塞尔条约》之后，英国政府大大强化了对法属圣多明各的攻势，将西班牙把岛屿上的领地割让给法国看作拿下整个岛屿的好机会。他们从英国本土调来大批部队，牙买加岛上的英军驻守部队随时准备增援。英国控制的岛屿西南部和西北部地区的种植园在继续种植咖啡，而在岛屿南部，里戈将大片种植园出租，主要租给自由的有色人种。政府命令很多获得了自由身份的黑人继续在种植园里干活，因此对恢复奴隶制的恐惧引发了很多起义和暴动。大约同时，1795 年，牙买加西部特里洛尼区的逃亡黑奴再次打响了反抗英国人的长期战争。这场战争一直持续到第二年。当时有谣言说，法属圣多明各的间谍在牙买加煽动叛乱，这让人们更为不安，但这并没有动摇英国拿下法属圣多明各的决心。1796 年 7 月，超过 12000 名英军抵达法属圣多明各。[50] 当时，卢维杜尔在很多战线上作战——不仅要对付英国，他还要发起一场政治攻势。1797 年，他将桑托纳克斯以及其他法国官员驱逐出岛，巩固了在岛屿北部的领导。同时，卢维杜尔和里戈携手，发动最后一战，要将岛上所有的英国人赶出去。1798 年，英国人在军事上一筹莫展。英国的 25000 名士兵损失了大约 15000 人——很多人死于疟疾和黄热病——8 月时，英军投降。

卢维杜尔粉碎了他认定的那些独立阴谋，向法国发出了一个信号：岛屿的稳定必须依赖他，而不是其他黑人领袖。他因此获得了奖赏——岛屿总司令的头衔。英军被打败之后，卢维杜尔面临一个新的问题：先前的盟友里戈。卢维杜尔想要限制里戈和其他位高权重的穆拉托人领袖的权力。这些人中有很多人不希望黑人统治岛屿北部。一年里，两人陷入了激烈的权力争夺。虽然后来被称为 "刀剑战争（War of the Knives）" 或 "南部战争（War of the South）" 的那场战事被人们描述为穆拉托人里戈与黑人卢维杜尔之间的对抗，但事实是，双方的军队中都有大量挣脱了束缚的奴隶。其实，双方对抗的核心还是穆拉托人和黑人在岛屿上已经形成的社会层级中的位置。[51] 这不仅是不同肤色之间的冲突，还因为这个事实：卢维杜尔出身奴隶，而里戈不是。最终，到 1799 年底，经过几个月的血腥战争，卢维杜尔将里戈赶出了岛屿，控制了整个法属圣多明各。

马库斯·兰斯福德（Marcus Rainsford）出生于爱尔兰，曾经随英军参加过北美独立战争，后来被调往西印度群岛作战，驻扎在巴巴多斯和牙买加。1799 年，他被派往马提尼克岛，后来又奉命回到牙买加。这时候，他发现先前所在的步兵团已经处在返回英格兰的途中。为了赶上大部队，他登上一条来自圣托马斯的船。然而，因为中途遭遇恶劣天气，该船不得不停靠法属圣多明各的法兰西角。在那里，他无意中瞥到了正处于动荡年代的这个岛屿。后来，他发表了一本有关那段经历的简短记述，名为《1799 年春季圣多明各事务回忆录》（*A Memoir of Transactions that Took Place in St. Domingo, in the Spring of 1799*）。他详细记述了卢维杜尔："形形色色数千个有色人种中引起我注意的第一件事，就是令人尊敬的杜桑与两个土匪的亲切交谈。"[52] 他在那个岛上待了三个星期，自称多次见到卢维杜尔将军。他穿着"军装，双排扣蓝色大衣，硕大的红色斗篷披在肩部，红色袖口，胳膊上有八圈蕾丝，一副很大的黄金肩章垂到肩膀后面；猩红色的马甲、裤子和高度刚到脚踝的低腰靴；一顶装饰着红色羽毛和象征国家标志的帽章的圆帽子；一把硕大的宝剑挂在腰边"。后来，卢维杜尔救了兰斯福德一命。

　　兰斯福德再次设法离开该岛。不巧的是，他乘坐的那艘丹麦船中途突然漏水，他们只好停靠在大约 40 英里外的多芬堡（Fort Egalité/Fort Dauphine）。他们升起了中立国丹麦的国旗，然而不到半小时，他就被捕了，"怀疑我是间谍，将立刻对我进行决定性的审判"，这意味着兰斯福德可能被判死刑。他被控告为英格兰间谍，在海岸执行侦察任务。因为找不到反驳这一指控的证据，他被判死刑。那艘丹麦船只的船长竭力为他说话，说他是美国人，但毫无用处。他在狱中煎熬了两个星期，只等卢维杜尔在死刑判决书上签字。然而，"那位真正的伟人……命令将我释放，允许我上船回国，"只是警告兰斯福德"如果没有正规护照，再不许回到这个岛上。"兰斯福德设法去了马提尼克岛，然后辗转到英国。1802 年，他在英国出版了回忆录。[53]

/ 168

*

　　对于卢维杜尔来说，19 世纪的第一年是高奏凯歌的一年，他控制了这个殖民地的全境。[54] 同时，另一位将军在混乱的法国革命形势中维持着国家的秩序。1799 年，拿破仑·波拿巴（Napoleon Bonaparte）任命自己为法兰西第一执政，任命卢维杜尔为整个圣多明各岛的总司令。然而没过多久，双方开始互相猜忌。拿破仑担心卢维杜尔不听命令，担心他领导整个岛屿独立，尤其是卢维杜尔决定正式接管该岛屿西班牙一侧之后。不过在这之前，卢维杜尔就已不顾法国，打算与英国开战，美法两国当时正在进行主要在海上开展的非正式的"准战争"（1798~1800）。他还擅自与英美签订了秘密的贸易协定，为的是从美国进口食物和货物，避免英国的海上封锁。

1801 年 1 月 6 日，西班牙总督瓦昆·加尔西亚——虽然西班牙一侧的殖民地已正式割让给法国六年，但加尔西亚一直留在原西属圣多明各——接到卢维杜尔的照会，该岛屿已完全处于法兰西管辖之下，卢维杜尔准备用武力来实施这一法令。他带领部队前往岛屿东部，几天后宣布"我已经极为顺利地以法兰西共和国的名义接手了位于圣多明各岛的西班牙领地"。[55] 西班牙总督加尔西亚别无选择，只好屈服。双方在 1 月 22 日举行了交接仪式。

在接下来的几个月里，又有很多西班牙克里奥尔人离开圣多明各，主要前往西班牙帝国的其他港口。2 月时离开这个"真正的西班牙大庄园（Real Hacienda）"的两名官员说："离开的原因很充足：大雨、悲惨的处境、交接的混乱、政府先前的冷漠……整座城市一派恐怖和惊慌，好像等待着洗劫、死亡与暴力。"[56]

2 月时，加尔西亚也离开了这座岛屿。他搭乘一艘丹麦船只，带着家人和秘书尼古拉斯·德·托莱多（Nicolás de Toledo）抵达委内瑞拉的马拉开波。随他而来的还有来自西班牙坎塔布里亚地区的 148 名步兵。[57] 对于很多人来说，离开也不是一件容易的事情，部分原因是游弋在附近伺机抢劫的英国海盗。很多人到达目的地时已经一无所有，被迫乞讨度日。佩德罗·桑切斯·瓦尔沃德（Pedro Sánchez Valverde）就属于这种情况。他先前在伊圭（Higüey）、圣地亚哥等城市担任助理牧师。他说，1796 年他打算离开圣多明各时，正赶上西班牙与英国打仗，他的申请被拒，难以成行。他写信给马拉开波官员，希望对方能资助一些金钱，他说他曾积极帮助"汝方王室军队镇压黑人杜桑·卢维杜尔"。现在，他不得不引用他的忠诚为自己和家人，包括两位成年女性和五个孩子，求得一些帮助。他说，英格兰海盗抢走了他们的一切，"从首饰到仅有的衣服……现在只好乞讨为生"。[58] 1801 年 3 月底，1247 人、10 个政治团体和部队，以及坎塔布里亚军和 118 名政府官员、250 名没有护照者抵达这个委内瑞拉港口。[59]

　　同年 7 月，卢维杜尔为他控制下的整个岛屿制定了一部宪法，要求"岛上不能有一个奴隶"，并且"所有人从出生到死，享有终生自由，终生都是法国人"。[60] 通过这一条，他明确表示继续与法国保持从属关系，这完全不像《独立宣言》。针对西班牙一侧当时仍在先前制度下劳作的奴隶，他授予他们自由身份。西属圣多明各奴隶劳动规模此前一直比法属圣多明各小很多，这时候大约有 30000 名奴隶，很多家庭只有一或两个奴隶和他们住在一起，这不同于岛屿西部盛行的大型种植园。同样，岛屿东部自由的有色人种数量也相当大。目前，有关西班牙一侧奴隶和自由的有色人种对卢维杜尔颁布的奴隶解放和平等政策反应的证据很少，不过，很多拥有土地和钱财的克里奥尔人迅速离开，不愿意面对法国人的统治，不愿意接受一个出身奴隶之人的领导。

　　卢维杜尔立刻着手提升岛屿东部土地的产量，同时恢复遭受战争破坏的西部土地产量。虽然 1791 年发生了那么多不利事件，但是到了 1801 年，蔗糖出口规模大约已经达到 1789 年水平的 13%，咖啡产量达到了先前的 56%，甚至棉花产量也达到了先前的 35%。[61] 这一成就在一定程度上要归功于卢维杜尔大力鼓励获得自由身份的劳动者继续在种植园干活，劝说剩下的个别白人种植园主留下来，并成功劝诱了一些已经离开的避难者回到岛上。然而，在岛屿东部，他面临着相当大的挑战，尤其是那里的多米尼加人一直用土地来牧牛，靠将牛皮出售给法国人生活。他们不想改变土地的使用方式，从事种植园农业活动。卢维杜尔认为多米尼加人的土地使用方式"很落后"。于是，他颁布了土地改革政策，要求改变土地分配方式。但是，这些改革遭遇了愤怒的抵制。[62] 这时候，岛屿西部也出现了问题，那些曾经的奴隶，很多人对继续在种植园里干活深恶痛绝。1801 年 10 月，一些极为失望的劳动者，在卢维杜尔的侄子默斯（Moïse）的带领下进行反抗。卢维杜尔与身边的高级副官德萨林、亨利·克里斯托弗（Henri Christophe）率兵镇压。默斯和很多其他参与者被处死。[63]

这时候，法国的拿破仑怒不可遏，他无法忍受那位曾经的奴隶居然自命为终身总督，并自称"圣多明各的波拿巴（the Bonaparte of Saint Domingue）"。[64] 他感觉自己别无选择，必须派兵征服那个岛屿。而卢维杜尔则一直在向法国官员表示自己无意独立，然而对方根本不相信。1801 年 12 月 31 日，拿破仑派他的妹夫，即查尔斯·勒克莱尔陆军上将（General Charles Leclerc）带领 10000 名士兵前往圣多明各岛，目的是征服卢维杜尔，将种植园归还给先前的主人，并恢复奴隶制。同行的还有卢维杜尔的老对头——安德烈·里戈。卢维杜尔怀疑拿破仑打算采取某些行动，于是提前作了准备。他根本不相信拿破仑的话，因为听说拿破仑准备恢复奴隶制。当英国根据《亚眠条约》（Treaty of Amiens, 1802）将马提尼克岛归还给法国时，拿破仑根本不想废除那里的奴隶制，而是要继续保留它，很快又传来了有非洲人被运到瓜德罗普岛的消息。

勒克莱尔起初进展顺利，卢维杜尔的很多将军向他投降，但是卢维杜尔、克里斯托弗、德萨林坚持战斗，战争迅速升级。双方的伤亡都很重，卢维杜尔和其他两人的资源逐渐耗尽。5 月，三人宣布投降，等待夏季——和疾病——到来。但是，卢维杜尔没有待在岛上看着黄热病怎样消灭法国军队。克里斯托弗和德萨林后来向法国人告密，说卢维杜尔在策划一起暴动。卢维杜尔被绑架，进而被押送到法国的侏罗山茹城堡

（Fort-de-Joux）监狱。在那里，他饱受寒冬的折磨，死于 1803 年 4 月。卢维杜尔被囚禁和死亡的消息很快传遍了欧洲，很多人在关注新闻报道。听到卢维杜尔被捕的消息，英格兰诗人威廉·华兹华斯（William Wordsworth）深感同情，提笔写下一首诗，表达对这位黑人将军的敬意。[①]

> 杜桑，人们中就属你最为不幸！
> 无论你听得到农夫吹着口哨
> 在犁田，或者被关在幽深地牢——
> 躺在那样的地方，声音穿不进；
> 苦恼的首领！你哪来这份耐心，
> 但是你别死；哪怕给上了镣铐，
> 你的眉间偏偏要露出微笑。
> 虽然你本人栽倒，难以再起身，
> 仍该安心活着。你留下的力量
> 将为你工作；看天空、大地、空气；
> 连一阵微风也不会把你遗忘；
> 你有伟大的盟友同你在一起；
> 而你的朋友则是痛苦和得意，
> 是爱和人类不可征服的思想。[65]

不过，卢维杜尔死在了勒克莱尔后面。后者于 1802 年 11 月死于黄热病。拿破仑派罗尚博陆军上将（Genera Rochambeau）前去接替工作。不过，即使卢维杜尔不在，接下来的暴力冲突也难以避免。法国真的要在其所有殖民地恢复奴隶制的消息让这场冲突更为激烈。获得自

---

① 摘自黄杲炘译《华兹华斯抒情诗选》，陕西师范大学出版社，2016。

由的人离开种植园参加战斗。老天也站在他们一边。疾病让法军大幅减员。让形势更复杂的是，英国与法国之间的敌意再度上升。拿破仑无法同时应付两个强敌。英国军舰封锁了海港，到 1803 年 11 月底，罗尚博将军的攻势缓和了很多。德萨林成功保住了奴隶们的自由。而法国，派到这个岛上的大约 60000 名士兵中损失了差不多 50000 人。[66] 拿破仑决定将精力放在欧洲战场，于是将法国的路易斯安那领地以 1500 万美元的价格卖给了美国。虽然已经失去了圣多明各，但法国还控制着其他岛屿，并继续允许这些岛屿保留奴隶制。

圣多明各岛的形势让周围岛屿上的种植园主和官员大为惊骇，因为谁也无法保证圣多明各岛上的骚乱不会引发其他地方的暴动。牙买加总督乔治·纽金特（George Nugent）的妻子纽金特夫人的日记反映了这种焦虑。[67] 1801~1806 年间，玛利亚·纽金特（Maria Nugent）的日记讲述了在加勒比地区度过的那段忧心忡忡的往事。[68] 在 1803 年 12 月 13 日记下的文字中，她内心的紧张显而易见。她写道："……晚上，接到很多让人不快、惊恐的消息，说的是在外假释的法国犯人和这座城市里的黑人。其中的一个黑人——一个荷兰人的黑鬼——悄悄离开了祷告的座位。一名工作人员看到，他在朝窗外的一个卫兵打手势。这件事，再加上整天流传的各种传言，说是法国囚犯和自由黑人达成默契，要和黑鬼奴隶们一起闹事，真是让人心惊肉跳。"[69]

1804 年 1 月 1 日，德萨林用当地语言给这个岛屿起了一个名字"Ayti"，意思是"多山的国家"，即向世界宣布成立海地共和国。他在声明中说："我已经报复了美洲。"[70] 紧接着，他制定和颁布了一部激进的宪法。该宪法规定"永远废除奴隶制"，接下来，进一步说，"所有……海地人自此以后有了一个统一的名字，这就是'黑人'"。[71] 德萨林想一举结束奴隶与自由的有色人种之间长期的对抗关系——现在他们都自由了。虽然这些高尚的字眼写在了文件里，然而在现实中，这个新成立的国家将很快再次由于肤色问题陷入分裂。海地革命前的大约 30000 名白人中，大多数已逃离该岛。那些极少数留下来或后来被卢维杜尔劝诱回来的白人没有被德萨林治下的黑人社会接受，很多人立即遭到杀害。不过，德萨林放过了一些白人，这些白人后来也成为这个黑人社会的成员。伦敦《泰晤士报》刊登了一篇关于这种打击种植园主最后攻势的报道："纵帆船玛丽安号（schooner Mary-Ann）的道奇船长（Captain Dodge）……于5月14日、15日发布消息说，根据皇帝的命令，弗朗索瓦角剩余的所有白人居民遭遇了一场大屠杀……14日夜……这些不幸的人被勒死在床上。那些嗜杀的凶手并不满足于此，还用刺刀戳刺他们的肚子。"[72]

接下来发生的就是这个刚建立不久的国家争夺内部控制权的斗争。不久，德萨林自行加冕称帝。这一举动在民众中反响很不好。1806年，他遇刺身亡。国家进一步分裂。黑人领袖亨利·克里斯托弗占据了国家的北部，而穆拉托人将军亚历山大·佩蒂翁（Alexandre Pétion）统治着南部地区。虽然这种妥协持续了一段时间，但是加勒比地区争取自由的斗争所持续的时间要比这长很多。

*

虽然废除奴隶贸易和奴隶制度极具戏剧性，然而海地不是第一个废除奴隶贸易和奴隶制度的地区。1792年，当英国废奴主义者仍在争取废奴法案时，丹麦已经决定禁止奴隶贸易，虽然它直到1803年才付诸实施，目的是给奴隶贩子和种植园主提供十年时间，让他们寻找其他收入渠道和劳动方式。当然，这也意味着那十年里奴隶贸易数量的剧增。实际上，1782~1792年间，丹麦出口了13231名非洲人，1792~1802年，这个数字达到了21782。而在上述阶段，被卖到丹属西印度群岛地区的奴隶数量分别为11814人和27382人。[73]

1807年，威廉·威尔伯福斯和英国数千名废奴主义者的努力终于有了结果——禁止奴隶贸易法案在英国上下两院分别以41：20和

114 : 15 的比例通过。1807 年 3 月 25 日,《废除奴隶贸易法案》(Slave
Trade Act) 进入成文法典。大约同一时期,美国总统托马斯·杰弗
逊(Thomas Jefferson) 签署《禁止进口奴隶法案》(Act Prohibiting
Importation of Slaves)。该法案于第二年生效。瑞典和荷兰也不甘落后。
1813 年,瑞典宣布奴隶贸易非法。荷兰也于 1814 年禁止了奴隶贸易。
法国、西班牙通过的类似法令略晚一些。当然,虽然走私仍在进行,但
是英国、丹麦、瑞典和荷兰等国对这种行为已不再默许。虽然英国人当
时——现在也是——有充分的理由为他们在禁止奴隶贸易过程中表现出
来的人道主义而骄傲,但他们似乎忽视了一个事实:圣多明各岛才是彻
底废除奴隶制的先驱。丹麦可能是第一个通过相关法律的国家,但是法
属圣多明各的人民不仅第一个终结了岛上的奴隶劳动,还是美洲第一个
解放奴隶的地区。虽然奴隶贸易在法律上被禁止,但是奴隶贸易活动在
很大程度上依然存在。

在英国通过《废除奴隶贸易法案》和海地陷入分裂之际,古巴也经
历了巨大变化,尤其是岛屿东部,也就是法属圣多明各避难者落脚的耸
入云霄的马埃斯特拉山区(Sierra Maestra mountains)。古巴圣地亚哥
的外来移民数量已达到 20000 人左右,他们大大改善了当地的咖啡种植
方式。[74] 因为山脉高耸,马埃斯特拉山区具有种植咖啡的良好气候条件。
在这些法国难民到来之前,那里的咖啡年产量从来没有超过 100 吨,然
而到了 1805 年,其咖啡产量增加了 10 倍,最终增加了 30 倍。[75]

法国在圣地亚哥的殖民者有他们自己的聚居区。他们住在独特的带
有门廊的单层大房子里。他们有自己的剧院,讲自己的语言,社交圈一
般也很固定。在王权和宗教方面,这些殖民者和当地的西班牙克里奥尔
人存在观念上的分歧。当地人挖苦移民,说法国人"在臭鳕鱼水里做洗
礼",而后者的回应往往是"戈多伊的西班牙",指的是那位不得人心
的西班牙第一国务大臣。[76] 1803 年夏季,古巴圣地亚哥总督塞巴斯蒂
安·金德兰(Sebastián Kindelán) 限制法国殖民者的行为,令这种对抗

关系植入了法律。例如，屯巴舞（tumba），这是一种法国人的传统舞蹈，有色人种经常参与其中，但是该法律只允许他们在节日时跳舞，即使在节日里，也必须在晚上 8 点之前结束。[77]

当然，法国移民的去向和谋生方式并不限于圣地亚哥和咖啡，还有人登上这个岛屿后，在别处重操旧业，继续种植甘蔗。实际上，他们给古巴带来了先进的生产技术、现代化的加工流程，甚至还有投资资金。1802~1806 年间，这个岛上的蔗糖年出口量大约为 186000 吨，相较于1792~1796 年的年出口量增长了一倍，当时仅约为 90000 吨。[78] 然而，这种状态注定无法长久。欧洲政治再一次影响了加勒比地区。这一次，也是拿破仑的错。1808 年，拿破仑劝说卡洛斯四世退位，流放了其继承人斐迪南七世之后，安排自己的长兄约瑟夫·波拿巴坐上西班牙国王的王位。这是一连串事件中倒下的第一张多米诺骨牌。这些事件不但引发了欧洲战争，还终结了西属美洲大部分地区的殖民统治，同时还让古巴、伊斯帕尼奥拉岛东部陷入困境，甚至波多黎各也受到了影响。1808年 8 月，蒙茨总督（Governor Montes）请岛上的种植园主支持抵抗拿破仑的战斗，说他们虽然没有多少钱，但是应该"将大庄园里结出的部分水果交给最高政务会（Suprema Junta）使用。质量上好的咖啡、蔗糖、木本植物燃料、兽皮也应经常作为捐赠品交给西班牙"。[79]

/ 175

在圣多明各，反应更为激烈。一听到拿破仑 1808 年入侵西班牙的消息，西班牙后裔的克里奥尔人在胡安·桑切斯·拉米雷斯（Juan Sánchez Ramírez）的领导下，对名义上仍在控制该岛的法国军队发动了一场战争。当海地分裂为南北两个部分时，先前的西属圣多明各没有参与其中，而后者仍然被为数不多的法国士兵控制。除了多米尼加人，没有人知道下一步该怎么办。多米尼加人想要回到西班牙的统治之下。

桑切斯·拉米雷斯是一个富有的多米尼加人。1803 年，他逃到波多黎各，1807 年又回到圣多明各，继续从事高利润的木材出口生意。他很快意识到，岛上其他出生于本地的西班牙后裔与他拥有同样的对法态度。他知道自己可以很容易地召集一支愿意推翻费朗将军（General Ferrand）统治的队伍。很多克里奥尔人希望恢复西班牙的统治，现在他们终于有了机会。费朗清楚人们心中在想什么。1808 年 8 月，他作了一次公开讲话，恳求多米尼加人多想想自己与法国人的相似之处，"你们已经是法国人了，再说，法国人和西班牙人现在是兄弟和朋友关系，我们唯一的目标就是保护我们的共同利益，公开表明我们共同的信仰和观点"。[80] 这对改变桑切斯·拉米雷斯的想法没有起到一点作用。拉米雷斯后来写道，约瑟夫·波拿巴控制着西印度群岛——尤其是他热爱的圣多明各——促使他拿起武器："从那一刻起，我的脑海中无法打消战争的想法……［它］让我的灵魂深处产生了［对法国人］的仇恨。"[81]

这场战争从 1808 年开始。在战斗中，桑切斯·拉米雷斯和他的 2000 名部下以西班牙国王被废黜为由开战，他们在战斗中高呼"斐迪南七世万岁（Viva Fernando VII）！"经过几个月的激烈战斗，11 月，在帕洛因卡多之战（battle of Palo Hincado）中，忠于西班牙的克里奥尔人取得了关键胜利。失败消息传来，费朗的自尊心受到重大打击，随后自杀身亡。[82] 一位侥幸生还的法国士兵在回忆录中写道："将军的头颅被挑在长矛上呈给英格兰军官。后者收到这一血淋淋的战利品时，震惊于那些残忍的人如此残暴和不知感恩。"[83] 然而，这并没有阻止法国人和接任的巴奎尔将军（General Barquier）继续作战。巴奎尔将军招募多米尼加奴隶共同对付桑切斯·拉米雷斯。出生于岛上的父母双方都是西班牙人的克里奥尔人对奴隶们承诺，如果与他们并肩作战，将获得自由身份。[84] 另外，在整个战争期间，桑切斯·拉米雷斯都有援军加入，即那些想要参战的自由的有色人种，甚至包括一个莫雷诺人步兵团。[85] 这场战争一直持续到 1809 年。这一年，英国开始插手。英军对法军的封锁，对克里奥尔人最终在当年 7 月打赢战争起到了很大作用。英国人由此获得了西裔克里奥尔人给予的一份优惠的通商条约。[86] 多米尼加人获胜的消息传到古巴圣地亚哥，"他们立刻举办了一场音乐会，所有人，不分阶层和种族，都拥上大街庆贺，唱着赞歌，直到深夜10点……"[87] 留在欧洲的反抗法国统治的西班牙政府人员对桑切斯·拉米雷斯表示感谢。

　　随着圣多明各卷入对法战争，古巴也开始了与法国的斗争。实际上，邻近的美国认为西班牙危机可能会导致古巴脱离西班牙的掌控。种植园主都很紧张，不知道这对他们的奴隶意味着什么。对于美国政治家来说，拿破仑似乎军力强大，无往不胜。随着西班牙王室的垮台，它的殖民地似乎面临着被瓜分的境况。古巴是加勒比地区新出现的明珠，哈瓦那距离西属佛罗里达仅90英里。有人希望美国将二者都收入囊中。出于这一目的，卸任后的美国总统托马斯·杰弗逊给新任总统詹姆斯·麦迪逊（James Madison）写信，信中说，"我认为，西班牙被征服之后，很快你就会面临有关佛罗里达和古巴的棘手问题。有人会将这两个地方送到你面前。拿破仑肯定不费什么力就将同意把佛罗里达交给我们，而要让他同意将古巴一并交付，就不那么容易了"。[88]

　　杰弗逊的乐观变成了泡影。因为事实证明，西班牙不像美国领导人预想的那么不堪一击。然而，古巴并入美国版图的问题在19世纪的战争间歇曾被多次提及。美国一直对这个岛屿具有浓厚的兴趣——不仅是因为美国进口古巴蔗糖，更重要的是，古巴是一个良好的美国商品出口市场。同时，美国清楚地意识到古巴与南部各州的相似之处，以及怎样将奴隶劳动延伸过去。

/ 177

　　约瑟夫·波拿巴登上西班牙王位之后，古巴官员建立了一个监控执政团（junta de vigilancia）。这是一个行政机构，任务是清查岛上的法国人（或法国的克里奥尔人），立即将他们驱逐出境。那些被怀疑的人必须表明自己的宗教信仰，来古巴的因由，在古巴的工作，居住地址和一些其他信息。如果有人被当局确定为法国人，如果身在哈瓦那，必须要在17天之内离境；如果身在其他地区，必须在25天内离境。

　　胡安·包蒂斯塔·佩罗登（Juan Bautista Peroden，也许叫 Juan-

Baptiste，因为他的名字经常用西班牙语表示）一家人就属于这种情况。在监控执政团掌握的奥尔金（Holguín）的档案里，包蒂斯塔46岁，面包店店主。他的妻子是特雷莎·奥利妮（Tereza Origni），31岁；大儿子恩里克（亨利），6岁；二儿子卡洛斯·维克多，4岁；大女儿安吉拉·约瑟法，2岁；二女儿，克拉拉·德·吉苏斯，1个月大。他们还有奴隶圭勒莫，24岁；胡安·包蒂斯塔，17岁；苏珊娜，20岁。家里的其他成员还有维克多·奥利妮，24岁，裁缝；胡安·米凯拉和玛利亚·米凯拉，分别是2岁和4岁。他们还有巴多人，其中包括洗衣女工玛利亚·茉莉娅，50岁；裁缝玛利亚·德·罗萨里奥，20岁，以及玛利亚·马格达莱娜，22岁。在这份文件页边的空白处，有一位官员添加道："兹有法国人佩罗登及妻子，以及其他家庭成员，于这个城市生活5~6年，在这个城市德高望重的人们眼中表现了无懈可击的品行。"[89]虽然如此，同他们的情况类似，有大约7000人遭驱逐——也许佩罗登和他的家人也在其中。这一次，大多数避难者逃往讲法语的新奥尔良。起初，杰弗逊打算在执政的最后几天里阻止他们。[90]和很多南方奴隶主一样，他不想让与海地有关的奴隶或有色人种进入美国。他知道这些源源不断的难民并非古巴居民，而是来自先前的法属圣多明各。

当然，西班牙人也能从这些逃难的法国人身上看到机会——圣地亚哥总督塞巴斯蒂安·金德兰从一个准备逃离的种植园主手中买下14名奴隶，其中包括"三个从非洲直接运到西印度群岛的黑人奴隶（bozal），名字分别是圭勒莫、富尔亨西奥、安波罗西奥"。[91]但是，这种短时间内的集中逃亡肯定要受制于交通筹划。在很多情况下，避难者很难在限期内离境。很多人没法给手里的货物找到买主，所以买不起船票。还有，船只往往不够用。[92]虽然存在这么多困难，还是有数千人在1809年夏季陆续离开古巴。几个月之内，大约6060人离开巴拉科阿（Baracoa）和圣地亚哥，其中包括1887名白人，2060名自由的有色人种和2113名奴隶——这也说明先前将有色人种逐出岛屿的法律并没有被严格执行。

纷乱动荡的年代给古巴带来了丰厚的收益，这些收益不仅来自咖啡，还来自蔗糖。当法属圣多明各的冲突开始之际，古巴还不是一个重要的蔗糖竞争者。1791 年，它的蔗糖产量仅为 16731 美吨，而同一时期牙买加和法属圣多明各的产量分别为 60900 吨和 78696 吨。[93] 然而，在随后的年月里，产量开始上升。德国博物学家亚历山大·冯·洪堡（Alexander von Humboldt）在这一过渡阶段抵达古巴岛，对这里的蔗糖贸易产生了浓厚的兴趣。在整个拉丁美洲游历期间，洪堡两次驻留古巴，自 1800 年 12 月开始在岛上待了三个月，后来又于 1804 年 3 月再次登岛。洪堡用局外人的视角和科学家对细节的关注观察了这座岛屿的细微之处。二十二年后，他开始动笔撰写在古巴的见闻。中间的这段时间里，他一直和朋友们保有联系，时刻了解有关古巴岛的最新消息。与古巴种植园主弗朗西斯科·德·阿兰戈通信也是出于这个目的。

他写到，蔗糖生产最大的变化发生在 1796~1800 年。他看到了法属圣多明各的变化和后来发生在古巴的事情。'首先，在蔗糖加工厂，骡子取代了牛做动力；后来引入了水力……即使是最早移居圣多明各的人也已采用水力。'[94] 虽然洪堡不是种植园主，但是对甘蔗种植园的迅速发展非常感兴趣。他甚至仔细查阅了政府公布的贸易统计数字，一般是阿兰戈提供给他的。他喜欢哈瓦那，在那里，"在让人身心放松的各种表象中，那些欧洲人忘记了加勒比岛屿上人口稠密的城市可能给他们带来的危险"。[95]

他记载了那些"高文明发展程度之地"的土地用途变化，"出现了很多长条的庄稼地，很少能看到先前茂密原始丛林的痕迹"。[96] 与此同时，据他计算，1786 年的蔗糖出口量增加到 63274 箱。根据截止到 1824 年的记录，1823 年的出口量为 300211 箱，达到了历史最高值。[97] 那段时期，古巴经历了巨大的变化。洪堡指出，1810 年哈瓦那有 43175 人，其中 18365 人是克里奥尔人，14510 人是奴隶，10300 人是自由人。他说，这是 1791 年人口的两倍。[98] 同样，该岛其他地区"与那些奴隶制已经

/ 179

根深蒂固的国家形成了最鲜明的对比"。[99] 但是，他将古巴岛与"所有英属岛屿"放在一起比较，得出的计算结果是，在英属岛屿 776500 人的总人口中，626800 人是奴隶，而在古巴，715000 人中只有 260000 名奴隶。和很多欧洲人一样，洪堡也认为古巴应该能够"采取谨慎、人道的措施，用渐进的方式废除奴隶制"。不过，他有生之年没有看到古巴奴隶制的废除。

*

同时，在西班牙，摄政政府召集组建于加的斯的国民议会（Cortes）召开集会。西班牙的美洲帝国代表也受邀参加了这次会议。西属北洲殖民地的很多官员面临一个严肃的问题——合法性问题。克里奥尔人与那些出生于半岛的官员们的利益间的长期紧张关系一触即发。西班牙王权衰落，被移交给了公众，而非法国人。[100] 加的斯参会者面临的任务是制定一部宪法。

参会者广泛讨论了很多问题，包括奴隶制的未来。令所有派代表前来的殖民地都参与这种讨论，这样的力度不但太小，而且也太迟。这些殖民地的西班牙人口有 1600 万，比西班牙本土的 1000 万人还要多。另外，还存在一个公民权的问题。[101] 参会者广泛认为殖民地原住民和梅斯蒂索人（原住民与欧洲人结合的后裔）应该有他们的代表和某些政治方面的话语权，由此他们的公民权已经获得了承认，因为很早之前他们就与西班牙人建立了合法的关系。同样的情况也适用于奴隶、自由黑人、穆拉托人、桑博人，但是他们被排除在公民之外。就像有关印第安人与西班牙人的法律框架早已存在那样，有关奴隶和自由人，包括允许奴隶贸易自由的框架也都早已存在，这不足以让他们成为公民。

新格拉纳达的代表何塞·梅佳·雷克利卡（José Mejía Lequerica）强烈请求为非裔美洲人授予公民权。他说："嫁接会改良作物，这同样适用于美洲不同阶层的结合……为何有人认为他们的血液不纯洁？"[102] 这一发言没有被收录在1810年10月1日的会议记录里，但是它登载在《观察家》（El Observador）期刊上。[103] 这场辩论中——相当一部分辩论试图让一部分含有非洲血统的人成为公民，以及强调美洲所谓的种族和谐——西班牙面临的真正问题是，如果所有非洲后裔都获得公民权的话，那么国民议会中西班牙本土代表的数量就会少于美洲代表，并且美洲代表也意识到了这一点。[104] 基于此，西属美洲殖民地的黑人被迫放弃了政治代表的资格。

被奴役的非洲人，不管是此时还是后来，在这种有关奴隶制存废问题的辩论上，他们的利益一直受到损失。有关终结奴隶贸易的努力也失败了。这是有关西属美洲奴隶制未来的第一次大辩论。很久之前，英国和丹麦就明确表明了它们的意向。西班牙的自由派想要将国家推往新的方向，包括效仿其他国家禁止奴隶贸易。在国民议会上，废除奴隶贸易和奴隶劳动已成为一件可以讨论的事情，这引起了古巴的极大愤怒。废除奴隶制的提议最初由奥古斯丁·德·阿古列斯（Agustín de Argüelles）在1811年4月提出。他是西班牙人，也是加的斯国民议会的成员。他恳请"议会宣布永远禁止这种丑恶的交易"。[105] 然而，先前法属圣多明各的幽灵笼罩着接下来的辩论，代表们将废除奴隶贸易和废除奴隶制混淆起来。梅佳提醒阿古列斯，"废除奴隶贸易和奴隶制需要深思熟虑，需要采取循序渐进的方式，因为一下子解放数量庞大的奴隶，除了会让他们的主人破产之外，还会给国家带来很不光彩的后果"。不过，他同意禁止再将奴隶卖往殖民地。[106] 阿古列斯再次参与辩论，阐述他的观点。他说："在期限方面已经进行了让步，明确而言他们并不打算解放美洲殖民地的奴隶。考虑到西属［法属］圣多明各的情况，这是一件需要慎之又慎的事情。"古巴代表安德烈斯·德·豪雷吉（Andrés de Jáuregui）态度坚决，认为这种声明会打破目前岛上各种族之间的"平静"，他请大家不要忘记"当年法国国民议会的轻率举动，以及后来的悲惨、致命的后果"。[107] 要求废除奴隶贸易的提议也不是没有支持者，但是因为奴隶劳动和奴隶贸易仍在西属美洲进行，所以他们知道，距离目标的实现还需要很长时间。

大约在 1812 年有关奴隶贸易和奴隶劳动存废问题辩论之际，波多黎各代表拉蒙·鲍尔（Ramón Power）写信给身在圣胡安的母亲多娜·约瑟法·吉拉特－鲍尔（Doña Josefa Giralty Power），告诉她加的斯会议上的事情。这封信在波多黎各引发了一系列事件，还差点酿成一场暴动。多娜·约瑟法的奴隶哈因多（Jacinto）和费敏（Fermín）知道了信的内容。在信中——说到国民议会开会的情况——鲍尔告诉她，"如果他们［国民议会］要赋予奴隶自由的话，她要第一个响应这一法律，使自己的奴隶自由"。看到这条消息，她哭起来，将信撕得粉碎。没多久，她的奴隶就知道了她痛苦的原因，并将信的内容传了出去。一时间，整个城市都知道了。[108]

古巴也在 1812 年经历了一场与此有关的混乱。哈瓦那、王子港、巴亚莫、奥尔金发生了一系列暴动。这些暴动并不局限于本地种植园，而是相互关联。当局注意到一个名叫"何塞·安东尼奥·阿蓬特（José Antonio Aponte）"的自由黑人艺术家、雕塑家。他曾经在哈瓦那的自由黑人游击队担任上尉。当局派人搜查了他的住处，找到了一个本子，据说里面满是各种计划和图示：关于岛上守备部队的速写画，以及乔治·华盛顿的肖像画，更值得注意的还有海地领袖卢维杜尔、让－弗朗索瓦、德萨林与克里斯托弗的画像。这已足够让其给阿蓬特定罪了。他被处以绞刑。[109]

在加的斯的辩论中，哈瓦那的种植园主获胜：在此后的数十年中，西班牙将继续保留古巴岛上的奴隶制。实际上，在那个十年里，古巴、波多黎各的奴隶进口量一直在增长，虽然后者的增长幅度要小一些。1808~1814 年间，被悬挂着西班牙、葡萄牙和美国国旗的船只运到古巴的新奴隶约有 25000 人。其间，伴随着蔗糖和奴隶产业的兴旺，古巴岛的经济持续发展。[110] 而英国感到自己有能力消弭海上的奴隶贸易，于是开始派出海军舰队打击非法运奴船。

1811 年，苏格兰游客 J. B. 邓洛普（J. B. Dunlop）抵达哈瓦那。他发现在那里，在那个守卫森严的城市里有相当多的消遣娱乐场所，人们越来越有钱。他发现，"赌博似乎已经成了一种上到政府官员，下到黎民百姓都趋之若鹜的恶习"。他还记述了古巴生活的其他方面，包括繁荣的剧院，时髦的休闲场所。哈瓦那人经常去这些地方看戏或散步。[111] 由于农业财富和贸易的推动，以及文化和社会的发展，哈瓦那越来越成为重要的商业中心。

1814 年，约瑟夫·波拿巴被赶出西班牙，王位又回到了波旁王朝手中。1812 年宪法规定的自由主义改革——虽然不包括取消奴隶贸易——被斐迪南七世否决。王室虽然很快允许世界各地信仰天主教的人移居古巴和波多黎各，并给他们提供耕地，但是当时的西班牙已经不再是斐迪南七世当初从父亲手中继承的那个帝国。从 1810 年开始，在国民议会就名存实亡的宪法进行激烈辩论之际，西属美洲愤怒的克里奥尔人已在竭尽所能地将西班牙人从权威位置上拉下来，呼吁建立共和政体。殖民地民众纷纷策划和制定反对西班牙统治的方案。对西班牙政权造成第一次严重打击的事件发生在新西班牙，发起者是牧师米克尔·伊达尔哥（Miguel Hidalgo）。1810 年 10 月，他敲响了多洛雷斯（Dolores）教堂的钟声，发动起义——史称"多洛雷斯呼声"——争取土地改革和平等。虽然几个月之后，伊达尔哥被捕后遭枪决，但革命的大门已经打开。1811 年，委内瑞拉的起义者宣布独立，美洲大陆其他地区纷纷响应。然而这时候，各个海岛的独立行动相对来说要谨慎得多。一方面，圣多明各刚刚在名义上回到了西班牙的统治之下，另一方面，古巴和波多黎各的经济仍严重依赖奴隶劳动，并不愿意尝试独立。

　　1814 年，当斐迪南七世再次登上西班牙王位时，1810 年开始的美洲起义已经发展成西属美洲各地的独立战争，从新西班牙（墨西哥）延伸到阿根廷。独立派与保王党展开了激烈的较量。独立与克里奥尔人自我意识的觉醒密切相关。之前，命运掌握在伊比利亚半岛官员手中，结果当地人长期以来饱受歧视。另外，美国、法国，甚至海地的革命也为他们独立提供了动力。然而，在 19 世纪初期动荡的二三十年里，西属岛屿一直忠于西班牙王室。这种矛盾性缘于古巴和波多黎各与西班牙心照不宣的约定：一方提供忠诚，一方提供保护。万一发生奴隶暴动或起义，西班牙王室将提供军队和武器维持秩序。当地出生的白人后裔也是这种想法。他们相信，如果闹独立的话，先前的法属圣多明各就是前车之鉴。海地独立的结果给他们留下了很重的阴影。

　　不过，古巴和波多黎各眼下关心的是发展迅速的蔗糖产业。一方面，鉴于对西班牙王室的忠诚，两个岛屿都获准允许信仰天主教的西班牙人和来自其他地方的人移居这里，王室还通过法律，针对定居者提供了大量鼓励措施，包括提供土地，帮助他们筹集农业生产需要的资金，取消有关"黑奴贸易和将黑人运上岛屿"的赋税。[1]另一方面，废除奴隶制尚很遥远。1804~1814 年间，43982 名非洲人抵达古巴，809 名非洲人抵达波多黎各。接下来直到 1820 年的六年里，古巴的人数暴增到 101809 人，而波多黎各是 708 人，略微有所下降。[2]虽然波多黎各和古巴一样从事蔗糖生产，也使用奴隶，但是前者的规模要小一些，所以波多黎各黑人人口的增加幅度没有那么大。另外，波多黎各有一个传统的农人民族，称为"jíbaro"。他们经常在山里种植咖啡。虽然他们人数不如到来的非洲奴隶多，但这意味着岛上的劳动力结构与古巴不同。总的说来，外来人口的涌入——不管是黑人奴隶，还是自由移民——导致了两个岛上人口结构的改变。1827 年，古巴的白人有 311051 人，自由的有色人种有 106494 人，奴隶有 286942 人，白人大约占总人口的 44%。[3]
1820 年，波多黎各的白人有 102432 人，自由的有色人种有 106460 人，
奴隶有 21730 人。[4] 法属圣多明各发生了那些戏剧性事件之后，这些岛
屿上的官员和种植园主越来越担心黑人、有色人种、白人、奴隶和自由
人之间人口比例的失衡。

伴随着古巴奴隶数量的增长，仅仅马坦萨斯（Matanzas）一带的
蔗糖加工厂（ingenio）就从 37 家增加到 93 家。同样在 1813~1817 年，
在哈瓦那西部的瓜纳哈伊地区（Guanajay），蔗糖加工厂的数量从 59 家
增加到 122 家。[5] 19 世纪第一场有记录的非洲奴隶暴动发生在马坦萨斯，
蔗糖加工厂扩增肯定是其中的一个原因。那场暴动发生在 1825 年，有
大约 200 名奴隶参加。[6] 在暴动中，大约 24 个种植园被焚毁，15 名白
人和 43 名黑人被杀。[7] 同一年，在波多黎各，蓬塞（Ponce）一带产糖
区的部分奴隶因为密谋暴动被逮捕，但据说整个暴动计划的主要组织者
是"海地间谍"，这加剧了古巴和波多黎各西班牙人的恐惧，他们担心
刚获得自由身份的海地人会来岛上煽动叛乱。[8]

同一时期，1815 年拿破仑的垮台终于给欧洲带来了和平，同时
也让加勒比地区的力量对比再次倾向英国。维也纳会议（Congress of
Vienna）将马提尼克岛还给法国，但是英国仍将占有从法国手中夺来的
多巴哥和圣卢西亚，以及从荷兰手中夺来的德默拉拉、埃塞奎博、伯比
斯等领地。这些地区后来被并入英属圭亚那。当时，动乱距离西班牙仅
有一步之遥。

*

拉丁美洲西属殖民地的混乱刚刚平息，西印度群岛的纷扰又起。委
内瑞拉、新西班牙的独立运动让附近忠于西班牙的岛屿既兴奋又恐怖。
西属岛屿上的很多人虽然也渴望摆脱给他们带来诸多负担、效率低下、

限制重重的西班牙法律，但并不主动采取行动，他们担心引发大范围的暴力活动。然而，其中一个岛屿毅然决定不再观望。海地从建国之初就着手为实现共和而斗争。

1806 年 2 月 2 日，一艘名为"利安德号（Leander）"的商船离开纽约，启程前往海地。船上有一位名叫"弗朗西斯科·德·米兰达（Francisco de Miranda）"的委内瑞拉人。米兰达曾经参加过法国大革命的战斗，现在打算回国"解放"自己的祖国。当时，独立后的海地比较容易为起义筹集武器和给养。实际上，米兰达所乘的那艘船的船长托马斯·刘易斯（Thomas Lewis）的弟弟雅各布就是一个很有名的海地商人，可以为任何人搞到枪支弹药。[9] 在接下来的六个星期里，米兰达一直在海地谋划军事行动。虽然他一直没有离开过古巴的南部港口雅克梅勒（Jacmel），[10] 但是，有谣言传到了委内瑞拉海岸，于是西属岛屿派一名间谍去了解情况。马德里开始因为那位"海地危险分子"而人心惶惶，他们指责米兰达的计划是"病毒"——宣称那些计划是在所有欧洲国家的美洲殖民地煽动革命的大阴谋的一部分。[11] 最终，米兰达的计划失败了：他号召发动了很多次军事行动，其中包括 1811 年的那次。他后来被捕，死在西班牙人手中。不过，关于他从海地发起的军事行动，米兰达后来否认"海地黑人"帮助过他，即便海地黑人是最早支持他事业的人。[12] 不过，其他反抗西班牙殖民统治的人知道事情的真相，继续求助于海地黑人。几年之后的 1813 年，墨西哥起义军领袖伊格纳西奥·洛佩斯·拉勇（Ignacio López Rayón）派手下的陆军上校去海地联络，请求海地北方的领袖亨利·克里斯托弗提供帮助，但是没有成功。几年之后的 1815 年 12 月 31 日，委内瑞拉军事领袖，即后来南美很多地区的"解放者"西蒙·玻利瓦尔（Simón Bolívar）抵达太子港，他想要请求当时海地南方的最高领袖亚历山大·佩蒂翁给予帮助。1816 年 1 月 2 日，佩蒂翁正式会见了玻利瓦尔。

佩蒂翁肯定已经听说过玻利瓦尔。玻利瓦尔曾经因为反抗殖民当局被迫逃离委内瑞拉，前往牙买加。在牙买加逗留了八个月后，他前往海地。在西印度群岛和海地时，玻利瓦尔有时间观察和思考西属岛屿的形势。当时的形势让他很困惑。1815年，他在"牙买加信函"中写道："波多黎各和古巴……是西班牙的两个最为平静的殖民地，因为那些新成立的共和国无法和他们取得联系。不过，这两个岛上的人民不是美洲人吗？他们没有受到虐待吗？他们不想过更好的生活吗？"[13]

玻利瓦尔在海地期间，见到了正在为墨西哥争取独立的弗朗西斯科·哈维尔·米纳（Francisco Xavier Mina）。两个人谈了很久，但是玻利瓦尔没有答应后者的请求，加入他的使命。[14]然而，米纳在海地的出现意味着海地仍在继续帮助拉丁美洲争取独立——不过，这方面，海地并非始终如一。佩蒂翁愿意帮助玻利瓦尔的事业，但是他坚持，如果玻利瓦尔能够在委内瑞拉建立共和国的话，作为交换，必须废除奴隶制。佩蒂翁写信给玻利瓦尔道："你肯定不知道，我是多么希望看到那些饱受奴隶制枷锁的人免受那种痛苦。"[15]然而，兑现诺言让玻利瓦尔遭遇了先前没有想到的麻烦。1816年3月，玻利瓦尔带着从海地筹集到的6000支步枪，以及给养和资金返回委内瑞拉参加战斗。7月，他和部下登上距离委内瑞拉海岸不远的马加里达岛，对奥库马雷城（Ocumare）发动了进攻。他在那里宣布解放奴隶。然而，这次军事行动失败了——如他后来所述——被迫"在新大陆最慷慨的共和国领导人的保护下回到自由人之岛和所在地"。[16]同年12月，他再次从海地出发。这一次，他成功了。[17]然而，到了兑现解放黑人奴隶的诺言时，玻利瓦尔允许奴隶自由，但有一个条件：必须参加他的独立事业。他宣布："委内瑞拉将不再会有奴隶，除了那些自愿为奴的人。那些相较于安宁而选择自由的人将拿起武器捍卫自己的神圣权利。他们将成为国家的公民。"[18]虽然他让自己的奴隶获得了自由，但是那些地主并没有那么积极。赞成奴隶制的众多团体多方阻挠，不让这个问题如玻利瓦尔，尤其是佩蒂翁所希望的那么快解决，使得奴隶制在接下来的十年里，一直是南美政治斗争的组成部分。

大约在同一时期，西班牙再次失去了其在北美的根据地佛罗里达。1763 年，七年战争结束后，西班牙用这个领地从英国手里换取了哈瓦那，又在 1783 年结束了北美独立战争的《巴黎条约》里将它收了回来。这期间，美国士兵和殖民者不停地蚕食这一地区，西班牙也缺少决心或人手保卫它，尤其是在绝大多数帝国领土陷于暴动和起义之时。西班牙担心的是，美国可能侵蚀其一直延伸到太平洋的北美领地（从今天的得克萨斯到加利福尼亚）。西班牙和美国举行谈判，同意美国在不染指西班牙其他北美领地的条件下拥有佛罗里达。该条约划定了两国在北美的边界，最终于 1821 年敲定。当时正值西班牙的政治动荡时期，史称"自由三年（trienio liberal，1820~1823）"。这一时期，自由派政治家再次不顾国王的反对，设法恢复 1812 年宪法。然而，自由主义的二度兴起对于延缓西班牙帝国的瓦解收效甚微——关键领地在这之前已经宣布独立，比如 1821 年的墨西哥。后来，法国于 1823 年入侵西班牙，帮助斐迪南七世复辟，斐迪南动用武力强行恢复了王权统治，三年自由时期旋即以暴力方式结束。

*

秘鲁共和派在阿亚库乔之战（Battle of Ayacucho，1824）中取得决定性胜利后，欧洲各国、美国，甚至俄国开始向西班牙施压，要求它承认拉丁美洲新成立的各个共和国，但斐迪南七世不愿意这样做。在世界各国普遍承认从墨西哥到阿根廷的各新成立国家之际，玻利瓦尔迫切召集巴拿马地区的这些共和国［后来成为大哥伦比亚（Gran Colombia）的一部分］开会。他在 1824 年就提出了这个想法，但是直到 1826 年才得以实现。然而，在会议筹划阶段，这个想法迅速变成了外交上的争吵。玻利瓦尔先前的目标是将与会者的范围扩大，让整个西半球的国家都参与进来。他不仅想邀请美国，还打算邀请海地，因为后者也是共和国。然而，他很快发现，并不是所有共和国都是平等的。

1825 年 11 月末，美国总统约翰·亚当斯（John Adams）收到了参会请柬。[19] 国务卿亨利·克莱（Henry Clay）后来回复说，美国将派代表参加，不过是作为观察员而不是参与者，为的是美国可以继续在周边国家中保持中立地位。几天之后，亚当斯在国会发表讲话，向议员们通报了即将召开的这次会议。[20]

亚当斯没有预料到的是，这一消息在众议院里引起了激烈的辩论，而且一直持续到 1826 年初的几个月。参议院得知拉美会议的消息后，召开了秘密会议，展开讨论。[21] 对于奴隶制的支持者来说，问题非常明确：不能承认海地。这个问题导致参议院连续数月的政治纷争。参议院的外交关系委员会（Foreign Relations Committee）强烈反对派代表参加巴拿马大会（Congress of Panama）。不过，在 3 月 15 日举行的最后表决中，参加会议的提议以 24：19 的比例通过。接下来的一个月里，众议院以 134：60 的比例通过一项提议，同意给参会活动提供必要的资金。[22]

1826 年 6 月 22 日，巴拿马大会召开，一直持续到 7 月 15 日。大哥伦比亚、墨西哥、联合省（今天的危地马拉、萨尔瓦多、尼加拉瓜、哥斯达黎加和洪都拉斯）派代表参加了会议。秘鲁也派代表出席了会议，但是智利、阿根廷没有派代表参加。美国代表到最后也没有出现。两位代表中的理查德·安德森（Richard Anderson）死在途中，另一位代表约翰·萨金特（John Sergeant）在 7 月 24 日抵达，会议早已结束。[23] 在他们动身前，国务卿克莱就海地问题嘱咐他们："巴拿马大会上，可能有人将海地问题作为一个适合参会国家考虑的议题提出来。不管他们是否应该承认海地是独立国家……我们的总统还没有准备好承认海地应该是一个独立的主权国家。"[24]

海地——这个渴望被承认主权国家地位的国家——一直没有收到参会邀请。

　　拉费里耶城堡（Citadelle La Ferrière）坐落在海地北部的邦讷特山（Bonnet à l'Évêque）山顶，这座山地处海地岛内陆，山下是连绵的绿色山丘。城堡海拔大约 910 米。置身城堡上，正好可以居高临下看到四面八方的来犯之敌。堡垒大约从 1806 年开始建造，动用了 20000 名工匠和搬运工。后来，在亨利·克里斯托弗亲自监工下，工程进度有所加快。1811 年，亨利·克里斯托弗自命为海地国王亨利一世，并给拥戴他的人封以男爵、公爵等爵位。他还给授予的每种爵位设计了盾形纹章。而佩蒂翁则宣布海地南方为共和国。

　　当整个西属美洲在为共和而战时，海地正在给这座城堡做最后的收尾工作。1819 年，坚固的城墙、城堡周围巍峨的防御土墙、数百门大炮全部就绪。从城堡出来，沿着陡峭、蜿蜒的小路向前几英里，在米洛特村（village of Milot）附近，有一片设计精巧的建筑。这是克里斯托弗的作品，确切地说，是数千名工匠的作品。他想要建一处堪与欧洲王宫相媲美的豪华宅邸。1807~1813 年，桑苏西宫（palace of Sans-Souci，意为"无忧无虑"）终于竣工。实际上，他在这片建筑上倾耗巨资，就像是他没有其他忧虑似的。据说，这座宫殿拥有世界上最奢华的家具摆设。克里斯托弗一心想的是让欧洲人折服。在海地北部建立君主政体的过程中，他给不少人授予了爵位，这实际上等同于在给刚成立不久的国家授予合法性。佩蒂翁选择了不同的道路。他为士兵授予土地，允许拥有自耕地的农民前往南部开垦土地，而克里斯托弗的计划还是继续依靠种植园。两个人只在争取废除奴隶制方面相一致。对于佩蒂翁，这意味着帮助类似玻利瓦尔的共和主义者。对于克里斯托弗，这意味着在欧洲废奴运动中寻找同盟。

　　克里斯托弗的计划需要不少资金。卢维杜尔治理下的最后几年里，这一地区的蔗糖产量几乎已经下降到零。克里斯托弗迫切地要扭转这种局面。他采取了一种此前已经了解的方式：种植园。他没有把土地分给农民，而是允许军队中的一些高级将领和其他支持者经营大种植园。与传统种植园的区别是，他们必须向国家缴税，并给工人发薪水。[25]

为了实现这些目标，他于 1812 年引入《亨利法典》(Code Henri)，用以规范法律和土地的使用。曾经的奴隶居然颁布了法典，这让他成了欧洲人在好奇之外所敬仰的对象。他经常与废奴主义者托马斯·克拉克森通信。后者在写给一位熟人的信中提到了这位海地国王。他说：

> 我们……有充足的理由钦佩他的才干和美德，并相信，子孙后代不仅会将他奉为最贤能的国王，还将他奉为民众的造福者之一。必须承认，教化野蛮人不是一件轻而易举的事情，具体地说，要逐渐让他们从无知变得有知，从奴隶身份过渡到拥有合理的自由。然而，这是亨利一世加诸自己的重担。到此为止，他取得了很大进展，毫无疑问，几年之后，他将最终实现这一光荣的目标。[26]

不过，克里斯托弗的宣传活动有一个秘密武器：良好的公共关系。他雇了美国黑人普林斯·桑德斯 (Prince Saunders) 为他效力。桑德斯参观了海地，对这个岛屿的前景充满希望。1775 年，桑德斯出生于康涅狄格的黎巴嫩，后来成为新英格兰的地主和教师。他娶了保罗·卡夫 (Paul Cuffee) 的女儿。卡夫是马萨诸塞商人，运营一个早期的殖民规划，想把美洲的黑人送到非洲。桑德斯帮助卡夫组织管理这个方案，并在 1815 年陪卡夫前往英格兰。在那里，他经人介绍认识了威廉·威尔伯福斯。后者说服桑德斯联系海地的亨利·克里斯托弗国王。[27] 克里斯托弗乐于让黑人帮助他管理王国。黑人和穆拉托人之间的嫌隙一直存在。克里斯托弗不希望浅肤色的海地人进入政府任职，其中的一个原因是对佩蒂翁的憎恶。后者曾经在巴黎接受教育，一度被奉为黑白混血统治优越性的典范。[28]

1816 年 2 月，桑德斯见到了克里斯托弗。之后，他被派往英格兰。在那里，他出版了《海地公文》（*Haytian Papers*）一书。在书中，他将海地王国激进的法律"直接介绍给英国民众，为的是向他们提供另外一些有关进步政策体系、和解精神、国内总体观点、政府自由原则的正确信息"。[29] 实际上，桑德斯推测，支持废除奴隶制的公众会接受海地的变化。《海地公文》中包括了克里斯托弗效力于卢维杜尔时期和与勒克莱尔作战期间的一些信件。其他章节囊括了"有关国王登上海地王位的记述"，以及有关《亨利法典》的简要介绍。

1816 年，桑德斯回到海地时，带来了两位负责兴办学校的教师。克拉克森和克里斯托弗经常就教育的重要性互通信函。在效力克里斯托弗时期，桑德斯还负责在海地推广英国国教。他再次被派到英格兰，和伦敦上流社会的一些顶层人物打成一片。[30] 他后来前往美国。1818 年前后，他在波士顿发表了有关海地的演讲，称海地是自由黑人的理想去处。对于美国黑人，相较于路途遥远的非洲方案，比如他岳父组织的那个，海地的一个重要优势是距离更近。[31] 1820 年，桑德斯回到海地北部，带回来很多被他的描述所吸引，急切盼望在海地岛上生活的美国黑人的信件。桑德斯劝说克里斯托弗提供 25000 美元拨款，吸引美国黑人来海地王国北部生活，不过这一计划一直没有付诸实施。8 月，克里斯托弗患了一次中风，他的身体和政治权威两方面都瘫痪了。他的政敌借机迅速出手。1820 年 10 月 8 日，他开枪自杀——有人说他用的是一颗金子弹，也有人说是银子弹。他的妻子和女儿随后被放逐。

让－皮埃尔·博耶（Jean-Pierre Boyer），这位生活在海地南部的佩蒂翁的支持者和副手，希望看到海地统一。1818 年，佩蒂翁去世之后，他控制了海地南部，朝着统一目标迈出了最初的几步。克里斯托弗死后，他派军队进入海地北部，最终完成了这个国家的统一。然而，这个国家心理层面的伤疤并不会轻易消除。克里斯托弗与佩蒂翁多年的对峙，和卢维杜尔与里戈之间的斗争一样，往往被视为黑人与黑白混血的穆拉托人之间的对抗，但人们对双方之间的争论及枝节问题并不完全清楚。历史学家劳伦特·杜布瓦（Laurent Dubois）指出，双方最大的分歧实际上是土地。克里斯托弗认为这个国家的繁荣离不开种植园，而佩蒂翁则将先前种植园主的土地分给农民，他的继任者继续这一政策。除了土地分配问题之外，博耶还担心外交事务，尤其担心欧洲人侵古巴。让他非常愤怒的是，西班牙一侧的港口很容易被敌人渗入。桑德斯也一直很恼火，他不断施压博耶，要求他继续实施美洲黑人定居方案。在遭到对方断然拒绝后，桑德斯于 1821 年 7 月暂时回到了美国。[32]

博耶完全统一海地之后，西班牙总督塞卫斯蒂安·金德兰意识到，这位海地领袖可能在觊觎岛屿的东部领土。金德兰先前在古巴圣地亚哥任职，这时刚来到圣多明各。他听说，海地派了一个名叫"德西·达马西（Dezir Dalmassi）"的间谍引诱西班牙一侧的黑人前往海地，但是有关达马西的真实目的，众说不一。1820 年 12 月，达马西执行任务的范围远远超过了边界地区。有传闻说，有人在那里招募黑人，策划密谋，金德兰对海地的不满情绪逐渐增加。

两人通过书信往来交流看法。博耶镇定地回答："假如我要听信那些毫无根据，含沙射影的传言、怨言，还有，如果我想扰乱西班牙一侧，我早就那么做了……除了被压迫者的安慰者、抚慰者这两个头衔之外，我不需要任何头衔。我的宝剑绝不会用来指挥军队进行血腥征服。"[33] 这话并没有打消金德兰的疑虑。他写信给马德里汇报了整件事。很快，他被再次派往古巴，只能从别人口中打听后来的戏剧性事件。

圣多明各的精英阶层终于受够了西班牙。他们因为 1808 年对法作战而产生的忠诚已经"失效"——因为这个岛屿从西班牙那里获得的关注或支持很少。受到玻利瓦尔的启发，克里奥尔人何塞·鲁内夫·德·卡塞雷斯（José Núñez de Cáceres）决定宣布这座岛屿独立。他计划与玻利瓦尔于 1819~1830 年建立的后来被称为"大哥伦比亚"的国家结盟。大哥伦比亚包括现在的哥伦比亚、委内瑞拉、巴拿马和厄瓜多尔等国的全部或部分。依托"祖国万岁！独立万岁！哥伦比亚联盟万岁！"的口号，他设法加入这个新成立的共和国。[34] 这个计划的问题是，玻利瓦尔没有能力，也不愿意帮助他。他的独立计划不得不改变方向：转向海地。1821 年 12 月 1 日，一些克里奥尔人宣布，圣多明各将成为"Estado independiente de la parte Española de Haiti"，即"独立的西属海地国"。这些克里奥尔人的独立计划正中博耶下怀。虽然博耶和他的前任一样，认为多米尼加人贫穷落后，但也想将整个岛屿收入囊中。如果让岛上的西班牙裔克里奥尔人自由选择的话，他们很可能会与某个欧洲列强达成协议，这也促使博耶统一和控制整座岛屿。

起初，鲁内夫·德·卡塞雷斯竭力抵制真正的统一，不过，博耶拥有 12000 名士兵。他对法国入侵的担心意味着这个国家仍旧拥有庞大的军事力量。1822 年 2 月 9 日，博耶强化了自己的权势，如同 1801 年的卢维杜尔那样，不过博耶是为了海地，而不是为了法国。奴隶劳动第二次遭到废除。为了减少养牛占地，鼓励农耕，博耶着手改革海地不成文的、复杂得难以理解的土地保有制度。这使得更多的西班牙裔克里奥尔人离开岛屿。他废除了共用土地制度，在过程中，他遵循了卢维杜尔开创的实务方面困难重重的路线。和卢维杜尔一样，他的改革也遭遇了一些人的抵制。欧洲各国和周边岛屿密切关注着岛上的形势。1825 年，岛上面临着一个新挑战——债务。法国最终同意承认海地独立，但海地必须支付 1.5 亿法郎，折合 3000 万美元。这在当时是一笔天文数字，是美国从法国手中购买路易斯安那领地所花金额的两倍。[35] 不过，价格再高也在所不惜，博耶开始竭尽所能，筹措这笔款项。

博耶统一岛屿后不久，美国牧师洛林·丹尼尔·杜威（Loring Daniel Dewey）去见他，问他是否愿意接受几千名非裔美国移民。这位总统爽快地答应了，"我已经作好了接受来自美国的非洲后裔的准备。请他们放心，成为海地共和国公民后完全可以获得体面的生活"。[36] 博耶承诺给他们提供土地、机会，替他们支付船票。这时候，桑德斯再次

露面。虽然一开始的时候，他与博耶的关系不睦，不过后来，他进入了
政府部门，担任总检察官，并在这个职位上一直干到 1839 年。那一年
他去世于太子港。[37]

　　同一年，约翰·坎德勒（John Candler）离开英国，去牙买加当传
教士。在经过海地之前，他乘坐的那艘船先后停靠巴巴多斯岛、马提尼
克岛、托尔托拉岛、圣托马斯岛和波多黎各岛。坎德勒记述说，沿着海
地北部海岸，"陆地向后退去的黑色海湾里"看不到任何生命的迹象，
"眼前是一片昏暗、壮丽的景象"。这激起了他的兴趣。[38] 后来，坎德勒

/ 194

乘坐的那艘船停靠于海地角（Cap Haïtien），虽然只有两个小时，却让
他暗下决心。一年后，即 1841 年 1 月 1 日，当海地庆祝独立 37 周年之际，
他再次造访。坎德勒不但再次来到海地，而且还通过文字记叙了他的经
历。像他这样的外国人为数不多。虽然他的看法乐观多于真实——作为
一名传教士和废奴主义者，乐观是他的一贯风格——但是这些看法能够
帮助我们了解那个时代岛上的情况。

　　夜游桑苏西宫可以算得上他最生动的记述之一。他出了城，混迹在
农民中间。当时，农民是支撑整个国民经济的重要群体。出城几英里之
后，他"遇到了坐在马车里的一群怪异的乡下人。在他们后面，马匹和
驴子驮着薯蓣、大蕉、白薯……他们在火堆旁宿营，啜饮咖啡，等着城
门开启……一路上，我们经过了很多被废弃或疏于管理的甘蔗种植园
的气派大门。种植园里曾经的那些华美考究的楼阁有的现已摇摇欲坠，
有的已经成了废墟"。[39] 坎德勒形容海地农民"为了自己的生活而干
活，因为不干活，就没法生活；但是，他们不用也不愿意为了取悦谁
而拼命干活。因此，农业衰退，经济停滞不前"。[40] 他当时看到的并不
是农夫在偷懒——奴隶解放后，人们经常将形势的不如意归咎于这些曾
经的奴隶——而是一种主动的抗拒。自己决定是否干活，他们在显示自
己的自主权。事实上，直到 1804 年，幸存下来的奴隶才获得了这种个
人自主。

　　在旅途后期，坎德勒正式会见了博耶，看到那位将军具有"法兰西的优雅……在他特意留给我的长达半小时的时间中，他尤其问到了令人尊敬的［托马斯］克拉克森；他很了解……他的性格"。[41] 他的书还介绍了那个岛的总体情况：国家常备军有 25000 人；虽然罗马天主教被定为国教，但也允许基督教的其他教派活动；主导性的农作物是咖啡，出口额达到 800000 英镑——他估计，产量比革命前少 1200 万磅。蔗糖产量几乎没有。他还提到了海地欠法国的巨债。到了 1828 年，海地已经支付了数百万法郎——用咖啡或现金的形式——但还剩 1200 万法郎。[42]

坎德勒推测，这笔巨款已经耗空了年轻的共和国的国库。

＊

　　在整个 1820 年代的古巴，奴隶制仍在继续运转，越来越多的奴隶被送到岛上的甘蔗种植园。黑人人口的增长促使当局强化了针对所有有色人种的监控，同时，密切防范周围邻国的入侵。这时候的美国也成了一个越发危险的潜在因素。西班牙焦头烂额地想保住其他的美洲殖民地，无暇顾及古巴，更不可能抽兵镇压反对西班牙统治的大起义。当时的美国国务卿约翰·昆西·亚当斯（John Quincy Adams）对古巴的价值有着清楚的认识。他在 1823 年写道：

　　　　这确实涉及那个岛屿［古巴］与我们国家的利益，与两国天然形成的，随着时间的推移愈加深厚的，现在马上就要成熟的地理、商业、道德和政治上的相似之处密切相关。因此，展望未来半个世纪可能的事态发展，我们几乎不得不相信，将古巴并入合众国对于保证这种关系的持续和完整必不可少。不过，很显然，我们尚未为此作好准备。[43]

昆西·亚当斯和很多古巴人一样，认为古卫如同海地一样，任何的独立行为都会引发种族战争。他认为，"如果这个岛屿上的人口只有一种血统和肤色，他们就会毫不犹豫地采取行动"——独立。[44] 这些话是西半球当时正在广泛进行的政治变革的一部分。欧洲一向对距离正在扩张的美帝国咫尺之遥的地方表有敌意，尤其是对那些奋力争取从西班牙统治下独立出来的拉美共和国的敌意，这让美国越来越恼火。1823年，詹姆斯·门罗（James Monroe）发表了后来被称为《门罗宣言》的讲话。在这篇针对国会的年度发言中，他说："今后欧洲的任何列强不得把美洲大陆已经独立的自由国家当作未来的殖民对象……"[45] 独立不到一个世纪，美国就已经迅速意识到自己在这一地区的力量，开始运用相应的影响力。

古巴有很多人在策划独立，其中的一个组织周密的独立计划让西班牙官员倍感震惊。共济会各团体曾经在组织美洲和法国革命过程中扮演了重要角色。他们还亲自参与其中。大约1823年，当局发现了一个组织"玻利瓦尔的太阳和光芒（Soles y Rayos de Bolívar）"。该组织的很多成员赞成独立，其领导人包括哥伦比亚人何塞·费尔南德斯·马德里（José Fernández Madrid）、曾经效力于哥伦比亚军队的古巴人何塞·弗朗西斯科·莱穆斯（José Francisco Lemus），以及曾在哥伦比亚军队担任军官的海地人斯维利·库尔图瓦（Sévère Courtois）。他们打算在岛上建立一个古巴共和国。[46] 莱穆斯渗透入共济会团体，从自由的有色人种到对西班牙统治的诸多限制不满的克里奥尔人上层精英，广泛寻求支持者。他们通过遍布岛屿各地，从马坦萨斯、卡马圭（Camagüey）到比亚克拉拉（Villa Clara）的共济会联络处传播自己的计划。莱穆斯甚至放出风去，称古巴岛已经被卖给了英国。1823年4月，西班牙新任古巴总司令弗朗西斯科·狄奥尼西奥·比维斯（Francisco Dionisio Vives）抵达古巴后不久，就探听到了这一独立计划，包括解放支持独立计划的奴隶的方案。他迅速派人渗入策划活动，颁布戒严令，"阻止传播这场暴乱制造的恐怖消息"。8月，莱穆斯被捕，大约600人被关进监狱。[47]

虽然很多克里奥尔人精英参与了这次独立活动，其他的人则谨慎得多。在理论上，古巴和墨西哥、秘鲁一样，经济繁荣，国力强大，完全具有独立的实力，但是，和这两个国家不同的是，古巴拥有数十万奴隶（那两个国家最多只有几万），更不要说被歧视的数千有色人种。海地北部和古巴南方之间只隔有几个小时的航程。古巴甘蔗种植园主和政府官员目睹了海地在追求自由和人种平等过程中发生的一切——在很短的时间内失去一个国王，经历了两场自由主义改革带来的动荡——古巴富有的保守主义政权仍然倾向于他们与殖民者心照不宣的"殖民契约"。[48]

不久后，大约在1826年初巴拿马大会召开期间，古巴被流放墨西哥的两名独立分子弗朗西斯科·阿奎罗（Francisco Agüero）、曼努埃尔·安德烈斯·桑切斯（Manuel Andrés Sánchez）潜回古巴，继续组织独立活动。之前有传闻说，哥伦比亚或墨西哥将派部队来"解放"这个岛屿。巴拿马大会当时正好分散了当局的注意力，两人认为那时正是发动独立斗争的好机会。但他们失败了，被关进监狱，后来被绞死。[49] 当时的谣言满天飞。有人说，墨西哥将出兵当时作为西班牙殖民地的马尼拉，以尝试牵制独立者解放古巴的行动。[50] 还有人密切关注着美国的动向。在写给美国驻墨西哥公使的一封信中，美国国务卿亨利·克莱说："美国无意通过吞并古巴的方式实现扩张。然而，如果要让这个岛屿成为某个美洲国家的附属地的话，那就不能不按照就近原则，应该将它并入美国。"[51]

1820年，英国旅行者罗伯特·詹姆森（Robert Jameson）也曾到访古巴。回国之后，他立刻发表了一篇经过整理的游记。在文章中，他明确阐述了对奴隶制的看法："欧洲农民发现，最好的废料，其成分往往是最让人讨厌的东西，因此，西印度群岛的种植园主——往往给他们的田地里撒满了孤儿和奴隶，他们希望收获与他们堆积的众多痛苦成比例的繁荣。"[52] 他认为，将岛上的人们凝聚在一起的东西是恐惧。他说"人们被强制性地联合在一起——让他们联合在一起的纽带是真正的锁链"。[53]

古巴不是唯一一个一直在使用奴隶的地区。虽然英国、法国、丹麦、荷兰等国的西印度岛屿也在一直使用奴隶，但是英国开始给法国和西班牙施压，要求他们禁止贩卖奴隶，虽然法国于 1815 年通过一项法律，西班牙也于 1820 年与英国签订了禁止贩卖奴隶的协议，但是这些法律文件都没有得到认真执行。实际上，西班牙只同意在南大西洋禁止奴隶贸易。因此，在接下来的四十年里，英国多次派出打击贩卖奴隶的舰队巡弋那片海域，声称有权阻止和搜查可疑船只。

　　虽然英国废除了奴隶贸易，但是《废除奴隶贸易法案》通过之后的最初几年里，奴隶仍然可以在殖民地间流动，以解决种植园主提出的劳动力短缺问题。1808~1812 年，7500 名奴隶被运抵圭亚那；1813~1821 年，3800 名奴隶被运抵特立尼达岛。[54] 这在特立尼达岛引起了一些争议，因为英国虽然早在 1797 年就从西班牙手里接收了该岛，但它没有更改岛上的法律体系，所以在这里，奴隶劳动和奴隶贸易仍然合法，但是到了 1810 年，这种说法就站不住脚了。[55] 有人担心，如果英国法律付诸实施，人们选出立法议会决定类似事件的话，他们可能想让奴隶劳动继续下去，即便现在有机会在这个殖民地彻底禁止奴隶劳动。不过，这种情况没有发生。1812 年，该岛决定，为了禁止贩卖奴隶，要求所有奴隶进行登记。1813 年的登记结果显示，特立尼达岛的种植园一共有 25717 名奴隶，其中 8633 名是"贴身（personal）"奴隶①，另外 17084 名奴隶在种植园干活。与 1811 年时的统计相比，奴隶人数增加了 4489 人，上述命令的执行存在一些混乱，而且很可能有一些奴隶没有统计在内。[56] 这一时期，英国控制的圭亚那领地，殖民定居者总人口从 1782 年的 31000 人增加到 1812 年的 102000 人，同时期苏里南的殖民人口则从 60000 人下降到大约 50000 人。同时，1782~1808 年，在奴隶贸易结束之前，至少有 123694 名非洲人被卖到这些殖民地。[57]

/ 198

---

　　① 在奴隶主家里干活，而不是在田里干活的奴隶。

英属岛屿争取自由的斗争仍在继续。人们越来越意识到，废除奴隶贸易之后，奴隶们的境遇就会迎来重大转机，因此，英属岛屿和伦敦所面临的压力开始增加。1816 年，巴巴多斯爆发了一场可能引起严重后果的暴动。种植园主感到十分震惊，因为自从 1702 年以来，这个岛上从来没有发生过任何大规模的暴动。那场暴动发生在 1816 年的复活节。暴动计划周密，迅速蔓延到岛屿东南部的 70 个种植园。后来，暴动被镇压，44 人被处死，170 人被驱逐出境。很多人受到惩罚。[58]

这场暴动源自对一个旨在改善奴隶境遇的法案的误解。奴隶们以为 1815 年英国议会起草的《帝国登记法案》（Imperial Registry Bill）是要解放他们。其实，最初起草这份法案的目的是规范奴隶劳动的混乱状况。巴巴多斯岛上家喻户晓的威廉·威尔伯福斯大力支持这一法案。种植园主担心的是，该法案要求奴隶到当地登记，这样他们就不能流动，可能会为奴隶解放铺平道路。当这一法律的细节传到巴巴多斯时，人们口耳相传，出现了解放奴隶的传言。

在群情激愤之际，一些奴隶以为海地士兵要来帮助他们和种植园主作战。然而，根据后来的供述，很多奴隶对这一情况并不清楚，有人甚至认为派兵来帮助他们的岛屿是"明各"（"Mingo"，圣多明各的简称）而不是海地，到那时为止，海地这个名字已经有十多年的历史。[59] 虽然这样，紧张的种植园主一点也没有轻松的感觉。更为激烈的奴隶解放运动发生在 15 年之后，催化剂来自加勒比地区，而不是伦敦。1831 年 9 月，托尔托拉岛当局挫败了岛上的一项密谋，据说是奴隶们阴谋杀害白人，夺取船只，要带着掳来的白人妻子前往海地。[60] 几个月之后，奴隶们又组织了一次暴动。这一次，计划在被泄露之前已经成功实施。一个名叫"山姆·夏普（Sam Sharpe）"生活在蒙特哥贝（Montego Bay）的奴隶为牙买加奴隶制定了一个激进的争取自由的方案。夏普是浸信会的一名领导者。和很多人一样，他也听到白人殖民者讨论伦敦有关改善奴隶境遇，可能解放奴隶的立法活动。这一消息经过人们的不断传播，演变成了：奴隶们已经被解放了，但是那些种植园主在封锁消息，不让他们知道。夏普认定，如果奴隶马上开始罢工，能够坚持到种植园主支付他们薪水的话，这个问题就解决了。如果种植园主服软，给他们支付薪水，就说明他们不再是奴隶了，而是自由的劳动者。如果传言是真的，那么军队会保护他们。

事实证明，解放奴隶一事确属谣言。然而，夏普还有备用计划：武装暴动。1831 年，圣诞节过去两天后，圣雅各区西北部的奴隶们不再干活。两个星期内，数千奴隶捣毁了甘蔗种植园和甘蔗地，史称"浸信会战争（Baptist War，又称"圣诞节暴动"）"。白人和黑人互有伤亡，最后出动军队才将暴动平息下来。大约 500 名参与者——包括夏普——被处死。一些种植园主将责任归咎于传教士，于是攻击教堂。这一形势加剧了伦敦对奴隶制的反感。1833 年，英国议会通过《废奴法案》（Slavery Abolition Act）。该法案于 1834 年 8 月 1 日生效。不过，自由不能马上获得——这一法案规定了四年的过渡期。在这四年期间，奴隶是"学徒"——每个星期大部分的劳动工作属于义务，每周只有最后很少的工作时间需要支付薪水。同时，种植园主可以获得 2000 万英镑的补偿金。[61]

犹太裔牙买加艺术家艾萨克·门德斯·贝利萨里奥（Isaac Mendes Belisario）曾经在奴隶获得解放之际回到牙买加。他的油画和素描为奴隶们在这个过渡时期的生活提供了直观的记录。他对所谓的"圣诞娱乐（Christmas Amusements）"尤其感兴趣——但是，1831 年暴动之后，这场活动成为一年中被赋予广泛意义的事件。几十年来，每逢圣诞节，人们都要身着色彩鲜艳的奇装异服，戴上象征性的面具，击打或吹奏着大鼓、横笛等乐器。1837 年，贝利萨里奥出版了由三部分组成的《人物速写集》（Sketches of Character），是针对大众读者的彩色平版印刷画。这些画描绘了身着鲜艳的"占库努"（Jonkcnnu，也称 John Canoe）节庆装束的黑人。这种装束形式多种多样，比如魔鬼面具、牛头。这些装束融合了非洲、欧洲的一些象征性符号及有影响力的因素。贝利萨里奥画的一个插图名为《下颌骨或占库努房子》(*Jaw Bone or House John-Canoe*)，展示了一个身穿鲜艳条纹裤、红色上衣，面孔隐藏在白色面具和很长的褐色卷曲假发后面的人，虽然仍然能看到他黑色的手——头上顶着一个种植园主别墅的模型。在贝利萨里奥的画册里，还有一张名为《女孩装扮的女王或"女主人"》(*Queen or "Maam" of the Set-Girls*)的油画。画布上是一个身穿红白条纹裙子，装饰着彩带和玫瑰花，手持一根鞭子的黑人女性。这一装束意味着颠覆当时的社会等级观念——黑人穿得像欧洲演员；黑人女性被称为"女王"，手里挥舞着作为监工"专利"的鞭子。在黑人学徒阶段，白人对这些颠覆性的面具越来越紧张，担心这预示着另一场大规模的暴动。[62] 不过，贝利萨里奥的风景画给读者提供了一片安宁、平和的景象。在他创作的《凯丽庄园的景致》(*View of Kelly's Estate*)中，自由的劳动者平静地照料牛群，其他动物在草地上吃草，远处是种植园主的别墅，整幅画面给人一种和谐过渡的印象。不过，事实并非总是如此——很多先前的奴隶拒绝去种植园里干活，而是在空地上为自己建房子，照料自己生存需要的或可以拿到市场上卖钱的作物。

逐渐的自我觉醒，尤其是经历了浸信会战争后，奴隶制度再也无法维持下去。此外，经济上的因素也推动了奴隶制的终结。英属岛屿的蔗糖生产成本迅速飙升。根据历史学家塞尔温·卡林顿（Selwyn Carrington）的统计，1787 年，一英担蔗糖的生产成本与五十年前相比上升了 75%，奴隶的价格上升了 140%。1806 年，伦敦的蔗糖价格比 1793 年下降了 75%。[63] 奴隶制的废除还导致了奴隶人口的下降。1776 年之后，吸引美国商人与英属岛屿做生意的因素已经不复存在——在独立后的最初几年里，美国政府甚至禁止美国商人与英属岛屿做生意——美国商人的注意力已转向古巴。英属岛屿上的种植园主债台高筑，一些人干脆选择离开，因为种植园的经营成本已经超过了他们的承受能力。例如，在 19 世纪的大多数时间里，牙买加的蔗糖出口量大约是 20000 吨每年，而 1800 年的峰值则为 100000 吨。[64] 这时候，甜菜糖进入了欧洲市场。在英国，这个事实连同贸易保护关税的终结，推动了加勒比地区蔗糖进口量的进一步下降。英国开始从印度洋岛屿毛里求斯进口食糖。拿破仑战争期间（1799~1815），英国从法国手中夺取了这座岛屿。

英国不是决定解放奴隶的唯一国家。从1830年代开始，西印度群岛逐渐开始废除奴隶制，数十万奴隶获得了自由。一些地区修改了法律，根据出生时间逐渐授予奴隶自由，这让自由的有色人种数量越来越多，例如两个新建立的共和国，加勒比海沿岸的委内瑞拉和哥伦比亚。1821年，这两个国家颁布法律，禁止奴隶贸易，并且宣布奴隶的后代生来自由，但他们必须为母亲的主人义务劳动到18岁。所以说，在理论上，奴隶获得了自由，但这又不是纯粹的自由。即便如此，加勒比海沿岸的奴隶数量已从1770年的14000人下降到了1835年的6827人。[65]在这一时期，很多人通过赎买获得了自由，很多加勒比地区港口城市，如卡塔赫纳，拥有大量的自由有色人种。和群岛上的自由有色人种一样，他们受雇于各种重要行业。独立战争期间和期后，统称为"巴多人"的这个群体开始竭力在正在形成的社会中获得一席之地。然而，这遭到了白人的强烈抵制，因为他们担心自由的有色人种经常与海地发生来往。例如，在卡塔赫纳附近的城市蒙波斯（Mompox），在政治形势不明朗的1823年，有人发出匿名威胁，称要用大刀将白人砍成数段，就像法属圣多明各先前发生的那样。当时还有很多其他谣言，比如海地正在派间谍到委内瑞拉，准备破坏当地的政权。后来，当局破获了两起所谓谋杀白人的阴谋。[66]

丹属岛屿奴隶制的终结也不顺利。1847年，丹麦人取消了奴隶制，当年7月28日之后出生的所有儿童都可以获得自由身份，但是，在那一天之前出生的所有奴隶想要获得解放需要经过12年的过渡期。1848年7月3日，圣克罗伊岛的大约2000名奴隶带着武器前往弗雷德里克斯特德（Frederiksted）的城堡，要求立刻获得自由。当班的军官说他无权答应他们，于是奴隶们发动攻击。[67]他们威胁说，如果当天下午不答应他们的要求，就要将整个城镇烧毁。后来，总督彼得·冯·朔尔滕（Peter von Scholten）到达现场，立刻答应了他们的要求，"这让在场的所有军官和平民极为意外"，有人后来这样描述当时的情况。[68] 但是很快，当人们发现总督是在说谎时，城里到处火光冲天，混乱仍在继续。两天后，当局逮捕了这次暴乱的组织者，一个叫"布多（Buddoe）"的奴隶。布多和其他参与者均被枪决。然而，很多奴隶不愿意回去干活，除非完全获得自由。

19 世纪最后的五六十年中，拥有奴隶的其他欧洲国家开始废除奴隶制，因为人们越发感到，奴隶制与英国《1832 年改革法案》（Reform Act 1832）和 1848 年爆发的以自由革命为代表的越来越广泛的欧洲自由主义思想不相协调。同时，类似牙买加 1831 年发生的暴动已明确表明，奴隶也了解了目前的形势，决心用武力来捍卫自由。1847 年，瑞典废除了奴隶制。1848 年，法国废除了奴隶制。1863 年，荷兰废除了奴隶制。中美洲国家（1824）和墨西哥（1829）废除奴隶制较早，后来哥伦比亚（1851）、委内瑞拉（1854）和其他美洲共和国也加入其中。然而，西班牙仍然迟迟没有加入这个行列。实际上，在 19 世纪五六十年代，古巴和加勒比地区一直打算同将美国南部的奴隶制转移到加勒比诸岛屿上的美国扩张主义者作斗争。

*

1840 年代，美国的奴隶制问题已经发展到了关键时刻。尤其在美墨战争（1846~1848）结束后，美国开始大举向西扩张。另有一些美国人向南进入佛罗里达北部。1845~1849 年间的美国总统詹姆斯·K. 波尔克（James K. Polk）是个来自南方的扩张主义者。在这段时间里，古巴也有一部分人——大都是害怕奴隶暴动的富有地主——支持与美国建立密切的盟友关系，如果不能完全并入美国的话。于是，1848 年，波尔克提出用100万美元——约合今天的30亿美元——从西班牙手中购买古巴。西班牙经过再三考虑后，拒绝了这项提议。[69]

一些旅居国外的古巴人设法将整座岛屿的命运掌握在自己手里。其中之一就是纳西索·洛佩斯（Narciso López）。洛佩斯出生于委内瑞拉的一个富有的种植园主家庭，后来设法进入了西班牙和古巴政界。然而，从此之后，他的运气发生了转折，职业发展停滞不前。他决定加入古巴日益高涨的反西班牙运动。1848年，他前往美国，制订古巴解放计划。事实证明，美国是一个包容性很强的国家——19世纪，古巴流亡者在美国发行了70多份报纸，这些报纸有的主张独立，有的宣传依附西班牙。[70]一些美国人创办的报纸也参与他们的讨论。例如，《先驱报》（Herald）发表文章指出："古巴的农业和矿产财富史无前例……尽管……民众的悲苦困窘难以形容，这缘于政府横征暴敛的本性。"[71]《太阳报》（Sun）与《先驱报》竞争，呼吁古巴岛应成立一个自由的共和国，并呼吁古巴流亡者和音乐家组成一个方队，在音乐中穿过纽约市，最后在该报报社门前升起"古巴的自由之旗"。[72]

古巴流亡组织"古巴执政团（Cuban junta）"传出一条信息，称他们将解放古巴岛，并将它并入美国。该组织的委员会正在从美国佛罗里达、新奥尔良等地招募间谍，准备在洛佩斯的领导下进攻古巴。[73] 1850年3月15日，在洛佩斯的指挥下，600人离开坎昆（Cancún）海岸附近的穆赫雷斯岛（Isla de Mujeres），几乎直扑古巴西部。不过，他们只是沿着北岸航行，经过哈瓦那，5月19日早晨在卡德纳斯（Cárdenas）上岸。西班牙部队迅速赶到，双方开战。反抗军打败了西班牙军队，升起了古巴的自由之旗，宣布这个城市脱离西班牙的统治。洛佩斯发布公告，号召"士兵再接再厉解放古巴！"他承诺古巴"将给飘扬的旗帜再增加一颗耀眼的星星，让全世界敬仰"。[74]他们的下一个目标是哈瓦那城外的糖城马坦萨斯。不过，洛佩斯有一个失策之处：也许是因为那里的甘蔗种植园数量很多，马坦萨斯人很难接受独立。很多当地人担心西班牙统治发生变化会导致海地那样的大规模暴动，所以选择安于现状。洛佩斯的部下发现克里奥尔人支持暴动的消息完全不是事实后，开始不安起来。很快，他们退回了佛罗里达的西礁岛（Key West）。

让事态更加戏剧性的是，5 月 27 日，洛佩斯在萨瓦纳（Savannah）被捕，被控违反美国《1818 年中立法案》（Neutrality Act of 1818），组织非法远征，不过，这些指控后来均被撤销。他加快了步伐，前往美国各地筹集资金，争取支持。很多古巴人写信给他，为他打气。接下来的远征目标是王子港（今卡马圭），随后将沿着海岸南下到卡德纳斯以南，攻入内陆地区。洛佩斯听说王子港正在发生一场起义。当他准备带领 400 人走出"潘佩罗号（Pampero）"蒸汽船时，得知当地正在进行这场激烈的战斗。他以为西班牙大军在平定叛乱，为了避开西班牙军队，他决定放过王子港，转而攻打哈瓦那附近的翁达湾（Bahía Honda）。事实证明，这是一个错误的决定。他手下的很多人被捕后被处死，他不得不藏身森林。最后，他被抓住——一个咖啡种植园主收留了饥肠辘辘的幸存者，后来出卖了他们。根据总司令何塞·德·拉·科查（Joséde la Concha）的命令，洛佩斯被处死。

几年之后的 1853 年，美国再次提出购买古巴岛，当时的总统是富兰克林·皮尔斯（Franklin Pierce），这次的出价是 1 亿美元，但同样遭到拒绝。[75] 1854 年，美国外交部的一份文件泄露，声称如果西班牙不将那个岛屿卖给美国，美国就有权利武力夺取。这个历史上所谓的《奥斯坦德宣言》（Ostend manifesto）引发了美国公众的一片抗议，加剧了美国南北方的紧张关系。不过，美国并没有出兵古巴。很多古巴人早已厌烦了西班牙实施的、最后由古巴人埋单的、用高额关税来苦苦支撑西班牙经济的做法。白人种植园主和商人也无法再从与宗主国的贸易中获得丰厚利润——真正的财源来自于同美国的贸易。在这一时期，越来越多的人要求不惜一切代价争取独立，不过，这场斗争还需要一些时日才能到来。

　　洪都拉斯海岸特鲁希略市郊的一段白色矮墙后有一片很小的墓地。陈旧的石质十字架周围长满了热带植被,攀附于树上的藤蔓垂在开裂的墓碑上。在这片墓地中,只有一处墓穴四周围着一圈低矮的白色长方形铁栅栏。铁栅栏四周是修剪得很整齐的褐色和白色花朵,以及低矮的灌木。简单质朴的石碑上刻着一行字:"威廉·沃克,被行刑队射杀,1860 年 9 月 12 日"。

　　没有人能够像"掠夺兵"沃克(William Walker)那样更能代表那个经常发生短暂战争的时期。"掠夺兵(filibuster)"一词源自 17 世纪的海盗术语。在现代语境里,它指的是陆地上的"海盗",或者用暴力手段抢夺所需东西的冒险家。此处,这个词指的是用武力为美国宣称海外领土,但事先没有得到美国官方认可和支持的冒险家。[76] 虽然这一掠夺计划(filibustering enterprise)与古巴问题密切相关,但是它可以在正不断扩展的美利坚帝国边界上进行,任何一段存在推敲之处的边界都可以。虽然从事独立活动的洛佩斯也被认为是"掠夺兵",但很多从事这类冒险活动的人,其动机并不是解放古巴,而是向西部进发,这些冒险家中的一部分只是为了追求财富,其他人则是为了扩大奴隶制的疆域。实际上,这位被戏谑称为"长着一双灭眼睛,注定要改变世界的人"——也是循着他们的足迹去了加利福尼亚。1824 年,沃克出生于田纳西。1840 年代,他先后放弃了纳什维尔的医生职业和新奥尔良的新闻记者职业——他在那里写社论文章批评洛佩斯的远征——在加利福尼亚淘金热期间前往旧金山的一家报社工作。[77] 1854 年,他似乎改变了对掠夺行为的看法,和大约 50 个人攻占了墨西哥北部的索诺拉(Sonora)。在那里,他宣布自己是"下加利福尼亚(Lower California)"总统。这个总统位子并没有坐多久,他们很快就被墨西哥军队赶走了,不过沃克从中尝到了冒险的甜头。

　　沃克前往西部之际，实业家科尼利厄斯·范德比尔特（Cornelius Vanderbilt）正在忙着起草一个蒸汽船越洋航行方案。[78]蒸汽技术是现成的——当时的船只已经开始使用它。然而，如果不沿着南美海岸向南长途航行，从大西洋进入太平洋是不可能的。1848年，法国与尼加拉瓜领导人就修建运河一事进行磋商，数十年之后，埃及开始筹划有名的苏伊士运河项目。当时，这些计划只流于纸面。然而，加利福尼亚的淘金热刺激了这一需求。数以千计心情迫切的未来矿工想要迅速穿过中美洲，但是当时的条件是，他们只能乘船到巴拿马，然后弃舟上岸，从陆地上穿越，再乘船沿大西洋北上旧金山。范德比尔特知道，修建一条穿越巴拿马地峡的航线将带来丰厚利润。蒸汽船直达航线将比陆路运输节省很多时间。深入研究当地地图之后，范德比尔特决定因地制宜利用尼加拉瓜湖（Lake Nicaragua）的河流网络。1851年，经过试试停停后，一个船运公司终于投入运营，这大幅缩短了穿越中美洲的时间，此前需要花费好几个星期。大约在同时，具体是1850年，美国的巴拿马铁路公司（Panama Railroad Company）开始修建穿越巴拿马地峡的铁路。铁路修建工作开始于当地降雨最集中的季节。组织者根本没有想到这个项目噩梦般的物流条件。所有设备都需要进口，愿意干活的工人也需要从外面招募。即使躲过了疾病，危险的生活和工作条件也会要了他们的命。虽然如此，仍有数千人报名前来——爱尔兰人、中国人、西印度群岛人。1852年，牙买加人和其他岛屿上的居民来到巴拿马修建铁路。后来，很多人留在了这里。1855年1月，从加勒比海岸的科隆（Colón）到太平洋岸边巴拿马城之间长约47英里的铁路最终竣工时，他们也没有回去。

　　当众多淘金者将目光投向西部时，沃克去了南方。他听说，尼加拉瓜当政的保守派和民主派之间正酝酿着一场内战。他迫不及待插手其中。1855年5月，他带领60个人从美国动身。1821年，尼加拉瓜独立。其他几个中美洲共和国也相继宣告独立，建立了中美洲联合省（United Provinces of Central America）。这一联合体于1838年解散。尼加拉瓜两派政治力量都想控制范德比尔特的赚钱项目。沃克也想从与范德比尔特的合作中渔利，打算将这家公司占为己有。当时的首都格拉纳达零星的、大都复杂的冲突早已结束。1856 年 6 月，沃克在民主派的支持下，自封为尼加拉瓜总统。他宣布英语为国家的官方语言，还发行债券，废除捐税，没收财产。虽然奴隶制当时在美国仍旧合法，但在尼加拉瓜是非法的。他在废除 1838 年颁布的废奴禁令之后，有人指责他企图再次将奴隶制引入这个国家。因为他虽然没有明确宣布奴隶制合法，却让美国南方那些拥有奴隶的支持者们觉得，大门已经打开。这一举动让他树敌不少。[79] 沃克在总统位子上没有待多久，因为哥斯达黎加、萨尔瓦多、危地马拉、洪都拉斯都反对他。范德比尔特也反对他——因为沃克要想方设法夺走公司。两人的关系由此变坏，范德比尔特进而要招募雇佣兵将他驱逐。最后，沃克放弃了。1857 年，他回到美国，受到了英雄般的欢迎。有关他的冒险事迹和极尽渲染的新闻报道让他成了一位炙手可热的名人——在那年抵达纽约城时，欢迎场面"就像是欢迎一个凯旋的征服者……数以万计的市民争相一睹这位英雄"。[80] 然而，沃克离不开中美洲，他继续插手中美国家的事务，最终搭上了性命。在一次插手洪都拉斯政治事务失败后，他被处死，埋葬在特鲁希略市郊那片僻静的墓地里。

*

最终，美国不得不面对美洲土地上的奴隶制问题。这时候，掠夺兵盛行的年代已经逝去，美国逐步走向内战（1861~1865）的边缘。联邦军胜利后，南方邦联的一些支持者和二兵希望继续维持种植园制度，考虑将这种生产方式向加勒比地区推广。比如在 1868 年，查尔斯·斯维特（Charles Swett）前往伯利兹，即英属洪都拉斯。虽然英国已经废除了奴隶制，但它迫切地吸引殖民者前往加勒比地区重建种植园，只不过此时使用的是自由劳工。对于美国南方人来说，这是一个离开战火纷飞的美国，远离重建时期的改革政策的好机会。[81] 斯维特从密西西比州的沃伦县（Warren County）动身，前往新奥尔良，然后在1867年12月底乘蒸汽船前往伯利兹。上船之后，斯维特发现"船上有很多来自路易斯安那、阿肯色、密西西比等南方州的绅士。他们在战前过着衣食无忧的日子……现在［他们］说，只要在能力范围内，愿意从事一切能够养活自己的活计"。1月5日，他们抵达伯利兹。忍受着蚊虫叮咬和苍蝇，斯维特一行进入内陆，参观了一个米斯基托人村寨。他们还见识了桃花心木生意的运作。接下来，他们前往洪都拉斯境内的奥莫阿（Omoa）、圣佩德罗苏拉（San Pedro Sula）。最后，斯维特认为，"不管人们的经济条件如何，我们在洪都拉斯没有看到一个来自美国的、在这方面令人羡慕的人，只遇到一个在那里赚了钱的人"。[82] 即使温暖的气候也没有任何吸引力："毫无疑问，洪都拉斯一成不变的'永恒夏天'极为单调，让人一点也不舒服。"这透露了他想要回国的念头。其他人也有类似想法，很少有南方人愿意长期在热带种植园谋生。

然而，被英国忽视的中美洲沿海领地，在1840年获得了一份新的殖民合约。当时，这片领地的治安官亚历山大·麦克唐纳上校（Colonel Alexander McDonald）宣布，中美洲沿岸地带从此正式处于英国的控制之下。在中美洲新成立的共和国的压力下，英国被迫明确它与这一地区及其民众的关系。[83] 虽然桃花心木生意曾经让英国殖民者获利不少，但这种生意起伏很大——1846年桃花心木的销售量是13719075英尺，而到了1878年，销售量下降到3146582英尺。[84] 1862年，英国正式宣布这块领地处于牙买加管辖权范围内。然而1881年，仅有27452人在岛上靠开采银矿为生，而且这些人有的并不是英国公民。同代人曾这样描述这块殖民地。

图上 / 1375 年的《加泰罗尼亚地图集》的绘制者是亚伯拉罕·克列斯克（Abraham Cresques）。该地图曾被呈送给法国的查理五世。有关欧洲、地中海地区、北非的详细标注让它成为当时制图领域最为先进的地图。（Bibliothèque Nationale, Paris, France/Index/The Bridgeman Art Library）

图右 / 克里斯托弗·哥伦布第一次登上伊斯帕尼奥拉岛。佛兰德版画家皮特·巴尔萨泽·鲍特茨（Pieter Balthazar Bouttats，1666-1755）根据想象绘制的作品。（Hubbard Collection/Library of Congress）

图上 /《"加勒比"印第安人》，1593
年约翰尼斯·勒里（Johannes Lerii）的
版画。画中有仪式用的长烟管，看不
到明显的食人迹象。（Private Collection/
The Bridgeman Art Library）

图左 / 出生于威尔士的海盗亨利·摩
根（Henry Morgan）的肖像画。摩根曾
袭击古巴、巴拿马和委内瑞拉的西班
牙定居点。1674 年，他被委任为牙买
加 的 副 总 督 。（Private Collection/Peter
Newark Historical Pictures/The Bridgeman Art
Library）

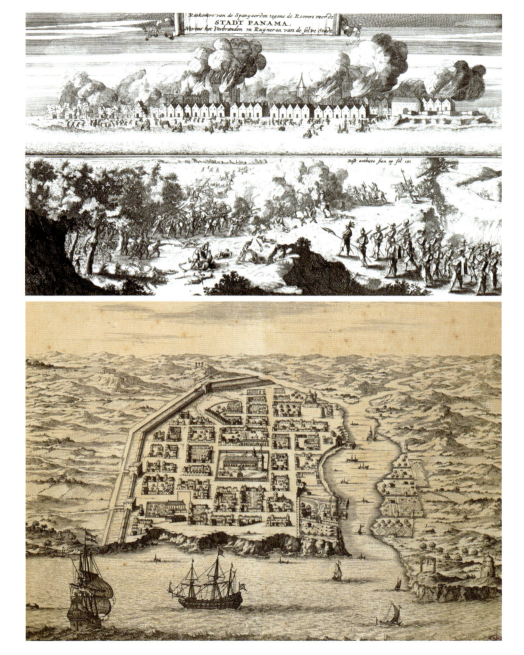

图上／荷兰版画（1678），反映的是 1671 年亨利·摩根对巴拿马城的毁灭性攻击。摩根和部下在那座西班牙人的城市里大肆劫掠，抢夺金银财宝。（Private Collection/The Bridgeman Art Library）

图下／ 17 世纪伊斯帕尼奥拉岛上的圣多明各地图。当时，此地是这个岛屿的首府。（De Agostini Picture Library/G. Dagli Orti/The Bridgeman Art Library）

DESPAÑOLYD INDIA
PRODUCE, MESTISO.

图上 / 《墨西哥"种族制度"的写照》（约 1715），这张画显示的是西班牙男性和原住民女性的"梅斯蒂索混血"后代。（Breamore House, Hampshire, UK/The Bridgeman Art Library）

图下 / 16 世纪圣多明各的哥伦布城堡（Alcázar de Colón），是克里斯托弗·哥伦布的儿子迭戈·哥伦布（Diego Columbus）的官邸。后者于 1509 年被任命为该岛屿的总督。（By courtesy of the author）

图上 / 版画（约 1585），一个荷兰商人抵达西非（几内亚），去商谈购买一船奴隶。（Bibliothèque Nationale, Paris, France/Giraudon/The Bridgeman Art Library）

图下 / 伊斯帕尼奥拉岛的金矿采掘。19 世纪的想象画。这些金矿的开采条件异常危险，恶劣的生产条件经常一下子造成矿井中很多原住民和非洲奴隶死亡。（Private Collection/The Bridgeman Art Library）

Moulin 2. Fourneaux 3. Fôrmes 4. Vinaigrerie 5. Cannes SVCRERIE 6. Gros 7. Latanir 8. Pajomirioba 9. Choux 10. Cafes 11. Figuir 12t.
et Chaudieres.   de Jucre   Cocos, &c. p 111.   Caraibes. de Negros.

图上 / 对安提瓜地区收获甘蔗的浪漫描画（约 1820 年代）。未有表现对奴隶来说是家常便饭的毒打和伤害。

（British Library, London, UK/© British Library Board. All Rights Reserved/The Bridgeman Art Library）

图下 / 版画，反映的是 17 世纪中期法属西印度群岛的蔗糖加工过程。（Library of Congress）

图上 / 1762 年英国攻击后的哈瓦纳港口。这发生在"七年战争"期间。图中可以看到被击沉的船只露出水面的桅杆。（Library of Congress）

图右 / 1778 年，美国独立战争期间，英国人占领法属圣卢西亚岛。除了同北美13 个殖民地的爱国者作战，英国还要面对加勒比地区来自西班牙、法国和荷兰的敌意。（Library of Congress）

图左 / 《希尔夫妇》（约 1750~1751），创作者是阿瑟·迪维斯（Arthur Devis）。虽然画中人物的相关信息无可查考，但他们代表的是正在崛起的雄心勃勃的中产阶层消费者——还有为客人准备的茶杯，当然桌子上还有一个盛放蔗糖的碗。（Yale Center for British Art, Paul Mellon Collection, USA/The Bridgeman Art Library）

图下 / 詹姆斯·吉尔雷（James Gillray）创作的《西印度群岛的暴行》（Barbarities in the West Indies）。该作品描绘了 1791 年就废除奴隶贸易动议进行辩论时有人提及的一个插曲。（© Warden and Scholars of New College, Oxford/The Bridgeman Art Library）

图右 / 1802 年一位英国艺术家为为法属圣多明各奴隶解放而战斗的将军杜桑·卢维杜尔（Toussaint Louverture）作的画像。后来，这位将军被法国政府囚禁，在 1804 年海地共和国建立之前，死于狱中。（English School/Private Collection/The Bridgeman Art Library）

图下 / 正在燃烧的法属圣多明各法兰西角——海地革命期间，这个港口城市遭受了无数次攻击，包括 1793 年的一次毁灭性打击。（Private Collection/Archives Charmet/The Bridgeman Art Library）

图上 / 乔治·克鲁克香克（George Cruikshank）创作的《新工会俱乐部》（The New Union Club, 1819）描绘了人们眼中有关 19 世纪黑人的最为糟糕的刻板印象。这幅作品讽刺了白人废奴主义者想要"教化"奴隶及已获得自由的奴隶的愿望。（Private Collection/© Michael Graham-Stewart/The Bridgeman Art Library）

图左 / 废奴主义者威廉·威尔伯福斯（William Wilberforce），他积极呼吁废除奴隶贸易。1807 年，这一主张终于付诸法律。他去世于 1833 年。就在他去世前几天，英国下院通过了帝国境内的《废奴法案》。（Library of Congress）

图右／阿戈斯蒂诺·布鲁尼亚斯（Agostino Brunias）的作品《亚麻市场》（A Linen Market, 约 1780） 描绘了英属向风群岛的自由有色人种的生活。（Yale Center for British Art, Paul Mellon Collection, USA）

图下左和图下右／ 1837 年牙买加"圣诞娱乐"期间人们穿的服装。绘画者是艺术家艾萨克·门德斯·贝利萨里奥（Isaac Mendes Belisario）。左图描绘了已经自由的奴隶和即将获得自由的奴隶戴上下颌骨或占库努房子；右图描绘了女孩装扮的女王或"女主人"。（Yale Center for British Art, Paul Mellon Collection, USA/The Bridgeman Art Library）

图上／ 在哥斯达黎加香蕉种植园里采摘香蕉的劳工（约 1910）。（Frank and Frances Carpenter Collection/Library of Congress）

图下／ 牙买加的一个印度契约劳工（也叫"苦力"）住的棚屋。从 1850 年代中期开始，很多印度人和中国人到加勒比地区打工。他们大多数生活在牙买加、古巴、特立尼达和圭亚那。（M. H. Zahner/Griffith & Griffith/Library of Congress）

图上左／ 1941 年，哥斯达黎加亚布克（Yabucoa）种植甘蔗的劳工集会，声援蔗糖工厂的罢工。（Jack Delano/U.S. Farm Security Administration/Office of War Information/Library of Congress）

图上右／ 1924 年前后，正当马库斯·加维（Marcus Garvey）这位出生于牙买加的全球黑人进步协会创立者开始走向成功之际，他因美国指控邮件欺诈而受到囚禁。（George Grantham Bain Collection/Library of Congress）

图下右／ 英国皇家空军飞行员卡尔·艾特肯（Carl Aitken）是数千名自愿入伍参加第二次世界大战的西印度群岛士兵之一。同样来自牙买加的萨利·洛佩兹（Sally Lopez）志愿参加空军妇女辅助团（Women's Auxiliary Air Force）。（Popperfoto/Getty Images）

图上 / 1958 年，菲德尔·卡斯特罗和切·格瓦拉在哈瓦那——第二年，卡斯特罗成为古巴的最高领导人，格瓦拉成为一名政府部长。（Photo by Gerard SIOEN/Gamma-Rapho via Getty Images）

图左 / 1961 年的埃里克·威廉姆斯博士（Dr Eric Williams），时值特立尼达和多巴哥被授予独立的前一年。他后来成为国家总理，在 1981 年去世之前，一直担任这个职务。（Photo by Popperfoto/Getty Images）

图右 / 1950 年代的旅游海报——喷气式飞机时代的开启意味着欧洲人和美国人抵达西印度群岛的时间大为缩短，一些岛屿迅速开始发展旅游产业。

图下 / 20 世纪之交，牙买加金斯敦的一位游客与当地人合影留念。（George Grantham Bain Collection/Library of Congress）

图上 / 2012 年的海地太子港。两年前的那场大地震导致成千上万人死亡，整个首都几乎成为一片瓦砾。照片的背景是海地国家宫殿。那年稍后，政府将其拆掉，没有进行修复。（By courtesy of the author）

图下 / 蒙特塞拉特岛普利茅斯法院。1995 年苏弗里耶尔火山喷发，破坏了该岛上的大片地区。（Photo by Christopher Pillitz/Exclusive by Getty Images）

在这个怪异的弹丸小岛上，可以看到世界上代表每个国家特点的人。严肃冷静的德国人，情绪多变的法国人，处于二者之间的比利时人，阴郁而镇静的欧洲西班牙人，他们与身处殖民地的西班牙人截然不同，容易激动的意大利人，瑞士人，丹麦人，瑞典人，挪威人，偶尔还有俄裔芬兰人或波兰犹太人，三种岛国心态的英国人，他们都保留着各自的国民性格……东方送来了……五官端正的印度人和"未开化的中国人"……玛雅印第安人……怀卡人（Waika）和加勒比人是原住民……然而这里还有每一类暗肤色人种……从给皮肤留下墨黑瘢痕习俗的伊博人（Eboe）、几内亚的曼丁哥人……到皮肤颜色逐渐过渡的各种混血人。[85]

沿着海岸向更深远地方移居的欧洲人越来越多——1846 年，德国人抵达了布卢菲尔兹。香蕉开始出口。1890 年，雅各布·魏因贝格尔（Jacob Weinberger）建立了布卢菲尔兹汽船公司（Bluefields Steamship Company），以将加勒比海沿岸的热带作物运到附近的新奥尔良，以及更远的美国东海岸为主营业务。同时，米斯基托人在与那些脱离西班牙，进而转向英国控制的新成立的中美洲共和国结盟一事上多有顾忌。米斯基托人继续保持独立仍旧符合英国的利益。1844 年，当政治条件成熟之后，英国将米斯基托人领地收为它的保护国（protectorate）。[86]

*

在海地东部，西班牙裔克里奥尔人仍旧在博耶的统治下忍气吞声。多米尼加人胡安·巴勃罗·杜瓦特（Juan Pablo Duarte）组织了一个名叫"三位一体（La Trinitaria）"的秘密社团，暗中策划独立。博耶意外被解职也对独立运动有所助益。虽然博耶掌权 25 年，但是人们对他实施的土地改革措施已越发不满——他不断地将西部的小块土地分给农民——再加上支付给法国的为换取承认海地独立的赔偿金所致的经济窘迫，他最终被政治对手弄下了台。

1843 年，杜瓦特带领部下发难。第二年 2 月，他们建立了多米尼加共和国。然而，岛上东西双方的紧张状态仍然存在。福斯坦－埃利·苏鲁克（Faustin-Élie Soulouque）成为海地统治者之后，两边的紧张状况更为严峻。起初，他只是总统。然而，和之前的亨利·克里斯托弗一样，他也渴望获得更高的头衔。1849 年，他自封为福斯坦一世皇帝（Emperor Faustin I）。他也渴望控制整个岛屿。他发动了不计其数的侵略，想要将多米尼加共和国再次纳入海地的版图。然而，他的民众不喜欢他。1859 年，苏鲁克被赶下台，逃往牙买加。

小说家安东尼·特罗洛普（Anthony Trollope）当时正在金斯敦（Kingston），记述了这位皇帝的垮台经过。他认为，这件事在某种程度上缘于他对士兵的残暴。他们早已厌倦了没完没了的战斗，不断抗拒他的命令，而苏鲁克对他们施以严厉的惩罚。特罗洛普指出，"在逃往牙买加之前，他没有给自己留下退路……金斯敦有很多海地人，不是曾被苏鲁克流放……就是像他逃离自己的民众一样逃离他"。[87] 根据特罗洛普记述，那些逃难的民众追着皇帝及他的妻子和女儿乘坐的马车，在他们下榻的地方旁边大声欢呼庆贺了三天。[88]

即使苏鲁克远遁异国，这个新成立不久的共和国仍然面临着很多问题。布埃纳文图拉·巴埃斯（Buenaventura Báez）和佩德罗·桑塔纳（Pedro Santana）不断争权夺利。后者控制政权时，表面上为了防止继续遭受海地入侵，于 1861 年将多米尼加共和国并入西班牙。针对此举，美国提出抗议，称西班牙插手多米尼加事务违反了《门罗宣言》，不过，当时美国内战正酣，无暇他顾。然而，桑塔纳的这一做法遭到了多米尼加民众的反对。1863 年，独立战争再次爆发。1865 年，西班牙取消了合并，多米尼加再次实现共和政体。然而，到了 1860 年代结束之际，美国时任总统尤利西斯·格兰特（Ulysses Grant）想要购买这个岛屿，让它成为美国的第 38 个州。这个计划在民众中讨论了好几年，得到了知名废奴主义者、改革人士和非裔美国人的支持。有人还认为，多米尼加拥有作为海军基地的战略意义。实际上，早在 1820 年代，在海地人统治时期，费城的一些非裔美国人就开始移居该岛东部海岸的萨马纳湾（Samaná Bay）。不过，购买计划最后没有成功。[89]

虽然多米尼加人不断渲染海地对他们的威胁，但在同一时期，海地再次被形容为美国黑人躲避本国种族歧视的理想之地。1861 年，废奴主义者詹姆斯·雷德帕斯（James Redpath）编辑出版的《海地指南》（*A Guide to Hayti*）中，汇集了一些劝说美国黑人移居海地的文章。之前，雷德帕斯曾在 1859 年 1 月到海地考察，当时正赶上苏鲁克被推翻。然而，政权更迭的混乱并没有动摇他对这一方案可行性的看法。雷德帕斯在岛上待了两个月。当时的海地总统法布尔·热弗拉尔（Fabre Geffrard）还给《海地指南》作了序。他写道："海地是所有黑人共同的国家……注意，我说的是辽阔美洲大陆上所有遭受种族歧视的黑人和黑白混血穆拉托人。我们的共和国召唤你；她邀请你带来双手和智慧。"[90]很多人支持这一移民方案。在波士顿，甚至有人成立了"海地移民局（Haytian Bureau of Emigration）"。雷德帕斯后来又到海地考察了两次，其中一次考察了后来美国黑人在拉凯伊（L'Arcahaie）的定居点。从美国到海地的船票为 18 美元，定居者可以在三年内付清。[91] 1862 年——南部各州脱离联邦政府之后——美国最终在外交上承认了海地。然而这时候，苏鲁克的一位名叫"法布尔·热弗拉尔"的将军管理着海地。热弗拉尔削减了军队规模，再次将权力转向肤色较浅的精英阶层。不过，和他之前的黑人领袖一样，他也迫切希望非裔美国人能来岛上定居。他提议为他们的旅行支付费用，为他们购买的土地提供贷款。[92]第二年，大约 453 个自由的非裔美国人抵达距离海地南部海岸不远的一个名叫"瓦什岛（Île à Vache）"的小岛，开始在那里落脚，但是这个定居方案在几个月内宣告失败——很大程度上是因为美国总统亚伯拉罕·林肯

（Abraham Lincoln）不看好这个方案，他采取了救济措施，将幸存的没有死于疾病和饥饿的大约 300 名黑人接回了美国。[93]

*

同时，英国已经从西印度群岛抽身。奴隶制已被终结。古巴已经成为这个地区蔗糖产量最高的地方，虽然英属岛屿还在生产少量蔗糖。和帝国的其他地方相比，英国对美洲的兴趣少了很多，现在更专注于帝国的其他地区。它控制了印度的大片土地，远在澳大利亚和新西兰的殖民地也发展得很快。

中国的问题比较棘手。英国一直想买到更多的奢侈品，尤其是茶叶，而这些东西似乎故意躲着西方人。实际上，中国简直毫不夸张地将外国人拒之门外。它成功地抵抗了外国入侵，迫使外国商人只能在距离中国大陆很远的海岛港口与中国人做生意。1793 年，乔治·马戛尔尼（George Macartney）带领的英国代表团尝试与中国进行更为开放的贸易，但没有成功。而同时，英国与东印度公司已经与印度打起了贸易战，但在中国人面前，他们经常处于守势。

表面上，他们关心的是茶叶。马戛尔尼代表团成员乔治·斯当东（George Staunton）记述了他们的中国之行。他说"茶叶是从中国进口的主要货物之一，其他地方没有这种东西"，并且茶叶已经"成为英格兰上流社会大多数人的生活必需品"。[94] 在不到一个世纪的时间里，茶叶的消耗量增加了 4 倍。[95] 斯当东描述了当时的贸易站，也就是代理商行，"在城墙外一字排开，每个贸易站上飘扬着国旗……外国代理商行集中的地方到处是存放欧洲商品的仓库"。[96] 那时做生意并不容易。广州附近的商人和大小官吏控制着贸易，欧洲人没有什么话语权。

在中间的几十年里，中英两国商品交易的变化显著，原因有很多：西属美洲殖民地的衰落、中国人对白银的需求、英国人对茶叶的钟爱。

1820 年代，白银的供应已不如一百年前那么丰沛；如果与两百年前的供应量相比，数量就更不如从前了。西属美洲的很多银矿已经枯竭；另外，1820 年代拉丁美洲的战争中断了剩余银矿的开采。中国商人销售丝绸和茶叶，除了收取白银，几乎什么都不接受。英国人能提供的白银有限。后来，一些英国商人想到，可以找到某种具有同样价值，能够卖给中国人的货物：鸦片。

鸦片，这种用罂粟加工而成的极具诱惑性的东西，并不产于中国，虽然很长时间以来，人们总是将它与中国联系起来。它产于孟加拉的田地。这时候，孟加拉尚被控制在东印度公司手中。东印度公司管理着罂粟的种植和加工。从那里，鸦片被运往市场，卖给收购商。东印度公司拿到钱后，就不再继续负责。[97] 1820 年代，当罂粟种植、加工和销售大增之际，鸦片已经存在了很长时间。和蔗糖一样，鸦片最初也主要用于药品。但随着 17 世纪末吸烟习惯蔓延全球，一些敢想敢干的人开始将鸦片与烟草结合在一起。18 世纪初，从爪哇出发的葡萄牙商船开始贩运在罂粟水中浸泡过的烟草。[98]

从那时起，鸦片的吸引力大增，成为另一种来自热带地区的奢侈品。随着引入精致的玉质或象牙烟斗，烟草彻底淡出了人们的视线。[99] 19 世纪初，虽然中国皇帝多次明令禁止，但是中国民众已经沉溺其中无法自拔。1800~1818 年，东印度公司平均每年运到中国的鸦片为 4000 箱，到了 1831 年，这一数字增加到 20000 箱。[100] 东印度公司拍卖成箱鸦片时，收取的是白银。之后，他们用这些白银购买中国的茶叶、丝绸等商品，将它们运回英国出售。这个流程简单易懂，但是它无法持续，尤其是中国的几代皇帝忧虑这种举国上下吸食鸦片的风气，以及对贸易平衡的影响。英国水手爱德华·布朗（Edward Brown）自称在 1857 年曾经被中国海盗囚禁。他在记述那段经历的文章中写道，那些海盗认为鸦片"是一个好东西……而禁烟的唯一理由就是费用，这让中国人陷于贫困。他们仇恨英国人，因为鸦片的价格贵得要命"。[101]

虽然这种货物不愁销路，但是英国商人对销售方式深恶痛绝。他们想甩掉中间人，更自由地销售鸦片，让鸦片贸易合法化。最后，双方因为中国没收了一船鸦片发生争执。这对英国来说，是发动战争的一个极好借口。1839 年，鸦片战争开始。第一次鸦片战争一直持续到 1842 年。第二次鸦片战争则从 1856 年打到 1860 年。第一次鸦片战争结束后，两国签订了《南京条约》，清政府开放了五个城市为通商口岸，还将香港岛割让给英国。香港问题后来经历了一系列动荡和外交上的争论，直到 20 世纪后期才彻底解决。鸦片战争和鸦片贸易对中英两国产生了很多影响，同时也对加勒比地区产生了某些意义深远的影响。

*

此外，19 世纪四五十年代，又有一批定居者涌向加勒比海沿岸。奴隶制废除后，一些岛屿出现了用工荒。例如在特立尼达岛，奴隶制的废除曾一度让人们眉开眼笑，但后来，那些先前的奴隶们认为有关学徒期的规定是总督和种植园主搞的骗局。1834 年 8 月 1 日，他们在乔治·希尔爵士（Sir George Hill）的别墅前抗议。总督召集军队镇压。[102] 1816~1834 年，奴隶人口下降了 32%，种植园主想方设法将获得了自由的奴隶留在他们的土地上。岛上的政府不得不颁布劳工流动的法律和其他相关政策。[103] 不过，这些措施与解放奴隶的精神相悖，于是这些已自由的奴隶开始在无主之地上为自己营造房屋。

解决这种劳动力短缺问题的第一个办法是从其他岛屿引入流动劳工。1846 年，特立尼达岛从格林纳达、圣基茨、尼维斯、蒙特塞拉特等岛屿引入了大约 10300 名劳工，甚至还从美国招募了 1300 名自由黑人。[104] 自由劳工仍旧面临着各种羞辱和压迫：过去的一些制度又死灰复燃，比如，如果未经允许离开种植园就会被逮捕。这些严厉措施的目的就是让劳工认真在田里干活，不过往往收效甚微。和特立尼达岛的情况一样，其他岛上的劳工也开始给自己盖房子，自行选择谋生方式，不再去种植园。在巴巴多斯田间地头矗立着很多简单的"活动木屋（chattel houses）"。种植园主赶他们走的话，劳工就迅速将盖好的房子拆开后搬走。[105] 很快，有人想到了一个解决大英帝国劳动力短缺问题的办法：招募印度人和中国人。1840 年，自称来自西印度群岛的托马斯·汉考克（Thomas Hancock）撰写的一个小册子在伦敦出版，阐述了"一些明显的事实"。汉考克认为，自从奴隶解放以来，英属殖民地的经济受到了很大影响。没有外来的帮助，"殖民地与宗主国维系至今的商业贸易将遭到毁灭性打击……作物产量［已经］下降了一半……另外，德默拉拉的很多种植园已经被废弃"。[106] 他提出的解决方案是，政府要鼓励和允许世界各地的自由劳动力前往英属殖民地，尤其前往圭亚那。他认为，这种措施"可以一举让这个富饶的殖民地［圭亚那］免于迫在眉睫的崩溃命运；同时，通过普及产量更高的耕作方法，可以抓住超越奴隶劳动收益的唯一机会"。[107] 1845 年 5 月，印度商船"真主胜利号（Fatel Razack）"将第一批印度劳工送到特立尼达岛。

从印度出发的旅程漫长、拥挤，并且经常遇到危险——肯定要比那些毫不知情的劳工想象的要可怕得多。斯温顿船长（Captain Swinton）指挥的"萨希特号（Salsette）"就遭遇了这么一趟倒霉的航行。他与委托人签约，打算将印度劳工运到特立尼达岛。他的妻子也在船上。根据她和丈夫旅途中的日记，后来出版了一本记述那次航行经历的书。航行开始于 1858 年 3 月 17 日。在航行途中，324 名印度劳工中的 120 人死于疾病。出版商在关于这本书的匿名介绍里说，船长和他的妻子在其中没有任何过错。那位女士在船上做护士，认真得"就像是第二个弗罗伦斯·南丁格尔"。[108]（事实上，斯温顿为了维护自己的声誉，命人对劳工死亡原因进行医学调查，后来被宣告无罪。）

在她的记录里，似乎每天都有人死亡："4 月 2 日，一个 21 岁的苦力死亡……3 日，一个幼童失去了母亲……4 日……一个幼童死亡，还有一个 12 岁的女孩……"他们在 7 月 2 日抵达特立尼达岛时,一位医生和港口的负责人上船查看,"觉得那些苦力的情况非常不好……两人很惊讶,这样的人居然也会被送过来"。在书的最后,斯温顿夫人说,"从加尔各答招募这些苦力的做法是,深入乡下和村寨招募当地人,用美好的承诺鼓动他们到国外生活。被这些人说动心的,除了一些条件不错的人之外,就是一些身体极度羸弱的人。在出发前,他们应该至少在集结地休整了一个月,等到身体状况适合长达三个月的海上旅程之后再动身"。在这样充满艰辛的旅程之后,特立尼达岛也没有给他们带来很好的回报。她看到,"很多人在下船时痛哭不止……种植园主来挑人时,他们强打精神,竭力将最好状态呈现出来。(这好像和挑选奴隶有类似之处。)选好之后,他们就像牛群一样,每六七个人被赶入一条船,送到不同的目的地"。最后,在船上死掉的每个奴隶,船主要赔偿委托人 13 英镑,这样算起来,船主要损失大约 1500 英镑。

从加尔各答、马德拉斯、孟买开来的运送劳工的船只不断抵达牙买加、英属圭亚那和特立尼达岛。[109] 1838~1918 年,大约 143900 名印度人——主要来自比哈尔(Bihar)和北方邦(Uttar Pradesh)——抵达特立尼达岛,238900 人抵达圭亚那,46800 人抵达英属岛屿。荷兰人也雇用东方劳工,规定终结殖民地奴隶劳动需要"学徒"阶段,进而开始招募合同劳工。来自英属印度的劳工——即当时和现在都称为的"印度斯坦人(Hindustani)"——开始被送到荷兰殖民地。[110] 后来,1890~1939 年,大约 33000 名爪哇人从荷属爪哇抵达苏里南。[111] 不同于之前在甘蔗地里劳作的非洲奴隶,这些印度和爪哇劳工不但没有被剥夺传统习俗,而且政府鼓励他们集中居住在一起,以保存他们自己的传统,一部分原因可能是种植园主希望将他们与其他族裔隔开,从而可以给他们支付很低的薪水。

在 1852 年到 1880 年代抵达西印度群岛的中国劳工中,大约 13500 人去了圭亚那,2600 人去了特立尼达岛,1700 人去了其他英属岛屿。

还有一部分中国劳工去了古巴。当时，虽然之前已输入了大量奴隶，但不断增长的蔗糖需求迫使古巴想尽办法增加更多的劳动力。前往古巴的中国劳工大约有 124800 人。* 一般来说，这些外来劳工都很贫困，他们签订的劳动契约大约是五年。期满之后，除了支付这期间的薪水外，雇主还将支付返乡的船票，后来改为给予土地。[112] 这些契约还意味着，劳工的薪水一直很低。劳工抵达目的地后，发现协议约定的薪水除了抵扣日常基本生活费之外已所剩无几。他们的待遇比奴隶好不了多少。此外，还有各种各样的社交限制。例如，虽然古巴的中国劳工被划分为"白人"，然而，从他们与岛上雇主签订的契约来看，他们基本没有自由，几乎被当作奴隶对待。[113] 他们一般不允许带女眷，也不许与岛上的任何女人来往。1868 年的一项人口统计显示，岛上的 30591 名中国男性中，只有 237 人已婚，且只有 16 名中国女性。[114]

特立尼达岛是西印度群岛中接收印度劳工最多的地方。过去，这个岛上的经济每况愈下。伦敦和岛上的一些人认为，大批外来劳工涌入是提振生产力的一个有效方式。即便到了 19 世纪末，数万印度劳工登上岛屿之后，有关这种方案的优势还在继续讨论。一些人认为，其他英属岛屿没有备用的劳动力。耕种季节里，"有的甘蔗种植园找不到足够的劳工"，极大制约了行业的发展。[115] 反对从印度引入劳工的人认为，外来劳工的薪水比岛上本地劳工低很多，直接压低了本地劳工的薪水；赞成的人则认为，蔗糖行业已根本支付不起更高的薪水。[116] 另外，也有文化方面的因素，一本宣传册这样说：

> 然而，反对者说，你们让全国各地到处是成群的野蛮人、无信者、伊斯兰教徒。人和人根本没法比较。在这里，我们不去比较什

---

* 另外，还有 90000 名中国劳工去了秘鲁沿海地区收割甘蔗。秘鲁的奴隶制于 1854 年废除。

么，而是列举出公认的东方印度人的优缺点。他们谨慎、勤奋、节俭、打算长远。他们对动物、儿童、妻子都很和善。只是，如果对妻子心生猜疑的话，他们可能采取极端手段。他们是一种古代文明和文化的继承者，一般尊重自己，也尊重同胞。[117]

来自中国、爪哇、印度的劳工也带来了他们各自的传统和文化。这些外来传统和文化很快融入了加勒比地区的生活。自从最早一批欧洲人抵达加勒比地区，穆斯林就开始随之前往——往往是通过被迫皈依基督教成为摩里斯科人的方式——不过现在，逊尼派穆斯林和什叶派穆斯林，以及来自印度的印度教徒大量涌来。在特立尼达岛和圭亚那，印度教寺庙与基督教教堂比肩而立。新的言语也出现了。一些老居民开始喜欢上别样风味的食品。印度人还带来了后来人们经常与加勒比地区联系在一起的草药：大麻。[118] 不过，外来劳工并不限于印度人、爪哇人或中国人。很多其他地方的人也来到圭亚那、特立尼达岛碰运气，比如马德拉人。马德拉岛在当时和之后一直处于葡萄牙的控制下。还有"叙利亚人（Syrians）"——当时对来自叙利亚的人，黎巴嫩基督徒，他们大批前往拉丁美洲港口，以及其他中东人的统称。这些外来者大都是商人。有时候，他们的到来会得到当地人的默许，但有时候面对的却是敌意——尤其在他们中的一些人富裕起来之后。

*

1860 年代，英属加勒比地区的劳工情况发生了巨大变化。虽然不是所有奴隶获得自由后都拒绝干活，但是被运到这些岛屿的劳工数量在某种程度上说明了劳动力的短缺。"自由"的含义仍然需要进一步明确。这个过程持续了数十年，尤其是关于怎样正确对待曾经的奴隶和有色人种。

虽然奴隶获得自由之后，各个阶层处境都很艰难，不过不同于先前的奴隶，自由劳工敢于大胆维护自己的权利。有色人种经常因为工资或工作条件举行抗议或罢工。此外，政治形势也不同于从前。例如，1832年，多米尼克颁布了《褐色权利法案》（Brown Privilege Bill），允许有色人种入选众议院。不到六年，众议院里的非白人议员占了大多数，被称为"穆拉托年代（Mulatto Ascendancy）"。黑白混血议员控制了整个议会。然而，这一情况于 1863 年终结。那年，英国王室任命亲信担任当地议员，1865 年，这个岛屿成了王室的殖民地。119

/ 218

同一年，奴隶解放产生的矛盾以最令人震惊的方式出现在牙买加，给牙买加带来了巨大的冲击。在岛屿东南部的圣托马斯区（St Thomas Parish），人们虽然获得了自由，但只能勉强糊口。甘蔗种植园支付的薪水很低，而且有时候没有活干，也就没有了薪水。有地的人可以种一些庄稼补充口粮，或者将收获的庄稼卖出去。但是那些没有地的劳工只能在空地上盖房子。在此处，经常发生有关这些问题的争执。很多有关田地的纠纷会闹到地方法院。一笔被愤怒的农民视为不公平的罚款引起了民变。1865 年 10 月初，农民与警察发生冲突，多人被逮捕。

几天后，社区领袖浸信会执事保罗·博格尔（Paul Bogle）组织了一次抗议活动。抗议很快发展成暴力活动，并蔓延到城市之外的其他地方。当时的总督是爱德华·艾尔（Edward Eyre）。1864 年，他到西印度群岛上任之初，人们对他寄予厚望。然而，随着时间的推移，人们开始不喜欢他。他应对抗议活动的方式加剧了人们的不满，而且差一点毁了他在伦敦的职业声誉。他对莫兰特湾（Morant Bay）事件的镇压不禁让人们想到奴隶制时代对奴隶的惩罚：近 500 人被杀，更多的人被毒打，他们的房子被烧毁，全城戒严。艾尔不但下令处死博格尔，还命令军事法庭审判商人兼政治家乔治·威廉·戈登（George William Gordon），说他涉嫌"合谋"。经过敷衍了事的审判后，戈登被处死，虽然抗议活动爆发之际，他尚在金斯敦。

消息传到伦敦后，立刻有人呼吁官方对这件事进行调查。12月，调查活动开始。艾尔坚持说他当时是在维持秩序，在采取必要措施预防种族骚乱。这一事件引起了英国知识分子约翰·斯图亚特·穆勒（John Stuart Mill）和托马斯·卡莱尔（Thomas Carlyle）中间激烈的公开辩论。穆勒建立了牙买加委员会（Jamaica Committee），起诉艾尔。查尔斯·达尔文（Charles Darwin）、赫伯特·斯宾塞（Herbert Spencer）等思想家支持他。卡莱尔为这位总督辩护，说服查尔斯·狄更斯（Charles Dickens）、阿尔弗雷德·丁尼生（Alfred Tennyson），认为艾尔案件没有受到公正对待。至于艾尔，面对牙买加委员会，他宣称那些闹事者"想要将牙买加变成第二个海地"。[120] 他的理由明显更具有说服力，他没有受到任何惩罚。

*

19世纪下半叶，虽然圣多明各衰落，蔗糖生产进行了重大调整，但加勒比地区的蔗糖产量仍然比1700年增加了10倍。虽然英属殖民地的蔗糖产量有所下降，但古巴的产量并没有下降。[121] 古巴是西印度群岛中蔗糖产量最高的。很快，所有矿山都已枯竭的西班牙对古巴的依赖性越来越大。1833年，斐迪南七世驾崩，引发了继承权危机和一系列内战，史称"卡洛斯战争（Carlist Wars）"。这迫使经济已经衰落的西班牙更加落后于欧洲的竞争对手，并且在很多方面也落后于富裕、丰饶的古巴。古巴和波多黎各还是一个重要的西班牙出口市场。1826年，这两个岛屿的西班牙商品进口额为2858792比索，1830年增加到4739776比索。古巴种植园主财富的增加，意味着他们拥有了投资西班牙的资金。他们用这些资金投资银行、加泰罗尼亚地区的棉花，以及某些制造行业。[122] 然而，古巴真正的贸易伙伴是美国。1826~1830年，古巴出口美国的商品金额是4107449比索，进口额大约为600万比索每年。[123] 这一数字持续增长：1856~1865 年，古巴蔗糖的年出口额大约为 7000 万美元，相当于现在的 19 亿美元。[124]

随着蔗糖源源不断地从古巴港口流出，早在 1820 年代，哈瓦那就已经成为加勒比地区最大、最富裕的城市。人们住的房子越来越大，马车越来越豪华。据罗伯特·詹姆森记述，一些奴隶主"家里的仆人不少于 60 个"。赌博的盛行、对华美服饰的热衷让他印象深刻。

> 这种恶习［赌博］和对高档服装无节制的嗜好是劳工阶层的祸根。成群的黑人女性穿着丝袜、锦缎鞋、穆斯林长袍、法国披肩，戴着金耳环，羊毛头巾上插着花，她们的黑人情郎头戴白色海狸帽，身穿英式上衣，手持杖头包金的手杖，像他们的老板一样喷云吐雾，向他们的女友大献殷勤，这会让你忍不住发笑。他们的女友是洗衣工，她们的情郎是修鞋匠，他们在"宗教节日（dias de los cruces）"里打情骂俏。第二天，你就会在门口看到他们，手里拿着那些行头，想办法将它们卖给你，好换得当天的口中食！[125]

然而，1959 年，安东尼·特罗洛普对哈瓦那街道的描述是"狭窄、肮脏、发臭……与人们提及哈瓦那时经常给予的那些赞誉之词根本不符"，虽然对他来说，那个"散步道（Paseo）"，一条长长的、宽阔的林阴道可以弥补一切："为了在这条道路上消遣时光，女人们精心挑选衣服，而男人们则给她们准备需要佩戴的首饰。"[126] 晚间的漫步、精心的打扮、赌博与奴隶劳动一直持续到 19 世纪末。不过，恐惧、镇压也是如此。从 1830 年代至 1860 年代，385949 名非洲人——其中很多来自比夫拉湾（Bight of Biafra）和非洲中西部——抵达古巴，10253 名非洲人抵达波多黎各。[127] 数字如此庞大，以至于 1840 年代时有人担心，如果古巴独立，奴隶制的废除将导致"古巴的非洲化"和种族战争。这种担忧在残酷镇压"梯子（Escalera）密谋"期间达到顶峰。在恐慌中，官员们认为，这起所谓的阴谋广泛涉及非洲奴隶、出生于岛上的克里奥尔奴隶、自由的有色人种，甚至英国废奴主义者。1844 年 6 月，所谓的主犯被枪决。随后，开始了长期的暴力活动和军警镇压。"Escalera"在西班牙语中表示"梯子"。涉嫌参与阴谋的人在被捕之后，被绑在梯子上用鞭子抽打。官方对暴乱的担心与恐惧持续了很长时间。

同时，英国海军继续在海上巡逻，打击运奴船，设法终结古巴的奴隶贸易。然而"emancipados"，即被英国海军"解救"了的非洲人，提出了新的问题。这些人没有被送回非洲，而是给他们提供了证明身份的文件之后，允许他们生活在古巴。[128] 虽然，这些身份证明文件可以给他们提供一个自由的身份，但是无法帮助他们在古巴社会立足，只能受雇于为期七年的"公共工程"。[129] 虽然英国努力打击海上奴隶贸易，但是在陆地上，英国人仍旧在消费古巴岛上生产的蔗糖。1846 年，英国政府向所有蔗糖生产地征收同样的关税。这给英属西印度岛屿上的种植园主带来了灾难性影响，因为这些小岛无法继续与古巴和巴西竞争。这样一来，喜欢食用蔗糖的英国人无法离开古巴。古巴蔗糖进口量从 1845 年的大约 2200 万磅增加到 1859 年的 1.83 亿磅。[130]

*

伊比利亚半岛是最早将奴隶制引入新大陆，最晚终结这一制度的国家。1815 年，葡萄牙与英国签署了一份协议，约定只能在赤道以南地区使用奴隶劳动，而没有禁止奴隶贸易。奴隶贸易直到 1836 年才被禁止。即使禁止奴隶贸易后，奴隶走私现象还是大量存在。1822 年独立的巴西，在 1850 年才禁止它，直到 1888 年才禁止奴隶劳动。巴西是美洲大陆上最后一个废除奴隶制的国家。

西班牙也同样顽固。不过 1864 年时，西班牙就建立了废奴协会（Sociedad Abolicionista Española）。1867 年，西班牙正式禁止奴隶贸易，虽然它早就向英国保证要终结奴隶买卖。不过，在这之前，奴隶贸易已在逐渐减少，因为很多种植园主已经不再认为奴隶劳动可以节省成本。种植园的经营情况也在改变：能经营下去的种植园主更新了蔗糖加工厂的技术，引入了蒸汽机。当时的基础设施也有了很大改善，出现了铁路和蒸汽船，甘蔗的运输成本也有所下降。[131] 不过，寻找可靠的劳动力来源仍然是一个需要解决的问题。这时候，古巴开始使用中国劳工。1860年代，奴隶数量大幅下降：1859 年，大约 26290 名非洲人被运到古巴，而到了 1866 年，这一数字下降到 722 人。[132] 同时，古巴经历着人口结构的重大变化。大量西班牙移民来到这个繁荣的岛上。1860 年代，奴隶比例也在下降，从两年前的 44% 下降到 27% 左右。白人定居者的增加，意味着在接下来的数十年里，岛上白人的数量将超过有色人种。波多黎各和古巴废除奴隶制是一个漫长的过程。1870 年，古巴和波多黎各通过了《莫雷特法》（Moret Law），该法规定"生来自由（free womb）"。这意味着出生于奴隶家庭的孩子从规定之日起将获得自由身份。不过，这里仍有一个潜在的必要条件——孩子必须服侍其母亲的主人，直到他或她年满 18 岁。根据法律，在孩子 14 岁之前，孩子母亲的主人不得将孩子与母亲分开。这一法律同样也给 60 岁以上的奴隶授予了自由身份。不可避免的，它遭到了一些人的抗议和蔑视。不过，根除奴隶制的势头和决心已经出现。1874 年，波多黎各废除了奴隶制，但古巴确立了"学徒制度（patronato）"，虽然也有很多人不理会这项规定，奴隶制最终在 1886 年被废除。

各种因素综合在一起，为呼吁殖民地独立创造了有利条件。美国内战和随后北美奴隶制的废除透露了一个强烈的信号：古巴的奴隶制度维持不了很长时间了。对海地式种族战争的恐惧已经开始消退。在西班牙，持续整个 19 世纪的"卡洛斯战争"耗空了国库，分散了政府的注意力。1868 年，伊莎贝拉二世女王被废，离开了西班牙。同一年，古巴和波多黎各打响了争取独立的第一枪。一个关键事件也促进了这场独立运动爆发。两个岛屿的民众早已作好了为独立而战的准备。1868年9月，波多黎各内陆城镇拉雷斯（Lares）爆发了一场武装暴动，史称"拉雷斯呼声（grito de Lares）"。虽然这场暴动持续时间很短，在几个星期内就被镇压，但是古巴很快跟进。1868年，古巴的卡洛斯·曼努埃尔·德·塞斯佩德斯（Carlos Manuel de Céspedes）响应波多黎各的斗争，爆发了史称"亚拉呼声（grito de Yara）"的暴动。不过，和波多黎各不同，古巴的暴动坚持了很长一段时间，即"十年战争"。虽然这次暴动的领导层主要是对现状不满的精英人士，但是随着时间的推移，参与这场独立运动的阶层和种族都逐渐扩大，不久像安东尼奥·马塞奥（Antonio Maceo）这样的穆拉托人也加入进来，他后来成为起义军的一名高级指挥官。虽然起义军发动的"十年战争"以失败告终，但是它将岛上的各个派别团结到争取独立的事业中来。[133] 1879~1880年，又爆发了一场持续时间很短的暴动，史称"小战争（Little War）"。

与此同时，何塞·马蒂（José Martí）在纽约制订新的独立计划。那时，大约三十年前曾经支持过纳西索·洛佩斯等人的古巴流亡群体，在经济和政治方面的实力更为雄厚，也有了更多的话语权。马蒂已经是一位知名的诗人和作家。他对古巴西班牙政权的强烈抨击让他一生中的大量时间在流亡中度过。"十年战争"结束后，那场暴动的组织者，如马塞奥、马克西莫·戈麦斯（Máximo Gómez）——多米尼加人，曾经支援古巴的独立运动，后来担任起义军少将——也别无选择，只好流亡海外。马蒂在与他们联系的同时，积极在美国的古巴流亡者群体中筹集资金，尤其是佛罗里达的烟草劳工群体。1892年，他组建了古巴革命党（Partido Revolucionario Cubano，PRC），说服戈麦斯、马塞奥结束流亡生活，继续战斗。马蒂提出，要将各种背景的古巴人都动员起来，尤其是各种肤色的民众。"古巴不仅仅是黑白混血穆拉托人、黑人和白人的古巴，"他于1893年在一份报纸中说，"死在古巴独立战场上的黑人和白人的灵魂将一起升入天国。"[134]

第二年，也就是 1894 年，当马蒂等人继续筹划组织起义之际，美国颁布了《威尔逊—戈尔曼关税法》（Wilson-Gorman Tariff Act），对进口蔗糖征收 40% 的关税，这消除了古巴对美国的所有贸易优势。作为报复，西班牙也取消了对美国商品的税率优惠，恢复了早前的关税税率。结果，古巴被阻挡在先前的高收益市场之外，商品出口骤减，从 1895 年的 800000 吨下降到第二年的 225000 吨。[135] 随着岛屿经济陷入混乱，民众对西班牙政策的愤怒与日俱增。马蒂意识到举事的时刻马上就要来临。另外一件事更加助推了暴动的发生：1895 年，美国没收了载有昂贵军事装备的三艘船只，并通知西班牙，古巴可能正在筹划另一场暴动。2 月，暴动开始了。24 日，从东部村寨到哈瓦那，全岛各地发生暴动——古巴独立战争打响。4 月，马蒂还在岛上。不过，在接下来的一个月里，他英勇牺牲。他在多斯里奥斯（Dos Ríos）与西班牙军队的作战中战死。戈麦斯、马塞奥继续战斗。1896 年，马塞奥战死。

结果，美国更为热切地关注古巴。有人认为西班牙会尽可能地保护美国利益，但也有人认为，古巴有权利独立，并且西班牙干预古巴违反了《门罗宣言》。美国虽然担心古巴岛上的美国公民安全以及美国的商业利益，但它没有正式派军队采取行动，直到 1898 年 1 月，美国方派遣主力舰"缅因号（Maine）"从西礁岛出发前往古巴。2 月 15 日，这艘船在哈瓦那港口爆炸，战舰上的 260 名官兵遇难。4 月，美国被卷入战争，对西班牙宣战。7 月，西班牙求和。双方的武装冲突就是这么短暂。战争开始之际，美国军舰还封锁了古巴港口，炮轰西班牙的防御工事，以支援古巴起义军。然而 6 月份，美国军队登陆古巴——其中包括日后的美国总统西奥多·罗斯福（Theodore Reosevelt）率领的"莽骑兵（Rough Riders）"。波多黎各的圣胡安也遭到了美国炮火的轰击，不过美国士兵直到停战谈判开始之后才登上那座岛屿。1898 年末，美国成功控制了波多黎各岛，并且以 2000 万美元的价格从西班牙手中购得菲律宾。在这之前，即 1896 年，菲律宾爆发了一场美国支持的叛乱

（虽然后来，菲律宾仍不得不从美国治下争取独立）。此时，古巴在名义上已然独立。古巴的独立源于仅持续了三个月的战斗。美国国务卿海约翰（John Hay）称它是"一场辉煌的小战争"。不过，美国插手古巴，对古巴独立非常不利。马蒂在筹划古巴独立战争时就极力反对此事。1889年，他在写给投身古巴独立斗争的甘札洛·狄格沙达（Gonzalo de Quesada）的信中，谈到美国援助古巴独立时说："一旦美国进入古巴，谁还能将它赶出去？"[136]

*

19世纪结束时，留下了一个不确定的尾音。美西战争，再加上先前拉美各国的独立战争，意味着西班牙在加勒比地区不再拥有任何殖民地，军事实力大减。虽然，法国、英国、荷兰、丹麦仍然在这片海域拥有殖民地，但是先前生产蔗糖的很多岛屿，在古巴的长期挤压、巴西的激烈竞争下，早已一蹶不振。另外，这个世纪中，人们还饱受飓风、地震等自然灾害的侵扰，虽然和18世纪相比，战争已少了很多。真正的战斗始终围绕着奴隶制的存废，奴隶们最终取得了胜利。

然而，在步入20世纪时，这些岛屿上的大部分统治阶级还没有适应奴隶解放，没有弄清楚它的全部含义。海地在他们心中留下的可怕印象可能已经消退，但是对于有色人种来说，莫兰特湾事件的恐怖记忆仍然笼罩着他们来之不易的自由。除古巴以外的其他岛屿，经济开始衰退，生活变得更加艰难，但是也慢慢变得更加公平。富有的种植园主阶层已经被海地革命的风暴触动，虽然海地革命的火种需要再花费一些时间才能传遍所有岛屿。斗转星移，自由终将来临。然而，在授予自由权利的过程中，毫无公平可言。奴隶制虽然已经结束，但不公正仍然存在。

当 埃 勒 里 · 斯 科 特 （ Ellery Scott ）、 查 尔 斯 · 汤 普 森 （ Charles Thompson ）乘坐"科罗纳号（ Korona ）"抵达纽约时，带回了天空中飘落烈焰和灰烬的经历，仿佛他们当时停泊在地狱的港口。这位大副和助理事务长之前曾出海前往马提尼克岛首府圣皮埃尔（ St Pierre ），不过不是乘坐"科罗纳号"，而是乘坐它的姐妹船"罗赖马号（ Roraima ）"。1902 年 5 月 8 日清晨，他们将"罗赖马号"停泊在圣皮埃尔。船员们刚刚吃过早餐，他们的船就被海拔 1400 米高的培雷山（ Mount Pelée ）喷发出来的燃烧着的火山熔岩所吞没。[1] 久居西印度群岛的人们，面对飓风、地震等自然灾害早已习以为常，处变不惊，但眼前的情景让他们毫无准备。虽然背风群岛（ Leeward Islands ）的大多数岛屿属于火山岛，但是那些火山极少喷发。马提尼克岛上的培雷火山，从漫长沉睡状态中醒来后，以令人战栗的喷发量和暴烈程度，不但瞬间征服了这个岛屿，还征服了整个世界。之前的一周里，圣皮埃尔的居民就已注意到培雷火山的一些怪异现象——发出低沉的隆隆声，小规模的喷发，伴有些许烟雾升起——不过，这些现象很快就逐渐停止，人们照常忙于自己的生活。斯科特说，他听到"一声巨响，就像是空中百万个惊雷同时炸响——然后空中落下火焰、泥土、硫黄……我们呼吸困难，尖叫，一时间方寸大乱"。[2] 船长和船员迅速开船，拼命驶离港口，然而他们四周都是火焰。斯科特看到船长身上着了火，"在痛苦地打滚"。其他人冲进甲板下位于船体前部的船员生活舱，钻进毯子里。[3] 在火山第一次喷发后的间歇中，船员们开始查看这艘船的情况，发现船体已严重损坏。那天下午，他们被一艘法国巡洋舰所救。最后，"罗赖马号"上 68 名乘客和船员中，只有 16 人幸存。[4]

/ 226

"罗赖马号"船长凯里（ Carey ）后来将幸存者带回纽约。当时，凯里身在巴巴多斯的一个港口。他说当时听到一连串爆炸声，"就像是军舰在发射重炮"。[5] 大约半小时后，灰烬从空中落下。这发生于 5 月 7 日，火山灰来自圣文森特岛上的苏弗里耶尔火山（La Soufrière）——位于巴巴多斯岛以西 160 公里，差不多等同于到马提尼克岛南部的距离。城里的人们也感到了地面的颤动，甚至连续几天能看到火山熔岩从 1200 米高的山上流下来。个别年长的人听说过 1812 年火山喷发的情景。两次喷发都极具破坏性，马提尼克岛的喷发破坏性尤其大。一度以"安的列斯群岛的巴黎"闻名的马提尼克岛被灰烬覆盖，30000 人中的绝大多数人窒息而亡，或在逃离过程中死于火焰。

在加勒比人看来，20 世纪的历史由自然事件和实力日渐强大的近邻美国共同塑造，而这个世纪也确实拥有一个富有戏剧性、令人恐怖的开端。美国一次又一次通过维护其自诩的西半球权威来彰显自己的军事力量。它还想要遏制欧洲各国。因此，当英国和德国战舰在 1902 年封锁委内瑞拉海岸，要求委内瑞拉偿还借款时，美国威胁要参战，两国战舰只好乖乖地退回大西洋东岸。然而，德国迫切希望拓展海外帝国，想要将加勒比地区某块尚未被其他欧洲国家瓜分的小片地区合并到其非洲领地和密克罗尼西亚群岛中。德国多次谈及要在圣托马斯岛或库拉索岛建立一个海军基地，但一直没有付诸实施。[6] 虽然如此，美国还是对驶入这片水域的欧洲船只感到不适，因为它们距离美国本土太近了。

几年之后的 1904 年，欧洲债主再次登门索债。这一次，索债对象是无力偿还的多米尼加共和国。欧洲列强可能再次侵犯美洲的自由领地，这再次激怒了美国。结果，美国"受邀"管理多米尼加的海关部门。1911 年，多米尼加共和国还清了外债。也许，更为重要的是，这为美国打开了进一步干预的大门。

这属于加勒比地区大规模"政治板块"调整的一部分。欧洲对此地的兴趣正在消失，美国取而代之。虽然，所有岛屿国家，除了古巴、多米尼加共和国、波多黎各和海地，仍旧处于欧洲人的控制下，但是欧洲列强当时正忙于奔赴非洲。这一点可以从 1884 年召开的柏林会议

（Berlin Conference）得到具体的体现和说明。这次会议旨在就臭名昭著的"瓜分非洲"进行谈判。在那次会议上，欧洲列强在非洲地图上画出了他们各自声称的领土范围。所有强国都参加了瓜分非洲，即使一些小国也参与其中。在接下来的几年里，葡萄牙、英国、西班牙、德国、意大利，甚至比利时也提出了殖民地要求。同时，荷兰将更多的注意力投向了印度尼西亚，虽然其他欧洲强国，包括英国、法国在内也在东南亚拥有了自己的地盘。英国在印度建立了一个自己的帝国。自然资源从各个殖民地流向欧洲的各国首都，价格高昂的产品，如橡胶，让传统的加勒比海产品相形见绌。人们不再去岛上寻找财富，相反，这些岛屿吸引了美国公司前去赚钱。

但是，和欧洲列强不同的是，美国一直伺机从古巴、波多黎各攫取最大利益，不管是经济上，还是政治上。随着美国公司的进入，美国给加勒比地区带去了一种不同的世界观。美国公司的主管一般只说英语，他们住在有围墙或篱笆的大房子里，很少和当地人深入交流。他们去那里是为了做生意，生意完成后就离开。同时，他们的利益有实力强大的美国给予保护。新出现的殖民主义影响了每个岛屿的发展——包括美国自己——达数十年。1898 年，美国与西班牙开战时已是一个强国，战争结束之际已经是一个羽翼未丰的帝国。当波多黎各、菲律宾的殖民地地位得到进一步明确时，受到美国空前重视的古巴岛即将独立，虽然古巴的独立最初是有限的，直到 1903 年，美国才结束对古巴的占领。1901 年，进入 1902 年古巴宪法的《普拉特修正案》（Platt Amendment）给美国提供了"为维护古巴独立进行干涉的权利"，在古巴确立了军事存在，其中包括关塔那摩湾（Guantánamo Bay）的军事基地。[7] 很多古巴人，不管多么渴望古巴独立，都反对这些美国驻军条款。然而，古巴的第一任总统托马斯·埃斯特拉达·帕尔马（Tomás Estrada Palma）不但长期在美国居住，而且还是华盛顿青睐的总统候选人。在接下来的几十年里，美国一直在这一地区沿用这种影响模式。《罗斯福推论》（Roosevelt Corollary）

最初是总统西奥多·罗斯福 1904 年国情咨文的一部分，塑造了美国在这一时期有关加勒比地区的政策。在那次国会演讲中，1901~1909 年担任美国总统的罗斯福援引了前任总统威廉·麦金莱（William McKinley）的政策，他说：在西半球，如果美国一味坚持奉行门罗主义，那么不管多么不愿意，美国都必须行使国际警察的权力。他还说：

> 如果加勒比海沿岸的所有国家都像古巴那样，在美国军队离开岛屿后，都能够在《普拉特修正案》帮助下，在文明方面表现稳定、合理的进步，呈现南北美洲很多共和国一贯出色展现的那种进步，那么，这个国家干涉他们事务的问题就会彻底解决。实际上，我们的利益和南部邻国的利益是一致的。[8]

不过，当然，他们的利益根本不一致，这是西印度群岛各国心知肚明的事情。

*

蔗糖仍然是加勒比地区的一种重要作物，但是来自欧洲和美国的甜菜糖已经成为西印度群岛蔗糖生产商的强劲竞争对手。榨取自甜菜的块茎，甜菜糖最初在拿破仑战争期间开始为欧洲人食用——拿破仑·波拿巴迫切推广生产这种食糖，为的是取代动辄被封锁的西印度群岛蔗糖。1900年，全世界出售的食糖中，大约 65% 的食糖来自欧洲和北美的甜菜地。不过，甜菜糖的兴盛很短暂，因为技术的进步和欧洲的亚洲扩张，热带甘蔗再次显示了它的成本优势和竞争优势。1930 年，甘蔗产量已经恢复，重新占据了大多数市场份额，达到 62%。[9] 虽然古巴产量最大，但是牙买加岛、多米尼加共和国、波多黎各岛、圣克罗伊岛、圣基茨岛、安提瓜岛、瓜德罗普岛、马提尼克岛、巴巴多斯岛、特立尼达岛也有甘蔗地。[10]

20 世纪二三十年代，蔗糖生产变得非常复杂。各种条约出于各种目的，有的要刺激蔗糖生产，有的要限制生产；有的要增加税率，有的要取消现有补贴。这让种植园主的收入极大地受制于市场波动和国际外交形势。

这些年来，蔗糖产能扩张最多的地区是讲西班牙语的岛屿。1900 年，多米尼加共和国、古巴、波多黎各的蔗糖总产量是 433000 美吨。1902 年，这一数字是 1127000 美吨。1919 年，这一数字增加到 5033000 美吨。[11] 不过，这一次，在很大程度上推动蔗糖需求的是北美消费者，而不是英国消费者——1900 年，美国的人均食糖消耗量是 65.2 磅。1930 年则增加到 109.6 磅。[12]

1898 年，美国、西班牙、古巴之间的战争结束了，古巴岛上的甘蔗地也已荒芜，很多的种植园在古巴独立战争期间被付之一炬。美国投资者迅速雇人耕种这些甘蔗地，给岛上的蔗糖加工厂投入巨资。虽然美国于 1902 年开始从古巴撤军，古巴总统埃斯特拉达·帕尔马已经就职，但美国仍在染指岛上各处的事务。古巴与美国签订了一个优惠蔗糖供应协议。同时，美国公司继续在古巴岛上收购土地。美国还插手古巴的外交事务，比如 1905 年干预古巴与英国的贸易谈判。[13] 在战争结束的最初几年里，古巴的政治动荡不安，暴力事件频仍。1906 年，古巴发生一场暴动，时任总统埃斯特拉达·帕尔马向美国求援，随后辞职。美国再次将古巴置于自己的保护之下，派遣当时的陆军部长，后来成为美国总统的威廉·霍华德·塔夫脱（William Howard Taft）担任古巴总督。1906 年，塔夫脱抵达后不久就被查尔斯·马贡（Charles Magoon）取代。1908 年末总统选举结束之后，何塞·米格尔·戈麦斯（José Miguel Gómez）于 1909 年 1 月就职，主权政府再次执政。然而，动荡仍在继续。1912 年，对竭力发出政治声音的非裔古巴人的短暂镇压产生了极大的影响。这些非裔古巴人中，有很多人是参加过古巴独立战争的老兵，曾经与岛上的白人并肩为国家自由而战。老兵佩德罗·伊沃尼特（Pedro Ivonnet）不仅是海地革命流亡者的后代，还是新政党古巴有色人种独立党（Partido Independiente de Color）的创始人。该政党建立于 1908 年，是西半球的第一个黑人政党。[14] 很多人认为，这是黑人控制古巴岛的第一步，这种说法与之前的"梯子密谋"如出一辙，表现了古巴对种族战争根深蒂固的恐惧——虽然非裔古巴人大约占古巴总人口的 30%。这个政党呼吁给有色人种提供更多机会，结束种族歧视。在当时的古巴，很多白人信奉盛行于美国与欧洲的"科学的"种族理论，认为白人是最高等的人种，而黑人则绝对是最低等的人种。在这种背景下，结束种族歧视是一件非常困难的事情。有人还用这类伪科学来为欧洲国家占领大部分非洲及压迫美国南部的非裔黑人辩解。失望之下，伊沃尼特带人最后发动了一场武装抗议，遭到了不到十年前也许曾经和他们并肩战斗的人们的镇压。美国督促古巴镇压这次叛乱。戈麦斯调动了军队。1912 年 7 月 18 日，伊沃尼特被杀。后来，政党遭解散，不过，这是在又屠杀了 2000~5000 名叛乱者之后发生的。[15]

虽然古巴发生的事情极具戏剧性，但是这一地区的动乱一直广泛存在，因为蔗糖劳工不满于他们的低工资和劳动契约的盘剥性质——这种抗议往往遭到野蛮镇压。1902 年，在苏里南，24 名劳工被杀——他们的尸体被扔入一个大坑中埋掉——起因就是双方因马林堡（Marienburg）蔗糖工厂的低工资产生了争执。1905 年，德默拉拉的甘蔗种植园也因为工资太低爆发了骚乱。骚乱从田里的甘蔗收割工扩展到首都乔治敦（Georgetown）的码头装卸工，后来甚至还延伸到电车乘务员。大约在 11 月 30 日，这种紧张关系达到高潮，出现了大规模的公开示威。不过这种势头没有继续下去，因为基本生活的需要迫使他们回去继续做工。但是，当局已开始关注劳工的报酬问题，并且注意到贫苦劳动阶层那恶劣得令人吃惊的生活条件：缺少下水设施、过度拥挤、疾病横行。没能认真解决这些问题也是劳工愤怒的一个因素。[16] 几年之后的 1913 年 3 月，玫瑰厅种植园（Rose Hall plantation）有 15 名印度劳工因为抗议种植园主不遵守承诺、不允许他们在节日里休息而被杀害。[17]

/ 231

即使到了 1900 年，穿越巴拿马地峡的铁路虽然已经建成，但人们在很短时间内乘船从大西洋进入太平洋的梦想仍旧没有实现。之前，美国曾经半心半意地考虑在巴拿马，还有尼加拉瓜修建一条运河。不过，将这个项目进行下去的却是法国人。受苏伊士运河成功开凿的激励，费迪南·德·莱塞普斯（Ferdinand de Lesseps）认为，在美洲完成一个类似项目是水到渠成的事情。然而，他的运河开凿计划却遭遇了美国的愤怒。最后，莱塞普斯想尽办法，小心翼翼地从哥伦比亚那里获得了开凿特许权——巴拿马当时是哥伦比亚的一部分。美国先前曾经与哥伦比亚就类似项目进行过磋商，但没有任何结果。然而，任用这个法国人开凿运河的消息传到华盛顿之后，欧洲入侵的说法甚嚣尘上，认为这将威胁美国的安全。1880 年春，总统拉瑟福德·B. 海斯（Rutherford B. Hayes）在参议院发言时说，"我们国家的政策是运河要由美国来控制，"他宣布，"美国不能同意将控制权交给欧洲的一个国家或几个国家。"[18] 1881 年，海斯总统任期即将结束，美国没有采取任何行动阻止莱塞普斯，当时他已经筹集了启动这个项目的资金，并在那一年开始动工。然而，这位法国工程师无法与大自然的力量相抗衡。数千劳工死于铺设铁轨的艰苦劳动，更多的人死于开凿穿越地峡的几近徒劳的苦役。相较于巴拿马茂盛的热带植被、倾盆大雨、没完没了的泥石流、极易传播黄热病的蚊子，红海平坦、干燥的运河河口对于工程要"友好"得多。1889 年，项目破产，被迫停工。

虽然如此，开凿运河的想法并没有彻底破灭。世纪之交，在美国国会的走廊里，经常可以听到将那位法国人没完成的项目继续下去的低声交谈。一些政治家反对在如此靠南的地方修建运河，倾向于选择距离美国近一些的地方，比如在尼加拉瓜或哥斯达黎加。然而，培雷火山喷发之后，人们改变了看法，因为他们意识到，这两个国家都是火山高发地区，会给未来的运河带来风险。另外，那位法国人在巴拿马修建运河失败之后，留下了大量的建筑材料。[19] 1902 年，美国花了 4000 万美元从莱塞普斯手中购买了剩下的资产，但仍需要获得哥伦比亚政府的项目许可。在双方签署的《巴美条约》（Hay-Herrán Treaty）中，美国获得巴拿马运河 99 年的租约，除了一次性向哥伦比亚支付 1000 万美元外，每年也需支付租金 250000 美元。但是，在哥伦比亚议会议员们的条约审核过程中，支付金额成了争论的焦点。他们意识到，美国支付的有关这块土地的金额远远低于他们购买法国人那些生锈设备所支付的数额。议员们以 24∶0 的表决结果，一致否决了这款条约。[20]

/ 232

愤怒之下，美国开始从巴拿马物色合适人选，怂恿对方带领支持分裂的巴拿马人起来"革命"。这是美国干涉中美洲事务一系列事件中的第一件大事。美国找到了曼努埃尔·阿马多尔·格雷罗（Manuel Amador Guerrero）。后者后来成为巴拿马的首任总统。1903 年 11 月 3 日，在驻留港口的美国战舰，以及一家不愿运送哥伦比亚军队的铁路公司的压力下，巴拿马共和国宣告成立。很快，美国承认了巴拿马共和国。11 月结束前，美巴签署的一份新合约让美国获得了想要的东西：以很低的价格获得了巴拿马运河区的控制权。

当时，西印度群岛的蔗糖行业持续衰退，就业机会很少。对于这些岛上的居民来说，来运河项目干活是一件颇具吸引力的事情。报酬看起来不错，劳动合同往往还承诺提供免费膳宿。数千英属西印度群岛居民签了协议。在修建运河的十年里，即 1904~1914 年，仅仅从牙买加、巴巴多斯前来寻找工作的劳工就有大约 40000 人。[21] 针对巴巴多斯，1905 年，巴拿马运河组织委员会（Panama Canal Agency）在布里奇顿设立了招工处。此后的三年里，大约有 10000 人从那里登上开往加勒比海岸科隆港的船只。人口统计数字表明，1921 年，巴巴多斯从十年前的 171983 人下降到 156312 人。[22] 巴拿马还从其他地方招募劳工，其中包括地中海南部。1906~1908 年间，大约 12000 人抵达巴拿马，虽然他们要求——也得到了——高额薪水，但是很多人极易染上黄热病。而且和先前项目类似的是，他们的工作异常艰苦，危险性很大，在家信里没有抒写任何兴奋之情。这些工作往往需要全身心投入——驯服散发着恶臭、雨水不断、疾病丛生的丛林是一件极为艰难的事情。很快，欧洲人不再大批涌入。

虽然如此，西印度群岛的劳工还是源源不断地涌入。这些劳工不仅来自英属岛屿，还有来自法属殖民地的。1905 年，664 名马提尼克人乘船前往巴拿马。不过，船靠岸时，大约 140 名劳工不愿下船，因为他们听到一则传闻："开凿地峡的运河劳工受到了虐待。"警察闻讯出动，大约 50 名抗拒下船者跳入大海。后来除一人被淹死外，其他人都被救起。[23]

前往运河区的不仅有男人，还有女人。西印度群岛的人们坚持自己的传统，很多女人去那里做饭或照顾家人——一些男性劳工只有在同意偕带妻子儿女时才愿意前往巴拿马。1906 年，美国工头担心一批来自马提尼克岛的大约 280 位女性怀有"不道德的目的"。然而，后来经过警方的密切监视，发现她们"勤劳、温和、诚实，完全符合西印度群岛相应阶层女性的道德标准"。[24]

运河区艰苦的工作条件，再加上很低的薪水，不可避免地引发了愤怒和不满。英国领事克劳德·马利特（Claude Mallet）在写给外交大臣兰斯道恩侯爵（Marquess of Lansdowne）的信中，解释了一起暴力事件的原因：运河项目最初给牙买加劳工的承诺是良好的食宿条件，外加每月 14 美元的黄金。然而，那批劳工抵达之后，发现事实不是那么回事。支付给黑人劳工的是银币，而支付给白人上司的是黄金。上述暴力事件发生在 1905 年 4 月 27 日。当时，工人们照例排成单行进入餐厅，准备吃早饭，然而，"那天餐厅出了很多问题，耽搁了很久，导致很多工人都吃完了，还有很多工人刚开始吃。结果是，工地 12 点 30 分要求工人回去干活时，那些还没有吃完早饭的工人拒绝离开他们的棚屋"。据马利特说，当时有很多相互矛盾的说法。事情发生的真实情况是，一名警察欺侮了一个劳工。当后者和那位警察理论时，有警察动手打了他。当警察们离开餐厅时，一块石头打中了一位警察。很快，警察们亮出了刺刀，并开枪射击。一些工人逃往座堂广场那边的运河管理中心，想去那里躲避和申诉。在冲突中，21 名牙买加劳工受伤。英国领事宣称，这件事"表现了美国政府对雇用的英国国民的武装暴力的野蛮"，"引起了各阶层的极大愤慨"。[25]

来自美国的监工和主管人员也怀有与美国国内种族歧视制度相关的偏见。马利特在给英国外交部的另一封信中解释说，"我必须通知阁下，这里的大多数美国人——尤其是那些职位不高的美国人——表现了一种对牙买加黑人的极度轻蔑"。[26] 1906 年，该项目的首席工程师约翰·史蒂文斯（John Stevens）告诉美国参议院的一个委员会，"那个岛上的黑人是一群怪异的家伙。他们中的绝大多数人，呃，没什么长远的想法"。他说，如果给他们支付高工资的话，他们下个礼拜就不来上工了——他们要等到把钱花光后，才会回来——对于这一点，来自亚拉巴马州的参议员约翰·泰勒·摩根（John Tyler Morgan）说，"那边到处是和我国黑人性格完全一样的黑人'实物教材'……他们一周只愿意干两天活，其他几天就那么闲着"。[27] 斯蒂文斯说："我看到的普通黑人劳工和身边的黑人铁路劳工至少可以顶两个岛屿黑人用。"[28] 这就是当时白人对在运河工地上干活的黑人劳工的态度。虽然如此，对于一些来自西印度群岛的劳工而言，忍受这些不适和羞辱也算值得，因为，仅 1910 年一年，巴巴多斯劳工带回岛上的收入就达 80000 英镑。很多人用挣来的这些钱购买土地，很快岛上的物价开始上涨。[29] 牙买加人回家后，被家乡人称为"科隆人（Colon men）"，到处炫耀自己挣来的钱。[30] 对数千巴巴多斯运河劳工来说，1914 年巴拿马运河的通航，意味着他们要回到岛上不确定的经济形势中。然而，另外一些人选择继续留在巴拿马——当时，他们在那里已经有了儿女——希望能继续找到工作。

今天，观看船只通过巴拿马的米拉弗洛雷斯水闸（Miraflores

locks），是件令人叹为观止的事情：电力驱动的引擎升起巨大的船闸，就像蚂蚁举着西瓜。船只可以回旋的空间几乎不到一厘米，因为 33.5 米宽的水闸比船仅宽一点。驶过一系列水闸后，轮船回到海平面，驶入太平洋的怀抱。如果船只反向而行，还需要行驶差不多 50 英里，至少花费 8 个小时。在西班牙征服者巴斯克·努涅斯·德·巴尔波亚（Vaso Núñez de Balboa）成为第一个穿越巴拿马地峡的欧洲人大约 400 年之后，经历了宏伟的梦想、多次失败、耗费 4 亿美元、搭上数千条人命，连接东西方的海上枢纽终于完工。

*

1923 年，数千美国人随着红极一时的旋律《是的，我们没有香蕉》（*Yes, We Have No Bananas*）跳舞。《是的，我们没有香蕉》是一首新奇的歌曲，缘于美国民众对这种水果与日俱增的喜爱。美国的香蕉进口量稳步增加，批发总值从 1871 年的 25 万美元增加到 1911 年的 1240 万美元。[31] 16 世纪，和蔗糖一样，很多品种的香蕉和大蕉从新几内亚装船运往各地。要想长得好，香蕉树必须有稳定的气候、充沛的降雨。它在东西半球的热带地区都有种植。数十年来，人们一直在大蕉可以生吃之前就将它摘下来炒着吃。它是奴隶的一种主要日常食粮。香蕉味道比大蕉更甜，摘下来剥皮后就可以食用。然而，可怕的巴拿马病害经常给这种作物带来致命打击。中美洲、古巴、牙买加等地蕉农将所剩无几的香蕉装船，卖给期盼已久的美国消费者。据说，《是的，我们没有香蕉》就是在这种极为短缺的状况下诞生的。不过，有人很快培育出了抗病的香蕉品种。美国的香蕉进口量大增。

19 世纪后期的一段时间里，商船经常驶往中美洲，从长期生活在海边的"加利福纳人（Garífuna）"（指的是黑皮肤加勒比人中的黑人和梅斯蒂索混血后代）手里采购香蕉，然后卖往美国。1880 年代，形势很明朗，这种简单食物的利润提高。[32] 和从热带经过漫长旅途抵达寒冷的美国港口的神奇香蕉船一样，人们觉得香蕉是一种神秘的异国水果。1882年，《纽约时报》(New York Times) 的一篇文章描述了一条船在纽约东河第14号码头卸货的情景："一些身穿花格羊毛衫、身体硕壮的年轻人站成一行，从舱口接递这种水果。女人们带着篮子，还有水手、各种闲人涌向每艘船从船头到船尾的整个甲板。一艘纵帆船 (schooner) 的舱门刚一打开，这种水果的清香便扑鼻而来。"[33]

类似情景也发生在加勒比地区。1940年代，一位登上危地马拉巴里奥斯港 (Puerto Barrios) 的女性这样记述：

> 魁梧的黑人和矮壮的印第安人只穿着很少的工衣，喊着欢快的号子："抬起，伙计，抬起，抬起，抬起，伙计，抬起，伙计。"他们毫不费力地扛着大把香蕉，健硕的躯干像光滑的锦缎一样闪着亮光。香蕉装载机就像科尼岛 (Coney Island) 上的摩天轮，在不停地上下转动。它小心地将香蕉放到甲板上。接下来，需要搬运工耗费极大的体力将香蕉搬到下面经过冷却处理的货仓里，并摆放在合适的位置上。[34]

很快，美国规模较小的香蕉出口商不是组织在一起，就是被收购。不久，一家名为"联合果品公司 (United Fruit)"的波士顿企业逐渐成为市场的领导者。[35] 联合果品公司开始在中美洲的加勒比海沿岸建立种植园。大概在1902年，它于古巴开展业务，当时美国资本已经开始流入这个岛屿，建立了橡胶和甘蔗种植园。联合果品公司不是一家普通公司。不久，它成为一个代表美国利益到处伸手插脚的组织，在中美洲陷入一系列外交风波。很多讲西班牙语的人称它为"章鱼 (el pulpo)"。这是美国逐渐强化的帝国主义政策的第二个层面。表面上，联合果品公司这样的企业是商业利润驱动的非正式帝国的一部分。实际上，美国这样的国家是依靠商业来拓展影响力，而不是动用武力对其他国家进行控制。如果商业利益受到威胁，它们就会用炮舰来解决争端。而大英帝国一直在运用自由贸易的"帝国主义政策"。[36] 同样，美国很快发现，虽然这种做法看起来资金投入少，操作简便，但实际上这种非正式帝国很可能问题多多，代价不菲。没过多久，随着政府和商业界限的模糊，美国开始借口"保护"自己的利益，在军事和政治层面上进行干涉，这让它与加勒比地区各国的关系更加复杂。

联合果品公司在剥削劳工方面也很精明。它与中美洲劳工的关系不大好。该公司竭力将小型的香蕉种植户从他们的土地上赶走，或者让他们陷入无利可图的境地，最终欠下公司的债务。这样做的结果是，很多人对联合果品公司怀有敌意。再加上该公司很多主管不会讲西班牙语，让问题更为糟糕。因此，该公司需要迫切地从西印度群岛中的英属岛屿上雇人。他们在中美洲的英属岛屿和古巴雇用了很多人。这些人巴不得为这家公司效力，因为岛屿上的就业机会不是很少，就是薪水太低。在 20 世纪最初的二十年里，英属西印度岛屿上的居民，即后来的海地人，纷纷前往当时经济形势最好的岛屿古巴岛做工。1910~1929 年间，大约 217000 名海地人和牙买加人移居古巴。[37] 能识字、讲英语的牙买加人往往能够获得电工、装卸工这种职位，而不是甘蔗收割工、香蕉采摘工，而女性则给监工和主管当用人。1930 年代初，从英属西印度岛屿前往古巴做工的大约有 65000 人，其中 25000 人在监工或主管的家里当用人，15000 人在技术行业中工作。[38] 同时，那些不识字、讲克里奥尔语的海地人被送到甘蔗地里干活。当有关他们恶劣待遇的消息传回海地后，海地政府在 1928 年 7 月颁布法令，禁止国民前往古巴工作。[39]

英属西印度岛屿也成为大批中美洲劳工打工的地方。在那里，讲西班牙语的本地人与外来移民间的关系一直很紧张——这种紧张关系无意中有利于联合果品公司。一个美国游客说："有人听说，虽然巴里奥斯港［危地马拉］有很多黑人，但他们只集中在这些海港城镇。这个国家极不欢迎他们。"[40] 当然，这种敌意意味着双方不大可能联合起来进行罢工，这使得劳工队伍在香蕉出口量大幅攀升时期服从于雇主。1913 年，联合果品公司在全球市场上占据了领先地位，运输和卖掉了大约 1100 万串香蕉。[41]

1927 年，中美洲加勒比海沿岸形成了一个英属西印度岛屿移民共同体。仅在哥斯达黎加利蒙港（Port Limón）就有 20000 名黑人，占利蒙总人口的 55%。[42] 然而，哥斯达黎加、洪都拉斯和危地马拉日渐抬头的民族主义和种族歧视对上述移民群体形成威胁。很多中美洲国家的领导人屈从于联合果品公司的要求，这种民族主义和种族歧视继续向南方的香蕉种植园蔓延。1928 年发生了一件臭名昭著的事件，哥伦比亚派军队镇压了加勒比海附近马格达莱纳地区（Magdalena）谢纳加城（town of Ciénaga）的罢工。军队向罢工的劳工开枪，虽然劳工死亡人数一直不确定，但估计在 9~3000 人之间。

另外，很多拉美国家这时候在改变或强化其国家身份和国际身份。一段时间内，它们竭力将黑人元素排挤出它们的身份认同。在中美洲的一些国家，国家主义居然转向西班牙传统、白人元素，甚至玛雅人的历史，而完全没有意识到当前形势的变化——尤其是很多黑人劳工已与中美洲女性结婚生子——而这也是促使中美洲居民和英属西印度岛屿移民对立的另一个因素。并不是所有西印度群岛居民都去了中美洲或南美洲。西印度群岛的一些岛屿上也存在香蕉生意。例如，牙买加就有香蕉种植园，虽然规模不是很大。当地没有与联合果品公司签订供应协议的种植户可以稳稳地占据英国市场份额的 75%，因为法伊夫斯出口公司（Fyffes export company）竭力阻止联合果品公司在牙买加岛开展业务。[43]

*

1910 年，和其他人一样，一个年轻的牙买加人离开牙买加岛，去利蒙港给联合果品公司打工。大约就在马库斯·加维（Marcus Garvey）

抵达哥斯达黎加当计时员时，来自英属西印度岛屿的劳工与联合果品公司的主管发生了一场争执。哥斯达黎加政府对香蕉征收每串 2 美分的出口税，联合果品公司将这一损失转嫁到劳工身上，将他们的日工资从 85 美分降到 75 美分。这似乎还不是尽头，牙买加劳工要求 8 月 1 日不上工，庆祝标志废除奴隶制周年纪念的解放日（Emancipation Day）。然而，联合果品公司的回应是，将 600 名工会成员开除出种植园，永不录用。同时，公司派人到圣基茨岛招聘劳工，哥斯达黎加已没有足够的劳动力来弥补空缺。虽然他们招到了足够的劳工，但是当这些劳工抵达哥斯达黎加的种植园，发现自己比其他西印度群岛劳工日工资低 10 美分后，极为不满。[44] 11 月，圣基茨劳工也开始抗议。不过，在 12 月底之前，联合果品公司和哥斯达黎加当局将这件事平息了下去。

第二年，具有政治头脑的加维不失时机地划办了一份双语报纸《国家》（Nation/La Nación）。这份报纸与当地的《时报》形成竞争关系，双方经常打笔仗。《国家》存在时间不长——报社的印刷室失火，一份报纸也没有留下来。不过，加维和同事很快引起了当局的注意。加维的印刷室被烧毁后，《时报》的一则新闻说，锡基雷斯（Siquirres）[附近的一个城镇] 听到消息，据称"马库斯·奥里利乌斯·加维已经死了，并已入土。可怜的人！他被自己印出的那堆垃圾的臭味给熏死了"。[45]

虽然开局不利，但是加维继续努力，成为那个时代最有影响力的黑人思想家之一。他的命运大起大落，令人唏嘘。1911 年，加维离开利蒙港，前往巴拿马，想在来自英属西印度岛屿的运河劳工集中生活的博卡斯德尔托罗（Bocas del Toro）创办一份报纸，可是糟糕的健康状况作祟，他最后不得不返回牙买加。1912 年，他造访英格兰，1914 年再次返回牙买加。同一年，他成立了全球黑人进步协会和非洲人社团（最高）联盟 [Universal Negro Improvement Association and African Communities（Imperial）League，UNIA]，呼吁黑人团结。这一组织属于联谊性质，通过开展辩论和文学方面的活动，促进黑人的继续教育和自我提升。

虽然绝大多数牙买加人都具有非洲文化传统，但他们之间有明显的等级区别。白人等级最高，黑人等级最低。一个人的肤色越黑，越难成功。虽然加维奔走呼吁，肤色较浅的黑人应该在"全球黑人"共同传统的旗帜下团结起来，但这一想法无法获得肤色较浅的中产阶层的支持。而且，他还不断受到媒体的批评和抨击。[46]

愤懑之余，他再次离开牙买加。这一次，他去了纽约。哈莱姆区（Harlem）既是大批非裔美国人的集中地，也是很多牙买加人和西印度群岛人的聚居处。后来的事实证明，这里是实现他愿景的一片沃土。很快，加维将 UNIA 扩展为一场声势浩大的运动，创办了报纸《黑人世界》（Negro World）。后来，他卖掉了原打算与高档的白星航运公司（White Star Line）相竞争的黑星航运公司（Black Star Line）的股票。他还针对在大约一个世纪前的 1820 年，即美国殖民协会（American Colonization Society）购买了非洲西海岸的一些土地后，一些自由黑人曾经移居利比里亚的情况，提出了一个重新开启非裔美国人定居利比里亚的计划。很快，他开始与利比里亚政府磋商，为这一方案筹集资金。UNIA 在美国各地建立了很多分支机构。加维不断在各地进行巡回演讲。他甚至于 1921 年回到中美洲，不过，他不得不安抚联合果品公司和当地政府，让他们相信他不会带来麻烦。[47] 在他去过的地方，更多的 UNIA 分支机构纷纷建立起来：古巴的英属西印度岛屿居民建立了 52 个，巴拿马建立了 47 个，哥斯达黎加建立了 23 个，洪都拉斯建立了 8 个，危地马拉建立了 3 个。[48]

加维很快成了英国和美国政府严密关注的对象。它们发现，加维依旧是一个令人很不放心的人物。实际上，这个时期的美国国务卿罗伯特·兰辛（Robert Lansing）曾经警告美国有关部门，如果加维不立刻停下来的话，他的行为将让美国"重蹈法国人在海地的覆辙"。[49] 1921年，英国内阁收到一份有关"革命运动"的秘密月度报告，该报告称

"遗憾的是，有色人种员工的工会组织越来越严密，马库斯·加维这类煽动者［原文如此］在大声批评白人统治，鼓吹民族自决理论……已成为不可等闲视之的因素"。[50] 甚至在这之前，1919 年在华盛顿、芝加哥发生的骚乱也足以引起伦敦的担忧。1919 年，英国内政部一份题为《黑人的动乱》的秘密报告称："现在的形势看起来很明显，骚乱不是种族歧视的偶然结果，而是煽动分子对全国各地黑人群体鼓吹社会主义平等思想的初期结果。"[51] 该报告讨论了最近发生在英属洪都拉斯和牙买加的骚乱，最后的结论是，引起这些骚乱的原因是劳工对工作任务的极度不满。但是，它也提到，"可以肯定，美国的各种黑人组织不会放过英属殖民地"。文中还提到了一些黑人出版物和杰出的组织者，包括加维。

/ 240

没过几天，美国就准备采取严厉措施。1923 年，加维被指控涉嫌联邦罪中的邮件欺诈。他被囚禁了 3 个月。这时候，UNIA 岌岌可危——不少账单逾期，加维与利比里亚合作的黑人返回非洲计划也停顿下来。1925 年，他再次被捕。1927 年，他刚一出狱，就回到英格兰，然后去了牙买加。这一次，他受到了人们的热烈欢迎。1929 年，他建立了这个岛上的第一个政党，即"人民政党（People's Political Party）"，不过，他和当局龃龉不断，又在监狱里度过了一段短暂的时间。此后，他在国内的受欢迎程度开始下降。

在接下来的几年里，他的立场总是和西印度群岛的黑人、非裔美国人的主流意见相左——他不支持他们组织的罢工，他提出的美国黑人返回非洲的想法与当时的知名黑人领袖的理念背道而驰，他的支持者发现他关于海尔·塞拉西（Haile Selassie）的态度前后矛盾。加维先前热情支持埃塞俄比亚领袖拉斯特法里（Ras Tafari）[①]，说他是黑人精神上的救

---

① 即海尔·塞拉西，"Ras"在阿姆哈拉语中意为"首领""Tafari"是他继位前使用的名字。塞拉西一世是埃塞俄比亚末代皇帝，于 1974 年被政变的陆军部队逮捕，次年于拘禁中死去。

世主。然而,1935年意大利入侵埃塞俄比亚时,海尔·塞拉西临阵脱逃,这引得加维对他大加批评。不过,很多人将这场战争看作全世界黑人团结在一起的集结号。加维对塞拉西的不满让他失去了更多的追随者。1935年,在伦敦羁留期间,他发现年青一代的加勒比知识分子,如特立尼达人乔治·帕德摩尔(George Padmore)、C. L. R. 詹姆斯(C. L. R. James)公开反对他,并在社交上排挤他。在1940年去世之后,他的影响力进一步衰退。[52] 然而,他关于黑人自尊、团结的呼声并没有受到多大影响。后世将从新的意义上认识和理解他的启示。

*

在1914年第一次世界大战开始之际,很多英属加勒比人将心中对母国(mother country)的嫌隙和不满放在一边。1915年,英国西印度兵团(British West Indies Regiment,BWIR)成立。人们积极入伍,有的是出于爱国情感,有的是出于对薪酬待遇的向往,有的则更看重这场战争的政治影响,希望一场正义战争能够促发一些改革。最后这个兵团自称招募了15600多人。然而,1916年3月,一艘将新兵运往英国的运兵船在海上遭劫,被迫改变航向,驶往新苏格兰的哈利法克斯(Halifax)。那艘船以及船上的一船人不适应加拿大残冬的寒冷。很快,一些人被严重冻伤,后来不是死亡就是截肢。这一消息辗转传回西印度群岛后,很多人开始对报名应征一事谨慎起来。如果说哈利法克斯事件没有让岛上的年轻人彻底打消参军念头的话,那么,来自前线朋友或家人的消息做到了这一点。很多英国西印度兵团士兵参军之后,被派到了远离前线的后方,工作是挖电缆沟,甚至还包括清理厕所。面对这样一场全球战争,一些西印度群岛士兵所做的工作和勤务兵没有什么区别。[53]

虽然英国最高指挥部的一些人认为,来自殖民地的黑人臣民不适合执行杀戮欧洲白人的任务，不过，很多西印度兵团士兵还是参加了西线作战。两个营被派往巴勒斯坦和约旦战场，很多营被派做后勤工作。战争即将结束时，很多英国士兵获得了将近50%的加薪，而西印度兵团士兵什么也没得到，因为他们被视为来自殖民地的"土著"。[54] 这催生了第9营士兵的兵变。他们攻击了白人军官，抗议这种赤裸裸的歧视。当一些士兵拒绝执行命令后，陆军部决定解散整个兵团。一些参与兵变的人被关进监狱，一个士兵甚至遭到行刑队枪决。[55] 在战争结束时，共有1256名西印度群岛士兵战死，697人负伤。

不过，加入英军作战的西印度群岛士兵不是唯一参加"一战"的西印度群岛人。法国殖民地瓜德罗普岛也有人参加了这场大战。在11021名应征者中，大约1470人战死欧洲。[56] 战争爆发初期的几年里，美国大力加强了其单方面划定的势力范围周边的安保力量。美国有意将德国排挤出加勒比地区，因此，美国在参与欧洲战事的同时，在1917年购买了丹属维尔京群岛。美国还出价2500万美元，购买了圣托马斯岛、圣克罗伊岛、圣约翰岛。这几个岛屿加在一起，大约有27000人。后来美国派观察员登上这些岛屿，发回的报告不太乐观。报告说，这些岛屿面临很多问题，需要"从基础上改善目前的条件……尤其是下水、卫生、民众道德、财务，等等"，问题"很多很严重"。[57] 在邻国看来，美国直接出钱购买岛屿不是一个保障加勒比地区安全的必要、积极的做法，而是进一步的帝国主义扩张行为。然而，维尔京群岛居民希望美国的统治能带来社会改革，增加就业，实施普选制，结果却是他们直到1927年才获得公民权。十年前，1917年3月2日颁布的《琼斯—沙弗洛斯法案》（Jones-Shafroth Act），为波多黎各居民赋予了公民权，同时也让这些新美国人有资格报名参军——这是一个"幸运"的时间点，因为接下来的一个月，美国即将参加第一次世界大战。

邻国对美国购买上述岛屿的不满一直持续到"一战"结束后很长一段时间。这些邻国担心，只要某个岛屿被美国看上，它就要将其买到

/ 242

手。1933 年，牙买加《每日回顾》（*Daily Gleaner*）① 的一篇社论引起了一位美国官员的注意，他将这篇文章剪下来，寄到华盛顿。[58] 这篇文章报道了一则伦敦的传闻，有关西印度群岛圣安德鲁教堂（St Andrew's Church）每年一次的宗教仪式，声称美国将占领牙买加，以此抵消英国在战争中欠下的美国债务。这篇文章引用了"几年前丹麦的强烈抗议，坚持认为维尔京群岛……是丹麦不可分割的一部分，可后来丹麦政府还是将那些殖民地卖给了美国。那位牧师暗示，英国也可能做同样的事情"。这篇社论愤怒地说，"一些人，包括一些参议员，认为加勒比海应该成为美国的内水"，因为这可以巩固美国在巴拿马，以及在这个地区的地位。而且，这篇社论还指出，英国政府不会坐看这种事情发生，也不打算将这些殖民地卖掉。同时，它警告，"英属西印度群岛的舆论必须坚决抵制这种傲慢的想法……英国政府和美国政府的差异，如同东方与西方那样遥远。英属西印度岛屿愿意继续受大英帝国管辖，而不愿重蹈维尔京群岛的覆辙。后者的居民现在深陷贫困，问题多多"。

*

1929 年华尔街股市崩盘后，那句老话"美国打喷嚏，世界就感冒"显得尤其贴切。随着蔗糖价格大幅下跌，经济依然依赖食糖的西印度群岛受到了很大影响。而在此之前不可避免地经历了一段高速发展的繁荣时期。第一次世界大战期间，战争使得欧洲甜菜数量大减，增强了蔗糖的市场需求。在古巴，1912 年的糖价是每磅 1.95 美分，而到了 1920年，价格增加到每磅 23 美分。这一时期，美国投资者的资金大量涌入，人们争相买地，同时最大限度地压低岛上劳工的薪水。[59] 然而在经济危机初期，美国将注意力投向国内，对国内的甜菜糖生产商实施了关税

---

① 又译《拾穗报》。

保护，打击并排斥古巴产品。[60] 古巴的蔗糖价格从 1928 年的每磅 2.17 美元下跌到 1932 年的每磅 0.57 美元，[61] 短短三年，古巴的蔗糖产量从 1930 年的 467 万美吨下降到 200 万美吨。[62] 接下来的十年里，加勒比地区的很多人经历了一段困难时期，即使是那些不从事蔗糖生产的人也是如此。冲击效应让整个地区的薪水大幅减少，生活水平急剧下降。

　　大约同时，西印度群岛上的劳工开始组织工会。早在 1897 年，特立尼达岛就建立了劳工协会（Workingmen's Association）。1920 年，该协会拥有大约 6000 名会员。其他岛屿也纷纷效仿，往往是在一段动荡时期或罢工之后，建立了自己的劳工组织。[63] 这一时期，加勒比地区和中美洲存在共同的"可燃物质"：低工资，对体力要求极大的劳动，与劳动合同不符的恶劣生活条件，对那些视西印度群岛劳工如草芥的外国——主要是美国——公司的憎恨。历史学家奈杰尔·伯兰德（Nigel Bolland）认为，西印度群岛还有另外一个不满因素：之前参加"一战"的被解散后一直耿耿于怀的西印度群岛士兵。[64] 经历了战争的痛苦经历后，他们越来越意识到白人对西印度群岛人根深蒂固的歧视，那些白人认为这些岛屿及其居民一直生活在停滞的世界（social aspic）里，永远是那么落后。另外，在整个 20 世纪二三十年代，很多英属西印度群岛人去外面打工，了解了外面的世界。俄国革命让很多加勒比人兴奋不已，他们非常关心社会主义能给这些岛屿上的极度不平等带来何种改变。说到岛上的情况，很多殖民地的民众越来越愤怒，因为那么多人极度贫困，生活条件恶劣不堪，政府却熟视无睹，漠不关心。1930 年代，古巴、牙买加、特立尼达、波多黎各、苏里南、英属洪都拉斯、圣基茨、圣文森特、圣卢西亚、巴巴多斯、安提瓜、圭亚那等地多次爆发抗议和罢工。

　　之前的十年里，一些殖民地已爆发了大规模的工潮，如特立尼达、圣卢西亚、英属洪都拉斯和巴哈马，接下来的几十年中，形势的发展不仅更为猛烈，而且还给英属西印度群岛人注入了一种刺激感。[65] 当然，这种动荡正好与大萧条同时发生。不过，1930 年代还标志着奴隶制被废除了一百年（奴隶劳动的"学徒期"终结于 1838 年）。虽然马库斯·加维的声望日渐下降，但他的作品影响了很多人。人们对众多有色人种在国内外遭到的歧视感到越发愤怒。

虽然特立尼达岛和一些大岛上的劳工公开表达的不满引起了强烈反响，但点燃英属殖民地一系列破坏性罢工的却是英属洪都拉斯。1931年 9 月 10 日，一场飓风袭击了英属洪都拉斯，大约造成 1000 人死亡。这场灾害让本已不景气的木材行业更加萧条。当时，木材行业是那里的支柱产业。大多数伐木工人失业，其他就业机会寥寥无几。这时候，政府迟迟没有展开救灾工作。最后，人们等到的救灾举措是，令他们去公共工程建设工地做碎石等工作，或者排长队领取数量很少的大米。1934 年，洪都拉斯人走上街头，抗议这种悲惨处境。在安东尼奥·索贝兰斯·戈麦斯（Antonio Soberanis Gómez）的领导下，示威规模迅速扩大。戈麦斯建立了"劳工和失业联合会（Labourers and Unemployed Association, LUA）"。工会虽然在很多殖民地是非法组织，但是从 1934 年秋到 1935年，索贝兰斯·戈麦斯还是组织了一系列罢工运动。[66]

1935 年底，圣基茨岛、特立尼达岛、圣文森特岛、圣卢西亚岛、英属圭亚那发生了一系列罢工或抗议，促使一位美国观察人士认为，"西印度群岛民众的种族平等意识明显觉醒……黑人中出现了劳工煽动过程中曾提出的'权力意志'"。但是，这位美国人在暗示将来可能发生的事情时，也觉得整个背风群岛和向风群岛（Windward Islands）"可能存在有组织的煽动活动，而这种煽动活动很可能源自共产主义者或苏联"。[67]

与此同时，在巴拿马，很多背井离乡来到运河工地打工，以及在此之前修建铁路的劳工，在项目结束之后留了下来，即便这里工作辛苦，生活条件也不好。1930 年，巴拿马，包括运河区，黑人有 50000~90000人，已经形成了一个庞大的群体。[68] 巴拿马的英属西印度群岛移民问题很复杂：在这些劳工中，很多人与当地女性或西印度群岛女性有了私生子，这意味着他们的子女无法获得英国身份。巴拿马政权也感到这些人的问题很棘手，而英国公使认为这"纯粹是巴拿马的问题"。英国公使的报告接着讲道，"不但他们和他们的子女是一个人数庞大的群体，而且这一群体的规模增长很快……接下来的几年里，如果没有大规模的种族通婚，这个国家很可能成为一个西印度群岛人种占优势的国家，因此有理由担心有朝一日会爆发冲突"。[69]

在怎样解决数量众多的西印度群岛人问题上，经常引发纷争，就业和巴拿马民族主义这两个相互关联的因素起到了推波助澜的作用。1930年代，巴拿马设法禁止外国劳工入境。根据一则英国新闻报道，一个西印度群岛人爆料说："巴拿马工会故意把外来劳工从本地市场上赶走，他们用心险恶，想要挑起一场大罢工。"[70] 西印度岛屿上的那些总督很重视这件事，主要因为他们无力应对一大批回到家乡的失业人口。1933年，发往巴巴多斯的一篇新闻报道解释说："炎时间的经济不景气，让人们史无前例地将注意力投向这个国家里很多失业的西印度群岛有色人种。想要着手解决这个问题的不仅有政府，还有媒体——怀有敌意和种族对抗心理的一些报纸。这是一件很遗憾的事情。"[71] 不过，这个时候，很多西印度群岛人并无意离开巴拿马。

恶劣的生活和工作条件，俄国革命引发的政治气候的变化，进口食品价格的攀升，就业机会的缺少，共同对这个地区造成了很大影响。这些国内国际因素的碰撞、组合催生了很多次罢工。在一封寄往巴巴多斯的信中，圣卢西亚的一位官员抱怨说，圣文森特最近骚乱的根源是"意大利与埃塞俄比亚战争〔约 1935〕引发的黑人与白人之间的仇恨情绪，而当地那些极坏的煽动者又在这里精心策划，推波助澜"。[72] 1935 年 10 月，圣文森特首府金斯顿（Kingstown）爆发了一场骚乱。大约 300 名暴徒设法冲入立法会（Legislative Council）办公处，同时还伴随着抢劫行为。欧洲后裔，尤其是葡萄牙后裔经营的商店成了洗劫的

/ 246

目标，其中的部分原因是之前流传的一则食品店涨价的传言。实际上，据说批准这一涨价措施的提案正准备在骚乱那天提交立法会进行二次审议——这就是为什么公众要前往立法会抗议这项政策的原因。[73] 一份秘密的美国情报将这场示威活动归咎于失业、低工资，以及向风岛总督所说的意大利与埃塞俄比亚战争引发的"种族对抗"。然而，那位美国观察人士也感到，真正的威胁是"劳工队伍中的煽动活动"和"煽动性言论的传播"。[74]

几个星期之后，也就是 1935 年 11 月 4 日，圣卢西亚岛上的煤炭装卸工举行罢工，要求增加工资。在这之前，巴克利种植园（Buckley's Estate）爆发罢工，因为种植园将甘蔗收割工的工资从 1932 年的每吨 11 美元降到每吨 8 美元。罢工工人要求恢复到之前的水平。[75]

同一年，大约 300 名牙买加失业者前往金斯敦市长办公室门前举行抗议，要求提供工作和经济救济。岛上的美国领事对此不屑一顾。他在一份备忘录中说，被卡车撞伤的骡子应该就地开枪打死。这番话引起的影响比失业工人的骚乱还要严重。[76] 英国官员如果这么不当回事，就会出大乱子，因此他们不敢这样做。很多人一筹莫展，不知道怎样面对那么多愤怒的失业者。他们一般不愿强迫雇主们增加工资，往往是立刻派兵镇压。有人建议将失业者另外安置在某个殖民地，比如将这些罢工者送往甘蔗种植园缺少劳动力的圭亚那。英属圭亚那总督向巴巴多斯总督提出，他们虽然缺少西印度群岛劳工，不过在一些巴巴多斯人的印象里，英属圭亚那是一片热病丛生的沼泽，巴巴多斯人不愿意去那里冒生命危险。[77] 他认为，在收获季节，可以让那些群岛劳工去甘蔗田里收割甘蔗，就像他们在古巴和多米尼加共和国做的一样。然而，这一计划一直没有实现。

巴巴多斯即使不像其他岛屿那样发生过骚乱，也在 1937 年 7 月因为长期的失业问题出现了动荡的局面。这个岛屿的经济在相当长时间内一直依赖于蔗糖，蔗糖价格也因为大萧条受到严重打击。伦敦的蔗糖价格从

1923 年的每英担 26 先令下降到 1934 年的每英担 5 先令，而劳工工资始终徘徊在每天 1 先令左右，只能勉强糊口。[78] 几年后，巴巴多斯总督 E. J. 沃丁顿（E. J. Waddington）明确了他关于劳工迁移的态度，他说——呼应了先前支持劳工迁移的理由——"劳工人数超出了岛上能够合理支撑的上限"，超出的人数达 20000 人。当时岛上大约有 200000 人；1921 年岛上也有 156000 人，其实不存在劳动力短缺问题。[79] 沃丁顿说，劳工迁移是唯一"实用的解决方案"，他打算将至少 400 人迁往圣卢西亚。实际上，他觉得人口稀疏的英属圭亚那和英属洪都拉斯才是大规模迁移的"可能出口"，但是靠近巴巴多斯的圣卢西亚可能会吸引更多的自愿者。[80]

同样，巴哈马也发生了骚乱。巴哈马在美国禁酒时期经历了一段经济繁荣。1919~1933 年间，一些人将非法白酒走私到美国，同时，嗜酒的美国人可以去巴哈马合法地饮酒。这有力地刺激了巴哈马的经济，部分原因是巴哈马群岛距离美国很近，这些岛屿在存储白酒的同时，还销售自己酿造的朗姆酒。然而，随着 1933 年《宪法第十八修正案》遭废除，巴哈马的好日子过去了。类似的其他收入也没有了。海盐产业提供了这里仅有的为数寥寥的就业机会，而且薪水低得可怜。1937 年，南部的大伊纳瓜岛（island of Great Inagua）的盐场爆发了一场抗议活动。[81]

还有，这一时期的特立尼达岛，从甘蔗地、码头，到发端于 1912 年的石油行业，都爆发了抗议活动。石油工人希望通过罢工达到增加工资的目的。当警察试图逮捕罢工的组织者"巴兹"图鲍尔·尤赖亚·巴特勒（Tubal Uriah "Buzz" Butler）① 时，骚乱爆发了。另外的几批工人也加入了罢工行列。6 月 22 日，整个岛屿陷入瘫痪。总督调遣了两艘军舰，命令士兵镇压罢工引发的动荡。等到岛上秩序恢复后，参加罢工的工人中有 14 人死亡，59 人受伤，另外数十人被关入监牢。

同时，在牙买加，动乱仍在持续。蔗糖和香蕉劳工要求增加工资。

---

① "Buzz" 意为传播消息，暗示他鼓动能力很强。

虽然这些年里，牙买加罢工和骚乱不断，不过，引起英国政府注意西印度群岛劳工生活工作条件的是爆发于 1938 年的一场罢工。5 月 1 日，塔特莱尔糖厂（Tate & Lyle）的劳工举行罢工，抗议岛屿西南部威斯特摩兰区（Westmoreland Parish）的弗罗姆种植园（Fromeestate）的低工资。劳工阿尔弗雷德·弗朗西斯（Alfred Francis）告诉《每日回顾》记者："我们领到的工资根本不够我们生活；相对于要我们做的那种活，工资水平一点也不公平。"之前，公司说工作量很多，他们支付的薪水是每天四到五先令。冲着这个工资，很多人从岛上四面八方来到这里，为了有口饭吃。可是，和弗朗西斯一样，能够提供给他们的工作很少。第一个星期，只有两天有活干。第二个星期，只有一天有活干。[82]罢工的第二天，警察朝罢工工人开枪后，这种动乱变成了暴力事件，80 英亩甘蔗被烧为平地。那天上午，参加罢工的男女劳工有节奏地呼喊着口号："每天一美元"（大约 5 先令）。[83]现场的一位紧张得屏着呼吸的记者写道，"罢工者四下里奔跑，寻找任何能够拿到手里的东西——木棍……铁管、旧车轴……人群立刻失去了控制，变成了一股汹涌的暴力洪流"。[84]和所有其他罢工和相关骚乱一样，这场罢工和骚乱被暴力镇压了下去。不过，讲述这一事件的并不局限于牙买加媒体，殖民大臣威廉·奥姆斯比 - 戈尔（William Ormsby-Gore）不久被迫向下院作出解释。之后，政府组建了一个调查委员会，调查骚乱的起因。戈尔的继任者马尔科姆·麦克唐纳（Malcolm MacDonald）向内阁汇报说，这些事件"完全是……经济上的原因"，虽然他也将这次动乱归咎于其他潜在的问题，尤其是"相当大程度上由于阿比西尼亚（Abyssinia）事件引发的，现在业已发展得十分严重的，有色人种和白人之间强烈的种族对抗情绪"。[85]这场骚乱并不局限于甘蔗地，还向街道、码头蔓延——码头装卸工人的罢工开始于 1938 年 5 月 19 日。岛上美国领事编辑的一篇报道描述了 5 月 23 日发生在金斯敦的事情。

骚乱的蔓延速度令人吃惊。不到早晨 8 点，蜂拥而至的人们已经占领了街道。所有商店和办公室都已关门。工厂被侵占，工人们被迫离厂。电车也停止运行。市政公司的清洁工也加入了这场运动，街道上到处是垃圾。电话网络瘫痪。只有电力和饮用水供应正常运转。[86]

在大多数岛上，组织起来抗议的是黑人。特立尼达和英属圭亚那的情况一直是这样，但是印度劳工在罢工队伍中也占有相当大比例。实际上，促使英属圭亚那印度劳工参加示威的原因很多。1935 年，一个黑人甘蔗收割工的日工资是 1.39 美元，而做同样工作的印度劳工的日工资仅为 1.05 美元。黑人劳工的平均工资是每年 112 美元，而印度劳工则是每年 98 美元。[87]虽然特立尼达、英属圭亚那的一些印度劳工很早就参加了抗议活动，但是他们与黑人劳工之间长期的嫌隙仍然存在。这两大群体没有能够团结在一起。这一嫌隙后来发展成为严重的政治鸿沟。1930 年代后期，英属圭亚那爆发了大量冲突。

事实证明，这些罢工以及随之建立的工会，是这些岛屿走向独立的关键。英国政府缓解贫困的措施越是无力，人们想到的其他解决方案就越多，其中自然包括结束殖民统治。工会的发展也为建设必要的基本构造，即政党提供了有利条件。1938 年，律师亚历山大·布斯塔曼特（Alexander Bustamante）在牙买加建立了布斯塔曼特产业工会（Bustamante Industrial Trade Union）。布斯塔曼特后来成为牙买加的第一位总理。罢工结束后，很多罢工组织者和律师在回去工作的同时，还积极推进岛屿的独立大计。同时，伦敦的英国政府意识到事态已无法控制。针对罢工者所说的生活条件恶劣、工资很低的情况，政府在 1938 年派出了沃尔特·吉尼斯（Walter Guinness）、莫因勋爵（Lord Moyne）牵头的一个调查委员会展开调查。这些人立刻动身前往西印度群岛。就这样，罢工者让这些岛屿回到了帝国的版图上。

*

　　古巴同时也经历了一段动荡时期。1933 年，在独裁者格拉多·马查多－莫拉莱斯（Gerardo Machado y Morales）统治时期，哈瓦那爆发了一场参与者广泛的大罢工。很多城市纷纷效仿。参加这次罢工的主要是蔗糖行业的劳工。罢工期间，他们占领了糖厂，中断了生产。还有人攻击黑人劳工——其中包括非裔古巴人，因为他们一直被视为潜在的不稳定群体。在蔗糖行业繁荣时期，牙买加人、海地人曾经作为廉价劳动力被招募过来，但是经济不景气初期，对他们的敌意逐渐开始增多。在应对大萧条时，美国遣返了大批外来劳工。1931~1932年，美国遣返了波多黎各人和维尔京群岛人；1930~1933 年，遣返了牙买加人。古巴岛上的外来劳工被称作"布拉塞洛人（bracero）"，被看作对古巴日益形成的国家身份，或称"古巴尼达（Cubanidad）"的威胁。[88] 古巴对黑人的不信任——1912 年古巴有色人种独立党领导的暴动还萦绕在公众的记忆中——导致种族主义更为广泛地持续渗入官方的思维模式，最终导致了 1930 年代针对黑人的攻击。反对总统马查多的抗议活动遭到暴力镇压。最后，他无法继续控制形势。1933 年底，他离开古巴前往巴哈马。据说，出走时他带着 7 箱黄金。[89] 之后，总统如同走马灯似的换来换去。1933 年，卡洛斯·塞斯佩德斯（Carlos Céspedes）宣誓就职，然而，军人发动政变反对他。一批热衷于政治的青年学生拥戴的拉蒙·格劳·圣马丁（Ramón Grau San Martín）取代了他的职位，不过后者的任期只持续了四个月。接下来还是罢工、动荡，以及走马灯似的更换总统。1935 年，鲁本·富尔亨西奥·巴蒂斯塔·萨尔迪瓦（Rubén Fulgencio Batista Zaldivar），这位在军中爬到高位、参与过反对塞斯佩德斯暴动的甘蔗收割工的儿子，成为总统背后的掌权人。接着，仍是一系列傀儡总统先后登场。后来，军队开始终结这些罢工活动。政府实施了一些改革措施，其中包括在 1938

年正式承认共产党。1940 年，古巴通过一部新的宪法。在同一年进行的竞选中，巴蒂斯塔与格劳·圣马丁展开角逐，巴蒂斯塔后来取得了胜利。

*

在 20 世纪初期，在外部压力下，伊斯帕尼奥拉岛的两侧再次达成一种奇怪的联盟。这一次的联盟不是法国和西班牙利益较量的结果，而是由于美国：海地和多米尼加共和国发现，两个国家几乎在同一时间被美国海军陆战队占领。海地被占领的时间较早，是在 1915 年 7 月。独立了一个多世纪之后，海地当时面对着这位不速之客的军事存在和家长制作风已有将近二十年。从 1900 年开始，美国军队就以保护美国利益为名，多次短暂地登上岛屿。[90] 虽然海地的政治气候很复杂，往往让外来者莫名其妙，但这并没有阻止美国资本悄悄进入。1900 年，海地的政治纷争激化。到 1915 年，五年里换了 7 个总统。其中 6 个死于政敌之手。[91] 最恐怖的是 1915 年 7 月，一群愤怒的暴徒将总统维布伦·纪尧姆·桑（Vilbrun Guillaume Sam）肢解。事后不久，美国总统伍德罗·威尔逊（Woodrow Wilson）借口海地发生政治动乱需要保护美国利益，出兵海地。他未经国会投票就派出了海军陆战队。之前，一些美国企业参与了岛上的基础设施项目建设，包括电力和铁路。因为"一战"已经爆发，他还要考虑德国可能对这个岛屿的威胁——自从 19 世纪开始，一些德国商人陆续前往海地，在一些港口形成了他们的群体。美国人到来后，不但展示了军事存在，还控制了海关，将这个国家的债务问题掌控在自己手中，这与 1905 年美国在多米尼加共和国的做法如出一辙。[92] 在正式的军事占领之前，1914 年 12 月，美国士兵进入海地国家银行，攫取了价值 500000 美元的黄金，相当于现在的 1100 万美元。他们将这些黄金装上美国军舰马奇亚斯号护卫舰（USS Machias）。美国称，这笔黄金将用来偿还海地欠美国银行的借款，没有一个海地人敢阻拦美国海军陆战队的这种行径。[93]

美国海军陆战队于 1915 年到达海地不久，对美国顺从的菲利普·苏德勒·达蒂格纳夫（Philippe Sudre Dartiguenave）就职海地总统。很快，两国签订了一项协议。美国国务卿罗伯特·兰辛对这一安排感到不满意。他写信给威尔逊总统，批评这种"蛮横"行为，但同时，不得不接受"解决那个共和国盛行的无政府状态和混乱"的使命。[94]

美国海军陆战队改革了海地的军队，仿照美国陆战队的编制和训练方式组建了海地宪兵队。[95] 他们还着手在海地修建道路、桥梁，架设电话线，为发展商业创造条件：海地拥有丰富的自然资源，美国自然不能让这些资源闲置。这些工程动用了强制劳动——情况接近于奴隶劳动。很多海地人不甘于这样的命运，迅速起来反抗。在美军入侵之前，海地人对美国的敌意就与日俱增。因为不少海地农民被美国强行征去修建铁路。[96] 没过多久，美国士兵和岛屿北部一群被称作"盗贼（caco）"的农民武装发生冲突。结果，美国宣布进入戒严状态。[97] 抵抗队伍的领导人沙勒迈恩·培拉特（Charlemagne Péralte）、贝诺伊·巴特拉维耶（Benoît Batraville）持续召集人马，对抗美国士兵。两人分别于 1919 和 1920 年战死。虽然很多农民被杀，家园被烧毁，但战斗仍在继续。这时候，随着传教士、旅游者将美国海军陆战队的海地暴行和军事攻击的消息传向全世界，美军的对外军事占领遭到了美国国内外的一致谴责。甚至在 1920 年的美国大选中，海地占领问题已成为竞选的一个争论焦点。[98] 海地的反抗在 1922~1929 年间已基本得到平息。美军的占领仍在继续。然而，大萧条引发的经济问题让很多人陷入贫困，海地爆发了由青年学生和社会各界参与的罢工、罢课运动。1930 年，岛上的一位游客对海地的形势作出了严峻的判断。

　　我之前说这个国家贫穷，其实"悲惨"这个词更贴切……领导阶层对黑人（指的是穆拉托人）只有歧视，根本不给他们［农民］灌输信心。大约每两年，这些人所做的事情只是动用武力将他们从田地里赶走，加入一位将军针对另一位将军的革命。[99]

　　海地劳工的反抗最终导致了岛屿南部奥凯地区（Aux Cayes）的冲突。海军陆战队向愤怒的示威者开枪，12人被打死。[100] 要求美国结束军事占领的国际呼声迅速高涨。在美国，负责评估占领情况的福布斯委员会（Forbes Commission）建议撤军。1934年，美国军人离开海地，但是伤疤需要很久才能消除。前一年上台的新任美国总统富兰克林·D. 罗斯福（Franklin D. Roosevelt）清晰地阐述了前任总统赫伯特·胡佛（Herbert Hoover）提出的所谓"好邻居"政策。该政策试图缓解美国邻国中日益高涨的反美情绪。在务实的层面上，该政策包括从海地撤军，减少军事干涉，至少暂时如此。

　　一些海军陆战队队员——很多陆战队队员来自当时种族隔离制度盛行的美国南方——记叙了他们在海地的经历，有的人还将这些文字公开出版。书名类似约翰·休斯敦·克雷奇上尉（Captain John Houston Craige）的《食人表亲》（*Cannibal Cousins*），福斯坦·维尔库斯（Faustin Wirkus）的《戈纳夫岛的白人国王：海军陆战队中士在一个信仰伏都教的岛上被加冕为国王的真实故事》（*The White King of La Gonave: The True Story of the Sergeant of Marines Who Was Crowned King on a Voodoo Island*），内容往往是关于这座岛屿的刻板印象。[101] 虽然美军占领海地引起诸多争议，但是撤军后美国仍旧一直控制着海地的经济事务，直到1942年。[102]

　　多米尼加共和国也因为长期的权力争夺而动荡不安。美国海军陆战队入侵多米尼加岛并不比海地晚多少。对于这个国家来说，20世纪开局不利——1899年，独裁者尤里塞斯·厄鲁将军（General Ulises

Heureaux）被暗杀，拉蒙·卡塞雷斯（Ramón Cáceres）取得政权。1911 年，卡塞雷斯被暗杀。从那时起，和海地一样，多米尼加也走马灯似的更换了好几任总统，每个总统的任期都不长。1915 年，美国总统威尔逊注意到 1905 年岛上关税收入的变化，要求多米尼加再次将海关收入交给美国。这一次，提议遭到了多米尼加的强烈抵制，被多米尼加议会否决。第二年，美国海军陆战队登陆。因为无法找到一个合适的傀儡总统，于是美国宣布戒严，陆战队士兵逼迫当地人到他们的基础设施施工地上做工。美国的一个目标是，架空多米尼加政府和军方对岛屿的控制。因此，和海地一样，美国海军陆战队在多米尼加训练了一支叫作"国民警卫队（Guardia Nacional）"的军队，用以巡逻边境，镇压政治叛乱等。[103] 1920 年，是否继续占领多米尼加共和国，逐渐成为美国总统选举辩论的一个重要话题。因为多米尼加形势稳定，所以，1924 年海军陆战队接到了撤离的命令。不过，和海地一样，美国也没有迅速放弃对多米尼加海关的控制，一直持续到 1940 年。

在美军占领期间，出身劳工阶层的多米尼加青年人拉斐尔·莱昂尼达斯·特鲁希略·莫利纳（Rafael Leónidas Trujillo Molina）参加了国民警卫队。在美军撤离岛屿之前，他迅速获得多次晋升。事实证明，他还是一个狡猾无情的政客。1930 年，他操纵选举，当上了总统，巧妙地再次将这个国家的政治和军队结合在一起。他的欺诈痕迹很明显：最后计得的票数超过了合格投票人的数量。[104] 接下来，这个岛屿陷入了长达三十年的独裁统治。很快，特鲁希略给这个国家留下了印记。1936 年，他将国家首都起自 15 世纪的名字"圣多明各（Santo Domingo）"改为具有现代感——同时用于粉饰自己名字的——"特鲁希略城（Ciudad Trujillo）"。不过，相较于他的其他"政绩"，这可以说是他对民众最小的冒犯。他的统治以暴力、腐败、残忍闻名。

几十年前，海地的流动劳动力就开始陆续前往西属圣多明各西北部，在边界地带的甘蔗地里劳作。这种迁移甚至持续到双方互相占领对方领土，美国投资者开始在岛上兴建甘蔗种植园时期。长期以来，两国的边境线并不固定——多米尼加独立尚不到一个世纪。边境线两边的人们和睦相处，相互通婚，讲西班牙语和克里奥尔语。然而，特鲁希略和中美洲各国的其他总统一样，毫不顾及人口结构的现实，执意要让多米尼加的国家身份植根于西班牙白人传统。对于特鲁希略，不管他在岛上任何地方，眼前所见的尽是黑白混血的面孔，他会产生这种想法，显然是想象力太过丰富。和中美洲国家一样，这位多米尼加领导人也想忽视该岛屿的非洲传统——更不要说海地传统。在 1808 年的对法作战中，克里奥尔人希望回到西班牙的统治中，而不是联手海地人进行独立革命。虽然在独立之前的海地统治时期，他们对海地心存怨恨，但岛屿两侧都有非洲传统。双方的关系就像一个难解的结。海地人一般崇尚他们的非洲根源，这一点从他们的宗教习俗和文化活动可见一斑，而众多多米尼加人一般会从西班牙，而不是海地，更无论非洲，寻找他们的传统。

1937 年 8 月，特鲁希略决定前往边界地区。他经常骑马到偏远的地方，与各种背景的人交谈。在这个过程中，他绝口不提自己的下一个计划。1937 年 10 月 2 日，他在边境城市达哈翁（Dajabón）发表讲话。在讲话中，他说：

> 几个月以来，我走访和穿越了边境地区……我观察、调查和询问了当地人们的需求。有些多米尼加人抱怨他们中间的海地人搞破坏，偷走他们的牛、粮食、水果等，让他们无法安心享受劳动成果，我的回答是，"我会解决这个问题。我们已经开始应对这一形势"。[105]

他的应对之策就是屠杀。他派部队到西北边境和锡瓦奥地区（Cibao region），杀光那里的"海地人"。他还命令关闭边境检查站，断绝了数千海地人的逃亡之路。10 月 3 日，屠杀开始。很多想要逃到安全地带的人必须穿过"杀戮河（Massacre river）"。这条河得名于 1728 年西班牙军队与加勒比海盗之间的一场战斗。现在，这条河已成为暴力和血腥之地。不过，奉命杀人的士兵面临一个问题：怎样鉴别谁是海地人？他们使用了一个老办法。之前，特鲁希略在向海地人征收"移民税"时第一次使用过。他们让对方说"香芹（perejil）"或"剪刀（tijera）"。根据是，如果不能像西班牙人那样发出这两个词中"r"的读音，那么他或她就是海地人。

目标确定后，军人就奉命用刺刀刺，用砍刀砍，或者干脆用大棒将海地人打死——因为子弹只有军队才有，使用枪支会让外人知道那是军事行为，但是砍刀在理论上让人无法知晓行凶者的身份，大多数农村人至少都有一把砍刀。[106] 怪不得这场屠杀被称为"el Corte"，也就是切与砍——说得更为恐怖一点——即收割。海地人则称之为"koutkouto-a"，即用刀戳、刺和扎。[107] 特鲁希略日后为这场杀戮辩解的说辞是，海地人一直在"侵略"多米尼加共和国。

10 月 8 日，杀戮结束。大约 25000 名海地人被杀，特鲁希略获得了暂时的满足。有人估计，大约有数万人逃到了安全的地方。当时，岛上的美国代表团注意到，"达哈翁一侧根本找不到一个海地人"。[108] 第二年春，特鲁希略命令对人口稀少的南部边界地区也实施了类似的屠杀，数百人被杀或遭驱逐。后来，特鲁希略被迫同意向海地赔偿 750000 美元（实际只赔偿了 250000 美元）。不过，1938 年 12 月 31 日在华盛顿签署的赔偿协议中，多米尼加政府"不承认与杀戮行为相关的任何责任"。[109]

见证上述协议签署过程的所有人中，没有一个人知道，特鲁希略的外祖母就是海地人。

1930 年代英属加勒比海岛屿的劳工罢工和暴力事件让英国政府忧心忡忡。1938 年，英国政府成立了莫因勋爵牵头的王室西印度群岛调查委员会（West India Royal Commission）。该委员会前往英属加勒比海岛屿调查劳工的生活条件。回到英格兰之后，他们公布了调查结果。调查结果让政府很不满意，公布的时机也非常不好。马尔科姆·麦克唐纳甚至怀疑发表这份报告是否明智，因为它揭露了"西印度群岛劳动人口悲惨的健康、住房标准，以及整体社会状况"。他和其他人担心这一结果会引发那些岛屿发生更多的动乱。然而，压住不发也会带来问题，因为那些岛上的人们已经知道了调查委员会的事情。另外，麦克唐纳担心，这一至关重要的报告可能"被我们的敌人揪住，从舆论对我们的强烈批评中渔利"。[1] 首相内维尔·张伯伦（Neville Chamberlain）也同意这种看法，它可能会严重破坏"我们的战争努力"。这种破坏不但来自德国，还来自美国。前者可以趁机大做文章。美国"现在正在密切注意可能破坏英国事业的各种消息"。[2] 但是，在几周后的一次会议上，大家决定，为慎重起见，发表一个简单的摘要，并附上调查委员会的建议方案。这样做的目的，是为了给那些英属岛屿的总督提供作出某些改善的自由，避免岛上民众产生愤怒情绪或发生动乱。[3] 直到 1945 年，这份报告才被全文发表。[4] 即使在那时，某些有关劳工住房和女性艰辛境遇的章节还是被删除了。[5]

/ 257

美国政府很快知晓了这份调查报告。英国政府将莫因调查委员会的调查结果告知了印度殖民政府。美国驻印度领事接下来转告华盛顿，称特立尼达、英属圭亚那、牙买加的大约 300000 名印度裔加勒比人生活条件"据说极为贫苦，需要引起印度政府的注意"，英国政府正在考虑将他们遣送回国。[6] 但是，据说因为"他们丝毫不了解印度的生活，遣送回国……简直就是让他们从拮据走向赤贫"。当时，这些印度裔劳工中的大多数人仍然在非常不景气的甘蔗种植园干活，尤其是 18000 名生活在条件最恶劣的牙买加的印度裔劳工。在那里，他们还要面对其他劳工的满腔怨恨："那些印度人受苦最多，调查报告说牙买加的印度人心情低落，不识字，没有朋友，住房条件糟糕，食物之差让人不敢相信。"[7]

调查委员会的建议方案是组建一个"西印度群岛福利基金（West Indian Welfare Fund）"，持续二十年每年投入 100 万英镑，以便"从整体上改进教育、健康服务、住房和贫民窟的清理，建立劳工部门，提供社会福利设施，厘定土地权属"。[8] 1940 年的《殖民地发展和福利法》（Colonial Development and Welfare Act）将大约 60% 的可利用资金用于这些岛屿殖民地。[9] 不过，更为重要的是，调查报告还向英国政府表明，西印度群岛劳工当时并没有因为条件恶劣发生骚乱，也没有制造麻烦。他们的生活和工作条件大都非常恶劣，他们的要求是合理的。不过，他们的贫困也不是最近才存在。英国前任首相戴维·劳合·乔治（David Lloyd George）曾经称这些岛屿是"帝国的贫民窟"。

第二次世界大战没有结束英属岛屿劳工的不满。例如，1944 年时，巴巴多斯的骚乱越来越多。[10] 在战争中，数千巴巴多斯人赴美国做工。在那里，他们一天能挣到 5 美元。而在巴巴多斯，如果幸运的话，每天才能挣到大约 1 美元。他们很清楚这种薪资差异。岛上的总督注意到，虽然 1800 名巴巴多斯人远赴美国，但岛上工资水平还是很低，种植园主因为招募不到工人而焦虑不安，抱怨连连。[11] 不久，总督接到殖民大臣的一封电报，说是蔗糖价格预计会上涨，还说，"不过，如果想处理好政治分歧，避免出现雇主屈从于劳工涨薪要求的局面，一个前提是，当雇主预见到劳工代表的调薪诉求，在价格上涨的同时，即宣布具体的涨薪标准"。[12] 对于美国的巴巴多斯劳工来说，他们虽然在薪酬待遇上要好一些，但也有自己的问题。1944 年底，巴巴多斯呈交给殖民大臣的一份报告说，"美利坚合众国已将 340 名劳工遣返回国。这些人中的大多数不准备续签合同……从卑职收到的报告来看，很多人不喜欢那里的工作和生活条件……尤其是南部各州；他们抱怨食物的质量，并且说自己受到了虐待"。[13]

*

第二次世界大战刚刚爆发，甚至是同时，西印度群岛就卷入了这场战争。德国潜艇迅速袭击了大西洋和加勒比海上的船只，破坏了石油和其他必要供应品的运输，让客运面临很大危险。1940 年荷兰沦陷后，驻牙买加和马提尼克岛的英国和法国军队立刻占领了阿鲁巴与库拉索，确保这两个岛屿不落入德军之手。阿鲁巴岛尤其重要，因为岛上有炼油厂，专门冶炼开采自委内瑞拉附近海域的石油。每天加工的原油数量超过 250000 桶。[14] 当年 9 月，英美两国达成一项协议。美国将 50 艘驱逐舰交给英国，换取免费租借这一地区的英属领地 99 年，并在上面建设海军基地的权利。这些英属领地包括特立尼达岛、百慕大群岛、英属圭亚那、安提瓜岛和圣卢西亚岛。

在查瓜拉马斯（Chaguaramas）建立海军驱逐舰基地从一开始就有争议。特立尼达岛西北端的海湾一直是人们经常光顾的海滨浴场，但美国兵抵达后，那里突然变成了禁地。更让人恼火的是，驱逐公告还针对本地人。本地居民必须在三个月之内，在美国海军用警戒线将未来的基地圈好之前搬离。岛上还新建了空军基地。很快，到处都是美国兵。V. S. 奈保尔（V. S. Naipaul）的小说《米格尔街》（*Miguel Street*）中，那位年轻的叙事者简要介绍了这个地方。

> 那些日子，西班牙港到处是慢腾腾的美国人，这让城市更加炎热。没多久，孩子们就发现，他们很容易相处，出手大方得要命。哈特（Hat）开始耍一个伎俩。他让我们五个人到处跟美国人讨要口香糖和巧克力。我们给他一盒口香糖，他给我们一美分。有时候，我一天能拿到 12 美分。[15]

美国兵身上有钱，而特立尼达岛虽然有石油，但是人们极度贫困。极不稳定的粮食供应和持续的战争紧缩政策，让他们的生活雪上加霜。可美国兵们十分挥霍。一些特立尼达人给美军基地干活，包括当乐师，而其他人则看到美国人如此阔绰，干脆打算去美国碰运气。一些人则仇恨美国兵，因为岛上的女人围着他们转，大喝朗姆酒和可口可乐。这种饮料——至少是有关这种饮料的一首歌——成为一场诉讼的焦点。美国喜剧演员莫里·阿姆斯特丹（Morey Amsterdam）在特立尼达岛听到一首让他印象深刻的歌。1943 年，在那个岛上，作为劳军联合组织慰问驻岛士兵的一员，阿姆斯特丹被一首最初由"入侵王（Lord Invader）"（原名"Rupert Grant"）演唱的高亢的卡利普索歌曲（calypso song）①震惊。卡利普索音乐不仅是特立尼达的"乡土"习俗，还创造性地运用双关语，往往以幽默的方式评述社会事件。"入侵王"改写了莱诺尔·贝拉斯科（Lionel Belasco）的一首老旋律《逝去年华》（L'Année Passée），并填写了具有现代特色的歌词，成了卡利普索歌曲《朗姆酒和可口可乐》（Rum and Coca-Cola）。

> 美国佬一来到特立尼达
>
> 年轻女孩都要疯啦
>
> 她们说美国佬待她们很好
>
> 他们出价很高
>
> 还给她们买朗姆酒和可口可乐
>
> 在海岬库马纳
>
> 母亲和女儿
>
> 都在忙着挣美元

---

① 西印度群岛的一种即性演唱歌曲。

这首歌曲嘲讽了美国士兵和当地女人间的关系。它的旋律，加上"入侵王"的演绎技巧和知名度，让歌曲红透全岛。阿姆斯特丹觉得，如果写一个不提及妓女的版本，在美国的反响会很好。他回到美国后，开始着手此事。1944 年，他给歌手杰丽·萨拉文（Jeri Sullavan）写了一个版本，供她在纽约城的凡尔赛夜总会演唱。这首歌引起了轰动。[16] 很快，他又给当红的安德鲁斯三姐妹（Andrews Sisters trio）写了一个版本。1943 年，她们让这首歌的"洁版"进入了美国流行乐榜前十。

> 假如去特立尼达
>
> 他们让你快乐非常
>
> 卡利普索歌曲和即兴旋律
>
> 定会度过真正的快乐时光
>
> 大饮朗姆酒和可口可乐
>
> 在海岬库马纳
>
> 母亲和女儿
>
> 都在忙着挣美元

这首歌后面标注的作曲人和作词人都是阿姆斯特丹。不久，纽约律师路易斯·奈泽（Louis Nizer）接到一个他之前的专家证人，即音乐家莫里斯·巴伦（Maurice Baron）打来的电话。安德鲁斯三姐妹的那首歌让莫里斯很生气。莫里斯比大多数人更了解那首歌的旋律。他汇编的一本《西印度群岛的卡利普索歌曲》（*Calypso Songs of the West Indies*）中收录了那首歌。作曲者是莱诺尔·贝拉斯科，而不是莫里·阿姆斯特丹。奈泽接手了这个案子。他后来讲述了他们是怎样为原告寻找证据的："三年来，我们调查这首歌曲的线索，从观众为非洲人木棍决斗喝彩时唱的歌曲（African Stick Songs）追踪到西班牙的'思虑（pensamiento）'曲调，从墨西哥人、印第安人的旋律追踪到巴巴多斯的贾贾国王（King Ja-Ja）。"[17] 他们将贝拉斯科带到纽约，向他儿时的朋友打听他们印象中 1906 年最初的那首曲子。"入侵王"也来到纽约。1947 年，奈泽出庭辩护。一共有 28 位证人出席这次为期 11 天的审判。在法庭上，每个小节都被仔细拆成几个部分。诉讼不涉及歌词，只针对音乐的著作权——不过，二者都存有雷同。阿姆斯特丹自称从未听过贝拉斯科的作品，说他是从巴巴多斯岛上的美军士兵那里学来的，即便之前接受采访时他曾说是"从国外引进的歌曲"。[18] 法官判决莫里斯·巴伦和卡利普索音乐家们获胜。上诉法院也支持判决

结果。法庭激烈紧张的审判对于特立尼达岛丰富的音乐历史来说，可能仅是一个注脚，但让人领略了当美国在"二战"中造访特立尼达时，这座岛屿经历了什么。

*

1940 年 6 月，法国沦陷，西印度群岛的法属岛屿越来越令人担忧。法国巡洋舰停泊在马提尼克岛附近，听命于纳粹德国的法国维希政府一直在严厉镇压法属领地上的一切反抗活动。海军上将乔治斯·罗伯特（Admiral Georges Robert）将一船黄金运到马提尼克岛上避险，将这些岛屿暂时置于维希政府的贝当元帅（Marshal Pétain）控制之下。在他们登岛之初采取的措施中，其中之一就是毁掉了一个位于瓜德罗普岛三河村的让人们能够自然联想到"自由法国"的"一战"纪念碑。[19] 最初，罗斯福总统迫切要求马提尼克岛保持中立，不得违反禁止欧洲国家之间转让殖民地的"禁止转让"协议。如果欧洲国家遵守它，美国将允许美国商人向这些岛屿输送日用消费品。美国在 1941 年 12 月参战后，在加勒比海域的活动更趋频繁。第二年，美国从英军手中接管了库拉索岛，迫使其他岛屿不再与法国殖民地做生意。美国军队还占领了苏里南，目的是保护对于生产金属铝至关重要的铝矾土和出口产品。[20] 1943 年夏季，

自由法国运动在法属圭亚那、瓜德罗普岛、马提尼克岛迅速发展，缓解了盟国对该地区领地问题的担忧。[21] 但是，这给英国带来一点问题。抵抗运动的很多成员逃往这一带的英属殖民地，尤其是多米尼克。多米尼克位于瓜德罗普岛与马提尼克岛之间，有着法国殖民的历史，保留了一些法国的文化和语言。战争时期，大约有 5000 名来自法属岛屿的难民登上该岛。1943 年，英国陆军部的一份报告说，"那些从马提尼克岛、瓜德罗普岛逃出来的难民，乘坐小船，穿过这些岛屿与多米尼克之间的海峡……他们付钱给渔民，或者干脆偷用他们的渔船。不过，很多人淹死在途中"。[22]

多米尼克无法支撑涌入如此大量的人口，动用各种措施迫使他们离开。1943 年，陆军部发布的一则消息说，7 月 21 日，1221 人离开了多米尼克岛，第二天，又有 1229 人离开，不过仍有 "410 名男性、431 名女性和 161 名儿童" 滞留首都罗索和该岛的主要城市朴次茅斯。[23] 膨胀的人口让该岛难以支撑。1943 年 5 月，一份有关多米尼克形势的报告说，"当地人和'战斗法国'之间存在某种对抗情绪"，起因是岛上大多数地区缺乏粮食。

> 某些日常用品奇缺，其他所谓奢侈品的东西被禁止销售。这些，多米尼克人都能忍受，然而，他们看到"战斗法国"虽然看上去和他们没有区别，却有足够的木薯粉、蔬菜和"地下粮食"① 吃，自己却挨饿。另外，那些法国人有衣穿，有房子住，还有一周 5 先令的零花钱，多米尼克人自然会心生怨愤。[24]

法属岛屿的形势更糟，难民们说，维希政府的支持者，包括白人、种植园主、天主教会，能够享受越来越奇缺的粮食供应。在瓜德罗普

---

① 西印度群岛人对一些块茎在地下的传统粮食作物的称呼。

岛，粮食短缺导致了暴力示威，军队朝示威人群开枪。[25] 然而，抵抗力量在逐渐增长，参与自由法国运动的人，除了为数很少的白人以外，大多数是有色人种。战后，罗索竖起了一座矮宽的，很像是方尖塔的石制纪念碑。一块大理石饰板上有着交叉的英法两国国旗。饰板上用英法两种文字写道："愿荣耀归于 1941~1945 年间抵抗运动中牺牲的人们。"

*

此前，年轻的汉斯·斯特克（Hans Stecher）对特立尼达岛的了解全部来自他集邮册中的特立尼达岛邮票。他根本没有想到，自己很快将离开维也纳，前往特立尼达岛海岸。这个岛屿向一小批难民打开了大门，斯特克是最后的一名幸运者。现在，他深受当地人喜爱，被他们称为"会唱卡利普索小调的犹太人"。他们一家之所以能够幸运登上特立尼达，完全是移民法律放宽所赐。无需护照，"只要在登上该岛前或登岛时交纳 50 英镑的保证金，以保证移民不会成为'公共负担'即可。一年后这笔钱将会退还"。[26]

1938 年 10 月 13 日，斯特克一家抵达西班牙港。除了开布料店的斯托巴瑟（Strumwasser）一家人外，他不认识其他奥地利或德国犹太人。三年后，即 1941 年，大量难民乘坐悬挂着维希政府旗帜的"温尼伯号（Winnipeg）"从法国南部驶向圣多明各，于加勒比海域被一艘荷兰鱼雷艇拦截，船上的人被带到特立尼达。

英国政府对"敌国公民"心存忌惮，担心其中一些人可能是间谍。因此，政府拘禁了岛上所有持德国和奥地利护照的人。斯特克记得，拘禁营"四周是高高的铁丝网，角上是岗楼和探照灯"。孩子们可以去上学，成年人要挖沟，接受训话，并打理分配的一小片花园。即使战争结束离开之后，他们也面临某些限制。这些难民必须每天向警方报到，不得开车，没有警方许可，不得离开所在城市。[27]

　　"二战"期间，虽然涌入西印度群岛的难民没有涌入其他国家的那么多，尤其是美国，不过绝对数量也不少。这些难民分散在各个岛屿上。一些逃离欧洲的人想尽各种办法前往古巴——实际上，在之前的西班牙内战中，很多共和派人士逃往古巴——这时候的多米尼加共和国，为了改变1937年大屠杀产生的负面形象，热情地欢迎了犹太难民。在表面的慷慨背后，特鲁希略希望通过这些移居者"白人化"这个国家。大约600~700名犹太人接受了特鲁希略的"好意"，落脚在岛屿北部海岸的苏莎亚城（Sosúa）。很多人并没有在那里停留很多时间，而是拿到签证去了美国，一小部分犹太家庭继续生活在这个城市，直到今日。

*

　　"二战"结束后，英国遭受重创——债台高筑，满目疮痍，日常消费品仍需配给。第二次世界大战中美国与加勒比地区的互动，以及它在欧洲战场中扮演的角色，给这一地区的人们留下了深刻的印象。以香蕉种植园、蔗糖加工厂为代表的公司利益，加上军事实力，让美国成为这一地区的真正强国。人们对此喜忧参半。因为这更加刺激了西印度群岛日渐高涨的独立之火。显而易见的是，欧洲在这场战争中遭受严重打击。欧洲列强正在衰退，而美国的实力则正在上升。拿英国来说，维持全球领土的高昂花费，尤其是面对殖民地民众日益高涨的反抗意识，意味着大英帝国开始慢慢瓦解。起初是1947年印度独立，接着是1957年非洲殖民地加纳独立，而加勒比地区的人们则正在热切地关注着一切。1930年代后期的动荡之后，大英帝国陆续实施改革，给更多的岛屿授予了选举权。整个1940年代，很多政党获得了合法性。然而，战争的结束带来了巨大的变化。这些岛屿上的人们积极响应英国发出的战后重建号召。1948 年，"帝国疾风号（Empire Windrush）"抵达埃塞克斯蒂尔伯里码头（Tilbury Docks），船上的 492 名西印度群岛人迫切希望到英国政府承诺的工作岗位上努力工作。然而，他们在"母国"遭遇的却往往是种族歧视和贫穷，这打碎了他们是英国人的认知，实际上，他们被当作外国人看待。白皮肤的伦敦市民驻足，盯着这些陌生人。这些劳工中的很多人曾经是数千为英国而战的西印度群岛人中的一员，而当地房东往往拒绝租房给黑人。即使租给他们，也往往是非常简陋的房子，而且租金高得离谱。特立尼达岛的卡利普索歌手"厨师王（Lord Kitchener）"（原名"Aldwyn Roberts"）乘"帝国疾风号"远赴伦敦，受百代新闻社（Pathé news）邀请录制一部影片。在影片中，他将演唱《伦敦是我热爱的地方》（*London Is the Place for Me*）。他在另一首歌曲《女房东》（*My Landlady*）里演绎了在英格兰遭遇的很多郁闷之事。*

> 没有桌子，没有椅子，卫生间太差
> 房间另一边没有洗澡的热水
> 像兔子一样动辄惊醒
> 床单下是半张毯子
> 可是她居然如此无耻
> 说这是奢侈套间

　　这种带有敌意的接待更让西印度群岛人形成了一种意识：未来不需要英国的统治。不过，这也标志着加勒比地区人口大迁徙进入一个新阶段。这些岛民开始意识到，他们给这个大都市带去了某些与众不同的东西。做一个牙买加人、巴巴多斯人、多米尼克人到底意味着什么，大

---

　*　以《伦敦是我热爱的地方》为名再次发行的卡利普索 CD 是这位移民在英国艰难生活的可听历史（audible history）。

西洋两岸的人们都在思考这个问题。和留在岛上的人们一样，远赴国外的西印度群岛人也同样参与了独立进程，他们的身份仍旧与先前生活过的那个岛屿紧密相连。虽然那段时期前往英国的数万人在英伦停留的时间不长，但相当数量的人——虽然一肚子不满——几十年之后仍待在那里。虽然英国人的敌意指向大多数西印度群岛人，原因是肤色，甚至克里奥尔人中的白人也在英国被视作外国人。多米尼克女作家让·里斯的小说《黑暗中的航行》（*Voyage in the Dark*）记述了年轻的西印度群岛白人女性安娜漂洋过海到伦敦做歌舞女郎的故事。在一次对话中，安娜的一位朋友说道，"她出生在西印度群岛还是什么地方？不是吗，孩子？那些姑娘管她叫'霍屯督人'。是不是很丢人？"[28] 她的生活不久突生变故，差一点沦为妓女。种族不一定能保证她在母国得到好的机会。

当然，在"帝国疾风号"之前，已有西印度群岛人远赴英格兰，只是为数不多。在 1948 年之前，英属西印度岛屿上根本没有高等教育机构。很多出身社会上层和中层家庭的学生去英国深造。特立尼达日后的总理埃里克·威廉姆斯（Eric Williams）就是其中之一。虽然他在"帝国疾风号"及随后的大规模移民潮的 17 年前就远赴英国深造，但也亲身体验了让其他西印度群岛人日后极为苦恼的各种矛盾。虽然英国种族歧视时常作梗，在拿到第一个学位之后，他还是选择留在牛津。虽然他的博士论文极为出色，但没有一家出版商愿意发表。这篇论文为他那篇开风气之先的作品《资本主义与奴隶制》奠定了基础。这本书点燃了一场酝酿了很久的大讨论。[29] 英国人发现，威廉姆斯的论点让他们很难接受，虽然他在论文中一丝不苟地剖析了奴隶制结束时的经济特点。英国人尤其不能接受的是他的这种看法：废除奴隶制的推动力量不是英国人的高尚情操，而是其他因素。废除奴隶制这种复杂的历史事件，可能存在很多原因。这一观点在今天看来十分合理。然而，在大英帝国往日激情未熄的时代，这种观点无法受到历史学家的合理对待。原先，他们中的很多人认为研究西印度群岛殖民地没有什么意义。但是，威廉姆斯拥有殖民地视角。他将加勒比地区残暴的奴隶制与英国工业革命的发展联系起来，宣称终结奴隶制的是市场经济，而不是人道主义的进步。奴隶制推动形成了"成熟的资本主义"，但也推动了它的终结。这个过程分为三个阶段：奴隶贸易的结束，奴隶制度的终结，以及 1846 年针对英属西印度群岛蔗糖生产商优惠关税的落幕。整个系统都已经毫无利润可言，推动奴隶解放的是种植园主的个人经济利益。威廉姆斯认为："重商主义的兴衰导致了奴隶制的兴衰。"[30] 围绕所谓"威廉姆斯论文"的那场争论一直持续到现在。[31]

1939 年，他进入位于华盛顿特区的霍华德大学（Howard University）工作。当时，霍华德大学是一个专门针对非裔美国人的高等教育机构。他找到了一个非常愿意出版他作品的美国出版商。1944 年，他的书终于付梓。虽然威廉姆斯的学术成就获得了广泛认可，但他还是在 1948 年回到特立尼达岛。起初，他在建立于战争期间的加勒比委员会（Caribbean Commission）任职。不久，他离开了这个机构，开始了自己的政治生涯。1956 年 1 月，他建立了"人民民族运动党（People's National Movement）"。[32] 他在伍德福德广场（Woodford Square）作了一系列演讲，受到民众的广泛拥戴。伍德福德广场位于西班牙港的中心，被人们亲切地称为"伍德福德广场大学"。漂亮整洁的广场有喷泉、长椅、绿荫，宽敞得足以举办公众集会。这里也确实经常举行集会。巴巴多斯作家乔治·拉明（George Lamming）后来记述说，威廉姆斯"将加勒比地区的历史……变成了生动有趣的故事，让一个民族的苦难不再是没完没了的干巴巴的文件、日期、文字……他的演讲始终保持着促膝低语的特点，人人都爱听"。[33] 虽然威廉姆斯的广泛影响和岛上的石油收入推动了当地经济的发展，特立尼达岛的黑人和本地原住民之间仍然隔阂严重。即便如此，威廉姆斯不但领导特立尼达和多巴哥在 1962 年取得独立，还一直担任国家领袖，直到 1981 年去世。他的政党一直掌权到 1986 年。

英属加勒比地区不乏有才华的年轻人。他们像威廉姆斯一样，从英格兰深造归来。他们的领袖才干主导了 1950 年代及以后的岛上政治生活。例如牙买加的诺曼·曼利（Norman Manley）。曼利是工会和政党组织者亚历山大·布斯塔曼特（Alexander Bustamante）的表弟，曾经在牛津学习律师从业的法律知识。1938 年，他和布斯塔曼特等人一起组建了人民民族党（People's National Party）。1943 年，这对表兄弟发生分歧，布斯塔曼特离开，另外组建了牙买加劳动党（Jamacia Labour Party）。在接下来的三十年里，这两个人主导了整个岛屿的政治形势。巴巴多斯的格兰特利·亚当斯（Grantley Adams）在牛津毕业之后回到巴巴多斯，成为一名律师。在 1930 年代岛上的罢工中，他积极投身于政治活动。1938 年，他组建了巴巴多斯工党（Barbados Labour Party，BLP）。1955 年，工党分裂，埃罗尔·巴罗（Errol Barrow）退出工党，建立了民主工党（Democratic Labour Party）。虽然一些小岛政治领袖的家庭背景往往各不相同，不过，他们领导的某些政党的执政时间差不多一样长，例如圣基茨和尼维斯和安圭拉工党（St Kitts-Nevis-Anguilla Labour Party，1946~1980 年间执政），以及安提瓜工党（Autigua Labour Party）。维尔·康沃尔·伯德（Vere Cornwall Bird）一直担任安提瓜工党领导人，从 1983 年开始担任政府总理，一直到 1994 年退休。

事情没有完结。1947 年，牙买加人在蒙特哥贝召开会议，讨论建立联邦一事。这件事情已经讨论了几十年——之前的英国殖民部曾经设法将一些较小的岛屿合并，组建一个联邦政府，为的是减少管理成本。参加这次会议的不仅有政党代表，还有种植园主代表和工会领导人。大多数殖民地同意建立联邦的提议，三个殖民地表示反对。这三个殖民地是英属圭亚那、英属洪都拉斯（伯利兹）、英属维尔京群岛。联邦计划拖拖拉拉，直到 1958 年，西印度群岛联邦（West Indies Federation）才建立起来，成员有牙买加、特立尼达和多巴哥、巴巴多斯、格林纳

达、圣基茨和尼维斯和安圭拉 *、圣文森特和格林纳丁斯、特克斯和凯
科斯群岛、安提瓜和巴布达、圣卢西亚、多米尼克及蒙特塞拉特。格兰
特利·亚当斯当选为联邦总理。他打算建立一个内阁,在英国总督之
外,通过选举产生 45 名众议院议员,由英国总督任命参议院的 19 名成
员。联邦的首都设在特立尼达。没有多久,联邦就出现了分歧。起初,
代表们都同意在开始的五年内不征收联邦税。但是在其他方面,代表们
没有达成一致。各岛屿在国内税和关税,以及岛屿间劳工流动等方面分

歧严重。另外,牙买加、特立尼达等较大岛屿的经济体量远远超过其他
岛屿——前者的铝矾土工业、后者的石油工业经济效益非常好——它们
不愿意补贴较小的岛屿。虽然亚当斯一直对联邦极为乐观,然而 1961
年,牙买加——该国民众一直对是否加入联邦分歧严重——举行公投。
54% 的投票人选择退出联邦。埃里克·威廉姆斯在特立尼达宣布这一体
制无法继续存在。1962 年 5 月,联邦解体。建立联邦的最初目的是让这
些岛屿过渡到独立状态,让英国官员不得不认可既成事实,允许联邦独
立。联邦的无疾而终留下了一个悬而未决的问题:谁来取代它?伦敦的
官员希望牙买加和特立尼达能够承担起那些小岛的财务负担。另外,岛
上的政府官员还为其他事情焦虑:共产主义思想广泛传播;殖民地和英
国此前的黑人和白人关系日渐紧张。一些官员担心,岛上的一些领导人
既无法保证岛屿实现平稳有序的过渡,也不能管理好独立后的国家,还
担心岛屿独立之后,岛上会有更多人移民英国。[34]

　　同一年的晚些时候,牙买加、特立尼达和多巴哥独立,获得了英联
邦成员资格。1962 年 8 月 6 日,牙买加在布斯塔曼特的领导下,第一个
获得独立。牙买加举国欢庆。女王伊丽莎白二世的妹妹玛格丽特公主和
丈夫斯诺登伯爵(Earl of Snowdon)前往主持仪式。出席仪式的还有美
国副总统林登·约翰逊(Lyndon Johnson)。一份政府文件详细介绍了

---

* 当时,这三个岛屿属于一个政治单位。

那些精心安排的庆祝活动，甚至还提到了出售的纪念品。这份报告的第36条写道："政府已经批准，向那一天出生于某些正规机构的所有儿童，以及能够开出正规出生证明的其他儿童给予特殊的带有压印浮雕图案或雕刻图案的银勺子。"[35] 这些庆祝活动的花费大约在 250000 英镑。列出的开销包括用于招待各国代表的 50650 英镑和针对岛上 450000 名 4~14岁儿童"整个岛屿的礼品、纪念品、旗子等支出"的 78000 英镑。[36]

8月2日的《每日回顾》发表了热情洋溢的庆祝文章。除了关于独立的热情报道之外，广告商趁机大做广告，极力鼓动人们"投资独立的牙买加，购买国家储蓄债券"。几版之后是壳牌加油站的广告，为民众提供"免费洗车或清洗发动机服务，还有纪念独立的抹布奉送"。[37] 8月5日——正式仪式的前一天——的一幅广告恳请主妇们"独立于家务活！没看错！你可以庆祝你的这一独立——使用胡佛吸尘器"。[38] 那期报纸投入一整个彩色版面向公众解释最新的国家标志，比如象征牙买加的水果（阿开木果）、鸟（燕尾蜂鸟，亦称"医生鸟"），以及这个国家的座右铭，"万源一族（Out of many, one people）"。[39]

这个座右铭引起了美国民权活动家小马丁·路德·金（Martin Luther King, Jr）的注意。数年后，即 1965 年 7 月 4 日，他在亚特兰大一所教堂的"美国梦"演讲中用到了这个短语。虽然人们很容易被当时的乐观情绪感染，而忽视岛上严重的不平等，以及基于肤色的等级差异，但确实有很多地方引起了路德·金的极大兴趣——牙买加很可能在很多方面比美国南方各州平等得多。

几天前，我和太太在牙买加待了 10 天……反复多次被一件事情震动。在这里，说到背景，人们来自很多国家：中国人、印度人、被称作"黑鬼"的人，还有欧洲人，以及来自很多很多国家的人。你知道吗？在牙买加，人们共同生活在那个岛上，他们有一句格言，叫"万源一族"。他们说："在牙买加，我们不再是中国人，不再是日本人，不再是印度人，不再是黑鬼，不再是英国人，不再是加拿大人。我们都属于一个叫牙买加人的大家庭。"我希望，某一天，在美国，我能看到这种情景，我们美国人要成为一个大家庭。[40]

/ 270

　　特立尼达第二个获得独立。它获准独立的时间是 1962 年 8 月 31 日。接下来是巴巴多斯，于 1966 年 11 月 30 日，在埃罗尔·巴罗的政治领导下获得独立。巴巴多斯岛和在它之前独立的两个岛屿一样，也举行了盛大的庆祝活动，庆祝活动包括"街头舞蹈"和历史性的盛装游行。[41]不过，那些较小的岛屿暂时成为英国旗下的联系国（associated state）①，虽然将来可能通过投票成为完全独立的国家。1974 年，格林纳达脱离英国。1978 年，多米尼克独立。1979 年，圣卢西亚、圣文森特独立。1981 年，安提瓜和巴布达独立。1973 年，先前没有参与西印度群岛联邦的巴哈马获得独立。蒙特塞拉特、英属维尔京群岛、开曼群岛、特克斯和凯科斯群岛仍然是英国的托管地。

　　圣基茨、尼维斯与安圭拉的独立之路比其他岛屿略为复杂。1967年，虽然安圭拉很不情愿，这三个国家还是合并在一起。圣基茨和尼维斯之间的距离很近，两个岛屿几乎挨着，而安圭拉相较来说要远很多，中间有法属圣巴斯、荷属圣马丁和法属圣马丁相隔。同一年，安圭拉退出三岛组成的联系邦，将驻在岛上的圣基茨警察——一共 15 人——赶出岛屿，要求独立。

　　虽然形势不很理想，但是 1969 年，时任英国外交部部长的威廉·惠特洛克（William Whitlock）还是造访这个面积为 26 公里 ×5 公里的小岛。当准备与岛上的领导人讨论岛屿未来时，他怎么也不会想到，只在岛上待了几个小时自己就被人用枪指着赶走了。他的到访开始时没有

---

① 也称托管国，指国防仍由宗主国掌管，国内事务享有完全自治权的前保护国和殖民地。

异常。大约 500 人到机场欢迎惠特洛克。他从机场出发，到退休的殖民官员亨利·霍华德（Henry Howard）家里午餐。午餐过后，正当惠特洛克一行准备离开之际，一些带着枪的安圭拉人找上门来，告诉这些国外访客，在当时被称为分离主义运动领导人的罗纳德·韦伯斯特（Ronald Webster）回来之前，他们哪也不许去。韦伯斯特之前曾经公开称，他认为惠特洛克带来的方案是一个"阴谋"，目的是让安圭拉再次与圣基茨、尼维斯合并。惠特洛克提出要亲自和韦伯斯特面谈，对方鸣枪示警。形势危急，惠特洛克一行立刻动身返回机场。[42]

惠特洛克回到英国不久，隶属于英国的一支 300 人的空降部队，即第 16 空降旅被调到安圭拉——这次军事行动后来被媒体戏称为"小猪湾事件（Bay of Piglets）"。他们在安圭拉上空抛撒传单，"呼吁岛上的 6000 居民积极合作，恢复岛屿的和平与稳定"。[43] 岛上的本地居民也爆发了抗议活动。羁留岛上的一些外国人受到盘问，其中包括一名佛罗里达商人。当时，谣言四起，说是岛屿已经被一个"类似黑手党的代表美国利益的组织"控制。[44] 伦敦《泰晤士报》的一篇社论比较理性，批评"英国最初的错误就在于硬要将三个不般配的岛屿弄在一起。它应该预测到，安圭拉会不满圣基茨的统治"。[45] 最后，安圭拉仍旧处于英国的控制下，开始是联系国，后来成为英国的海外领地。圣基茨和尼维斯合并，1983 年获得独立。

有人竭力倡导所有讲英语的岛屿之间维持一种贸易纽带。出于这一目的，加勒比自由贸易协会（Caribbean Free Trade Association, CARIFTA）成立。1973 年，扩张之后的这个组织更名为"加勒比共同体（Caribbean Community, CARICOM）"。直到今天，它一直在处理各种贸易问题。1950~1980 年，加勒比地区政治紧张，纷争四起，最终结果是先前的英属岛屿纷纷独立。不过，对于之前脱离西印度群岛联邦的两个英属殖民地来说，即英属洪都拉斯和英属圭亚那，它们的独立之路遭遇了很多边界争端和美国的干涉。

*

1933 年 4 月 28 日，英属圭亚那总督在发给巴巴多斯总督的一封电报中直截了当地说道："你是否掌握有关共党间谍煽动工潮的消息。若有嫌疑分子登上这一殖民地，请随时让我知悉这种情况。"[46] 虽然这一电报符合 1930 年代罢工活动频繁、上层社会普遍忧虑的大背景，但同时它也明显反映了推动圭亚那政治生活在二十年后发生天翻地覆变化的那种焦虑。

退出西印度群岛联邦之后，20 世纪五六十年代的英属圭亚那走了一条独特、漫长而不平静的道路。1950 年，印度裔牙科医生契迪·贾根（Cheddi Jagan）和黑人律师福布斯·伯纳姆（Forbes Burnham）组建了圭亚那的第一个政党人民进步党（People's Progressive Party, PPP）。几年之后，即 1953 年 4 月 27 日，英属圭亚那举行选举。让很多人感到意外的是，代表黑人和印度裔选民的人民进步党获得了 24 个席位的 18 个，以及圭亚那议会 51% 的席位。

几个月之后，英国政府暂停实施之前据以进行选举的新宪法，开除了政府部长中的人民进步党成员。他们怀疑贾根是共产主义者。有谣言说，如果他担任了圭亚那独立后的首任总理，美国会担心圭亚那与苏联结盟。考虑到在地理位置上圭亚那距离美国要比苏联近得多，华盛顿的政策制定者不想在后院再出现一个冷战的卫星国（Cold War satellite）。[47] 对美国来说，当时是一个敏感时期，甚至任何含糊的自由主义政策，尤其是有关土地改革或工业国有化的政策，都可能被断章取义，被牵强附会地与镰刀锤头联系起来。实际上，在以农业为主体的圭亚那，人民进步党确实提出了一些提升土地利用效率的设想，有意进一步扩大劳动者的权利。这一点类似于其他英属殖民地，足以让英国感到自身的经济利益受到威胁，让美国担忧圭亚那走入苏联的势力范围。[48]

即使人民进步党成员被开除出政府，谴责之声仍然不绝于耳。1953

年 10 月一次内阁会议的会议记录中写道：“英属圭亚那当选的政府部长受共产主义分子影响至深，利用一切机会削弱国家宪法，推进共产主义事业。”此前不久，蔗糖行业发生了一次罢工，这份会议记录借此声称，人民进步党“显然打算通过渗入工会和当地政府，在这个地区建立极权统治”。[49]

选举之后，圭亚那进入紧急状态。伯纳姆、贾根被禁止出行，活动也受到监视。不久，贾根违反了这一规定，1954 年，他被送到英属圭亚那偏远内地的一所监狱服刑 6 个月。几年之后，即 1957 年，在日益紧张的政治形势下，伯纳姆从人民进步党中分裂出来，组建了人民全国大会党（People’s National Congress）。随着人民进步党的分裂，种族忠诚也发生了分裂。同一年，政府批准开始进行另一场选举。这一次，甚至在投票之前，人种之间的界限就已经很明显了。人民进步党彻底分裂，贾根代表了印度裔的声音；伯纳姆代表了非洲裔；剩余小党代表了葡萄牙等后裔的声音。然而 1957 年，人民进步党在选举中获胜。在美国外交官员间的一封信中，一人就 1959 年贾根即将动身的华盛顿之行评论道，“虽然贾根可能是共产主义分子，但自从 1957 年当选以来，他表现得很敬业。无论如何，他肯定是当前能力最强的，深受人们欢迎的领导人。在这种情况下，我们应该和他打交道，但不必表现出很深的友情”。[50] 然而没过多久，这种不友好就演变成极度的敌意。1960 年代初，美国宣称人民进步党受共产党资助，该党成员还经常前往共产主义国家。美国对贾根开始进行严密的监视，因为发生了他与古巴会谈，希望获得对方贷款等事件。1960 年的一份美国政府报告在结尾处写道，“贾根医生和妻子多年来一直和共产党有来往”。[51] 让英国和美国惊慌的是，人民进步党在 1961 年的选举中又一次获胜。

这时候，政治暴力已经蔓延到街头，美国秘密资助和组织了其中的一些暴力活动。美国还一直施压英国，要求对方在伯纳姆掌权之后再允许圭亚那独立。[52] 在 1961 年选举后的数年旦，一股暴力浪潮席卷了整个国家。街头出现了炸弹。那些有钱，能弄到签证，或有关系的人纷纷离开圭亚那，前往美国或英国。安全部门开始监视这个国家的政治家和活动家，不管他们身在国内还是国外。

一则美国新闻报道了年轻的英属圭亚那律师弗农·白朗（Vernon Bhairan）提出的一项采访要求。1964 年，白朗前往美国驻伦敦大使馆，声称自己和贾根关系密切，询问美国大使馆是否"知道贾根曾经给威尔逊首相发过一封电报……说美国中央情报局正在大力煽动英属圭亚那的暴力活动，应该为那里的所有暴力活动负责"。[53]

英国人提出一个方案，建议在下届选举时，各党派根据获得选票的比例分配议会席位。他们觉得这样可以让伯纳姆领导的政党联盟掌握政权。他们预料得没错。1964 年，伯纳姆获得大约 40% 的选票，赢得了大选，联合一些小党派，他得以上台执政。英国和美国的目的实现了，这个殖民地四分五裂，而公众很清楚背后的政治和外交手腕。圭亚那获准推进独立进程后，于 1966 年宣布独立。

同一年，委内瑞拉出兵占领安科科港（port of Ankoko）。这并不意外。圭亚那和委内瑞拉关于圭亚那南部和西部那条狭窄土地的争端由来已久，只是委内瑞拉选择了一个圭亚那无暇他顾的时间点。两国的这场争端可以上溯到 1880 年代。当时，委内瑞拉声称英属圭亚那人越境侵犯了他们的主权。1895 年，美国总统格罗弗·克利夫兰（Grover Cleveland）要求通过仲裁解决这个问题。随后，特别法庭成立。审判成员包括代表委内瑞拉利益的两名英国人和两名美国人，理应保持中立态度的一名俄国人担任特别法庭审判长。经过长时间磋商之后，那块土地被判给了英国。[54] 然而 1949 年，当年代表委内瑞拉利益的律师塞韦罗·马利特－普雷沃斯特（Severo Mallet-Prevost）死后，他保有的一份文件浮出水面，让这场纠纷再度爆发。在这些文件中，他明确表示，他认为那位担任审判长的俄国人从中做了手脚，为的是获得英国对俄国在中亚利益的支持。他认为，那块土地应该属于委内瑞拉。虽然各方达成了暂时的妥协，但是圭亚那和委内瑞拉之间的争端一直没有解决。

对于英国和美国来说，圭亚那独立之后的几十年是一个无情的讽刺，因为这两个国家都没有想到，伯纳姆后来成为一个棘手的问题。他将蔗糖贸易和铝矾土收归国有，还和苏联建立了外交关系，甚至在1960年代的安哥拉战争中，允许飞往安哥拉的古巴飞机在圭亚那中途加油。当然，对于经历那些动荡年代的人们，情况要糟糕得多。在伯纳姆掌权期间，基础设施日渐衰败，经济几乎崩溃。这一切的中心问题是政权的腐败与暴虐。虽然如此，他居然还能够操纵选举，牢牢掌握政权，直到1985年去世。人民全国大会党一直执政到1992年。此后，多年在野的贾根终于成为总理，直到1997年死在任上。

而1973年更名为伯利兹的英属洪都拉斯，一个很大的问题阻碍了它的独立之路：危地马拉。[55] 伯利兹的这个邻国一直不承认它是一个主权国家，就像殖民时代的西班牙对英国对海岸地区的宣称权一直颇有微词一样。19世纪，这片米斯基托人领地被交还给尼加拉瓜，而英国宣称的地区——危地马拉与加勒比海之间的墨西哥北部的小片土地——直到1862年才正式成为英国的殖民地。

危地马拉认为伯利兹是自己的固有领土，依据的是1859年签订的边界条约。虽然英国政府在1960年代初期倾向于令伯利兹独立，但是伯利兹的领导人意识到，他们必须小心行事，以免邻国进行粗暴干涉。就这样，担任总理的洪都拉斯人乔治·普赖斯（George Price）小心翼翼地主持着这块殖民地的工作。[56] 普赖斯与其他岛屿上的那些政治领袖简直是天壤之别。他既没有在牛津上过学，也没有工会背景。1936~1940年间，也就是他的定型时期，他在密西西比州的一所神学院学习。一开始他想成为一名神职人员，后来去危地马拉城进修了一年。与西印度群岛很多国家的领导人不同，即便不是苦修生活，他也一直过得很简朴，终生未婚，也没有子女。

在1947年前后回到英属洪都拉斯之后，他很快开始参与政治。1950

年，他成为人民统一党（People's United Party, PUP）的一名创始人。他将这个国家看作中美洲的一部分，这一点有异于危地马拉。1964年，英国授予英属洪都拉斯内部自治，普赖斯担任总理。在接下来的几十年里，他开始与英国、美国，以及联合国、加勒比共同体、英联邦、不结盟运动等各种国际组织谈判，想要与它们达成一定共识，但未能成功。1980年，英国督促英属洪都拉斯独立，且无需与危地马拉达成一致。第二年，美国表示如果危地马拉采取行动，其将为伯利兹提供必要的安全保护。得到了美国的这一保证之后，伯利兹宣布独立，普赖斯出任总理。[57] 但是两国之间的争端仍然徘徊不休，虽然危地马拉人经常穿过边界到伯利兹寻求工作。

*

中美洲国家也无法逃脱美国的影响。加勒比海沿岸，后来扩展到太平洋沿岸，在哥斯达黎加、尼加拉瓜、洪都拉斯、危地马拉等国海岸建立的联合果品公司打开了不公平贸易和屈辱性条款的大门。被美国人称为"香蕉共和国"。在人们眼里，这些国家和他们的领导人对外国公司唯命是从，受贿成风。联合果品公司迅速购买和控制了这些国家的大片土地，并建设了供自己使用的基础设施。因为公司雇用了大量的外国人，当地人几乎无法分享到公司赚得的利润。美国在长达几十年的时间里随意干涉这些国家的内政外交，宣称是在保护自己的利益。然而，冷战爆发后，美国开始变本加厉。哥斯达黎加实施了稳定的民主政体，设法躲过一劫，其他邻国就没有这么幸运了，但这不是说美国没有插手哥斯达黎加。实际上，在美国大使怀汀·魏豪尔（Whiting Willauer）交给助理国务卿托马斯·曼（Thomas Mann）的一份备忘录里，魏豪尔说："你也知道，我经常感觉在试验政策调整方面，哥斯达黎加是一个很好的'试点'国家。所有这些调整都需要实践经验，为的是'堵住漏洞'。如果哥斯达黎加无法堵上这些漏洞的话，那么其他国家就不可能堵上。哥斯达黎加将相关漏洞堵上之后，它就可以给其他国家的外国企业提供一个愿意接受的具体范例。"[58] 虽然美国在不同的时间点干涉了整个中美洲地区很多政权的政治，但对危地马拉和尼加拉瓜的干预是那个时期最为明目张胆的粗暴行径的极端例子。

豪尔赫·乌维科（Jorge Ubico）是危地马拉此时期一连串独裁者中的最后一个。1931 年，他就任总统，上任后就着手保护国家咖啡种植精英的利益，以及联合果品公司的利益。他压制劳动阶层，压低工人工资，国内的大部分人多对他不满。1944 年，人们的反抗越来越多。同一年，支持民主的"十月革命"推翻了他的统治。在随后的选举中，选民将倡导改革的胡安·何塞·阿雷瓦洛·贝尔梅霍（Juan José Arévalo Bermejo）推上政治舞台。危地马拉新政府的改革政策让美国日益不安，其土地改革措施尤其激怒了联合果品公司。1951 年，另一位支持改革的领导人哈科沃·阿本斯·古斯曼（Jacobo Árbenz Guzmán）接任总统，继续给农民分配土地，推进改革，比如允许组织工会。他毫不讳言对联合果品公司的反感。很快，联合果品公司开始攻击他，说他是共产主义分子。

无需任何人游说，美国总统艾森豪威尔立刻采取了行动。1953 年，他批准了一个将危地马拉总统搞下台的计划。时任国务卿的约翰·福斯特·杜勒斯（John Foster Dulles）曾经担任联合果品公司的律师，而他的弟弟，即中央情报局局长艾伦·杜勒斯（Allen Dulles）是这个公司的董事。甚至艾森豪威尔的私人秘书也嫁给了联合果品公司的首席游说专家。[59] 阿本斯根本没有胜出的希望。

1954 年 7 月，美国让代表其利益的卡洛斯·卡斯蒂略·阿玛斯（Carlos Castillo Armas）上校掌握政权。阿玛斯上台后，立即逆转了之前长达几十年的改革。不久，联合果品公司遭受了反垄断诉讼，随着冷战形势的日益严峻，该公司咄咄逼人的资本主义行径与美国竭力向世界展现的人道形象大相径庭。1970 年，联合果品公司停止了对危地马拉的支持。[60] 对于美国来说，危地马拉的政治事务就像是香蕉皮一样可以随意丢弃。从 1960 年开始，危地马拉陷入内战。这场内战一直延续到 1996 年，造成数万人死亡，数千人流亡海外。美国也插手了这场纷争，虽然明知道那里经常发生大规模流血事件，中央情报局仍旧向战争中的危地马拉提供军事训练和武器装备。[61] 今天，虽然战争早已结束，危地马拉仍然深陷贫困、政治压迫和暴力活动。1946 年，美国中央情报局美洲学校（CIA School of the Americas）建立，以专门培训拉丁美洲的安全力量为目标，既培训军队，也培训民间安保人员。这所学校已经成了既向学员教授详细拷问技巧，也组织政治暗杀的机构的代名词。学校表面上是在保护美国在这一地区的利益，但同时似乎也在为独裁者提供冷血的军人和警察，在准备打击共产主义的借口下进行野蛮的训练。该学校现已更名为"西半球安全保障合作所（Western Hemisphere Institute for Security Cooperation, WHISC）"，在佐治亚州本宁堡（Fort Benning）美军基地继续训练拉美士兵。[62]

南面的尼加拉瓜也感受到了美国干涉的突然停止。他们接触美国军队要早于危地马拉。1912 年的一次政变之后，美国就将军队派到那里。和海地及多米尼加共和国一样，美国在尼加拉瓜招募和训练军队和警察。当美国于 1933 年撤军时，它留下的真空很快被安纳斯塔西奥·索摩查·加西亚（Anastasio Somoza García）填补。后者在 1937 年的一次政变后上台。他的家族在美军训练的国民警卫队的支持下，控制这个国家四十多年。在这段时期，索摩查家族心甘情愿充当美国的同盟者，相当数量的国民警卫队继续接受美国军队的训练。[63] 1972 年 12 月 23 日发生的一次大地震给这个国家的经济带来毁灭性打击，外来资本大为减少，几乎让马那瓜（Managua）成为一堆瓦砾。在接下来的几年里，反对派桑地诺民族解放阵线（Frente Sandinista de Liberación Nacional, FSLN），也称桑地诺党人，开始对索摩查统治家族构成威胁。震后重建工作步伐缓慢，民众日渐不满，政治变成了血腥仇杀。1979 年，时任总统安纳斯塔西奥·索摩查·德瓦伊莱（Anastasio Somoza Debayle）

流亡迈阿密。桑地诺党人控制了政权。他们有关财富再分配、土地改革的纲领和其他政策没有获得美国人的好感。这正好赶上冷战形势日趋紧张，美国坚持通过战争解决问题。1981 年，罗纳德·里根（Ronald Reagan）担任总统后，立刻着手支持推翻桑地诺党人政权。他给中央情报局拨款 2000 万美元，用以训练尼加拉瓜反革命武装。这些人被称为"孔特拉（Contra）"①。美国还说服洪都拉斯，允许"孔特拉"从洪都拉斯发动攻击。1985 年前后，美国国会竭力削减这一计划的预算，里根干脆求助于奥利弗·诺斯（Oliver North）上校等人，导致了后来的所谓"伊朗门事件"。美国与伊朗达成秘密协议。根据这一协议，美国打破不贩卖武器给伊朗的承诺，私下向伊朗销售武器，换取后者释放美国人质，以及后来继续用以资助"孔特拉"的资金。这个协议后来遭到泄露。

1984 年桑地诺党人的胜利，加上丹尼尔·奥尔特加（Daniel Ortega）担任尼加拉瓜总统，让美国更加恼火。不过，1980 年代后半，这场冲突开始逐渐缓和。在 1990 年的选举中，反对派领导人比奥莱塔·查莫罗夫人（Violeta Chamorro）在美国的支持下获胜。内战终于结束。30000 多人在内战中死亡。2007 年，奥尔特加再次当选总统，一直到现在。[64]

在加勒比地区，虽然香蕉种植区和甘蔗种植园存在很大差异，但相似之处也有很多。虽然香蕉营养价值很高，但并不同于蔗糖，算不上奢侈品。虽然种植香蕉是在雇佣劳动制度下进行的，并非奴隶劳动，但劳工的生活和生产条件跟奴隶比没有得到明显改善。无限的资源和顽固的政治理念促使美国将一种"混合炸药"带到了这一地区。这些年来，它对中美洲的影响一直持续到今天。这种将商业利益和政治利益交织在一起的非正式帝国是一件很不光彩的事情。对私利的疯狂攫取为该地区留下了累累白骨。

---

① "Contra"源于西班牙语，表示"反对"，是对美国中央情报局支持的尼加拉瓜反政府武装的统称，也是"反革命"的简称。

*

在加勒比海的其他地区，独立呈现了大相径庭的特点。马提尼克岛的弗朗兹·法农（Frantz Fanon）这样的法属岛屿居民，一心想着国家主义，或更为广泛的泛非主义、反殖民主义，抑或跨国黑人的文化认同。1925 年 7 月 20 日，法农出生在马提尼克岛的一个黑人中产家庭——他的父亲是一名海关官员。1943 年，法农 18 岁时，远赴法国为自由法国而战。"二战"结束后，他留在法国，在里昂学习医学和精神病学，毕业后，成为一名精神病科医生。在这一时期，他开始撰写一些有关种族心理和殖民形势的文章。1952 年，他出版了开风气之先的《黑皮肤，白面具》（*Peau Noire, Masques Blancs*）。在书中，他说：

> 每个被殖民的民族——换句话说，每个民族，如果本土文化独创性死亡，并绝弃它的灵魂，那么就会产生一种自卑感，它会直接牵涉那个文明国家的语言，即宗主国文化。被殖民者接受宗主国文化标准的程度，使他相应地高出了先前的丛林状态。随着他摒弃自己的黑色、他的丛林，他就变得越来越白。

第二年，法农前往阿尔及利亚的一家医院工作。1954 年，他目睹了阿尔及利亚独立战争。他辞去工作，加入了阿尔及利亚人的独立队伍。然而，因为身体健康原因，他将生命里的最后几个月用于撰写一部反殖民的优秀作品《全世界受苦的人》（*Les Damnés de la Terre*）。这本书于 1961 年出版。和英国一样，法国也从殖民地招募战后重建所需的劳工。殖民地与首都之间的劳动力流动经常导致劳工对待遇不满。不过，就法属殖民地的情况来说，这让岛屿获得了更多的自由和自治。[65] 1946 年，马提尼克、瓜德罗普、法属圭亚那成为法国的海外省，从而成为法国的一部分，而不是它的卫星国。马提尼克人自 1848 年起就已成为法国公民，这一安排让这个岛屿与巴黎和吉伦特省处于同等地位。1945 年，诗人兼政治家艾梅·塞泽尔（Aimé Césaire）作为共产党候选人当选法兰西堡市长。他还是法国国民议会代表。1950 年，他建立了马提尼克进步党（Martinican Progressive Party），专门从事该岛的自治，而非独立。其他人，如影响很大的马提尼克人伊达尔德·格利森特（Édouard Glissant），思想超越了国家层面，主张对南北美洲实行"克里奥尔化（creolization）"。他们支持克里奥尔文学运动（créolité），批评对立学派的观点，认为法属岛屿上的居民不应该从非洲寻找文化传统。

/ 280

法国与其他殖民地纷争不断。这些殖民地从阿尔及利亚到印度支那、马达加斯加，它们要求独立的愿望比其他殖民地明确得多。在法属岛屿上，人们在争论过程中偶尔爆发一段动乱，然而争论和动乱都没有改变整个制度。瓜德罗普和马提尼克都有一些国家主义者，但很多人鼓吹更大范围的地方自治，而不是明确要求独立。此外，岛上的民众希望，通过获得更多的政治承认，能够很快与法国本土公民享有平等的权利。[66]

荷兰采取了介于英国与法国之间的中间道路。1954 年，荷兰让荷属岛屿成为荷兰王国的一部分，给予荷属岛屿和苏里南一定程度的自治，以便第二年联合国能够将这些地方从非自治领名单中勾除。

1952 年，美国授予波多黎各自由联邦的地位（estado libre asociado）。1948 年，波多黎各选举产生了第一任自治首脑路易斯·穆诺兹·马林（Luis Muñoz Marín）。波多黎各政府提出了"自力更生运动（Operation Bootstrap）"，目标是刺激区内经济增长。波多黎各政府用优惠的税收政策吸引大陆的美国公司投资，同时大力改造基础设施，从而改变以农业为主体的经济结构，摆脱对蔗糖这种单一作物的过度依赖，避免经济因国际市场影响产生大幅波动。这些措施带来的工业化使人口向城市集中，圣胡安的人口日益膨胀，打破了城乡之间的平衡。很快，制造业的就业岗位超过了蔗糖和其他农业部门的就业数量，政府开始推动旅游业发展。有人批评说，上述经济方案消灭了历史悠久的农耕传统，会让波多黎各过多依赖于美国资本和美国企业，不过岛上也有人认为，这种投资必不可少，并且物有所值。

同时，在古巴的马埃斯特拉山区，另一种形式的独立战争已经开始，全世界将为之瞩目。

在古巴圣地亚哥东部郊区的一个安静的大院子里，有一座赭色的，楼顶四周有垛口的多层建筑。这片建筑和旁边田地的四周是样式单调的高墙。沿着高墙，偶尔可以看到上面修筑有城堡的城门。每座城堡就像是象棋盘里巨大的象棋车。年轻激进的律师菲德尔·卡斯特罗（Fidel Castro）选择从这里，即蒙达卡兵营（Moncada Barracks），开始针对比他强大得多的各路敌人进行长达数十年的针锋相对斗智斗勇的第一次军事行动。也许他的选择是正确的。1953 年 7 月 26 日早晨，卡斯特罗率领大约 150 人，手持手枪和能够弄到手的各种武器，攻击了那座兵营——当时是总统富尔亨西奥·巴蒂斯塔（Fulgencio Batista）的一个地方军事基地。卡斯特罗的叛军不是政府军的对手，8 人被打死，70 多人被送入监狱。卡斯特罗可能过于理想主义，天真地以为他可以打败数量和装备都占优势的政府军，不过，他还有另一个动机：给古巴人传递一个信号——一场大角逐即将开始。

巴蒂斯塔对这个岛上的最高职务并不陌生。虽然在 1940~1944 年间，他担任古巴总统，不过在之前 1933 年的一次政变中，他就掌握了政权。在美国的压力下，他被迫允许民众选举国家元首。在 1940 年之前，古巴一直是傀儡候选人执政。1952 年，他参加总统竞选，重新回到公众视野。当他发现自己无法获得足够的支持时，他发动政变，用武力夺取了政权。这使古巴进入了最不光彩的时代——赌场、夜总会、歹徒与浮华。这些"碎片"一直存在到今天。大多数哈瓦那海边马雷贡地区（Malecón）的旅店里，比如 Habana Riviera 酒店，这是一幢建于 1950 年代的具有现代风格的大楼，楼顶的霓虹拓牌上闪烁着"Riviera"。如果这座楼放在拉斯维加斯沙漠里，就会显得很协调。很早之前，就有美国人造访古巴，不过，直到巴蒂斯塔统治后期，大批美国人才前往古巴。古巴和巴哈马一样，美国禁酒令催生了它 1920 年代旅游业的第一次繁荣。甚至在禁酒令废除之后，很多人仍旧造访古巴岛。没有多久，黑手党开始穿过佛罗里达海峡，在岛上建设旅店、赌场、夜总会、赛马场，还照例带来了毒品、妓女、枪支和腐败的"组合"。巴蒂斯塔很乐意和梅耶·兰斯基（Meyer Lansky）、"幸运小子"卢西亚诺（Lucky Luciano）等人尽皆知的黑帮头子做生意。对于腰缠万贯的游客来说，哈瓦那是一个追求肉欲的异国天堂。对于古巴人来说，这是一个充满愤怒和憎恨的城市。当地贫富差异明显，农村的贫困更让人们不满，即使蔗糖产量——蔗糖往往由美国公司生产——处于正常水平时，情况也是如此。实际上，巴蒂斯塔重掌政权的几天之内，大学生就举行了一场抗议。他们为 1940 年宪法举行了为期四天的守夜活动，并埋葬了它。[1]

同时，卡斯特罗逃过了攻击蒙达卡兵营后的政府追捕。后来，得知将会得到公平的审判之后，他向当局自首。这场审判在 1953 年 9 月进行。在审判过程中，卡斯特罗说出了那句有名的话——历史将宣告我无罪（La historia me absolverá）——并明确宣布，他的目的是推翻当时的政权。他被判 15 年监禁，被送到哈瓦那南部距离北美大陆不远处的松树岛（Isle of Pines）服刑。和他一起的还有他的弟弟劳尔（Raúl）等 20 多人。在那里，他们继续制订"7·26 运动"的计划。这一名称来自将他们送入监狱的那场军事行动。

1955 年，巴蒂斯塔对所有政治犯实施特赦，其中包括卡斯特罗。出狱后，卡斯特罗和劳尔逃到了墨西哥。在那里，他们遇到了阿根廷革命者埃内斯托·切·格瓦拉（Ernesto "Che" Guevara），并劝说后者加入了他们的事业。他们一起策划下一次军事行动，获得了古巴在墨西哥、美国的流亡群体的帮助。1956 年 11 月 25 日，"格拉玛号（Granma）"小船载着 82 人——至少是额定载员数量的 6 倍——从墨西哥韦拉克鲁斯的图斯潘（Tuxpam）出发，前往古巴的东方省（Oriente province）。在那次比正常航行时间超出很长的艰难航行中，卡斯特罗一行几乎一直在遭受暴风雨的洗礼。12 月 2 日，小船在古巴海岸搁浅，错过了既定的登岛时间。（他们原打算举行暴动，呼应几天前圣地亚哥的一场起义。那场起义按计划进行，但很快被镇压。）军方开始严加戒备。官方报告称，古巴空军已经炸毁了"格拉玛号"，炸死了卡斯特罗和他的所有人员。不过，他们弄错了。这些叛军登上了古巴海岸。几天后，他们遭到袭击，只有大约 20 人逃生，其中包括卡斯特罗兄弟和格瓦拉。他们逃往马埃斯特拉山区，那一带是反抗政府、进行武装斗争历史悠久的地方。"十年战争"期间，那里就发生过多次反抗。在这之前，那里的大山曾经为逃亡黑奴和其他逃亡群体提供过庇护。虽然如此，但因资源有限，给养奇缺，卡斯特罗和他的部下除了面前的困难之外，什么也没有。

最初，因为给养损失殆尽，为了生存下去，他们不得不依靠山里的农民。卡斯特罗开始运筹帷幄：他们打算袭击山区前哨站的政府军，以补充枪支弹药。他们还需要做一些公关活动。卡斯特罗迅速意识到，如果没有新闻报道，对"7·26 运动"的支持就仅仅限于这个山区。他知道，无线电台报道了他已被击毙的消息。他要让岛上的所有人知道，他和他领导的斗争不会那么轻易被扼杀。不久后，一个中间人给《纽约时报》记者鲁比·哈特·菲利普斯（Ruby Hart Phillips）爆了一个年度最大的猛料——年轻的菲德尔·卡斯特罗不但没有死，还待在马埃斯特拉山区，希望能有一位美国记者去采访他。哈特·菲利普斯知道这项任务不适合她——不仅因为一个女性偷偷从政府军关卡溜过去是件很危险的事情，而且她还担心，如果采访卡斯特罗的话，那些经常接受她采访的大人物会心生不满。她与一些古巴政府官员及巴蒂斯塔关系不错，对卡斯特罗心有疑虑。于是，在报社担任领导的记者赫伯特·马修斯（Herbert Matthews）从纽约动身，历尽艰险到达卡斯特罗在山区的藏身之处后，他在报道中说卡斯特罗"活着，战斗着"。他还在文字报道中附上了一张照片。那位叛军领袖站在树阴下，握着枪，蓄着神气的大胡子。[2]生活在山里不可避免会留着那种大胡子，很快这成为革命的象征。马修斯用惊异地笔调报道说："没有人能同外界联系，更不要说媒体了，除了本文作者，没有人见过卡斯特罗。"[3] 很快，全世界都折服于这位敢于与独裁者开战的勇敢的年轻人。马修斯描述了卡斯特罗留给他的第一印象：

> 从体格和个性来看——第一次见面，人们往往这样觉得——这是一个典型的男子汉——六英尺高，橄榄色皮肤，圆脸，身材魁梧，胡须散乱。他身穿一身橄榄灰军装，手持一支他引以为豪的带有瞄准镜的步枪……这个人具有强烈的个性。不难看出，他深受部下爱戴，以及为什么岛上所有年轻的古巴人那么崇拜他。[4]

卡斯特罗在古巴之外的背景鲜为人知，但是，如果知道他并非来自一连串数量众多的自由斗士群体，而是曾在 1895 年镇压古巴起义的西班牙老兵的儿子，很多人会感到惊讶不已。安赫尔·卡斯特罗－阿西斯（Ángel Castro y Argiz）是西班牙加利西亚的一个贫困农民。他应征入伍之后被派到古巴。兵役结束回到西班牙后不久，他认定，相较于待在贫穷的加利西亚村子里，回到古巴的前景会更好。1899 年，他返回古巴，在古巴岛东部靠近今奥尔金的比兰镇（Birán）慢慢经营起一个大型甘蔗种植园。安赫尔·卡斯特罗还"积累"了很多子女。第一个妻子生了 5 个孩子，第二个妻子生了 7 个孩子。他娶了第一个妻子后，与种植园里的一个女仆莉娜·拉夫·冈萨雷斯（Lina Ruz González）搞起了婚外情。后者比他小将近 30 岁。1926 年，她给他生下了菲德尔·卡斯特罗，之后又有 6 个私生子出生，安赫尔后来娶了她。卡斯特罗在甘蔗地里长大，认识一些给他父亲收割甘蔗的海地人。后来，他去哈瓦那接受教育。在那里，他进入大学，开始接触政治。

青年学生在古巴革命中发挥了重要作用。那些年是卡斯特罗性格形成的重要时期。他和他的部下通过游击战打击政府军队，而城里的年轻人则引爆炸弹，在街头抗议。这一时期，从 1954 年开始，工人还举行了很多次罢工。作为报复，政府逮捕了他们的政敌。结果，这引发了更多的炸弹爆炸事件和抗议活动，促使巴蒂斯塔多次宣布进入紧急状态。美国暂停了对古巴的军事援助，担心媒体关于政府镇压报道的影响。1958年底，东方省的冲突激化，叛军不断攻击政府军的补给线，几乎切断了东方省与岛屿其他地方的联系。那年年底，巴蒂斯塔知道他的时间已经不多了。1959年1月1日清晨，他离开了古巴岛。卡斯特罗和他领导的叛军取得了胜利。之后，关于谁将担任总统，经历了一个短暂的不确定时期。卡斯特罗发起了一次罢工。这次罢工一直持续到卡斯特罗的盟友曼努埃尔·乌拉地·雷欧（Manuel Urrutia Lleó）出任总统。雷欧担任总统后，两人发生分歧。卡斯特罗拥有实权，虽然他并不是总统。

1月2日，反抗军进入哈瓦那。哈特·菲利普斯看到："满载留着长头发、大胡子的被称为'巴布多（barbudo）'的年轻人的卡车几乎在街头无法行进，因为卡车旁边挤满了欢呼的人群。"[5]很快，罢工结束了。1月8日，卡斯特罗坐车进入哈瓦那。"古巴历史上没有一个人，"哈特·菲利普斯写道，"受到过这样的欢迎。欢迎场面之大，简直有点吓人。"

卡斯特罗和部下将临时总部设在开业不到一年的金碧辉煌的哈瓦那希尔顿酒店。1960年，酒店更名为"哈瓦那自由（Habana Libre）"。1959年，卡斯特罗对美国进行非正式访问。在纽约，他受到了人们的热情欢迎。一个大约2000人的人群朝他欢呼，挥舞着古巴国旗。[6]他还在华盛顿会见了一些美国官员，包括副总统理查德·尼克松（Richard Nixon）。他告诉美国官员，他和古巴的所有官员都不是共产党人——之前，1953年，劳尔出访东欧阵营时，美国曾有人深感忧虑。卡斯特罗还表示，希望与美国建立友好关系。但这种友善没有持续很长时间。

1960年代，卡斯特罗与苏联签订协议，约定五年内向苏联出口500万吨蔗糖，换取对方的资金、石油和其他物资。这是两国长达几十年的贸易关系中，苏联第一次通过购买一定数量的蔗糖来资助古巴。作为回应，美国采取了一系列一直持续到今天的贸易封锁措施。当古巴岛上的美国炼油厂拒绝加工苏联原油时，卡斯特罗没收了它们，并开始实施外国资产和外国企业——如银行、糖厂——国有化方案。同时，1960年底，大约14000名没有父母跟随的古巴儿童被送到美国。这个项目名为"彼得潘行动（Operation Pedro Pan）"，由美国天主教福利局负责实施。该项目得到了美国国务院的许可。后者给这些孩子提供签证豁免。岛上的一些古巴人为他们弄到了必要的证明材料和旅途费用。这些孩子抵达美国后，很多人不得不在收容所等待他们的父母办妥之后的事情，在拿到签证后去陪伴他们。数千古巴人通过这种方式逃离了那座岛屿。这一时期报道的不断增加的死亡人数让很多人惶恐不安。巴蒂斯塔政权先前的官员被迅速处决。越来越多先前的革命者被控叛变投敌，也遭处决。新闻管控迅速加强。哈特·菲利普斯，一直不像她那位《纽约时报》同事那样看好卡斯特罗，她在1961年离开了古巴。不过，这些国内事务很快因为后来发生的国际事件而相形见绌。

*

在艾森豪威尔总统的授意下，美国有关部门制定了入侵古巴的方案，虽然，这一方案后来没有付诸实施。实际上，媒体甚至报道了美军在危地马拉训练古巴持不同政见者的营地。如何采取进一步措施落在了艾森豪威尔的继任者约翰·F.肯尼迪（John F. Kennedy）的肩上。在他的版本中，中情局训练的古巴人从古巴南部的一个偏僻海滩登陆，开始反革命活动。最初的方案是渗入山区，这是古巴作战的长期传统。然而，正是这一进攻地点的偏僻特性注定了该方案的失败——那个地方附近只有一个冷清的村庄。作为入侵地点的猪湾（Bahiá de Cochinos）从此出了名，它位于南部偏僻的马坦萨斯省。糟糕的公路让这一地区几乎隔绝于岛上的其他地方，看不到人烟的荒凉海滩似乎是一个不可能发动军事攻势的场所。1961 年 4 月 15 日，美国 B-26 轰炸机离开尼加拉瓜，袭击了古巴的军事基地，但是很多飞机错过了目标，忧心忡忡的肯尼迪取消了第二轮空袭。两天后，一支由 1400 名古巴人组成的军队——其中很多人之前受训于危地马拉的中情局训练营——登上猪湾海滩。卡斯特罗早已从迈阿密的古巴流亡者口中得知美国在策划某项阴谋，于是他严阵以待。战斗开始后，古巴空军迅速对两艘运输船进行了战术性轰炸，几天内战斗彻底结束。卡斯特罗活捉了 1000 多名俘虏。在战斗中，双方的阵亡者仅有不到 300 人。卡斯特罗将这些流亡者当作人质关押数月，通过公开审判羞辱他们。最后，他释放了他们，用他们换取了价值 5000 万美元的食品和药品。这场入侵结束不久，卡斯特罗立刻宣布他的革命属于"社会主义"。至此，冷战延伸到加勒比地区。肯尼迪发动了秘密的"猫鼬行动（Operation Mongoose）"，美国投入数百万美元，绞尽脑汁欲杀死卡斯特罗。据说，中情局曾策划将炸弹装在雪茄中炸死他。

　　一年后，全球再次将注意力投向古巴岛。冷战的紧张局势越来越严峻。1961 年 9 月，柏林墙竖立起来。苏联再次开始核试验，还违反由来已久的《门罗宣言》，派军队到古巴。1960 年，苏联领导人赫鲁晓夫宣布《门罗宣言》已经失效。他还说，应该将它埋葬，"这样，它在腐败过程中就不会污染空气"。[7] 在军队进驻古巴的同时，苏联科学家还将导弹和核技术带往那里。消息传到白宫。1962 年中，美国的 U-2 间谍飞机拍摄到了疑似导弹的照片。赫鲁晓夫否认美国的指控。但是，肯尼迪选择相信照片证据，要求苏联从古巴撤出导弹。他下令封锁海面，拦截和搜查前往古巴的船只。肯尼迪选择这一方式的原因是，相较于空袭，它引发苏联报复的可能性较小。10 月 22 日，肯尼迪还发表电视讲话，将这件事告知美国公众。然而公众几乎没有人意识到，白宫已进入"DEFCON 2"这一最高级戒备状态，距离打响核战争仅差一步。卡斯特罗宣布，如果美国发动空袭，古巴和苏联将进行报复，发动核打击。幸运的是，赫鲁晓夫没有征求卡斯特罗的意见。这位苏联领导人提出，如果美国保证不攻击古巴，苏联将撤出核导弹。另外，美苏两国还签订秘密协议，美国从土耳其基地撤出核导弹。10月28日，危机彻底解除。

*

古巴革命和后来参与冷战让卡斯特罗赢得了全世界的无数崇拜者。他拒绝向美国低头，响应了之前拉美诸国——尤其是尼加拉瓜这样的中美洲国家——断然终结美国驻军的行为。同样，全世界的共产主义支持者都仰慕古巴和卡斯特罗的所作所为。虽然面临着美国的贸易封锁，但是卡斯特罗和古巴政府大幅改善了民众的教育和住房条件。不过，这一时期，很多古巴人离开了古巴岛，主要是前往美国，这些人大都是在旧政权下发了财，具有一定影响力的人。他们有的人担心自己的生命安全，有的人反对新政权。古巴政府不允许他们带着任何家产离开古巴。他们只身到了美国后，往往被迫白手起家，从头开始。很多避难者去了迈阿密，加入了当地规模已经很大的古巴人群体。在接下来的几十年里，这一群体的规模不断增加。他们极大地改变了那个城市，在美国形成了一个强大的反卡斯特罗阵营。

一些加勒比海国家的领导人，在担心美国在该地区巨大影响的同时，也警惕古巴的实例。1963年，埃里克·威廉姆斯这样写道：

> 1963年，加勒比地区执意不让这个世界忘记它。1930年代尚是美国殖民地的古巴，到了1960年代成了苏联的卫星国……加勒比地区已经成了一个快乐的猎场，因为卡斯特罗宣布支持周边国家的颠覆活动。1963年，加勒比地区的主导思潮不是卡斯特罗主义就是别的什么。特立尼达和多巴哥则宣布不接受任何主义。[8]

虽然威廉姆斯仍然敬佩卡斯特罗的反殖民斗争，但他对这个岛屿的政治和经济运行的看法要谨慎得多。虽然存在很多分歧，但是特立尼达和多巴哥，以及巴巴多斯、牙买加、圭亚那还是在外交上承认了古巴，没有理会美国和美洲国家组织（Organization of American States）。1975 年 6 月，威廉姆斯造访古巴。在松树岛进行的演讲上，卡斯特罗感谢了他："我国人民将永远团结、尊重你的祖国特立尼达和多巴哥，以及所有友好的加勒比海国家，并结成最深厚的友谊。"[9] 然而，来自加勒比地区的下一个访客，对卡斯特罗和古巴革命则极为乐观。1973 年，牙买加总理迈克尔·曼利（Michael Manley）在飞往阿尔及尔，参加在阿尔及利亚首都举行的不结盟运动峰会的飞机上与卡斯特罗相遇。他是诺曼·曼利的儿子，1969 年被选为人民民族党（PNP）领袖，1972 年在大选中胜出，当时正在热情动员全岛建设"民主社会主义"。曼利毫不隐讳他对卡斯特罗政权的欣赏，批评美国对古巴的态度。

1975 年 7 月 9 日，曼利走上哈瓦那的飞机跑道，人群欢呼起来，还有人呼喊"曼利万岁！"曼利行握拳礼。"长长的熊抱"之后，曼利和卡斯特罗开始为期五天的交谈和文化交流。[10] 一回到金斯敦，曼利就发表讲话称："古巴和牙买加都深受资本主义之害，不过现在，我们要搭建连接两国人民的桥梁。"[11]

虽然古巴的榜样鼓舞了很多人，一些牙买加人却不买账。1977 年，一封署名为"实用主义者（Pragmatist）"，写给《每日回顾》的稿件，问"为什么政府和古巴以及国际帝国主义剥削者俄国缠绻难分，而不从实际出发，向中国、美国、日本等国学习？"接着，该文章说，"牙买加必须借鉴中国的艰苦经历和严谨作风。解决方案就是建立美国、中国和日本的三角关系"。[12] 1977 年，卡斯特罗回访牙买加，但是牙买加人对待他并不像古巴人对待曼利那么热情。在他到来之前，牙买加反对党牙买加劳动党（Jamaica Labour Party, JLP）公开声明，该党没有接到卡斯特罗到访的正式通知，要求该党成员抵制卡斯特罗的访问。之前有传闻说，卡斯特罗已经访问了牙买加，因为考虑到卡斯特罗的安全问题，所以为期六天的访问一直严格保密，直到最后一刻才公布。这份声明宣称："对这一访问的处理是对牙买加民主进程和牙买加民众的羞辱，因为众所周知，牙买加人民深度厌恶和极不信任任何形式的共产主义。"[13]对这位古巴领导人周密的安全保卫工作，一些人也是颇有微词。当然，与其说牙买加劳动党是在争论将古巴意识形态运用于牙买加的价值，不如说它在利用当时的形势扩大自己的影响力。最后，据说有"大量群众"欢迎卡斯特罗来访。欢迎人群中，有人说，这位古巴领导人的来访是"牙买加自从独立以来最有意义的事情"，并且，"现在，人们终于有机会亲眼看到卡斯特罗本人，这会增加对他的了解"。[14]

曼利很难实现他有关牙买加的愿景。1976 年时，他说的那句"我们不是供人出售的（We are not for sale）"已家喻户晓。不过很快，他不得不从岛屿外部寻找帮助。他实施了一些改革，如最低工资制度、免费中学教育、土地改革，然而，第一任期结束之际，岛上的经济形势恶化。不久，国际货币基金组织又让曼利遭受重挫。该组织提出，他们愿意为牙买加提供高息贷款，条件是牙买加进行"结构改革"，取消用以实施曼利诸多计划的政府项目。[15]

这期间，古巴用苏联的资金渡过了难关。在摆脱殖民统治的那些发展中国家的民众中，卡斯特罗的仰慕者越来越多。古巴甚至能够在 1970 年代的安哥拉内战中，派军队援助安哥拉人民解放运动（MPLA），而在同时，顶着经济压力，继续进行国内革命。对于美国来说，卡斯特罗一直是一个令人头痛的人物。1980 年，卡斯特罗策划实施了诸如"马列尔偷渡（Mariel boatlift）"的计划。愿意离开这个岛屿的人都可以从马列尔港上船离开。美国想尽办法封堵这些纷纷到来的古巴人，但是随着100000 多人乘坐小船涌到佛罗里达，美国政府最终陷入绝望。1960 年代移民美国的古巴人中，相当数量的人是财力优渥、有影响力的人，而这次的集体偷渡是为了将卡斯特罗讨厌的那些人赶走：罪犯、同性恋、残疾人、一些持不同政见者。不过，这个岛屿的状况没有维持多久。不到十年，卡斯特罗的世界就陷入混乱。

*

冷战还让多米尼加共和国深受其害。1961 年 5 月 30 日，拉斐尔·特鲁希略（Rafael Trujillo）乘坐的轿车遭到一伙人伏击，特鲁希略遇刺身亡。之前被特鲁希略任命为总统的华金·巴拉格尔（Joaquín Balaguer）上台执政，特鲁希略的儿子拉菲斯（Ramfis）担任军队领袖。受够了特鲁希略家族的美国要求拉菲斯下台。发现后者没有屈从，美国就派一艘军舰前往多米尼加共和国首都。1962 年，这个国家举行大选——这是三十多年以来的第一次大选——反对党多米尼加革命党（Dominican Revolutionary Party, PRD）领袖胡安·博施（Juan Bosch）意外获胜。博施被迫于 1938 年离开多米尼加共和国，之后的多年里他将政治生涯中的大部分时间用于同岛屿之外的．在古巴和哥斯达黎加的流亡群体组织针对特鲁希略的反对党。

掌权之后，博施立即出台一系列似乎专门令美国将他当作共产主义者的改革——尤其是他容忍共产党的一个支部。他重新分配土地，积极实施其他社会改革。1963 年 9 月，此前权力一再受到博施约束的军方逮捕了他，将他囚禁到波多黎各。1965 年，国内形势恶化，博施的支持者和军方兵戎相见，内战爆发。美国总统林登·约翰逊非常担心多米尼加共和国成为共产主义国家，它不允许美国周边出现"第二个古巴"。于是，美国再次派军入侵。20000 多名美军士兵在岛上驻扎了将近一年，直到双方达成协议。1966 年，巴拉格尔回到总统位置，并一直执政到1978 年。他的胜利并没有立即终结暴力活动，虽然他在这次总统任期内，将大多数时间用来镇压和惩罚 1965 年与军方对抗的那些民众。

1970 年，变得苦大仇深、愤世嫉俗的博施出狱，组建了新的政党多米尼加解放党（Dominican Liberation Party）。该党纲领体现了他日益增长的列宁主义思想。1970 年代，多米尼加革命党推出了一个很有能力的总统候选人安东尼奥·古兹曼（Antonio Guzmán）。后者在 1978 年的总统大选中胜出。在美国的压力下，巴拉格尔不得不认输。然而，古兹曼上台后，腐败和贿赂逐渐渗入多米尼加革命党中。这两方面的批评是促使古兹曼在 1982 年 7 月自杀的主要原因。古兹曼自杀之前的 5 月，革命党及其候选人萨尔瓦多·豪尔赫·布兰科（Salvador Jorge Blanco）赢得了大选。1980 年代后期，国家经济不景气。街头和革命党内都出现了动乱。巴拉格尔借机再次赢得 1986 年大选。他执政了十年。

在这个岛屿的另一侧，海地人的统治者是另一个个头很小、戴着眼镜、神秘莫测的人物：弗朗索瓦·杜瓦利埃（François Duvalier）。他一贯的谦谦君子作风让人无法知道将来的他会成为一个暴君。他出生于中产家庭，曾在美国学习医学。在 20 世纪三四十年代，他参与了不计其数的公共卫生推广活动，后来成为卫生部长。他还明确倡导研究海地的非洲"根"和该岛屿的伏都教传统。他对伏都教尤其感兴趣。海地先前各个时期的统治者都千方百计地禁止伏都教。在名义上，海地官方允许的宗教是天主教。然而，非裔美国人类学家佐拉·尼尔·赫斯顿（Zora Neale Hurston）在 1936~1937 年造访该岛时，岛上的伏都教非常活跃。"在鼓声中，［这位］海地上层人物会告诉你，海地根本没有伏都教，"赫斯顿说，"他知道，情况并非如此，猜测你也知道真实情况。"[16] 让杜瓦利埃说伏都教的好话，说他对伏都教感兴趣是一件让很多海地人——尤其是他想要获得对方支持的黑人农民——感到意外和欣喜的事情。

杜瓦利埃写了不少有关黑人文化（noirisme）各种方面的文章，将自己装扮成一个博学的医生形象，这体现在他的绰号"医生老爹（Papa Doc）"上。1950 年代，他开始参政，并赢得了 1957 年大选。起初，他采取多项措施，尤其是通过任命多位黑人而不是黑白混血穆拉托人进入内阁，维持了自己的声望，特别是在黑人中的声望。美国也支持他，虽然主要是因为他不是共产主义者。1959年，当古巴训练的共产党军队设法渗入这个国家时，他将他们赶了出去。1957~1959年间，杜瓦利埃还躲过了多次政变，然而表面的裂缝还是出现了。1960年，新任美国驻海地大使罗伯特·牛比金（Robert Newbegin）写给国务院官员诺曼·沃纳（Norman Warner）的信中，说出了他对这个岛屿，包括对那位领导人的初步看法。"我对杜瓦利埃的印象一点也不好，"他说，"就他的政权而言，让我觉得他是我接触过的最糟糕的独裁者之一……我们不得不支持这样一个人领导的政权，实在是一件很可惜的事情。"[17]虽然这件事很可惜，不过美国人仍然一意孤行。杜瓦利埃运用欺诈手段赢得了1961年大选。接下来，在1964年大选中再次获胜，被选为终身总统。为了保证他对权力的要求，他组建了一支贴身武装，民众称其为"通顿马库特（Tonton Macoute）"。这个名字来自童话人物"袋子叔叔（Uncle Sack）"（或称"粗麻袋"）。"袋子叔叔"喜欢绑架孩子。这个黑色幽默造成的直接结果是当该岛陷入日渐贫困的状态时，大量海地人离开了岛屿。杜瓦利埃家族在"马库特"的血腥扶持下，控制了国民经济。在这些年里，杜瓦利埃开始露出细微、狰狞的面目。他露面时往往身穿黑色西装，戴一副角质架眼镜，很像是神通广大、令人生畏的伏都教神祇巴隆·撒麦迪（Baron Samedi）①。伏都教独特的洛阿神（lwa）主管死亡与复活，经常出现在墓地一带。人们经常将它描述为身穿无尾晚礼服，戴着普通眼镜或太阳镜，头戴高帽子，手持一根甘蔗，抽着一支烟的形象。人们往往将杜瓦利埃传说成一位伏都教牧师。他与巴隆的相似之处不可能完全出于偶然。他知道巴隆在人们头脑中法力无边，因此有意地扮演了这一形象。他的政权成为暴政的代名词，用暗杀封口政治对手。描写这一时期最出名的英文作品是格雷厄姆·格林（Graham

———————————

① 伏都教中的死神。

Greene）1966 年出版的"医生老爹"统治下的以海地为背景的小说《喜剧演员》（*The Comedians*）。针对 1976 年发售的新版本，格林写了一篇简短的序言。在序言中，他讲述了动笔写这部小说前最后一次前往海地的情景。他回忆道："我最想做的事情是逃离这一令人窒息的噩梦般的城市［太子港］。我离开那里几个星期之后，所有学童都被迫观看在公墓进行的两个被俘游击队员的处决仪式。当地电视台每周晚上都要重复播放它。"[18]

　　1971 年，在他去世之际，"医生老爹"确立了对这个国家的绝对控制，他的儿子让－克劳德（Jean-Claude）接任了他的职位。脸胖胖的克劳德被人们称作"医生婴儿（Baby Doc）"，和他的父亲一样坏。"马库特"的残暴活动又持续了 15 年。在这期间，这位总统洗劫了这个国家的国库。海地一步步被推向贫困。很多海地人逃往多米尼加共和国——虽然他们不得不忍受种族对抗和种族歧视——赶在甘蔗收获季节以极低的工资收割甘蔗。让他们更为痛苦的是，"医生老爹"还从多米尼加共和国支付给这些劳工的薪水中抽走一部分。另外，两国政府签订了长期协议，多米尼加共和国向海地支付 100 万美元，作为多米尼加 20000 多名甘蔗收割工人的薪水，但是很多人不知道政府收到这笔钱。1980 年代，一些人权组织了解到这一情况后，试图向公众强调这一点。1985~1986 年的人权报告称，在上一个季节结束之际，甘蔗劳工在带着薪水穿越两国边境时被打劫，这类消息让海地人更不愿意前往多米尼加，多米尼加政府也招募不到足够的国内劳工。1986 年初，随着收获季节日益临近，多米尼加官员心急如焚，带着 200 万美元的现金飞抵海地，招募了 19000 名劳工入境。几天后这一消息被披露，海地农民发生了暴动。政府派军队镇压，然而形势很快失控。军方利用人们的这种不满罢免了"医生婴儿"。1986 年 2 月 7 日，杜瓦利埃和他那位肤色较浅、漂亮迷人、深受公众憎恶的妻子米歇尔（Michèle）出逃，名下仍旧占有着多米尼加共和国支付的那笔现金。[19]

虽然正如泛非主义者马库斯·加维所说，埃塞俄比亚皇帝海尔·塞拉西一世知道他在黑人世界中的位置，但是他可能没有想到 1966 年他在访问这一地区抵达牙买加时，会受到那么热烈的欢迎。一家报纸热情激昂、声情并茂地报道了那个具有历史意义的时刻。

> 埃塞俄比亚皇帝，海尔·塞拉西皇帝陛下，万王之王，犹大的狮子（Conquering Lion of Judah），于昨日抵达牙买加，受到了最高级别的欢迎。他几度哽咽。站在将他从特立尼达和多巴哥送到牙买加的埃塞俄比亚航空公司飞机的舷梯上，远望聚在帕里萨多斯机场（Palisadoes Airport），热情不已地向他欢呼的人山人海时，他不禁哭泣。他的泪水喷涌而出，流下脸颊。也许无从得知，他是不是因为面前欢迎他的人数众多的无法控制的牙买加人而感伤，还是完全出于喜悦，不管是什么原因，这是对一个高度情绪化欢迎场面的情绪化反应。[20]

之所以出现这样的热烈场面，是因为对于信仰牙买加宗教拉斯特法里教（Rastafarianism）的人来说，塞拉西是一位活着的神。这是加勒比地区宗教中最近新增加的一位神。关于这位神的传说出现于 1930 年代早期。大约就在这一时期，伦纳德·豪威尔（Leonard Howell）和其他信众将这一信息传递给整个世界：塞拉西——拉斯特法里——实际上是一位神，埃塞俄比亚是所有信众的理想乐土。他们还说，拉斯特法里将为信众提供一个白人教堂、白人天主教之外的精神世界。[21] 拉斯特法里教最初是一个小众宗教，从官方公布的数字来看，目前仍然小众——根据 2001 年牙买加的人口统计数字，仅有大约 24 000 人登记的信仰是拉斯特法里教。[22] 然而，在 1930 年代到 1960 年代，它吸引了越来越多的

信众，而且富裕阶层不是忽视它，就是谴责它。这也是1966年人们突然"占领"帕里萨多斯机场的原因。

人们热情高涨，以至于拉斯特法里教高级长老莫蒂默·普兰诺（Mortimer Planno）走上飞机舷梯，示意大家安静，给来访的皇帝让出一条通道。一些拉斯特法里教教徒穿着象征拉斯特法里教的红色、绿色、黄色衣服，高呼"上帝的羔羊""黑人的好日子来到了"。[23] 这些拉斯特法里教信徒来自岛屿各地——他们或步行，或乘坐公交车，或一路搭车——目的就是到机场欢迎塞拉西。据《每日回顾》报道，史无前例的来访者给官方的安排带来诸多问题。"该发表讲话的人没有讲话；红地毯被弄得一团糟，乐队也没有演奏赞美诗。"实际上，那位皇帝是被接待人员推进轿车飞似的接走的。[24] 虽然他有很多公事在身，但是塞拉西还是抽空在喜来登酒店举行的欢迎会上，会见了很多拉斯特法里教信徒——照片后来被登在报纸适当的版面上。当时，"一个用冰雕刻出来的小狮子——那位皇帝的象征——摆在欢迎会上的一个桌子上"。[25]

也许，没有什么东西会像冰雕狮子那样，更能让人联想到堕落或"巴比伦"其实离拉斯特法里教教义和礼拜习惯很远。拉斯特法里教是一系列观点的复杂结合体——很多内容来自《旧约》——它最初源于只有牙买加才能提供的独特元素：马库斯·加维的泛非主义、诞生自非洲人长期暴动和逃亡传统的反专制主义。拉斯特法里教借鉴了基督教和犹太教，倾向于千禧年主义。他们经常通过吸食大麻（ganja）进入与拉斯特法里教至上神"Jah"沟通的精神境界，让信徒与至上神进行热烈的精神或哲学方面的交流（groundings），或专注于精神上的自我，这种思考经常以"我（I）"怎么样开头。很多拉斯特法里教信徒留着独特的长发绺，蓄着胡子，表示他们遵从《旧约》中"剃刀不可触及他的头"（《民数记》6：5），以示不同于传说中耽于奢华享乐的巴比伦生活方式。他们往往坚持不吃肉、尊崇自然或所谓的"节食（Ital）"。不过，这其中存在很大的差异。虽然有关拉斯特法里教的著述很多，却没有任何文字性的教义，也没有任何有组织的敬拜地点。在外来者看来，拉斯特法里教信徒看待"巴比伦"，即世俗世界及其"政治伎俩"的观点很成问题，因为这些观点往往引发与当局的冲突，导致镇压。实际上，塞拉西造访牙买加数年之前，即1963年，在"珊瑚园屠杀（Coral Garden massacre）"事件中，拉斯特法里教信徒和警方爆发了激烈的冲突。起初，警察无缘无故地攻击了一些蓄着大胡子的人，以为他们是拉斯特法里教信徒，最后打死了那些人。之后，警方将蒙特哥贝地区的拉斯特法里教信徒集中起来，然后捏造罪名将他们送入监狱。其他拉斯特法里教信徒急忙剪掉自己的长发绺，逃过一劫，镇压活动一直持续到20世纪六七十年代。一个名叫"罗伯特·内斯塔·马利（Robert Nesta Marley）"的拉斯特法里教信徒出名之后，这个宗教团体的形象才开始走向世界，面对越来越多的信众，政府的压制逐渐放松。

*

/ 296

看上去有点不可思议，鲍勃·马利（Bob Marley）①和他的"哭叫者（Wailers）"乐队在某种程度上是城市规划的产物。1930年代，牙买加建立了中央住房委员会，专门改善无主空地上私自建房的劳工的住房条件。很多人集中住在金斯敦西部，包括一片叫作"特伦奇镇（Trench Town）"的地区——因18世纪获得这片土地的丹尼尔·鲍尔·特伦奇（Daniel Power Trench）而得名。施工始于1940年代。规划设想来自当时流行的"镇区（township）"模式。该模式主要是为贫穷的牙买加人提供住房和其他设施，如社区中心。这些住房表现为多个家庭围绕一个院子，共用厨房和卫生间的平房。²⁶这种镇区模式提供大多数私建房屋所没有的自来水和电力。每个家庭住在一个大约3平方米大小的房间

---

① 罗伯特·马利的昵称。

里（10 英尺 × 10 英尺）。这意味着人们的大多数日常活动不得不在院子里进行。人们睡在外面，至少白天和傍晚待在这些"政府院子"里，招待客人或演奏音乐。需求远远超过了供给。很快，先前的私自建房的劳工开始在这些政府建的新房周围建房子。在很短的时间内，形势就明朗起来，这些院子正在酝酿这个岛屿上一些最有创造力的作品。1950 年代末至 1960 年代初，牙买加乐坛迅速出现了大量特伦奇镇音乐人演唱的被称为斯卡（ska）和洛克斯代迪（rocksteady）的曲调高亢的歌曲。这些歌曲还慢慢进入英国，在英国西印度社区的音响系统中播放。在特伦奇镇住过一段时间的年轻的马利与作为同行的音乐人邦尼·维勒（Bunny Wailer）、彼得·托什（Peter Tosh）等人相识、合作。他们灌制"斯卡"和摇滚式的"洛克斯代迪"。1964 年，他们灌制的《冷静下来》（Simmer Down）登上最佳唱片榜。马利和"哭叫者"乐队过渡到"雷鬼音乐（reggae sound）"，后来获得了国际声誉。不过，纪念这一段生活的是他在 1974 年演唱的流行歌曲《不要女人，不要哭泣》（No Woman, No Cry）。在这首歌中，他提到了"过去坐在特伦奇镇政府院子里"的时光。莫蒂默·普兰诺也住在这些政府院子里。这些院子还是拉斯特法里教信徒的主要聚会点。就是在这些院子里，马利接触了这种后来影响他人生方向，他用音乐推向全世界的宗教。[27]

这些政府院子很快成为毒品、暴力肆虐的地方。随着政治庇护主义（political clientelism）渗入这些贫穷的群体，即使在 1960 年代，还是出现了裂隙。政治庇护（political patronage）成了政治交易的工具。很快，在贫民区中，某些区域的人们支持人民民族党，某些区域的人们支持牙买加劳动党。1970 年代，政治暴力愈演愈烈，以至于马利于 1978 年 4 月 22 日专门举办了"一份爱，一份和平音乐会（One Love Peace Concert）"，来缓解不同派别之间的紧张情绪——在 1980 年举行的大选中，大约 800 人被杀。到了这个时候，一直持续至今的"驻守选区（garrison constituencies）"已经形成（之所以叫"驻守选区"，是因为在这里，警察不得不驻守在戒备森严的警察局里）。当地的黑社会头目控制了选区，形势失控。[28] 1980 年，观点保守的牙买加劳动党在爱德华·西加（Edward Seaga）的领导下取得了政权，一直执政到 1989 年的大选，他被迈克尔·曼利领导的人民民族党击败。后者意识到他没有足够资金进行深入的社会改革，于是让自己的政策趋向缓和。1992 年，曼利退休，将权力交给了 P. J. 帕特森（P. J. Patterson）。帕特森和人民民族党执政到 2006 年。然而，损害已经造成。特伦奇镇的政府大院和其他贫民居住区仍然深陷暴力之苦，20 世纪七八十年代的毒品交易又让形势雪上加霜。另外，中情局还秘密向这里贩卖武器。1976 年，中情局制造的混乱曾颠覆过曼利政府。[29]

*

当沃尔特·罗德尼博士（Dr Walter Rodney）参加了一个在加拿大蒙特利尔举行的黑人作家笔会，回到牙买加时，形势让他大吃一惊。罗德尼是一位圭亚那大学教师，1968 年刚入职新建立不久的位于牙买加莫纳（Mona）的西印度群岛大学（University of the West Indies, UWI），教授非洲历史。10 月 15 日，他在这所大学的教师生涯戛然而止——担任牙买加总理的牙买加劳动党领袖休·希勒（Hugh Shearer）禁止他再次入境。第二天，西印度群岛大学学生的抗议活动几乎让金斯敦瘫痪，并且蔓延到城市各界，造成不少伤亡。这似乎是一连串极端事件，不过罗德尼不是一个普通的历史学家，他是一个才华横溢的学者，曾经在伦敦的东方与非洲研究学院（School of Oriental and African Studies）发表有关奴隶贸易的哲学博士论文，他还积极支持那个时期的主张对社会制度、经济结构作根本改变的激进观点。他大声呼吁，反对压迫穷苦黑人，关心牙买加的拉斯特法里教信徒。他还支持卡斯特罗。他曾与拉斯特法里教信徒一起举行"沟通会（groundings）"。他的激进行为让希勒非常不安。牙买加爆发了自 1930 年代以来最为严重的骚乱，然而希勒不为所动，认为罗德尼是国家安全的威胁。*

这些抗议活动被称为"沃尔特·罗德尼骚乱"，是加勒比地区"黑人权力"运动兴起的重要事件。这些活动不但动员了加勒比地区的黑人，尤其是先前的英属岛屿的黑人，而且动员了大批散居美国、加拿大和欧洲的黑人。[30] 后来，罗德尼在文章中说，入境禁令并没有让他感到意外，因为虽然牙买加政府官员是黑人，但是"他们的心是白人的心。这些人代表的是外国白人资本主义制度的利益。在国内，他们极力维护一种让黑人位于社会等级末端的社会结构"。[31]

实际上，引发特立尼达岛后来所谓"二月革命"的事件开始于蒙特利尔的乔治威廉姆斯爵士大学（Sir George Williams University），一个距离这个岛屿很远的地方。1969 年，一些来自特立尼达岛的学生认为自己受到了学校的不公平对待，举行抗议。他们占据了学校的计算机实验室。最后，一些学生因为参与这次抗议活动而被学校开除。特立尼达岛因为这件事群情激愤。更为复杂的是，美国黑人权力运动参与其中，并且，特立尼达政府长时间禁止出生于特立尼达岛，在美国受教育的黑人权力运动领袖斯托克利·卡迈克尔（Stokely Carmichael）入境所引起的不满仍未消退。同时，国内很多人不满意埃里克·威廉姆斯及其人民民族运动党（PNM）。政府不会注意不到民众的这些不满情绪，因为它已经明确地表现出来。在 1970 年 2 月 9 日举行的狂欢庆典上，一些人的衣服上就写着让人联想到奴隶制、黑人权力等政治主题的文字。这明显是在表达心中的不满情绪。感受到这种紧张情绪后，威廉姆斯在针对全国民众的讲话中竭力解决这种担忧。人民民族运动党称，它将全力着

---

* 罗德尼前往古巴，返回他之前任教的坦桑尼亚。1974 年，他回到福布斯·伯纳姆统治下的圭亚那，继续他的政治激进主义活动。他建立和领导了劳动人民联盟党（Working People's Alliance party），直到 1980 年 6 月 13 日被一名刺客的炸弹结束了生命。

手解决"黑人的尊严",设法解决岛上不同群体之间经济上的不平等。[32] 然而,他们的解决力度太小了,而且也太迟了。

1970 年 2 月 26 日,大约 200 名学生走上街头,抗议审判参与加拿大蒙特利尔抗议活动的学生。其他群体随即加入,游行队伍人数迅速增加——3 月 6 日,14000~20000 名示威者从首都动身前往大约 5 英里之外的圣胡安。[33] 参与运动的人中,非洲后裔占了相当大的比例——过去的敌意让东印度群岛社群心存忌惮,不敢加入。3 月 26 日,数千黑人前往卡罗尼(Caroni),深入岛屿中心种植甘蔗的农村,想要吸收一些东印度群岛人加入,但应者寥寥。[34]

1970 年 4 月 21 日,骚乱促使埃里克·威廉姆斯宣布国家进入紧急状态,逮捕了十多个据说是黑人权力领袖的人。同时,军方拒绝参与镇压。他们的长官说,他们不愿意对和自己一样的黑人动用武力,也不愿意在政府已失去合法性的前提下出动军队。[35] 不过,威廉姆斯仍是特立尼达和多巴哥的掌舵人。英国迅速调派两艘军舰前往,部分原因是考虑到生活在那里的 2000 名英国人,以及英国在岛上的大约 1.5 亿英镑的投资。最后,抗议活动被镇压了下去,该运动的组织者被逮捕,威廉姆斯继续担任总理。岛屿很快迎来了以石油收入大幅增加为特征的经济繁荣。[36] 1970 年代中期,国际石油价格增加了 10 倍。这很大程度上是缘于 1973 年石油输出国组织(OPEC)对美国的禁运。经济的繁荣巩固了威廉姆斯的领导地位。[37]

不是只有威廉姆斯和希勒总理对黑人权力运动表现明显的反感——几乎所有讲英语岛屿的政府都对这一革命性要求怀有敌意。1970 年,巴巴多斯颁布《公共秩序法》(Public Order Act),旨在镇压抗议活动的组织者,强化对他们的监视。[38] 实际上,这个岛屿也曾与卡迈克尔有过过节。1970 年 5 月,当卡迈克尔抵达布里奇顿机场时,移民官员要求他在入境卡上签字。这位移民官看到他交过来的入境卡上写着"要想解放**我们**的岛屿,我们必须**杀人**"。[39] 巴巴多斯内阁之前一直在犹豫是否让卡迈克尔入境。最后，总理埃罗尔·巴罗终于松了口。卡迈克尔获准入境，在岛上作短期停留，前提是不能公开演讲，不能参加任何公众活动。于是，他去一个朋友家里进行拜访。他的支持者闻讯后蜂拥前往，而警方无法阻挡 70 多人涌向那里。据说，他在那里说过"唯一的行动就是流血"，不过接下来，在他离开该岛之前，倒是一直风平浪静。[40]

同时，随着特立尼达岛上混乱局势的继续，牙买加出现了一些小规模的，批评特立尼达政府的抗议活动。在写给伦敦的一份备忘录中，英国驻牙买加高级行政长官尼克·拉莫尔（Nick Larmour）说："牙买加人经常说，'黑人权力'这个说法有问题，因为在这个国家里，权力一直牢牢地掌握在牙买加人的手里，并且政府在很大程度上控制在黑人手中。"[41] 不过，他同时也说，真正的问题是社会的不平等："对于牙买加来说，黑人权力不完全是一个政治问题。它还是一个经济问题，是一个如何保证黑人在现实社会中得到公正的份额或超过公正份额的问题。"[42] 他还在信中附上了一份报告，报告的标题为《对牙买加稳定的后特立尼达评估》（*A Post-Trinidad Assessment of Jamaican Stability*）。[43] 然而，英国观察人士认为，大学校园"看似要有骚乱发生，但是［他们］实际上很少能够渗透进来，或将学生群体中为数众多的不活跃的中产阶级下层鼓动起来"。这份报告也没有发现黑人权力运动能带来什么危险，虽然他说，"漠视牙买加的黑人权力运动肯定是一个巨大的错误"，但是高企的失业率（23%）继续一步步让牙买加走向动乱的边缘。[44]

1970 年 12 月，在仍然处于英国控制下的圣卢西亚，当局正密切关注岛上召开的黑人权力会议。作为该会议的组织者之一，乔治·奥德伦（George Odlum）否认他们与共产主义"或其他主义"有任何关联。会议之所以选择在这个岛上召开，是因为该岛尚未禁止任何人入境——后来，这很快成为一个棘手的问题。除了特立尼达禁止卡迈克尔之外，多米尼克、蒙特塞拉特——它们仍是英国的殖民地——也禁止他入境。巴巴多斯还禁止特立尼达的激进分子克莱夫·努涅斯（Clive Nunez）和格迪斯·格兰杰（Geddes Granger）入境。多米尼克禁止沃尔特·罗德尼博士入境。[45] 最后，只有来自格林纳达、特立尼达、圭亚那、圣文森特、牙买加的代表参加了会议。[46] 加勒比地区的黑人权力运动和美国的种族平等与自决运动具有很多相似之处，尤其体现在经常受到当局的监视和骚扰方面。加勒比海国家也是这种情况——几乎所有加勒比海国家都是黑人人口占大多数——这也说明了独立之后国家统一的复杂性。有人担心这场黑人权力运动会破坏这一地区的稳定，特立尼达岛就属于这种情况。毫无疑问，如同数十年前马库斯·加维在鼓吹泛非观点，这场运动中的泛非意识也带来了一些不良影响。黑人权力运动在倡导全球非裔人口团结在一起的同时，也暴露了政府官员和岛上其他人的一些不同态度和优先考虑事项。

例如1974年，多米尼克总理帕特里克·约翰（Patrick John）宣布对岛上被称为"长发绺"的，政治倾向非常明显的拉斯特法里教信徒宣战，打算宣布留长绺头发或仪容不整属于非法。多米尼克《星报》（Star）引用了《巴巴多斯鼓动报》的一篇新闻，评述说"总理约翰不是第一个对穿着进行评判的领导人，虽然他可能是第一个表明卫生和审美立场，而不是道德准则的领导人"。[47] 11月，众议院通过《长发绺法案》（Dreads Act）。[48] 在接下来的星期里，约翰将长发绺、黑人权力与共产主义联系在一起，称"北美和古巴的国际共产主义组织将先前居留在国外的多米尼克人纳入他们的行列"。而且据《星报》报道，"他还说，他们还通过煽动种族冲突和黑人权力崇拜来破坏这个国家及它的制度"。[49]

12月，政府的措施更为严厉，他们认定那段时间里白人游客受到的攻击是与黑人权力组织有关的人干的。当月，众议院批准紧急立法，允许法官下令销毁黑人权力组织的宣传材料，扣发涉嫌与"非法"团体来往的公务员的薪水。这里的非法团体指的是"长发绺"，据说他们在从事"游击战"。[50] 随即，警察开始出动，搜查和解散这些团体。一些高压措施，其中包括警察有权力进入私人家庭击毙"长发绺"，很快引起了人权组织的不满。而"长发绺"，据说他们要求将银行系统国有化，实施土地公有制。一个"长发绺"对《纽约时报》记者说，他们"对国家的政治、经济和教育方向非常失望，因为它们没有改善普通贫苦西印度民众的生活"。[51] 大西洋两岸出现了一致的声音。曾经在1952~1959年间到岛上担任政府官员的劳伦斯·林都爵士（Sir Laurence Lindo）写了一封信给伦敦《泰晤士报》称："多米尼克目前动乱的原因是：毕业生几乎找不到工作。这必然让他们不满和失望，导致年轻人做一些违法和暴力的事情。"[52] 当时，这个岛屿仍旧处于英国的管理下。几年后，它才获得独立。

然而，格林纳达却完全是另一种情形。

*

一座经历过多年风雨的灰色城堡矗立在格林纳达圣乔治市。景色美得令人赞叹，周围的山脉、彩色屋顶、港口和蔚蓝色大海尽收眼底。当年的法国人觉得这是一个修筑防御工事的理想地方。于是，1705年，他们在这里修建了一个城堡，名为"王室城堡（Fort Royal）"。1763年，该城堡落入英国人手中后，改名为"乔治城堡"。今天，一些建筑由于飓风已经受损严重，另外一些建筑被当地警方使用。殖民时期的大炮仍旧摆放在防御土墙的某些区域。野草从行将倒塌的城垛中蔓出。在城堡中，两座建筑和一堵墙的两截围出一个院子。地上依稀可见的线条标出了半个篮球场，还有篮板和篮筐，虽然网子早已没了踪影。一堵墙上挂着一块久经风雨的饰板，上面刻着纪念当年死难的16个人的文字，说他们"已比肩星辰，永享荣耀"。其中的一个死难者是前任总理莫里斯·毕夏普（Maurice Bishop）。他被处死在这里，就在篮球架的篮筐下，时间是 1983 年 10 月 19 日。当时一起被处死的还有 7 位部长。另外还有 8 人死在那混乱的一天。

　　毕夏普的死讯震惊了加勒比地区，也震惊了全世界。毕夏普曾经在伦敦学习过做律师的法律知识。1970 年，他回到岛上后，迅速成为一个颇受欢迎，具有领袖魅力的领导人。1973 年，他组建了名为"新 JEWEL 运动"的社会党派，① 并在 1979 年 3 月 13 日发动了一场政变。他们烧毁了一座军营，毫不费力地夺取了政权。先前埃里克·盖里（Eric Gairy）领导下的政府变得越发暴力与专横，尤其是 1974 年从英国独立之后。盖里的爪牙，所谓"猫鼬队（Mongoose Gang）"经常殴打反对派成员。另外，这一时期的操纵选举也是爆发政变的一个原因。

　　毕夏普和他的政党受到了古巴的影响。在建党初期，他们曾向古巴和苏联寻求支持。此举激怒了美国，导致加勒比地区其他岛屿的担忧。他们立刻终止了宪法赋予民众的权利，组建了"人民革命军（People's Revolutionary Army）"，甚至将城堡改名为"鲁珀特城堡（Fort Rupert）"，以纪念毕夏普的父亲。毕夏普还竭力进行社会改革，古巴很快伸出援助之手。1983 年，古巴为格林纳达提供了资金，并派工人帮助格林纳达改造萨林斯角（Point Salines）机场，其中包括扩建跑道。这引起了美国的怀疑，他们担心该机场会起降苏联和古巴的军用飞机。

　　然而不久，毕夏普的政党开始解体。1983 年 9 月，毕夏普面临着一场内部危机。他的副手伯纳德·科尔德（Bernard Coard）和中央委员会的其他成员开始批评他软弱的对苏政策和失败的经济改革，要求科尔德分享一部分领导权。10 月 16 日，赫德森·奥斯汀（Hudson Austin）通过无线电台发表讲话，极力安慰公众，不过他将问题归咎于毕夏普。

/ 303

---

① "JEWEL" 全称为 "Joint Endeavour for Welfare, Education, and Liberation"，意为"为福利、教育和解放而共同再次努力"，因为 "jewel" 在英文中有"珠宝"之意，因此"新 JEWEL 运动"又称"新珠宝运动"。

他说："真实情况是，在过去的一年里，我们党面临的问题是莫里斯·毕夏普同志专权、弄权、树立个人权威的欲望不断增加。"[53]

10 月 19 日，一群支持者将毕夏普从软禁中解放出来。之后，这群支持者前往鲁珀特城堡，要将城堡从军队手中抢过来。结果，他们遇到了一阵猛烈的子弹。毕夏普和其他政府内阁成员被带到院子里。在那里，他们被就地处死。赫德森再次通过无线电发表讲话。他讲述了事情的经过："莫里斯·毕夏普和他的支持者向士兵开枪，打死了两名人民革命军士兵……人民革命军被迫攻占了城堡。"[54] 美国和其他加勒比地区岛屿表示了对局势的担忧。古巴还在 10 月 15 日发表讲话，称卡斯特罗"非常担忧之前产生的分裂会显著损害格林纳达革命进程在国内和国外的形象"。[55]

毕夏普被处死不到一个星期，美国在 10 月 25 日派出了海军陆战队。同时，加勒比地区东部其他岛屿也派出了士兵。美国总统罗纳德·里根发表电视讲话，称美国接到了东加勒比国家组织（Organization of Eastern Caribbean States）的求助，要求"采取联合措施，恢复格林纳达岛的秩序和民主"。[56] 他还表示，美国要保护 1000 名美国侨民，其中包括在圣乔治大学医学院（St George's University School of Medicine）上学的美国学生。

在接下来的几个星期里，大约 6000 名士兵被调派到这个岛上。在美国军队入侵格林纳达的最初几天里，对媒体进行新闻管制的同时实施了"紧急狂暴行动（Operation Urgent Fury）"。[57] 国际舆论一致谴责这次入侵行为。有批评说，这次入侵将古巴工人对机场的改造成果破坏殆尽。实际上，这些工人被困在双方的火力网中，一些人被流弹杀害，一些人被美国海军陆战队抓住。卡斯特罗愤怒地发表声明，谴责这种对古巴人的袭击事先并未给予任何警告。[58]

愤怒情绪远远超出了加勒比地区。英国的"社会主义行动（Socialist Action）"在其发行的一本宣传册中说，"鳄鱼为莫里斯·毕夏普流的眼泪让人无法相信，要知道，1981 年的时候，中情局还想要他的命呢。4000 名美国特种部队士兵 10 月 25 日抵达之前，医学院的美国学生也并没有危险”。[59] 美国反帝国主义联盟（US Anti-Imperialist League）抗议说：“格林纳达，这个加勒比地区已被解放的黑人国家，现在发现自己被那个过去因为在世界范围内支持种族主义和国家沙文主义而闻名的政府所侵略”，“种族主义在美国的加勒比地区政策中发挥着重要作用。”[60] 甚至里根最坚定的冷战盟友，英国首相撒切尔夫人（Margaret Thatcher）也对这一入侵行为感到恼火——美国事先甚至没有照会英国，要知道，这座岛屿可是英联邦的成员之一。[61]

这次军事行动持续的时间不长，正式结束于 11 月 3 日。在这次行动中，18 名美国人、42 名古巴人、21 名格林纳达人死亡。[62] 后来，岛上举行了大选，政权重新回到民主政府手中。“加勒比海各国政府的做法将长期饱受争论。里根总统帮助我们的做法也是如此，”巴巴多斯总理汤姆·亚当斯（Tom Adams）说，“不过，我认为，历史将认同加勒比海东部地区舆论的裁断。”[63] 国际舆论见仁见智。联合国严厉谴责“紧急狂暴行动”，安理会以 11 票同意，1 票反对（美国），英国、多哥、扎伊尔（刚果）弃权的结果，通过一项决议，“强烈谴责”这次入侵，认为它“公然践踏了国际法”。[64]

今天，特立尼达岛耸立着一座显眼的战争纪念碑，纪念当年在军事行动中阵亡的美军士兵。一个小型基座上方，是四条在空中交叉连接在一起的优美弧线。周围有长凳可以休息。郁郁葱葱的园林映衬着这些弧线。从莫里斯毕夏普国际机场出来后，人们一眼就可以看到它。

*

虽然埃里克·威廉姆斯平息了黑人权力运动的抗议，继续担任总理，然而，特立尼达很快经历了震动全国的一系列事件。1981 年，威廉姆斯死亡。人民民族运动党又继续执政五年。这一阶段，混乱一直没有停止。在 1986 年的大选中，人民民族运动党惨败于阿瑟·罗宾逊（Arthur Robinson）领导的反对党民族复兴联盟（National Alliance for Reconstruction）。由于经济问题，比如高额的外债、困难重重的重组方案、高企的失业率，岛上的形势相当紧张。大约同一时期，黑人权力运动内部也发生了变化：因为美国"伊斯兰国家运动"的宣传，一些拥护黑人权力运动的民众转向伊斯兰教。其中之一是莱罗克斯·菲利普（Lennox Phillip），也叫亚辛·阿布·巴克尔（Yasin Abu Bakr）。[65] 1990 年 7 月，在 130 多人的帮助下，他将岛上的所有人扣作人质长达六天，史称"穆斯林政变（Muslimeen Coup）"。

1990 年 7 月 27 日夜，特立尼达和多巴哥电视台大楼里的记者听到外面响起枪声。他们透过玻璃窗向外张望，看到穿着便服的持枪人员进入大楼。其中的一名人质是特立尼达广播电台新闻总监维恩·伯内特（Verne Burnett）。伯内特后来回忆说，"因为他们的穿戴，我开始以为他们是利比亚人，但是听到他们大骂政府，我才意识到他们是当地人"。[66]

巴克尔——据说和利比亚领导人穆阿迈尔·卡扎菲（Muammar Gaddafi）有联系——带人袭击了国家电视台。他要告诉民众"特立尼达和多巴哥政府已经被推翻"。他在电视上向民众讲话时，头戴面罩，手中持枪的部下就站在身后。[67] 他们还闯入被称为"红楼（Red House）"的国会大厦，将罗宾逊等人扣为人质。他的部下还炸毁了警察局。罗宾逊命令军队还击后，他们开始殴打他，并开枪打伤了他的一条腿。巴克尔呼吁在 90 天内进行大选。他要求让他和他的部下担任内阁职位。然而民众并不支持他。知识分子群体吓坏了，传统的伊斯兰群体也惊慌失措。巴克尔意识到，如果不能动员更多民众，他们必然失败。于是，他们同意与政府谈判。8 月 1 日，这场政变宣告结束。人质获得了自由。

伊斯梅尔·阿卜杜拉·穆罕默德（Ismail Abdullah Muhammad）是这次袭击活动的参与者。他说，他们根本没有打算杀死任何人，也没有打算抢劫。"这次讲话［巴克尔的电视讲话］，据我所知，不是抢劫的信号。我确信知道的是，穆斯林布道兄弟会（Jamaat Al Muslimeen）的一些信徒过去常常去清真寺做礼拜。他们不是真正的穆斯林，不过他们知道我们的计划。"[68] 不过，那次讲话之后，确实发生了抢劫和骚乱，政府不得不宣布了戒严令。最后，大约 24 人被打死，500 多人受伤。骚乱活动破坏了西班牙港的很多建筑。很多华人、印度人、叙利亚人经营的商店被破坏或损毁。

巴克尔等人被逮捕后，作为双方约定的一部分，后来获得特赦，于1992 年出狱。后来，他因为被指控在迈阿密购买枪支而被捕。他的个人资产大约超过了 600 万美元。[69] 1991 年，在接下来一轮的大选中，人民民族运动党重掌政权。

*

20 世纪下半叶，加勒比地区经历了巨大变化。随着共产主义思想在古巴落地生根，英属岛屿独立，形势变得越来越明显，这一地区的一致性已经荡然无存。一些岛屿对黑人权力的接受情况表明，打造一个和谐的环境——或者承认形势并不像人们希望的那样和谐——对于这个区域的一些国家来说不是一件容易的事情。沃尔特·罗德尼写道："自从'独立'以来，牙买加的黑人警察的所作所为表明，他们对待黑人兄弟，有时候和纽约的白人警察一样野蛮，因为实际上，他们效力的是同样的主人。"[70] 这一阶段，美国干涉也许已经达到了登峰造极的地步，他们以冷战为借口没完没了地到处指手画脚。虽然美国人绞尽脑汁推翻和杀害菲德尔·卡斯特罗，他仍然安然无恙。他的政权在他的弟弟劳尔的领导下，依然岿然不动。然而，这一时期的很多伤疤还没有愈合，依然清晰可见。

2010 年 1 月 12 日傍晚，微风吹拂。海地首都太子港正常的生活突然被打破。7.0 级地震的巨大力量让大量建筑物成为一堆瓦砾。这个城市里大量生活在简陋小镇里的人们，突然发现自己面临一场规模空前的灾难。这场地震的震中距离首都仅有大约 10 英里，后来连续数天的余震进一步加剧了太子港和周围区域的灾情。

加勒比地区的大多数岛屿——除了古巴和巴哈马——位于加勒比板块。虽然该板块每年移动大约 20 毫米，但是将近两个世纪以来，这一地区没有发生过任何显著的地震活动。[1]海地，作为长时间以来西半球最穷的国家，没有任何建筑法规。因此，在准备充分的城市里本可以经受得住的地震，几乎让太子港夷为平地。没有什么能够比媒体传向世界各地的海地国家宫殿（National Palace）的照片更能形象地反映这一点：美观的外表面就像是结婚蛋糕没做好，外层塌了下来。位于首都中心位置的这个百年建筑的残余部分让人们想起那场令人痛苦的灾难。整座宫殿于 2012 年被拆除。然而，有些人认为那些废墟是海地国家遗产的一部分，应该妥善保留。不过，和数千名仍住在帐篷里，等着安置的民众相比，这是一个小问题。让这个岛屿更加头痛的是，联合国海地稳定特派团（UN Stabilization Mission in Haiti, MINUSTAH）的士兵还带来了一个生物学意义上的偷渡者——尼泊尔的霍乱。在一个被地震严重损坏、缺少必要卫生条件的城市中，这一疾病迅速蔓延，造成 7000 多人死亡，50 多万人染病。这次地震的死亡人数到目前为止仍不明确。数字相当不统一，从海地官方统计的 316000 人到低得多的 46000 人。人们根本不清楚海地政府是怎样得出相关数字。但对于前往岛上实施救援工作的救援机构和其他非政府组织来说，这是一件很重要的事情。[2]

灾后重建工作持续进行。救援机构在首都各处开展工作。联合国的四轮驱动车辆行驶在拥挤的街道上，与五颜六色的 "tap-tap" 公交车、行人、露天小贩争夺空间。实际上，《国家》（*Nation*）杂志的一项调查显示，海地政府根本不清楚国内有多少家非政府组织。他们估计的数字在 560~10000 家之间。当然，一些组织早在地震发生很久之前就到了那里。[3] 然而，到 2012 年末，在承诺 93 亿美元的援助款中，只有大约一半兑现。没有人确切地知道剩余款项在哪里，也不知道什么时候能够到账。互相攻讦指责的声音不断，外加政治动荡，让流行歌星出身的总统"甜米基"米歇尔·马尔泰利（"Sweet Micky" Michel Martelly）压力倍增。

从 1986 年杜瓦利埃政权结束到地震发生的这些年里，海地局势一直动荡不安，暴力事件频出。1987 年旨在防范未来独裁政权的宪法改革没有给海地带来和平与稳定。莱斯利·马尼加（Leslie Manigat）、亨利·南菲将军（General Henri Namphy）、普罗佩·阿夫里尔（Prosper Avril）等人先后担任并卸职总统职务。美国于始对该岛施加压力，要求改革其分裂的政治体制。1990 年，海地举行大选，埃萨·帕斯卡尔－特鲁罗（Ertha Pascal-Trouillot）领导的过渡政府被取代。过渡政府中曾担任慈幼会牧师的让－贝特朗·阿里斯蒂德（Jean-Bertrand Aristide）赢得总统职位。阿里斯蒂德直言不讳、慷慨激昂的布道赢得了大批穷人的支持，史称"拉瓦拉斯运动"（Lavalas movement，意为"洪水"）。1988 年被慈幼会驱逐之后，他转向有组织的政治活动，作为"改革与民主全国阵线（National Front for Change and Democracy, FNCD）"的候选人参加总统竞选，赢得了 1990 年的总统大选。他在总统位子上还没有待满一年时，他的政敌就迅速开始赶他下台。1991 年 9 月 30 日，他们如愿以偿。美国立刻提出抗议，宣布对海地禁运。阿里斯蒂德逃亡委内瑞拉，后来到了华盛顿特区。数万海地人追随着他，想方设法离开海地，他们大都乘坐单薄的小舢板或拥挤的木筏，只是为了能够活着到达佛罗里达。美国总统乔治·H. W. 布什（George H. W. Bush）要求阿里斯蒂德返回海地。这位海地总统在美国和欧洲赢得了大批支持者——不仅在政界，还在好莱坞和纽约的名人圈里。

1993 年，美国总统比尔·克林顿（Bill Clinton）的新政府进一步给海地施加压力。很快，海地军方同意阿里斯蒂德返回海地。回国时，阿里斯蒂德带着美国海军陆战队一起前往，因为克林顿于 1994 年制定了"维护民主行动（Operation Upload Democracy）"计划，监督海地的权力过渡。对于一些海地人来说，这是他们第二次目睹大批美军士兵到来。阿里斯蒂德重返总统职位后，解散了军队。第二年，他建立了一支全国性的警察队伍。

接下来的大选在 1995 年进行。在阿里斯蒂德的支持下，勒内·普雷瓦尔（René Préval）在大选中胜出——海地的宪法禁止总统连任。然而，普雷瓦尔上台不久就实施了国际货币基金组织（IMF）要求的体制改革，此举激怒了阿里斯蒂德等人，即便阿里斯蒂德在 1994 年与美国签订了大米进口协议，大幅降低了美国进口大米的关税，给数千海地农民的收入带来严重打击。他从先前的政党中分裂出来，组建了"拉瓦拉斯家庭党（Fanmi Lavalas party）"。2000 年，阿里斯蒂德复出，不过人们越来越怀疑他在滥用权力，尤其是滥用被称为"鬼魂（Chimères）"的私人陆军士兵。这一阶段的政治暴力让阿里斯蒂德的声誉大受影响。2004 年，他被赶下台，再次逃亡。[4] 大地震爆发时，岛上的总统是普雷瓦尔。

当海地想方设法重建眼前的生活时，它的过去却像幽灵一样前来找麻烦。2011 年时，不但度过了 25 年流亡生活的"医生婴儿"回到国内，而且阿里斯蒂德也回来了。有关"医生婴儿"回国的事情有各种传言，有人说他要参与当时正在进行的政治选举，有人说是要落叶归根，因为他当时已经病入膏肓。另外，虽然当时仍然有一小撮人支持杜瓦利埃，但当局已经针对这位前任独裁者提出腐败指控，他一直被软禁在岛上，虽然经常在公开场合露面。2014 年 2 月，海地的上诉法庭作出裁决，他可能面临反人类罪的犯罪指控。另外，很多海地人希望看到政权回到阿里斯蒂德手中。国际上仍然有一些人士在支持他。他很长时间没有公开露面，一直到 2013 年。当时，他接受法庭传唤，就调查知名记者让·多米尼克（Jean Dominique）在 2000 年被暗杀一事答复法庭问询。[5]

*

虽然到目前为止，海地大地震仍然是海地历史上最严重的一次自然灾害，但是破坏力巨大、屡见不鲜的飓风在 20 世纪同样出名。每个岛屿都建有让人们不要忘记飓风侵袭的建筑物。虽然，很多新项目都使用了钢筋混凝土，而且预警系统也可以大大减少飓风导致的死亡人数，但是灾后重建仍是一个长期的、耗资颇巨的过程：例如，格林纳达在 2004 年遭遇了"飓风伊万（Hurricane Ivan）"的蹂躏之后，重建活动一直持续到现在。1988 年的"飓风琼（Hurricane Joan）"让尼加拉瓜海岸的布卢菲尔兹市一无所有，其中包括档案馆里的大部分档案资料。这座城市只能通过飞机或者从马那瓜乘船进入。灾难发生后，它收到的第一批救助物资来自古巴，因为后者的飞机可以降落在这个城市。

另外，还有火山喷发。火山喷发有时候会带来严重后果。这一点，蒙特塞拉特的居民再清楚不过。1995 年 6 月，长期休眠的苏弗里耶尔火山轰隆作响，仿佛怪兽苏醒。从那时起，这座火山就一直活跃到现在。首府普利茅斯被掩埋在火山灰下，这个弹丸小岛的南部已不适于居住。教堂的尖顶和民房的屋顶突出显露于深厚的火山灰外，给眼前的景象增加了几分诡异。灾难发生后，只有三分之一的人口幸存下来，大约 10000 人离开了岛屿。因为灾难发生时它是英国的海外领地，所以岛上很多人逃往英国避难，之后也一直生活在那里。虽然人类在这种自然现象面前显得无能为力，但是可能与人类活动相关的环境问题也一直困扰着这一地区。最近，环境的变化让夏天的雨季变得很反常。冰冠的融化导致海平面升高和洪水的增加越来越成为人们担忧的问题。2012

年，特立尼达岛多次遭受洪水袭击，而哥伦比亚海岸地区的雨水几乎没有停止过。附近分别位于多米尼加共和国和海地的恩里基洛湖（Lake Enriquillo）和大盐湖（Lake Azuei），水位更是达到了史无前例的高度。十多个村庄被洪水冲走之后，先前的土地成了一片泽国，人们被迫离开。[6]

海地一直因为无节制地砍伐森林饱受诟病。从高空俯视，影响一目了然。山上是一片片的褐色，而不是绿色。在山下，最为贫困的人们时时面临着山体滑坡的危险。砍树并不是政府颁布的政策，而是农村广大穷困村民的自发行为。他们将树根用作做饭的燃料。另外，很多岛屿还担忧珊瑚礁和海洋生物的生长。这些生物也面临环境变化和人类入侵的风险。虽然每个岛屿解决这些问题的能力因其经济收入水平各不相同，但解决环境问题已经越来越成为人们的当务之急。

*

类似亘古存在的自然灾害的威胁一样，加勒比地区另一个全球共有的特点是巨大的贫富差距。巴巴多斯和荷属安的列斯群岛具有覆盖广泛的社会安全保障体系和相当规模的中产阶级，但是其他岛屿贫富分化非常显著。也许，没有任何一个地方的贫富鸿沟像海地那样深，那样宽。距离一晚至少150美元的Karibé酒店不远，就是一个"帐篷城市"。在地震中失去房屋的人们在这里等着拥有一个房子。这座城市里的深沟里没有水，而是充斥着泡沫塑料、塑料瓶子——到处觅食的猪。[7]可以毫不夸张地说，在这里，猪是很多人的货币。亲朋好友凑钱买一头猪，等到杀猪时——一般是因为婚礼或葬礼——大家再来分肉。贫富分化在首都最为严重，后来逐渐向全国蔓延。在"桑苏西宫"废墟的一角是一堆瓶子，上面赫然贴着橙色的"凯歌香槟（Veuve-Clicquot）"商标。这是2012年一场上流社会的婚礼留下的。亨利·克里斯托弗的遗风仍在。

虽然这些形象可能与那些穷苦农民、地震灾民的形象不一样，但是，太子港郊区佩蒂翁维尔（Pétionville）的世界级餐馆数量，这个城市的豪华酒店建造计划都指向一个大相径庭的现实。相当数量的资金来自国外，由富有的海地人或"援助产业"和联合国带入国内。后者在物流方面的需求为数量庞大的司机、翻译、土地和房屋所有人，以及酒店和餐馆带来商机。

穷困人口——他们在岛上占大多数——仍旧面临着数十年来，如果不是数百年来的话，一直面临的挑战。文盲比例远远超过50%，土地纠纷经常阻碍农民收入的增长。实际上，这已经导致了一种黑人对黑人的奴役。最贫困的孩子经常被打发出去给别人家干活——往往是富有的亲戚——因为这些亲戚至少可以给他们一口饭吃。这些孩子被称为"被留下的人（restaveks）"①，经常不能去上学，而且还要遭受虐待和过度劳作。这是极端贫困导致的复杂、残忍的后果。

/ **312**

与此形成鲜明对比的是古巴。海地的这种贫困在古巴几乎闻所未闻，虽然这可能是两个极端的例子。因为配给制度，每个人都没有饥馁之忧——不过，很多人抱怨自己可拥有的选择的质量和数量都不尽如人意——此外，古巴还拥有世界闻名的匡营医疗系统、全民教育，人人有房住。随着柏林墙的倒塌，苏联对古巴的资助也逐渐减少。古巴进入了所谓的"特殊时期"。这是一个物质资料短缺，充满不确定性的可怕时期。数千人设法离开古巴岛。1994年，大批古巴人想尽办法进入美国境内，以至于美国同意签发20000份签证，但同时警告，如果抓到海上的古巴偷渡客，其将会被遣送回古巴。卡斯特罗没有外援可以求助，只有从内部想办法解决。于是，他有些不情愿地向海外游客打开了国门。不过，当时仍然到处是革命口号，还看不到可口可乐的大幅广告牌。何塞·马蒂（José Martí）、切·格瓦拉（Che Guevara）

---

① 在海地克里奥尔语里即"儿童奴隶"。

的大幅画像随处可见。此时此刻，1959 年后的遗产得到了尽可能的妥善保护。[8]

在 21 世纪的很长一段时间里，古巴一直用医生换取委内瑞拉的石油。然而，委内瑞拉总统乌戈·查韦斯（Hugo Chávez）的去世让这一方案的未来蒙上了不确定性。古巴派遣 40000 名医生和其他医务人员赴委内瑞拉工作，为古巴换回了大约 60 亿美元的外汇。两个国家还在酒店和制造业方面进行合作。还有一些古巴医生分散在加勒比地区的其他地方。比如，他们帮助伯利兹完善医疗体系，帮助海地进行救灾。除了上述人员之外，其他古巴人很不愿意离开祖国。国内的就业形势不断改善，但国家每月平均工资算下来只有大约 18 美元。在国外游客看来，他们的生活水平很低，甚至可以说他们很穷，但是古巴比其他加勒比海国家要公平得多。此外，古巴人一般不用支付房租，看病也不花钱，某些食物和公共交通还享受着政府补贴。长期以来，海外亲属的汇款也支撑着岛上很多家庭的收入，虽然这些汇款要被课以重税。最终，事实证明，旅游业对这个岛屿来说简直是天赐之物。不过，它同时也带来了大量问题，尤其是色情旅游。政府允许民众经营私人旅社和小型餐馆，这一举措效果非常好。2012 年，出国签证政策也有所放宽，这意味着古巴人可以更为自由地出国旅游和居住。

记者约翰·耶利米·沙利文（John Jeremiah Sullivan）娶了古巴人为妻，多次前往古巴。在他 2012 年有关最近一次前往古巴的文章中，记述了他在飞机离开迈阿密机场之前就注意到的明显变化。

布什政府之后，在直飞古巴的区域还出现了其他变化。等候登机的队伍少了，每个队伍里的人也少了。最显眼的是，飞机上的古巴人——既有古巴裔美国人，也有携带护照从佛罗里达或华盛顿特区回国的古巴人（一些人经常往返美国与古巴）——不再大包小包携带很多东西。上一次，我看到人们用鞋带将好多双鞋绑起来，挂在脖子上。脖子上拴系着很多副眼镜。男人头上戴着 10 顶帽子，身上套穿着好几条裤子，每个人的衣兜都鼓鼓囊囊。人人的腰上都挎着腰包。当时的情况是，如果你能把东西带在身上，你就可以将它带上飞机。[9]

人们越来越有钱，不过这威胁着古巴革命的社会主义性质。家里有海外亲属的可以筹钱开一个住宿加早餐的旅馆或饭馆，让自己获得远高于国家工资水平的收入。针对游客需求做生意，这些古巴人能够弄到平时在岛上难以弄到的东西，还有硬通货。古巴用一种只能流通于古巴的货币取代可以在整个西印度群岛流通的美元。这种古巴货币被称为"古巴可兑换比索（CUC）"，和美元等值。让事情比较复杂的是，古巴还有一种全国流通的货币（moneda nacional，即"古巴比索"）。古巴人发工资、购买某些补贴商品用古巴比索。例如，在哈瓦那举行的国家芭蕾舞演出，卖给外来游客的票价是 20 古巴可兑换比索，即 20 美元，而卖给古巴人，票价是 20 古巴比索，还不到 1 美元。

虽然古巴可以自由与其他国家进行贸易往来，但是美国的长期禁运让它感觉掣肘繁多——不过某些食品和药品是允许进口的。另外，美国对本国民众出游古巴的限制也让很多潜在游客无法进入古巴；然而，虽然美国游客可以通过正式渠道，比如团体旅游、家庭旅游前往古巴，但是对于古巴人来说，这一问题仍然存在：面对日渐兴盛的旅游业和越来越频繁的人口迁移，以及政坛变化，古巴是否能够继续将平等进行到底。2013 年，于 2008 年菲德尔·卡斯特罗退休之后接任总统职位的劳尔·卡斯特罗宣布，他将在 2018 年任期到期之际卸任，届时他将 87 岁。对民众的出国限制——准备规定的书面材料往往是一件令人焦虑、花费颇多的事情——最近已经放宽，虽然其影响现在还不明显。旧体制的裂缝正在显现，但是，通过采取很多社会经济措施，例如提供全民医疗和教育，古巴现在仍旧是西印度群岛，如果不是全世界的话，最平等的地

/ 314

方。现在的问题是，这种体制能坚持多长时间。然而，放宽对日常生活诸多限制的改革进展缓慢——古巴人最近才被允许拥有手机、使用互联网，这些服务相对较高的价格意味着，虽然获得了名义上的许可，但实际上古巴民众仍然很难与外界交流。而同一时期，加勒比地区的网络联系已越来越密切，越来越离不开移动信息技术。

其他岛屿的情况处于海地与古巴之间。旅游业和政府补贴促进了法国殖民地的发展。有时候，这种补贴会产生摩擦。2009 年，瓜德罗普岛爆发了长达 44 天的罢工，起因是该岛屿与法国本土城市薪酬待遇差别巨大。大约 48 个工会和社团参与了这次罢工，参加人数大约为 460000 人。罢工者向政府提出了一系列要求，尤其是要求每月最低工资增加 250 美元。[10]

其他地区的补贴可没有这么慷慨。根据 2010 年的人口统计数据，波多黎各远远落后于密西西比州。后者是美国收入最低的州。26.6% 的人口生活在贫困线以下，贫困线的标准是四口之家的年收入为 22881 美元。在波多黎各,45.6% 的人口的生活标准低于这一贫困线。[11]虽然政府多方奔走，想要通过税收优惠吸引外资到岛上投资，岛上也发展了旅游经济，但这个岛屿仍旧离不开美国的资金和来自整个大陆或其他地方亲属的资金汇入。

总体来看，所有岛屿都不容易。有的岛屿因为偿还国际货币基金组织的借款而大伤元气。高企的债务成本不仅阻碍了社会保障制度的建立，还催生了经济问题，导致货币贬值，让民众更加贫困。有的加勒比地区岛屿债务与国内生产总值的比例超过了 100%。这些岛屿包括圣基茨和尼维斯（153%）、牙买加（138%）和巴巴多斯（117%）。[12]另外，犯罪率也是一个问题——牙买加、洪都拉斯和波多黎各是世界谋杀发案率最高的国家。

*

对于牙买加和特立尼达来说，2012 年的夏天激动人心，因为两个岛屿迎来了独立 50 周年的庆祝活动。街头彩旗飞舞，国旗飘扬，大幅广告牌和宣传栏里展示着两个岛屿国家的自豪。实际上，牙买加收到一个特殊的礼物：在 2012 年的夏季奥运会上，牙买加运动员表现优异。牙买加运动员夺得 4 枚金牌、4 枚银牌和 4 枚铜牌——运动员尤塞恩·博尔特（Usain Bolt）获得了 2 枚个人奖项和 1 枚短跑项目接力赛金牌——让这个国家位列奖牌榜第 18 名。特立尼达和多巴哥也不是毫无收获。他们夺得了 1 枚金牌和 3 枚铜牌。后来，来自古巴、多米尼加共和国、巴哈马、格林纳达、波多黎各的运动员为加勒比地区再添 20 枚奖牌。

在两个岛屿独立后的 50 年里，大多数的英属岛屿效仿他们，纷纷独立，但也有个别岛屿愿意继续做英国的海外领地：安圭拉、英属维尔京群岛、蒙特塞拉特岛、特克斯和凯科斯群岛、开曼群岛以及百慕大群岛。继续先前的状态并不能保证它们从此就可以高枕无忧。这些小岛也遭遇了各自的坎坷。2012 年，开曼群岛总理麦基瓦·布什（McKeeva Bush）涉嫌与政府财务作假有关的资金窃取行为而被逮捕。他领导的政府被投了不信任票，虽然直到 2013 年 1 月也没有提交过任何指控。在特克斯和凯科斯群岛，根据国际刑警组织发布的逮捕令，前任总理米歇尔·米西克（Michael Misick）因为一项腐败调查案在里约热内卢被逮捕。从 1976 年开始，特克斯和凯科斯群岛就拥有自己的政府，因此，当 2009 年白厅街（Whitehall）打算重申对该群岛的直接控制，以便结束该群岛政府的财务作假和腐败时，很多人极为不满。实际上，总理加尔莫·威廉姆斯（Galmo Williams）认为他们被"联合王国再次殖民"。[13]

在这一时期，法国海外领地与法国之间的关系几乎没有什么改变。2007 年，圣马丁和圣巴斯举行投票，决定继续做法国的海外领地（collectivités d'outre-mer），这意味着这些小岛不再由瓜德罗普岛管理，而是由巴黎管理。1980 年代，瓜德罗普岛、马提尼克岛、法属圭亚那成为法国正式的海外省和海外大区（departments et territoires d'outre-mer，DOM-TOM）。法国赋予它们同法国本土大区相等的地位。[14] 2010 年，法国总统尼古拉·萨科齐（Nicolas Sarkozy）提议三个岛屿就它们想要的自治程度举行公投。根据投票结果，马提尼克岛反对任何进一步自治的权力。

2010 年，荷属安的列斯群岛自治领正式解体。1986 年，阿鲁巴成为一个单独的荷兰领地。现在，库拉索和荷属圣马丁岛（Sint Maarten）也获得了类似地位，博奈尔岛、萨巴岛、圣尤斯特歇斯岛是荷兰的特别行政区。苏里南是唯一完全独立的荷属殖民地。它独立于 1975 年。1970 年代，它经历了和圭亚那相类似的命运，分裂为黑人、印度人（当地称为"印度斯坦人"）和爪哇人几大群体。印度斯坦人希望继续由荷兰统治。1971 年，荷兰法律授予苏里南国家主权，但该法律直到 1975 年才生效。在这一过渡阶段，任何人都可以利用其荷兰公民身份移居荷兰，因此，数千印度斯坦人离开了苏里南。[15]

独立五年后，也就是 1980 年，一位叫德西·鲍特瑟（Desi Bouterse）的中士带领 16 名军官发动政变。开始，他得到了广泛的支持。1982 年 12 月，15 名知名知识分子因为批评鲍特瑟和他的政权而被关入监狱，遭受拷打，最后被处决。这一暴行被称为"十二月杀戮（December murders）"。此举引起荷兰极大不满，因此断绝了所有援助。鲍特瑟自己也很快面临了一场政变。政变的发动者是罗尼·布鲁恩斯维奇科（Ronny Brunswijk）。他是一个狄乌卡人（Ndyuka），先辈曾是殖民地的逃亡黑奴。布鲁恩斯维奇科从流亡群体中获得了资金和支持，发动了内战。[16]

鲍特瑟不但挫败了这次颠覆活动，而且还设法避免了因为毒品走私的国际指控被引渡的命运，并将让他中饱私囊、贿赂选民的毒品走私活动转入哥伦比亚，花费重金让企图与他竞争毒品生意的人退出市场：2008 年，有人看到他和布鲁恩斯维奇科"眉来眼去"。实际上，两年后，布鲁恩斯维奇科给鲍特瑟声势浩大的竞选活动助了一臂之力。他获得了连任。[17] 2012 年，政府颁布一项法律，赦免他有关 1982 年事件的谋杀指控。

这一时期，其他荷属领地要平静得多。不过，2013 年 5 月，库拉索杰出政治家霍尔明·维尔斯（Helmin Wiels）被刺客枪杀。他生前曾经直言抨击腐败——和其他很多加勒比地区岛屿一样，这个岛屿也饱受毒品交易之苦——并积极倡导彻底独立于荷兰。嫌疑人一直没有找到。这一枪杀事件震动全岛。

2012 年，在全世界都在关注美国大选结果的同时，在美国控制的波多黎各岛上，也在进行一场意义非常的投票。虽然他们不能给美国候选人投票，不过，他们在进行全民公投，决定是否成为美国第 51 个州。当时，波多黎各人已经是美国公民，拥有美国护照。需要表决的第一个问题是，是否对与美国长达 114 年的关系表示满意。大约 54% 的选票，也就是 970910 个投票人说"否"。投票单上的第二个问题是取代现状的方案是什么，选项有三个：成为美国的州，独立，或"主权自由联系国（Sovereign free association）"。834191 人同意成为美国的州；454768人同意成为一个"主权自由联系国"；74895 人倾向独立。让事情更为复杂的是，关于第二个问题，有 498604 张选票没有给出选择。44% 的选票选择成为美国的州，然而，如果不考虑大量没有就这个问题作出回答的选民，那么支持成为美国的州的选票就达到 61%，这显然已达到了大多数。考虑到这一结果，美国不大可能采取任何措施。这个岛屿有大约 360 万人口，虽然很多波多黎各人的上一辈居住在美国。这个岛屿有自己的立法机关和总督亚历杭德罗·帕迪拉（Alejandro Padilla），但是和大多数殖民地一样，最终的决定将由美国作出或者由美国的资金来实施。虽然，如果成为美国的一个州，这个岛屿至少可以另外得到 200 亿美元的联邦资金，但是，这个岛屿的免税地位——美国不对该岛的个人和企业征收联邦收入税和公司税——也将丧失。对于当时经济不景气的美国来说，让这个岛屿过渡成美国的一个州的成本很高。因此，波多黎各成为美国第 51 个州的愿景还颇为遥远。

*

实现加勒比地区的一体化，尤其是商业贸易上的一体化，结果喜忧参半。虽然组建了加勒比共同体（CARICOM），但是该组织经常因为向成员方提供自由贸易、劳工自由流动的力度不够而广受批评。实际上，并非所有加勒比地区岛屿都是这个组织的成员——海地和苏里南就是例外，因为这两个国家并不讲英语。2001 年，加勒比法院建立。现在，它成为加勒比共同体的法务部门。这些讲英语的岛屿和海地还是加勒比开发银行（Caribbean Development Bank）的成员。该银行建立于 1969 年。虽然墨西哥、哥伦比亚、委内瑞拉是地区成员，但不能从加勒比开发银行借款，加拿大、中国、德国、意大利和英国是不能借款但有表决权的成员。1995 年，为了扩展西印度群岛国家与非英语岛屿的合作，加勒比国家联盟（Association of Caribbean States）成立。25 个成员来自这些岛屿、中美洲和墨西哥。和加勒比共同体一样，这个机构的工作重点在经济方面。虽然这几个机构一直发挥着很大影响，但是让需求迥异的这么多岛屿达成一致，仍然是一件很困难的事情。

虽然官方合作有时很有限，但该地区内部的人口流动实实在在地改变了很多岛屿的发展动力。很多哥伦比亚人和委内瑞拉人来到库拉索，库拉索的街头到处都供应"恩帕纳达（empanada）"[①]。现在，荷属圣尤斯特歇斯也经常能听到西班牙语，因为很多多米尼加人到那里打工。人们迫切前往荷属岛屿，其实还有一个原因，即荷属岛屿的居民和法国海

---

① "empanada" 是美洲许多国家和西班牙提供的一种肉馅卷饼，源于西班牙语 "empanar"，意为"包裹在面包里"。

外领地的居民一样，有可能拿到欧盟护照。同时，苏里南的居民向法属圭亚那流动。深入渗透入西印度群岛生活的人口流动将继续加速进行。

*

虽然这一地区半数殖民领地都已成为独立国家，但殖民统治的残余仍然存在。至少在某种程度上，所有加勒比地区岛屿的语言和文化都体现着欧洲数十年的殖民统治。同时，美国对这里的长期影响意味着北美文化也渗透进来。青少年爱听说唱音乐，他们的父母亲购买进口的美国垃圾食品。然而，还有一种更为有害的残余影响。在多米尼加共和国，针对海地人——海地劳工经常去岛屿东部打工，帮忙收割甘蔗——的种族歧视仍然存在。虽然，在名义上多米尼加 65% 的人口是黑白混血穆拉托人，15% 是白人，15% 是黑人，但是正如戴维·霍华德（David Howard）在他关于这个岛屿的文章中所说的，"在一个人眼中的黑白混血，在另一个眼中可能就是另一个人种"，所以上述数字和分类没有什么意义。[18] 实际上，一些人填报的是"印第安人（indio）"或"泰诺人（Taino）"，用的是他们祖先在这个岛上的原住民身份。接近印第安人往往就会得罪黑人。多米尼加共和国的种族矛盾仍然很复杂。1996 年的总统选举即是其一。多米尼加革命党（PRD）领袖何塞·弗朗西斯科·培尼亚·戈麦斯（José Francisco Peña Gómez）是一位多米尼加黑人。当他还在襁褓中的时候，他的亲生父母就因为 1937 年的香芹大屠杀而逃往海地。一个农民家庭收养了他。1996 年，他第三次也是最后一次竞选总统。多年来，他的竞选对手一直在散布一种荒唐的说法，称如果他当选总统的话，就会将这个国家交给海地。在 1996 年的大选中，培尼亚·戈麦斯甚至出钱委托一位历史学家来考证他的家谱，证明他确实是多米尼加人。同时，多米尼加解放党（PLD）——候选人莱昂内尔·费尔南德斯（Leonel Fernández）最终在这次大选中胜出——声称有数十万海地选民在用假身份证投票。警察开始要求深肤色的人出示证件，希望能发现和驱逐非法入境者。1937 年的屠杀事件过去将近 60 年后，特鲁希略仍然在这个岛上阴魂不散。[19]

在古巴，革命禁止种族歧视，同时，有关这种歧视仍旧存在的讨论也被严格禁止。非裔古巴作家罗伯托·朱班诺（Roberto Zurbano）认为，造成这种缄默的原因多种多样，不过，人们无法公开讨论："质疑种族问题方面的进步无异于反革命行为。这让我们无法把明摆着的事情说出口来：种族歧视仍然猖獗。"其中的一个问题是，古巴白人仍然在经济上优渥甚多，因为他们更可能有离岛亲戚给他们汇钱。另外，朱班诺说，旅游行业的很多高薪工作排斥黑人。[20]同时，海地的黑人与黑白混血穆拉托人之间的紧张关系贯穿了整个 20 世纪的政治活动。特立尼达岛和圭亚那地区的印第安人群体与黑人群体之间的鸿沟也没有完全消弭。

殖民历史的一个方面是一种带毒的同性恋恐惧症。英国的反鸡奸法在书面上仍然存在于很多独立的加勒比英语国家的法律里。随着越来越多的欧洲国家，以及美国宣布同性婚姻合法，很多岛屿仍然坚决禁止同性恋关系，虽然他们每年要热情接待数千名同性恋游客。在这方面，牙买加的声誉最不好。在这个国家，演奏舞厅音乐（dancehall music）①时，同性恋男士被隔栏隔到一边，他们被称为"怪人（batty boys）"。1988 年，布居·班顿（Buju Banton）写了一首歌，名为《砰，再见》（*Boom Bye Bye*），歌中提到用枪打死同性恋者。监狱可没有放过他。2009 年，他在美国因为毒品指控被逮捕，后被判入狱服刑，直到 2019 年才可出狱。同样，在 2004 年，比尼·曼（Beenie Man）创作的恐惧同性恋的歌词被官方审查，怀疑歌曲疑似煽动杀害同性恋者。2006 年，他在英国的一场音乐会被取消，从此被很多国家禁止举办演唱会。2012

---

① "dancehall"是从雷鬼音乐发展出来的一种舞蹈形式和舞曲风格，于 1980 年代后期兴起于牙买加。

年，他似乎改变了自己的立场，设法通过一段针对同性恋群体的视频进行道歉。然而，针对同性恋的攻击仍在继续。牙买加也通过了反鸡奸法。牙买加《侵犯人身罪法》（Offences Against the Person Act）第76条规定，"鸡奸行为"要处以最高10年的监禁。第79条规定，对于男性之间肢体上的亲近行为，要处以最高2年的徒刑。岛上要求解决同性恋问题的呼声日渐高涨。总理波蒂亚·辛普森－米勒（Portia Simpson-Miller）呼吁重新审议反鸡奸法，然而，一直到2013年仍没有进展。2012年，牙买加修改了殖民时代规定鸡奸行为要受鞭打的一部法律。虽然人权人士欢迎这一改变，但鸡奸行为在牙买加仍属非法。

多米尼克政府依然拒绝在这一问题上作出任何让步。实际上，多米尼克政府最近宣布成立一个专门解决学校同性恋问题和其他"反常"行为的部门。同性恋在这个国家依然不合法。这个国家也有反鸡奸法。

特立尼达和多巴哥禁止同性恋入境——《移民法》第8节禁止"妓女、同性恋者……等人进入特立尼达和多巴哥从事相关或其他任何活动"——人权人士莫里斯·汤姆林森（Maurice Tomlinson）打算向加勒比法院（Caribbean Court of Justice）提出诉讼。[21] 汤姆林森还打算状告伯利兹。该国也有类似法律。波多黎各也普遍存在同性恋恐惧症——虽然没有法律明文禁止同性恋，但是经常出现针对同性恋者的攻击性犯罪。2009~2011年，20多个同性恋者被杀害。[22]

其他地方出现了一些积极的变化，尤其是古巴。虽然众所周知，菲德尔·卡斯特罗曾经在20世纪七八十年代囚禁过同性恋者——还有很多同性恋者选择逃亡——不过现在，这个岛屿的态度发生了巨大转变，有人说这是因为劳尔·卡斯特罗的女儿玛丽埃拉（Mariela）。玛丽埃拉是一位同性恋权利活动家。自从1993年古巴电影《草莓与巧克力》（*Fresa y chocolate*）爆红全球后，同性恋问题取得很大突破。这部电影讲的是古巴历史上经济非常不景气的那段"特殊时期"两个年轻人的故事。这两个人中有一个是同性恋。除了政治批判之外，很多人将这部电影解读为呼吁社会更加宽容地对待同性恋者。现在，古巴是加勒比地区在性别问题上进步最大的国家。古巴的艾滋病预防方案是美洲，如果不是全世界的话，最完备的预防体系之一。这里拥有良好的生育控制措施和日渐开放的性观念。变性人可以若无其事地行走在哈瓦那街头，海滩上随处可见成双成对的男同性恋者。

古巴进一步造就了历史。2012 年，48 岁的阿德拉·埃尔南德斯（Adela Hernández）成为第一个入选公职的变性人，在比亚克拉拉的凯巴连（Caibarién）市政府赢得了一个议会席位。出人意料的是，1980 年代，她因为"危险行为"曾被政府送入监狱。她的家人和她断绝了关系。[23] 这时候的埃尔南德斯还没有做变性手术。2007 年，古巴的医疗系统开始推出这种手术。温蒂·伊里帕（Wendy Iriepa，出生时起的名字是"Alexis Iriepa"）参加了这一变性手术的试点计划。2011 年，她与伊格纳西奥·埃斯特拉达（Ignacio Estrada）举行结婚仪式——虽然古巴当时尚不认可同性婚姻。[24]

最近，百慕大宣布修改歧视非异性恋的法律。荷属萨巴岛现在允许男同性恋者结婚，众议院已在 2012 年 10 月通过了合法化该岛屿同性恋婚姻的法律，虽然自从 2001 年起，同性恋婚姻就已经在荷兰本土合法了。其他荷属岛屿也不得不认可同性婚姻，因为它们都受荷兰法律管辖，虽然它们并不一定愿意将其合法化。

*

虽然暂时来看，这个地区"爆炸的雪茄"和明目张胆的政权颠覆活动已然结束，但是加勒比地区已经在某种意义上成了一个训练场，帮助美国演练各种干涉、保护远远超出《门罗宣言》范畴的利益。20 世纪初期给美国人带来颇多领悟：美国中央情报局终于知道了在军事干涉方面什么可以做（危地马拉），什么不可以做（猪湾）。毫无疑问，最近的军事行动也有一些类似这些丑闻的印迹，尤其是美军入侵伊拉克，推翻萨达姆·侯赛因政权，以及阿富汗战争。通过美国设在古巴关塔那摩湾的军事基地——这个基地仍在使用，虽然《普拉特修正案》的其他所有条款都已失效——加勒比地区继续在这些更为广泛的地缘对抗中扮演重要角色。当前，该基地成了一个监狱，关押着"反恐战争"中被抓获的150人。虽然人权组织声称该基地内存在拷问和虐待问题，美国总统巴拉克·奥巴马（Barack Obama）也于2009年决定采取措施关闭它，监狱犯人还举行过吸引媒体密切关注的绝食抗议，然而，它目前仍在运行。

冷战早已结束，共产主义仍然存在于加勒比地区，表现形式是中国在这个地区的利益。虽然在苏联解体前，中国尚未崛起，然而，美国和世界都在关注着它。中国蓬勃发展的经济和对自然资源的强烈需求让它与世界深入联系——中国与加勒比地区的联系由来已久。2011年，中国—加勒比经贸合作研讨会（China-Caribbean Economic and Trade Cooperation Forums）在特立尼达岛举办。时任中国副总理王岐山在会上发言称，截至当时，中国在加勒比地区的投资已经达到4亿美元。[25]他还说，中国将提供10亿美元贷款用于支持当地的经济发展，并向加勒比共同体的发展基金捐助100万美元。中国还承诺为前往中国的加勒比地区各国人民提供培训和学习机会，就文化交流、旅游、环境保护和农业开展合作。[26]

中国投资的项目遍及这些岛屿。不过，并不是所有项目都没有争议，例如多米尼克总统官邸项目。该项目是1400万美元借款协议的一部分，该协议还包括建造多米尼克国家大学。[27]在安提瓜，中国还提供4500万美元用于建设一个新的机场候机大厅。中国对加勒比地区的木材和铝矾土及其他矿物也有需求，虽然程度逊于在非洲进行的有中国特色的采掘项目。不过，中国与西印度群岛的关系，在某些方面与国家主权中的难题有关，即台湾问题。

　　台湾，长期以来一直与中国大陆实行不同的政治模式。1971 年，中华人民共和国获得了联合国成员资格，"中华民国"被驱逐。于是，这个小岛随即花费数百万美元拉拢联合国成员，尤其是那些愿意在联合国给中国投反对票的国家。[28] 目前，台湾的"邦交国"有 23 个，主要集中在加勒比地区，如伯利兹、多米尼加共和国、危地马拉、海地、洪都拉斯、尼加拉瓜、巴拿马、圣基茨和尼维斯、圣卢西亚以及圣文森特和格林纳丁斯。① 而哥斯达黎加、古巴、安提瓜和巴布达、巴哈马、巴巴多斯、圭亚那、牙买加、特立尼达和多巴哥，以及多米尼克、格林纳达和苏里南已与中国建立了正式的外交关系。

　　加勒比地区是世界范围内中国统一进程仍在上演的为数不多的舞台——有的岛屿两边押宝。[29] 中国出资的大型建设项目还包括特立尼达和多巴哥的总理官邸、圭亚那的一个蔗糖工厂、安提瓜一个能容纳 20000 人的体育场、巴哈马的一个港口。[30] 中国还帮助苏里南修建道路，提供低息借款。中国驻苏里南大使馆估计，在苏里南的大约 40 万人口中，有大约 40000 中国人。[31]

　　其他国家很难有这种大手笔。2009 年，中国企业在全球范围内投资 70 亿美元，虽然大多数资金投往开曼群岛这样的避税天堂。[32] 这种投资的回报微乎其微——加勒比海国家进口中国产品的比例还不到 0.001%——这在收益回报上让人很难理解。[33] 但是，中国在投资方面已逐渐打入人们心目中美国所主宰的领域。虽然全球力量的轴心开始向东方倾斜，但是加勒比海岛屿仍然具有重要的战略地位。

---

① 截至 2018 年 5 月，台湾地区"邦交国"已减少至 18 个，加勒比地区的巴拿马共和国与多米尼加共和国已同中国正式建交。

　　加勒比地区是一个流动性很强的地方：船只、人群进进出出。岛上居民前往大陆打工，大陆上的人去岛上度假。这种往来适用于加勒比地区的各个层面，从民众到受管制的物品。加勒比地区成为一个毒品转运站——或者说一个自我放纵之地——并不是最近的事情。早在 1930 年代，英属西印度岛屿就对毒品法律进行了修改，将控制和限制"特克斯和凯科斯群岛及开曼群岛生产、拥有、销售和分发鸦片"以及吗啡、海洛因、可卡因的内容加了进来。[1] 一份来自这一时期的美国报告讨论了一个叫"弗雷德里克·艾伦（Frederick Allen）"的男子。牙买加领事怀疑他贩运鸦片，因为他曾经多次往返巴哈马，十分可疑。那位领事说，艾伦"经常搭乘所有权属于安东尼奥港（Pcrt Antonio）海员韦尔斯（Wells）的'OLGA 号'汽艇前往拉吉德岛（Ragged Island）。船上载着朗姆酒、椰子油等产品，返回时装满盐"。[2] 另外一份美国报告指出，哥伦比亚加勒比海岸港口城市巴兰基亚（Barranquilla）在"过去的某些时间里"已经成了鸦片、可卡因和吗啡的来源。有人将这些东西走私到牙买加，或许还有其他岛屿。他引用了牙买加《每日回顾》上一篇有关最近一次搜查的文章："据可靠消息，毒品贩子主要是中国人，紧随其后是叙利亚人。"[3] 加勒比人经常为非法活动提供掩护。

　　大海对于走私至关重要。自从早前第一批欧洲人抵达加勒比地区，情况一直如此。即使到了 20 世纪，看似守法的船上也藏匿着从事不法勾当的人。墨西哥人塞萨里奥·里维埃拉（Cesario Riviera），警方报告写的是"26 岁，身高 5 英尺 7 英寸，重 150 磅"，在美国蒸汽船"圣玛尔塔号（Santa Marta）"上给厨师打下手，和 29 岁，"身高 5 英尺 9 英寸，重 165 磅"，在船上当舵手的西班牙人曼努埃尔·佩雷斯（Manuel Pérez），于 1933 年 1 月 12 日在金斯敦一起被捕，原因是涉嫌违反岛上的毒品法。[4] 实际上，即便联合果品公司也不是没有一点嫌疑。

英国和美国相互交换了各自船上涉嫌走私麻醉品的水手的相关资料。[5]

整个 20 世纪，毒品交易日渐兴盛，尤其是随着 20 世纪七八十年代哥伦比亚可卡因贩毒集团的猖獗。这些岛屿靠近美国，后者是毒品的主要流入地。这些岛屿长期的走私历史意味着，很多人深谙违禁品走私。然而，暴力活动很快接踵而至。

牙买加，也许比任何岛屿都更能让人与吸食大麻联系起来。被当地人称作"克里（Collie）"的这种东西是一种价格很高的经济作物，虽然它的种植属于非法。对于一个很多人口深陷贫困的岛屿来说，毒品不但在过去，而且一直到现在都提供了一种生财机会。很长时间以来，人们还将毒品的使用与拉斯特法里教联系在一起。在拉斯特法里教信徒与警方关系长期不稳定时期，这往往给政府提供了攻击、逮捕拉斯特法里教信徒的口实。雷鬼音乐迅速开始谴责政府的压制政策。这在 1976 年彼得·托什（Peter Tosh）发行的唱片《让它合法》（*Legalize It*）中有所体现。为了将自己的观点表达得淋漓尽致，唱片的封面是一张照片，托什叼着烟斗坐在一片大麻地里。

另外，1983 年，约翰·霍尔特（John Holt）录制了一首名为《直升机里的警察》（*Police in Helicopter*）的单曲，歌词是：

> 直升机里的警察，搜寻着大麻。
> 街上的警察，找寻着克里烟。
> 田地里的士兵，焚烧着克里草。
> 要是再烧这种药草，我们就要烧掉地里的甘蔗了。

加勒比海国家的大麻种植量持续增加，有的供出口，有的供国内消费。然而现在，真正的毒品交易是可卡因。虽然哥伦比亚和安第斯山脉其他国家仍在生产可卡因，但它的销售主要控制在墨西哥贩毒集团手中。后者在过去的十年里，每年致使美墨边境数千人死亡。然而，毒品仍在加勒比地区到处流动，和这种交易相关的暴力事件导致洪都拉斯、危地马拉以及一些岛屿的谋杀犯罪率大幅上升。

2010 年 5 月，贩毒集团和毒品大鳄"杜杜斯"克里斯托弗·科克（Christopher "Dudus" Coke）和他的支持者在"蒂沃利花园（Tivoli Gardens）"与牙买加国防军激战。在前一年，牙买加接到了美国政府的引渡要求。担任政府总理的牙买加劳动党领袖布鲁斯·戈尔丁（Bruce Golding）一开始拒绝了这个要求，然而 2010 年 5 月，事态恶化为牙买加与美国之间的外交危机，戈尔丁作了让步。当科克真的要被送到美国去的消息传到"蒂沃利花园"后，科克的支持者设置了街垒，准备与政府军作战。5 月 23 日，双方的战斗终于爆发。经过数日战斗，政府调动了安保部队，并宣布进入紧急状态。在这次战斗中，73 人被打死。而有多少无辜平民被军队误杀，一直是个谜。[6] 然而，科克一直到一个月后的 6 月 22 日才被抓住。在一个路障前，警方一眼认出了男扮女装的他。被送到美国后，他承认了毒品走私的指控。法庭了解到他的毒品网络遍及牙买加、迈阿密和纽约。他被判处在美国服刑 23 年。科克家族之前盘踞在"蒂沃利花园"——这个城市最大的贫民窟——有 30 多年。有消息说，一些政客在暗中保护他。

"蒂沃利花园"不仅长期受制于科克家族，而且在牙买加的"堡垒政治（garrison politics）"中，这一地区也是牙买加劳动党的地盘，这里人们的房屋建在 1960 年代私自建造房屋的那片地片上。和很多贫民窟一样，20 世纪七八十年代困扰岛上的严重枪支暴力活动让这里深受其害。有人说，科克还有一支 200 人的私人武装，并拥有一套自己的刑罚体系，既当法官、狱警，有时候还当行刑人。[7] 实际上，据说，只有他放话，警方才能进入"蒂沃利花园"。[8] 虽然科克在给审判他的法官的信中省略了这一点，不过他详细描述了他在社区中扮演的角色，他说他"做了很多慈善和社会公益……我积极参与社区开发，实施了很多公益项目，帮助社区居民改善生活状况，还向他们传授提升自我的方法，提供教育和技能培训"。接下来，他列举了他做的将近三页的好事，其中包括为社区里的老年人举办复活节派对，向孩子赠送书本和学习用品，在 12 月举办社区派对，给当地儿童送圣诞礼物。[9]科克这样的黑帮首领通过这种慷慨赠予，通过从毒品交易中获得的利润资助社区发展，赢得了社区民众的爱戴。虽然科克正在美国联邦监狱服刑，但是毒品加剧的"堡垒暴力"仍继续在金斯敦最贫穷的地区肆虐。

毒品是整个加勒比地区共同面临的问题，虽然毒品交易确实每年为加勒比地区的经济贡献了 30 亿美元的收入。美国牵头的针对毒品的"战争"在不断进行，大多数岛屿的政府与美国开展一定程度的合作，共同打击毒品交易。非法物品以及相关的暴力活动将该地区的自杀率推升到每年万分之三，这让加勒比地区成为世界上暴力活动最为频繁的地区之一。[10]毒品到达的地方，腐败和洗钱也如影随形。或许，这一时期加勒比地区金融服务的兴起并非巧合。

*

巴哈马是加勒比地区第一个对金融服务敞开大门的群岛国家。这是 1936 年的事情。后来，开曼群岛、巴巴多斯、安提瓜、尼维斯、多米尼克等纷纷加入。1970 年代，国际货币基金组织承诺给这些岛屿提供贷款的条件是，要求对方放弃传统农业，转向大众旅游和金融服务业，但与此同时，可卡因交易迅速增加。这个时期，这一地区涌现了很多办公楼。另外，税收立法和美国与欧洲银行业的改革也意味着有更多人将资金存入海外账户，因为这样既无需缴税也很保密。现在，开曼群岛已经成为全球第六大金融中心——账面资产达到 1.6 万亿美元。虽然开曼群岛的三个岛屿只有 56000 人，但在这里注册的企业超过了 92000 家。[11][其中之一就是贝恩资本公司（Bain Capital），公司的创立者是 2012 年美国总统候选人米特·罗姆尼（Mitt Romney）。在竞选期间，他被人拍到正坐在挂有开曼群岛旗帜的游艇上。这无助于拉近与那些对经济衰退感到不满的美国选民之间的关系，后来他竞选失败。]但是，因为这些企业无需缴税——最初正是这一点吸引它们来到加勒比地区——这些岛屿已深陷经济低迷，无法自拔。有的岛屿正在考虑向这些企业征税，以增加它们急需的收入。[12]

还有境外赌博。很多岛上的公司提供在线赌博服务。2000年，赌博行业雇用了3000人，营业收入达到10亿美元。2006年颁布的《打击非法互联网赌博执行条例》（Unlawful Internet Gambling Enforcement Act，UIGEA）禁止大多数美国人在线赌博，给这一行业带来致命打击。[13]安提瓜要求美国赔偿34亿美元，由于美国只愿意赔偿50万美元，安提瓜甚至把官司打到了世界贸易组织。[14]2009年，金融家艾伦·斯坦福（Allen Stanford）帝国的坍塌也没有改善安提瓜的形势。斯坦福的斯坦福国际银行（Stanford International Bank）一度是这个岛上最大的私人雇主。[15]但是2013年1月，世界贸易组织（WTO）作出了一个令人意外的裁决，允许安提瓜出售从美国媒体上下载的文件——音乐或电影——而无需向创作者支付版税。这实际上在岛上暂时禁止了美国的知识产权，以便让其挽回《打击非法互联网赌博执行条例》造成的部分损失。[16]

有的岛屿通过投资移民来筹集资金。比如圣基茨，投资400000美元的房地产——例如，购买假日公寓——就可以获得护照。岛上各处的大幅广告牌大力宣传这一消息。多米尼克针对其公民资格的投资额是100000美元。很多人竞相出钱，尤其是那些受到"阿拉伯之春"动乱影响的人。中东人，包括巴勒斯坦人——很多国家不承认巴勒斯坦国——纷纷将资金转移到这些岛上。一家总部在迪拜的公司甚至在圣基茨建立了分公司，方便投资者同时购买地产和护照。2011年英国驻德黑兰大使馆遭示威者冲击之后，该岛关闭了针对伊朗人的投资项目。[17]2001年，美国发生9·11恐怖袭击之后，格林纳达中止了以40000美元出售该国护照的项目。然而 2013 年，它又宣布重启。这一项目让美国十分紧张，美国害怕想要袭击美国的恐怖分子可以在家门口进行策划。[18]

*

蔗糖经济经历了多轮的贸易保护法律，还在苦苦支撑。不过，有的岛屿已经停止种植甘蔗，在先前的甘蔗田里安放针对游客可在阳光下休闲度假的长椅。特立尼达和圣基茨已经关闭了先前的国有企业，不过牙买加、巴巴多斯、伯利兹、圭亚那等劳动力成本依然较低的国家，以及古巴、波多黎各、多米尼加共和国还在生产蔗糖。不过，这个行业仍然面临很多挑战。[19]

咖啡仍旧是一种重要的出口产品。牙买加的蓝山咖啡一直很有价值，能在国际市场上卖到很高的价格。多米尼加共和国、古巴、波多黎各和中美洲大部分国家以及海地也生产咖啡。然而，竞争和贸易保护主义威胁着加勒比地区的产品，香蕉尤其如此。1990 年代，当美国设法通过《北美自由贸易协定》实现自由贸易目标，要求北美各国市场"自由化"时，加勒比海国家和美国的关系因为这种水果再次骤然紧张起来。

在作为香蕉商标的蓝色金吉达（Chiquita）贴纸上，一个女人头上顶着一个水果篮子，颇像戴着水果帽子的卡门·米兰达（Carmen Miranda）。如果没有过时的话，在这笑容可掬的贴纸背后是商家对市场份额的无情争夺。1990 年代中期，金吉达公司通过世界贸易组织提起诉讼，称欧洲提供给加勒比地区小生产商的配额违反了公平贸易原则。事实上，上述配额还不到整个市场的 10%，因为美国不产香蕉，所以其他份额当然被美国公司分配给了拉丁美洲的香蕉提供商。金吉达赢得了这场官司。1997 年，欧盟被迫取消了这一条款。不过直到 2012 年，这场诉讼才最终尘埃落定。欧盟承诺将逐渐降低拉丁美洲香蕉的进口关税，直到与加勒比地区小生产商的关税一致。1975年，《洛美协定》（Lomé Convention）制定了针对非洲、加勒比地区和太平洋国家（ACP）的特殊条款，目的是帮助这些国家发展经济，虽然有关香蕉关税的调整让这些小岛上的香蕉产业岌岌可危。同等水平的关税将导致拉美香蕉价格大幅下降，侵蚀多米尼克、圣文森特和其他向风群岛水果种植户的优势，他们可能被低价香蕉挤出市场，从而终结赖以为生的生意。

/ 330

另一场贸易战也在隐隐出现：对生产朗姆酒的岛屿来说，这关乎价值 5 亿美元的市场份额。美国的朗姆酒生产商获得了间接补贴，可以让他们获得相对于小生产商的优势。美国几乎将所有在美国市场上销售的朗姆酒征收的营业税都补贴给美属维尔京群岛和波多黎各的朗姆酒酿酒厂。这些岛屿将这些钱补贴给岛上的巨型酿酒企业，例如波多黎各的百加得公司（Bacardi）、维尔京群岛的克鲁赞公司（Cruzan），后者的股东是金宾酒业（Beam Inc.）。这些企业生产占边波旁威士忌（Jim Beam bourbon）和其他烈酒。2009 年，这吸引英国帝亚吉欧公司（Diageo）"摩根船长（Captain Morgan）"朗姆酒品牌赴圣克罗伊岛投资建厂——该公司预计，在接下来的三十年里，它能够获得 27 亿美元的营业税退税收入。百加得公司获得了 9500 万美元补贴，用于改造酿酒车间。巴巴多斯、牙买加等地的小型酿酒厂担心大公司的这种优势会在竞争中将它们挤垮。[20] 加勒比共同体开始向世界贸易组织申诉，认为这些补贴违反了公平贸易原则，但到目前为止，世界贸易组织还没有作出裁决。

岛上的食品生产同样问题丛生。部分原因是世界贸易组织这些年来一直在游说很多岛屿进口食品，尤其是进口美国多余的粮食，因为这样比自己生产更划算。就这样，软饮、加工食品、便宜的猪肉和谷物的倾销取代了岛上传统的本土农业，后者的成本相对较高。并不是所有人都接受这种做法。例如在多米尼加共和国，流传着有关"外国佬（gringo）"（即从美国进口或用美国饲料喂养的）鸡肉的无数传言：那些鸡肉里有虫子，会引起艾滋病；含有激素，会导致男女不孕不育。[21]
现在，仅加勒比共同体每年就背负着高达 35 亿美元的食品进口负担。
这些进口食品根本无法填补岛上农业生产终结留下的真空。食品杂货店
里充斥着美国的进口食品——甜麦片、炸薯片、苏打水——这加剧了类
似美国正经历的健康危机。虽然这些岛屿土地肥沃，但大多数岛屿的粮
食完全依赖进口。渔业产量也在下降，因为大规模的拖网捕捞让小渔民
的生意无法维系。污染和环境问题正在破坏渔业资源。

*

20 世纪，加勒比地区输出的最有价值的东西既不是食物，也不是
毒品，而是人口。虽然很多人为了寻找更好的生活，或至少更高一些的
薪酬而被迫离开家乡，但是，他们在很多方面促进了所在国的发展。

从"帝国疾风号"抵达加勒比地区直到 20 世纪中叶，大约有 150000
名西印度群岛人在 1950 年代抵达英国，此外，还有 168000 人在 1962
年颁布限制海外移民的《英联邦移民法》（Commonwealth Immigrants
Act）之前抵达英国。[22] 然而，他们的日子这些年过得很不好。1970 年
代，英国有一个数量庞大的西印度群岛群体。该群体经常受到种族主义
团伙的骚扰和警察的攻击。早在 1958 年，在这些问题的激化下，伦敦诺
丁山（Notting Hill）爆发了种族骚乱。1976 年，类似骚乱再次爆发。紧
随其后的是指向警察的多次动乱和怒火，其中包括 1980 年发生于布里斯
托尔和伦敦布里克斯顿（Brixton），1981 年发生在利物浦托克斯泰斯区
（Toxteth）和伯明翰汉兹沃思区（Handsworth）的冲突。非裔加勒比群
体与英国警察之间的互不信任一直是一个棘手的问题。

也有一些移民选择前往美国。最初，当众多移民涌向美国之际，后
者于 1952 年颁布了《麦卡伦—沃尔特法案》（McCarran-Walter Act），
引入了各种限制措施和配额制度。不过 1968 年时，这些限制有所放宽。

1980 年代，仅来自英语岛屿的移民就有 60000 人。这个国家到处都有西印度群岛的移民群体，不过这些移民在纽约、华盛顿特区、迈阿密等地的数量更多。1967 年，加拿大也修改了针对移民的限制，很多西印度群岛人顶着寒冷前往那里寻找就业和教育机会。现在，加拿大约有300000 人出生于加勒比地区，他们中的很多人生活在多伦多和魁北克。而海地人可以充分利用他们先前接近法语区的优势。[23] 在动荡的 1990年代，海地人还设法移居美国。截至那时，美国有大约 20000 名海地侨民。迈阿密很快有了一个"小海地"。[24]

古巴，因为它的困难处境很特殊，所以对他们的限制相对要少一些，这催生了数十万移民，其中很大一部分前往美国落脚，也有一些移民前往西班牙和拉丁美洲。在 20 世纪五六十年代，大约 470000 名波多黎各人移居美国，尤其是纽约。[25] 而多米尼加人不仅移居纽约、迈阿密，还移民库拉索、圣马丁，甚至圣尤斯特歇斯。1980 年代，荷属安的列斯群岛和苏里南的大约 200000 人背井离乡，移居荷兰，[26] 现在大约有300000 名荷兰人自称苏里南后裔。[27] 1980 年代中期，法国大约有 80000名来自法属安的列斯群岛的移民。[28] 从这时起，其他投资移民不再选择美国和欧洲——这两个地方没有足够的就业机会，生活成本也很高——而是去经济形势不错的巴西寻找机会。

/ 332

不过，迁移是双向的，很多移民又回到了先前生活的加勒比海岛。他们之所以回来，并不是因为愿意，而是因为英国政府想方设法将签证过期的加勒比人遣送回去。实际上，针对牙买加移民，英国外交部采取了很多措施，其中包括和牙买加政府共同制定的"恢复和重返"方案。其中还有一段针对被遣送群体的视频，题为《回到牙买加的家》（*Coming Home to Jamaica*）。[29] 回家，即使对那些当初并非被迫离开的人们来说，也可能是一件令人焦虑的事情。比如牙买加的曼德维尔（Mandeville），坐落在凉风习习的山上，目睹了大批到了退休年龄的返乡者。新建的房子位于城里的不同地方。有的人欢迎他们回来，因为曾经让这个城市繁荣了几十年的铝矾土行业最近已经垮掉。虽然返乡群体能给当地人带来很多好处，尤其是经济购买力，但也带来了一些复杂的事情。在数千英里之外，人们很容易将过去的事情想得很浪漫，也意识不到当今的变化。并不是所有回到岛上的人都过着舒心惬意的好日子。

1957年，让·波布（Jean Popeau）离开多米尼克，当时他才11岁。2008年，他回到岛上。虽然波布的家人都是小农场主，但是贫困的生活逼着他的父亲不得不远走英格兰。"我们知道英格兰很冷，而且那里的人对我们有偏见，"他回忆说，"人们在那边的遭遇早已传到了老家。"1974年，波布第一次返回多米尼克，1992年，他带着家人一起回去了一趟。那一次，他"终于意识到，我的孩子们认同英国文化……这是新的一代，他们正在创造一种让各种跨文化交流能够顺利进行的文化……这完全不同于我当初移民时的英国文化"。在执教30年退休之后，他落叶归根，回到多米尼克，买了地，盖了房。他说他的感觉总的来说还算不错，不过，有的人回来后，亲戚朋友都已不在，感到很孤独。仍然会说克里奥尔语对我也有帮助："要是我回来后一口美国腔，不会说克里奥尔语，问题就复杂得多。"虽然之前在这里生活，但有的人返乡后，还是被当地人说成"英国佬"或"美国佬"，此外，还要应对他们比那些没去外国打过工的本地人有钱得多的说法。[30] 人们的感觉各不相同，不过，西印度群岛人的流出流入不仅塑造了这些岛屿的现代身份，也塑造了他们在欧洲和美洲曾经生活过的地方。频繁的迁移仍然是加勒比人生活的一部分。

这些岛屿给外界提供了很多音乐、文学和艺术，它们往往是在大西洋两岸的相互交流中产生的，这种创作和交流从人们已知的最早时期，一直持续到当代。西属岛屿为世界奉献了萨尔萨舞（salsa），以及更为现代（往往也是更具争议的）的"嘻哈"风格的"雷击顿（reggaeton）"音乐。后者形成于这些岛屿与迈阿密。它充满暴戾，极为歧视女性的歌词常常让古巴政府宣布其不拥护古巴革命，要禁止它——虽然古巴革命政府还曾多次禁止过摇滚乐和爵士乐。波多黎各歌星"洋基老爹（Daddy Yankee）"2004 年推出的《汽油》（*Gasolina*）在跨界音乐方面大获成功，将"雷击顿"音乐推广至听众众多的英语世界。牙买加为世界创作了雷鬼（reggae）音乐、洛克斯代迪（rocksteady）音乐、斯卡（ska）音乐，以及最新的（往往也是具有争议的）舞厅（dancehall）音乐。此外，特立尼达的卡利索普歌曲、索卡（soca）、钢鼓也吸引着世界的音乐迷。

　　小说家，如多米尼克的让·里斯、菲利斯·尚德·奥尔弗里（Phyllis Shand Allfrey），特立尼达的诺贝尔文学奖获得者 V. S. 奈保尔（V. S. Naipaul），海地的埃德维奇·丹蒂凯特（Edwidge Danticat），在世界范围内都拥有广泛的读者。加勒比地区的艺术，尤其是海地画家的作品，拥趸众多。海地最重要的文化输出中，有两种不给海地带来任何收入，这就是伏都教和可以靠巫术起死回生的还魂尸（zombie，或称"活死人"）。这种还魂尸——据说处于阴阳两界之间，可以在巫术的控制下做伤天害理的事情——被电影《蛇与彩虹》（*The Serpent and the Rainbow*）和詹姆斯·邦德（James Bond）系列电影《你死我活》（*Live and Let Die*）介绍给广大观众，但同时也被这些电影歪曲。人们对还魂尸的兴趣丝毫没有减退的迹象。电视剧《行尸走肉》（*The Walking Dead*）和当代电影比如《僵尸肖恩》（*Shaun of the Dead*）都取材于海地的不死元素，将它作用于白人和郊区情境中。在此之前的此类电影还有乔治·A.罗梅罗（George A. Romero）执导的《活死人之夜》（*The Night of the Living Dead*）和他后来执导的其他电影。这类电影最早的一部作品是 1943 年的黑白影片《与僵尸同行》（*I Walked with a Zombie*）。它很好地运用了传统的伏都教主题。这部电影拍摄于加勒比地区的一个无名岛屿。影片讲的是一个被施了还魂咒的白人女性，被护士带到一个盛大的伏都教仪式上的治愈经过。虽然这些电影经常歪曲宗教习俗——尤其在现代的僵尸电影里——但并不意味着伏都教越来越被

/ 334

加勒比海之外的地区所熟知。即使在海地，伏都教也不止一次因为法律问题引起人们的注意。最近的法律修改取消了宗教自由法律中允许伏都教存在的条款。这实际上恢复了1935年颁布的法律，再次开始惩罚参加伏都教仪式或从事其他"迷信活动"的人。这个调整对已经取消限制很久的宗教会产生什么影响，目前尚不清楚。[31] 相较于简单的宗教宽容，公众对这种融合了多种宗教信仰的宗教习俗的包容和接受程度具有更为广泛的影响。这些宗教习俗还表现为人们对文化独特性的欣赏和认同，不管这些文化来自海地、古巴，还是其他岛屿。

这种影响也渗透入语言政策中。很长一段时间以来，牙买加的土语被看作一种只有受教育很少的人才讲的话，而事实并非如此——它是一种融合非洲语言和英语的词语、语法之后形成的独特语言。越来越多的人开始接受它，甚至圣经也被翻译成牙买加土语。《路加福音》的"And having come in, the angel said to her, 'Rejoice, highly favoured one, the Lord is with you: blessed are you among women'"（天使来到她面前说，"蒙大恩的女子，愿你欢喜，主与你同在"）被翻译为"De angel go to Mary and say to 'er, me have news we going to make you well 'appy. God really, really, bless you and him a walk with you all de time"（天使来到玛利亚面前，说"我有好消息告诉你。神必将保佑你，一直在你左右"）。但并非所有人都认同这种翻译。[32] 在荷属岛屿上，很多人讲帕皮阿门托语（Papiamento）。这种语言将荷兰语、英语、葡萄牙语、西班牙语融合在一起，在阿鲁巴岛、博奈尔岛和库拉索岛演化了数个世纪。它已经获得了官方的承认。现在，在这三个岛屿生活的外国人，要想申请公民身份，除了必须通过荷兰语测试外，还要通过帕皮阿门托语测试。

在加勒比地区，人们庆祝的另一个文化融合形式是狂欢节。特立尼达岛是为数不多的仍旧按照天主教历法举办这一活动的岛屿。庆祝规模最大的两天是大斋节（Lent）之前的星期一和星期二。每年这个时候，特立尼达人的照片就会出现在世界各大报纸上。照片上的特立尼达人身着艳丽服装，头部装饰着羽毛和亮片，经常身穿极为暴露的比基尼。同时出现在世界报纸上的还有巴西和新奥尔良庆祝活动的照片。在其他岛屿，例如巴巴多斯，会庆祝与农业收获相关的节日，如"丰收节（Cropover）"。这个节日与甘蔗的生长收割周期相关，而与宗教无关。这也是一个尽情庆祝，穿上奇装异服尽情摇摆的时候，不过一般是在夏天进行。先前在大斋节前夕举办大规模狂欢节的古巴，现在只将庆祝活动局限在古巴圣地亚哥，并且只在 7 月举行夏季庆祝，为的是纪念古巴革命胜利，而不是庆祝甘蔗丰收，即便这是举办庆祝活动的最初目的。

　　狂欢节的传统可以追溯到古代。最近几个世纪，这些庆祝活动与基督教仪式密切结合，尤其是复活节。在为期 40 天的大斋节祈祷和开始于"圣灰星期三"的斋戒之前，每个人都可以放纵自己而无需有负罪感。实际上，在一些文化里，这几乎从大斋节前的三个月就开始了。从 1 月 6 日（主显节前夜，或主显节）起，庆祝狂欢节的人们就开始连续几个星期流连于舞会、派对、宴会，如同殖民时代的特立尼达——现在也是如此。然而最初，这种欢宴活动基本上只局限于白人群体。自由的有色人种虽然被排除在大多数狂欢活动之外，不过他们可以"戴面具"或身着奇装异服。当然，奴隶被排除在这种活动之外。[33] 不过，他们发明了自己的游行庆祝方式，他们用"点燃的甘蔗秆（canboulay）"给游行队伍照亮。奴隶解放之后，这些曾经的奴隶开始庆祝他们自己的风俗。实际上，白人在他们的庆祝活动中感到了极大的威胁，于是当局竭力禁止"戴面具"。第一次禁止是 1846 年，第二次是 1849 年，同时还要求庆祝活动不得超过两天。每一年的庆祝活动都会带来某种程度的紧张气氛。1881 年，警方和狂欢者终于爆发了冲突。那些年里，这种紧张，再加上蔗糖行业不景气，岛上经济形势低迷，当局一直在设法禁止从烧着的火把到击鼓活动的所有事情，甚至连狂欢活动也要禁止。然而，也正是这段时期对特立尼达岛的现代狂欢节活动影响最大，因为岛上的所有人都开始参与其中，而不仅是种植园主。[34]

今天的狂欢节，是一个开怀痛饮朗姆酒的盛大活动。女人们精心打扮，身上的衣服很少，插着很多羽毛。这种装束准会让那些思想极为保守的维多利亚时代的行政官员十分不满。卡利普索歌手即兴唱歌，互相竞争。钢鼓乐队也加入进来。钢鼓这种乐器来自特立尼达和多巴哥。那里的人们从旧油桶中获得灵感。油桶各部分被打成大碗的形状，每个部分都可以发出一系列音符。现在，整个加勒比地区，这种钢鼓的使用非常普遍，特立尼达尤其如此。人人都会跳舞、唱歌——最重要的是——宣泄自己的情绪。狂欢节是一种"安全阀"。岛上各种背景的人可以聚在一起，将过去的嫌隙放在一边。派对结束，并不意味着狂欢氛围立刻终结。特立尼达人一整年中都在讨论来年的狂欢节计划。一年到头，收音机里都在播放狂欢节中流行的卡利普索歌曲和索卡歌曲。

在英国，这种传统促进了每年 8 月时泛西印度群岛诺丁山狂欢节（Pan-West Indian Notting Hill Carnival）的形成。将狂欢活动安排在此时与宗教历法无关，而是为了利用公共假日，使英格兰难得的炎热天气派上用场。在过去的几十年里，这一活动越来越受人们欢迎。100 多万人涌上西伦敦街头，观看游行，欣赏钢鼓音乐和浑厚的音响系统，品尝一种叫作"挺举鸡（jerk chicken）"的香辣烤鸡。

2012 年 11 月，迪拜甚至也举行了一次"加勒比狂欢节"，牙买加裔的美国说唱歌手肖恩·金斯顿（Sean Kingston）在这个阿拉伯国家的音乐会上担任主唱。虽然广告称这次狂欢"面向家庭"，绝对不许出售和饮用朗姆酒，狂欢队伍中也不许出现暴露的衣服，不过几乎可以肯定，这是阿拉伯沙漠地区第一次举办与加勒比相关的大型庆祝活动。

也许，除了文学、艺术，甚至狂欢节之外，最为重要的文化现象就是某个与宗教有关的事物：板球。不管是在国内，还是在国外侨民中间，板球仍旧极受欢迎。特立尼达历史学家 C. L. R. 詹姆斯（C. L. R. James）在关于板球的《跨越界限》（*Beyond a Boundary*）一书中写道：

"我父亲给了我一个球拍和一个球。于是，我就开始学打球。到了 18 岁，我已经打得非常好了。想得多美！在现实生活中，直到 10 岁，我一直在为一场不间断地持续了 8 年，后来又断断续续持续了一段时间的战争埋设炸药——这是一场英国清教习俗、英国文学与板球和西印度群岛现实生活之间的战争。"[35] 西印度群岛板球队——为数很少的联邦时代的遗存——在全球范围内拥有不少拥趸。讲英语的打板球的岛屿上涌现了不少板球运动员。1970 年代至 1990 年代，随着动作犀利的西印度群岛投手征服了从英格兰到澳大利亚的大批观众，西印度群岛队达到了顶峰。[36] 不过，那些年也爆出了一些丑闻，尤其是 1980 年代，西印度群岛球队曾多次前往当时实施种族隔离政策的南非参加巡回赛。虽然发生了这些丑闻，虽然他们的胜利不可能一直持续下去，但这些被称为"西印度群岛人（Windies）"的球员深受球迷喜爱。2007 年，板球世界杯在加勒比地区举行。牙买加、巴巴多斯、圣卢西亚、特立尼达、圭亚那、安提瓜、格林纳达、圣基茨都设有赛场。虽然距离上次西印度群岛板球队取得一系列胜利已经过了一段时间，但是这项运动仍旧颇受欢迎，不管在岛内还是岛外，这支球队都有大量的忠实球迷。

另一项伟大的球类项目是棒球（elbéisbol）。古巴、波多黎各和多米尼加共和国都是棒球强国。一些最出色的棒球运动员就来自这些国家。庆祝罗伯托·克莱门特（Roberto Clemente）第 3000 支安打的活动在 2012 年举行，虽然他已经于 1972 年去世——死于援助尼加拉瓜震后救灾的空难中——但是人们仍在纪念他和他的成就。当前，美国职业棒球大联盟中的很多队员就来自加勒比地区，例如多米尼加裔的罗宾逊·卡诺（Robinson Canó）。其他退役的伟大球员，如多米尼加的萨米·索萨（Sammy Sosa），通过设计棒球课程，在当地营建棒球运动设施，将大量精力投入到培养年轻运动员的事业上。因此，加勒比地区的很多地方，如多米尼加共和国南部沿海的圣佩德罗德马科里斯省（San Pedro de Macorís）涌现了很多优秀运动员，为美国的职业棒球大联盟输送了数十名棒球选手。加勒比地区的棒球赛季在冬季——正好与美国相反——因此美国球探可以去岛上物色和招募运动员。加勒比地区还有那个地方看似不可能存在的运动队，比如参加 1988 年冬季奥运会的雪橇队。1993 年的电影《冰上轻驰》（*Cool Runnings*）说的就是他们的故事。距离现在更近的 2013 年的障碍滑雪赛上，来自牙买加的迈克尔·埃利奥特·威廉姆斯（Michael Elliot Williams）在资格赛中打败了海地选手让－皮埃尔·罗伊（Jean-Pierre Roy）和贝努瓦·埃托克（Benoit Etoc），虽然比赛用时是赢得冠军的芬兰运动员的两倍。[37]

除了艺术、文化和体育之外，加勒比地区还在另一方面占有绝对优势——它还是理想的度假胜地。

随着灭蚊方案的推进和公共医疗的改善，20 世纪初期，人们可以放心地到加勒比地区休闲度假。大约同时，舆论方向发生了彻底的改变，有的岛屿大肆吹嘘，称自己具有强大的保健功效。1905 年，鼓动人们从布里斯托尔前往牙买加的宣传册中说："岛上自然风景美不胜收，温暖怡人的气候为医学界一致推荐。"[1] 1914 年，一本巴巴多斯的旅游指南更进一步，大言不惭地说：

> 巴巴多斯绝对是西印度群岛中最有益于健康的地方，是南北美游客举家旅游的首选。向风海滩有很多旅店和海湾别墅……来自海边浪花的新鲜空气对任何疾病的恢复都大有裨益……近年来，该岛屿深受游客欢迎，这里的旅店不得不增加房间。多家旅店就位于海边。为了满足南美家庭在这里为了身体健康流连数月的需求，黑斯廷斯和圣劳伦斯海岸一带在不断建设海湾别墅。[2]

1920 年代，英属岛屿和其他地方的旅游业仍然规模有限，作为岛上经济收入来源，远远落后于香蕉、蔗糖与咖啡。[3] 在西印度岛屿中，古巴接待游客较早，缘于 20 世纪初期在岛上工作的美国人传回国内的充满溢美之词的消息，以及 1919 年古巴国家旅游委员会（National Tourist Commission）的建立。于是，富有的北美游客开始向南，而不是去欧洲寻找度假之地。很快，西礁岛至古巴的蒸汽船航线开通了。随后，从北美东海岸前往古巴的空中航线也投入运营。在古巴，美国游客从 1928 年的 90000 人剧增到 1937 年的 178000 人。[4] 增幅接近翻倍，这在很大程度上是由于禁酒时代美国人的嗜酒需求。[5] 然而，在禁酒令取消之后，游客数量并没有减少。1957 年，游客数量激增到 356000 人。很多人欣然前往是因为在度假的同时可以不受任何限制。在这里，赌博、狂饮、男欢女爱、大海均可以尽情享受。

英国人也开始将这些热带殖民地中的某些地方看作理想的度假胜地——伊恩·弗莱明（Ian Fleming），这位塑造了詹姆斯·邦德的作家在牙买加拥有名为"黄金眼（Goldeneye）"的宅邸。在格林纳丁斯属于个人所有的马斯蒂克岛（island of Mustique）上，玛格丽特公主（Princess Margaret）让人给她拍了照片。这个岛屿的所有者是科林·坦南特（Colin Tennant）。1958 年，他花了 45000 英镑买下这个岛屿。现在，一些岛屿仍在向外出售——理查德·布兰森（Richard Branson）最近买下了英属维尔京群岛的内克岛（Necker Island）。整个岛屿都向外出租，起价是每晚 42000 美元。最早，前往加勒比海度假仅限于富裕阶层。第二次世界大战之后，情况有了变化。随着乘机出行人数和个人收入的大幅增加，更多游客前往那里度假。这些度假区想方设法为他们提供富人和名流能够在岛上享受的一切奢华。全包住宿意味着游客来到这里不需要再付任何费用，饮食、酒水、游玩都已安排好，费用也都提前支付。1960 年代，英国海外航空公司 / 英属西印度航空公司（BOAC/BWIA）制作的一部宣传片《飞游加勒比》（*Flying Visit to the Caribbean*），极力劝说人们从空中重复"哥伦布当年的路线"，还说这是"前往加勒比的时髦方式"，接下来，镜头切换到一个头戴草帽的打鼓男子，随后一个非洲人随着鼓点跳起舞来。解说员随后告诉人们，这个岛屿虽然临近南美大陆，但"它的传统与大陆相隔几个世纪"。你将目睹海滩和快乐的"当地人"，艳丽的色彩让你目不暇接。在这些广告里，岛上的居民都是黑皮肤的渔民或农业劳动者、舞者以及宾馆服务员——在介绍特立尼达时并未出现印第安人——白人游客在海滩上、小船里嬉戏，或在水里游泳。除了布里奇顿篮子商贩的一个镜头外，关于城市生活的镜头很少。相反，这个片子主要聚焦在棕榈树和沙滩上。这一时期，到处是这种吸引人们到岛上旅游的宣传资料，令人们形成了对这些岛屿的刻板印象，岛上居民成了漫画中的西印度群岛人。

与此同时，邮轮旅游也在蓬勃发展。最初的邮轮旅游没有现在的超级邮轮那么舒服——1890年代时，人们搭乘香蕉船出海旅游。[6] 香蕉船将客人从菲律宾、巴尔的摩和纽约送往牙买加北部海岸的波特兰区。香蕉船由此增加的费用几乎没有。游客上岛之后，刺激了对旅店和餐厅的需求。随着海上客运的发展，游船越来越大，而且提供了卧铺，这样游客可以游览更多的地方，但同时再次减少了当地人赚钱的机会。乘坐大船进入港口并无助于游客减少对这些岛屿的刻板印象，因为港口已经成了卖篮子的商贩聚集地，很多地方的居民别无选择，只好去市场中卖篮子。

*

很多加勒比地区的作家表达了对大众旅游业的深切不安。V. S. 奈保尔就是其中之一，他称其为"新型的奴隶制"。在讲英语的岛屿上，现实中的旅游业意味着黑人用一种过去的、难以令人忘记的、让人不舒服的方式伺候白人。在1979年的一次演讲中，格林纳达的前任总理莫里斯·毕夏普直言不讳地说："我们一定要面对这一事实：在先前的岁月里——在某种程度上甚至今天也是如此——大多数来我们国家旅游的人碰巧是白人。对于今天我们小心翼翼讲述的，刚刚走出的那段白人事事优越、黑人事事低下的，种族殖民历史的加勒比地区，白人与特权之间的明显联系是一个严峻的问题。"[7]

菲德尔·卡斯特罗反对发展旅游业。1950年代，古巴旅游业的发展曾让他深受其害。1977年，他在一次记者招待会上讲到，革命的古巴不想要游客进来："在革命之前，我们不仅向美国输出食糖。没错，还有旅游业，很多情况下是以赌场和皮肉生意为主的旅游业。我们不想要那种旅游业。我们不接受它。"[8] 然而，随着苏联的解体，他的态度也不得不缓和下来：虽然古巴仍然没有赌场，但是岛屿北部有大型的全包式度假中心，那里到处是购买了全套服务的来自寒冷地区的度假客。不过，也许古巴对游客的反感过于明显，因为它的"重复旅游"比例很低，这意味着数千游客根本不愿意再去。[9]

不是所有人都反对旅游业——在农业衰退和民众纷纷移民的情况下，旅游业可以为本地人提供就业机会。实际上，在岛屿争取独立期间，旅游业被宣传成"走向现代化"的一种途径。世界银行（World Bank）和其他国际贷款机构出资帮助这些岛屿建造酒店和度假区。这些计划并非这些金融机构强加给西印度群岛的——西印度群岛委员会（West Indian Commission）也支持这些方案。[10] 在旅游方面，岛屿间的发展并不平衡。拥有数百英里海滩的牙买加，比遍布丘陵、极少海滩的多米尼克能为开发商提供更多的平台。多米尼克《星报》上的一首讽刺诗（当时编辑这首诗的是菲利斯·尚德·奥尔弗里）对旅游局提出的发展旅游可以赚大钱的承诺作了辛辣的讽刺。

> 谁说旅游局干得挺好？
> 他们游山逛水什么也没做到，
> 他们承诺游玩"灰姑娘般的岛屿——希斯罗鹦鹉的国度，"①
> 也许多米尼克的太阳不吉利，
> 紧急状态也于事无补……
> 宣传口号那么糟糕，
> 人们都以为是多米尼加共和国！ [11]

后来，岛上发生的一系列事件让多米尼克的旅游业进一步遭受重创。1974 年 3 月，一位美国游客腹部中弹，伤势严重，同一天晚上，在马里戈特（Marigot）附近扎营的 4 名美国人受到攻击，一个人被刀扎

---

① "Sisserou parrot" 即帝王亚马孙鹦鹉。

伤。据说，参加狂欢节的游客被投掷石子。[12]那年11月，两个从寒冷的北部退休后移居到温暖的卡斯湖（Pond Cassé）的加拿大老两口最后一次购物回到家里后，被双双谋杀，他们的房子被凶犯付之一炬。[13]两年之前，即1972年，6个持枪的黑人攻击了圣克罗伊岛上芳泉谷高尔夫球场（Fountain Valley Golf Course）会所里的客人，抢劫了16个人的钱财，打死了8个人。[14]然而，这些事件的影响只局限于多米尼克，根本没有阻碍加勒比地区旅游业的发展。针对游客的犯罪事件继续在加勒比地区的岛屿上发生，但发生率很低。实际上，2012年时，海地还被称为美国最为安全的旅游目的地之一。该岛每年因暴力事件死亡的比例为每10万人6.9人，和加利福尼亚的长滩（Long Beach）处于同一水平。[15]

旅游业是世界上最大的产业之一。到20世纪末，这个产业创造了340亿美元产值。[16]2000年，加勒比地区的份额大约只占2.5%，虽然绝对数字很小，但是对于这些岛屿来说已经相当可观。2012年，这些岛上大约有1800万观光客，还有1700万人预订前往。[17]对于一个人口达4000万的地区来说，这些数字已经很不简单。很多岛上的游客数量远远超过常住人口：在巴哈马，居民有320000多人，而游客却达到140万人，在邮轮上停靠港口的游客也超过400万人。在过去的几年里，经济衰退对旅游业的影响微乎其微——据说，2012年前往该岛旅游的游客达到3500万人，比2011年增加了5%，消费额达到270亿美元。[18]西印度群岛的大多数游客来自美国和加拿大，也有相当一部分来自欧洲。例如，2002年，在前往加勒比地区观光的450万欧洲人中，150万来自法国，100万来自英国，32万来自西班牙，24.4万来自荷兰。然而，相比较而言，每年仅来自纽约的游客就超过了100万人。每年，来自国外的游客在1000万人左右。

虽然游客的地域来源差异很大，但很多游客具有共同点。最突出的是，他们相对富裕，具备到这些岛上度假的经济能力。而古巴是唯一一个有着大量价格适中的"住宿和早餐（B&B）"服务的岛屿。很多岛屿的酒店费用超过了每晚100美元。其他地方，比如泰国广泛存在的背包客文化，在这里极为罕见。高昂的酒店费用让年轻人望而却步，他们的父母却可能乘船兜风或下榻岛上观光。很多当地人在度假中心打工，不过，这些度假中心往往为外国公司所有，赚得的利润并不留在岛上。对于自由行游客，基础设施很不健全——欧洲那样的青年旅社几乎看不到，糟糕的公共交通让人们的出行很困难。要飞往相邻的岛屿，不得不绕很远的距离。比如"背风群岛航空运输公司（Leeward Islands Air Transit, LIAT）"（本地人戏称为"行李在另一个航站楼"）的航班飞往小安的列斯群岛各处，但不飞往古巴。牙买加和特立尼达岛之间飞行的加勒比航空公司（Caribbean Airways）也是如此。古巴航空公司（Cubana）不在这些岛屿起落。法属岛屿只提供有限的航班，在这些岛屿之间，需乘坐"背风群岛航空运输公司"飞机中转。欧洲的航空公司倾向于先前的殖民地。比如，英国航空公司（British Airways）飞往牙买加和巴巴多斯，而荷兰皇家航空公司（KLM）则飞往苏里南和库拉索。法国航空公司（Air France）飞往马提尼克岛。之前，伊比利亚航空公司曾有过飞往古巴的航班。美国航空公司有定期航班飞往重要的度假目的地，如多米尼加共和国和牙买加，同时它也表示愿意提供更多飞往古巴的专用包机服务。至于海上路线，其覆盖面不广，或者说不成体系，只有两艘公共渡轮：一艘往返于多米尼加共和国和波多黎各，另一艘的航线是瓜德罗普岛—多米尼克岛—马提尼克岛。缺乏组织协调的运输阻碍了游客探访这个地区的各个角落，也影响中途换乘。这让游客感到十分麻烦，只好更多地待在一个地方。这同时也在某种程度上体现了殖民时代根深蒂固的语言和文化差异。

中美洲已经成为一个更受欢迎的经济型旅游目的地。住宿和饮食都便宜得多，而且还有方便的区域公交网络。虽然个别岛屿的旅游局可能会感慨缺少喜欢低成本旅游的学生，但它们指的是前往加勒比地区旅游的与富有的成年游客相类似的青年游客。除了从事旅游行业的本地人，当地人和游客之间没有更深入的接触。不过，高端体验的趋势仍在继续。豪华旅游可以带来利润，甚至有时候到了荒谬的地步。2012 年，最佳西方（Best Western）连锁酒店宣布计划在太子港郊区的佩蒂翁维尔建立一家"高档"酒店，设有 105 个房间和一个温泉浴场。佩蒂翁维尔是海地首都消费最高且外国人集中办公的地方。万豪国际也在这里开了一家酒店。精品酒店凯莱布（Karibé）也计划在这里扩张。此外，还有皇室绿洲（Royal Oasis），这是一家五星级宾馆，配有 128 个房间，五星级餐厅和酒吧，以及商店。世界银行向这里投资 750 万美元，克林顿—布什海地基金会（Clinton Bush Haiti Fund）也投资了 200 万美元。记者埃米·威伦茨（Amy Wilentz）指出，"不像数十个其他住房和学校建设项目，皇室绿洲是海地震后开花结果为数很少的项目之一"。要知道，当时超过 300000 人依然住在震后的棚屋里。[19]

/ 344

海地的情况很极端，高档酒店往往是税收优惠政策下利润丰厚的协议产生的结果，邮轮观光港口和全包式度假中心产生的收入一般不会进入当地人的腰包。例如牙买加，大型度假中心十分集中，世界银行估计，当地旅游业赚取的 80% 的收入没有留存岛上。[20] 其他岛屿，如多米尼克，开始采取一条不同的路线。它们避开全包式文化，专注于岛上的自然资源：生态旅游。实际上，大型观光旅游的环境成本很高：食品往往依赖进口，饮用水也消耗殆尽。生态旅游至少可以尽量解决度假中心式文化带来的高消耗。然而，很多前往加勒比地区旅游的人不是为了体验那里曾经的贫困或气候变化，而是为了逃避现实生活中高企的压力。因此，棕榈树和沙滩成了天堂的代名词。一边是棕榈树加沙滩，一边是天堂，已成了最为摩登的等式。对于一个在不久之前还被欧洲人视为死亡陷阱的地区，这真是一种巨大的反转。

*

1970 年代，一些岛屿上经常流传着一句诗歌选句，"旅游业就是嫖娼业"。这是一种双关意味的讽刺——岛上的居民不想看到他们的国家被廉价出卖，也不想看到为满足肉欲而来的大批游客。但是，这已经成为岛上吸引国外游客的一部分，虽然这些岛屿情况不同，不能一概而论。数个世纪以来，很多人记叙了岛上居民"具有异国特点"的美。例如，莫罗·圣梅里在1789年写于法属圣多明各的一本书上，描写了这些穆拉托女性。

> 黑白混血的穆拉托女人整个身体就是为了肉体快乐而生，女神的那把火在她心里燃烧，直到最后熄灭……即使是最富激情的想象，也想象不到她尚未感觉过、预见过或体验的快乐。她一门心思想的是怎样迷住男人所有的感官，让他们欣喜若狂，忘乎所以，在他们失魂落魄时故作矜持。[21]

现在，这种异国情调还走向相反方向。女性和黑人男性手挽手走在多米尼加共和国的海滩上，而在其他地方，中年欧洲或美洲男性为年龄小得可以当他们女儿的多米尼加女性或海地女性买饮料，享受短暂的假日浪漫。对于很多当地男女来说，这提供了一种过得去的生活方式，如果不是冲着前往欧洲和美国的船票或机票的话。不过，在多米尼加共和国，这是一个灰色区域。多米尼加共和国是加勒比地区最受游客青睐的国家，每年到访的游客达460万人。据估计，这个国家从事性交易的女性在60000~100000人之间。[22] 然而，这里的卖淫行为在法律监管上仍是一个空白——既不被宽恕和制约，也不属于违法。它让女性处于不利地位，但法律并不会找她们的麻烦。

其他岛屿更为实际。荷属安的列斯群岛遵循荷兰法律的精神，允许受监管的、合法的卖淫和管理来监督这些女性的安全和健康。荷属圣马丁和库拉索有合法的妓院。前者叫"海员俱乐部（Seaman's Club）"，后者叫"快乐营（Campo Alegre）"。政府允许这种场所存在，因为有了这种机构，妓女就不会跑到街头拉客。然而，除了以上两家妓院之外，进行性交易的地方还有脱衣舞酒吧等其他地方。鉴于性交易的性质，这里还存在很多问题，尤其是人口买卖。如果女性非法入境——据说很多没有正式身份的哥伦比亚人和委内瑞拉人在从事这个行业——那么，她们就无法被纳入监管，不能得到保护，因此会面临更大的风险。而且，这些岛上仍然存在着传统的卖淫模式。在这种模式下，卖淫女被控制在皮条客手中。

在古巴，虽然卖淫是非法的，但是"jineterismo"很普遍。这个词来源于"jinete"，意思是"骑师"。但是，它在这里指的是与岛上的游客形成某种关系，能从对方那里得到所需东西的男性或女性。有时候是岛上的男性娶了女游客，然后随对方一起离开岛屿，有时候是岛上的女性从与游客的性交易中赚钱。最简单的情况是，向游客提供"导游"服务，换取小费和免费午餐。并不是所有前来寻求两性欢愉的游客都是来岛上物色年轻女性的男性，也有去岛上寻找年轻情人的女性。在她们不在岛上期间，这些有钱的游客还为她们在岛上的情人提供资金支持。电影《南方失乐园》（*Heading South*）很好地表现了这种关系。在这部电影中，夏洛特·兰普林（Charlotte Rampling）扮演的新英格兰教师每年都要前往当时局势还算稳定的海地，直到政坛的变化结束了这一激情之旅。古巴旅游业中还有同性恋性交易，但是不管是否在那个岛上，加勒比地区对同性恋无处不在的憎恶让相关的示爱行为变得极具风险。

*

旅游业的浮华外表褪去之后，人们才发现，将西印度群岛的任何地方看作"天堂"几乎是一种一厢情愿。周围的现实无法触动那些在岛上来来去去的大批游客，因为度假中心和邮轮旅游拥有那些让人感觉良好的泡沫。当然，不是每位游客都是这样。在某种程度上，责任在于每个国家自身：他们想要向外界传递一种什么样的形象？ 2013 年美国超级碗橄榄球大赛上的大众汽车广告引发了一场争执。在广告中，一个相貌普通的白人张口说了一句典型的牙买加英语 "Hey, Mon"。广告画面中还有他驾驶的那辆很酷的休闲车能够展现出来的休闲。有的牙买加人觉得这有趣，有的人不由得感叹这种老套的陈词滥调。

　　旅游业的兴起让很多岛屿面临棘手形势。为了做它们觉得能赚钱的事情，它们不得不——往往是在国际压力之下——强化长期的类似 "Hey，Mon" 的牙买加形象。但是，当岛上的游客要求去见识 "真正的" 牙买加时——往往就会出现某种瘫痪。"真正的" 牙买加变成了留着长发绺，吸食大麻烟，而不是大多数人在办公室上班，支付很多电费，等搭公交车回家，用即时通信软件 Skype 与美国亲戚联系的地方。或者也变成了到处是雪茄、萨尔萨舞、"哈瓦那俱乐部（Havana Club）" 朗姆酒的古巴，在这里人们生活无忧，游客可以过来满足自己的情欲。这种包装甚至延伸到了人们的衣着：穿着短裤徜徉在这个岛屿各地街头的游客，对这种事实视而不见：很多西印度群岛人的穿着完全不是那种在海滩上的着装，而是鞋、长裤和长袖衬衣，每天忙于一成不变的工作和生活。实际上，在某些岛屿上，看到衣着暴露的女性，或者在公共场合穿着裤头背心的男性，当地人会蹙额摇头。毕竟，这里的居民不是在度假。生活对于他们来说，不是一场无休止的派对。安提瓜作家牙买加·金凯德（Jamaica Kincaid）在她 1988 年出版的回忆录《一个小地方》（*A Small Place*）中表达了这种隔膜。

　　　　为什么本地人不喜欢游客，可谓一言难尽。因为任何地方的本地人都是潜在的游客，而每个游客同时也是某个地方的本地人。任何地方的本地人都生活在一种无可奈何，让人无法反抗的单调、乏味、绝望和抑郁中……每个本地人都想逃开，每个本地人都想让自己歇一歇……然而，一部分本地人——在世界上占大多数——哪里也去不了。他们穷困不堪……他们太穷了，根本无法逃避现实的生活……因为贫困，他们也无法在当地获得体面的生活。而他们的当地，正是你，作为一个游客想要去的地方，因此，当那些本地人看到你这位游客时，他们会心生嫉妒，嫉妒你可以将单调、乏味抛在脑后。[23]

西印度群岛，我们今天了解的西印度群岛，最初在欧洲人脑海中完全是另外一种情况，人们最初以为那里拥有东方的财富，城里遍地黄金。欧洲人梦想的情景，对于被迫害的印第安人和被奴役的非洲人来说，是一场噩梦。然而，人们一直不了解这些岛屿目前的真实情况。与人们想了解真实情况的愿望相悖的是，这种错误认知一直在延续。现在，他们提供一种终极"体验"：对于一天被各种任务烦扰不堪，疲于应付的办公室职员来说，还有什么比一星期待在海滩上，远眺大海，端着啤酒更为轻松惬意？现在，属于自己的时间就是奢侈品，而不是蔗糖、咖啡、桃花心木、靛青染料等满足欧洲人变化无常口味的东西。现在，这些东西已经成了想当然之物——当然这些东西是有价格的，虽然它们的价格人们早已忘记。想要休息、喜爱大海、享受冰镇啤酒是没有错的，但加勒比地区往往是——虽然不是总是——有价格标签的，大多数游客不去看或看不到这个标签。和蔗糖一样，某个地方的某个人支付了这一价格。没错，这些岛屿上目前存在的一些问题都可以归咎于政府的短视、企业的贪婪、国际组织的强大压力，不过旅游业的兴起、对天堂假象的竭力维持由来已久。没有其他原因。事情往往就是这样。

1992年，获得诺贝尔奖的圣卢西亚诗人德里克·沃尔科特（Derek Walcott）在他的获奖感言中讲述了游客的热情。

人们可能喜欢被隐藏起来的东西。游客不可能真正喜欢上什么，因为喜欢是停滞的，而旅行是动态的。如果他喜欢上了某个风景中的某个地方而在那里安顿下来，那么他就不再是一个游客，他就处于停滞和专注的状态，成了喜欢地球某个地方的人，成了一个本地人。因此，很多人说他们"热爱加勒比地区"，意思是打算有朝一日再回去看看，但不会长期住在那里，这是游客常见的善意的侮慢。这些游客最多也就是像这样光顾那些地方，走马观花地看看那些岛屿，繁盛的植物，它的落后与贫穷……对于游客来说，他们想要在这里找寻的地上天堂到底是什么样？连续两个星期不下雨，人们被晒成桃花心木的那种褐色；日落时，当地戴着草帽，身穿花卉图案衬衫的民谣歌手没完没了地唱着《小黄鸟》（Yellow Bird）和《香蕉船歌》（Banana Boat Song）。一个地方比这里还要广阔——比岛屿地图绘出的界线还要广阔——这就是无边无际的大海和关于大海的记忆。所有的安的列斯群岛、每个岛屿的特点都会被淡忘；每个人，以及每一个人种的传记到了后来就是记忆的缺失和遗忘的迷雾。但是，事后脑中乍现的火花就像穿透迷雾的斑驳阳光或突然出现的彩虹（arcs-en-ciel），让我们顿悟曾经的过去。[24]

/ 348

从海地北部岸边的拉巴第村（village of Labadie）远眺，那艘停靠在很远的海湾港口的皇家加勒比公司（Royal Caribbean）远洋邮轮矗立在地平线上，让港口的那些小渔船相形见绌。邮轮上设有空调、卫星电视、餐厅、酒吧和可容纳5000名乘客的客房，这与岸上村子里那些用煤渣砌块建成的，大多数不能提供稳定供电的房子不可同日而语。虽然村里的人很穷，却被蔚蓝的海水、碧绿的山丘组成的美景环绕。一般来说，从海上进入这个村子要容易得多，因为从省会海地角通往这个村子的那条山路崎岖不平，需要一个小时才能抵达。一路颠簸会让人感觉路要比实际长很多。这条路的尽头即是海边，码头的小船会直接将乘客送到村子里。游客花费数千美元来这里是为了放松，不一定愿意看到海地糟糕的基础设施，因此，皇家加勒比公司决定不如建一个自己版本的拉巴第村。

1980年代，皇家加勒比公司在这个村庄附近租了一小片风光秀美、安闲静谧的场所。公司在这片地周围圈起了篱笆，盖上房屋，安装了它所说的"美洲最长的空中滑索"。通过滑索，游客"以每小时40~50英里的速度向下滑，可以充分领略壮观的美景"。这不是真正的拉巴第村——真正的拉巴第村位于海湾的尽头——而是根据设计师和旅游局想象的加勒比地区应有的样子建造出来的赝品。实际上，过去曾有人批评这家邮轮公司在岛屿的动荡时期在宣传手册里使用"伊斯帕尼奥拉岛"这个名称——虽然现在看来，那些邮轮在当时将一批批游客送到了海地。就在那些邮轮在"拉巴第村"岸边游弋之际，真正的拉巴第村的孩子们却没有长裤穿，他们游荡在村子里，用字正腔圆的美国腔跟游人说"给我一美元（Gimme a dollar）"。皇家加勒比公司的东西扔得到处都是：塑料杯子、T恤衫、棒球帽，那些来跟游客找活干的当地人将它们拿回了家里。

皇家加勒比公司还租下了附近的一个海湾，在那里建造了"天堂海滩（Paradise Beach）"。很快，他们用小船将游客带到这个多沙的海湾，这里有清亮的海水和接近白色的沙滩。这里还有晒太阳用的躺椅和售卖冷饮的吧台。对于那些精力旺盛的游客，这里还有一条小路，可以让你略微领略当地的动植物。这与海地角或太子港那些漂满垃圾的海湾不可同日而语，有如天堂。

然而，天堂只有很少的人能够涉足。这个村子的主要区域被篱笆围了起来。每逢船只进港，公司雇用的当地保安就会在这个区域巡逻。"天堂海滩"只有乘船才可以进入。游客停留期间，几百个经过批准的海地人可以在这里出售手工艺品。"皇家加勒比"和其他支持这种开发区的人认为，有总比什么也没有强，尤其是他们每年向海地政府缴纳数以百万计的税金。他们认为自己给当地作出了贡献。如果没有这个开发区，村子就会非常糟糕。很自然的，一些村民也因为有了工作而心怀感激。即便他们不喜欢那个工作也不愿说出来。当每天晚上皇家加勒比公司港口的绿灯在闪烁时，很难知道那些眺望海湾对面的海地拉巴第村村民，对于每年来岛上这片地方旅游，待在篱笆里的大约600000名游客，会做些什么感想。

/ 结 语

傍晚天即将黑下来时，我听到一阵鼓号声从古巴西恩富戈斯（Cienfuegos）另一端的何塞马蒂广场（Plaza José Martí）传来。这种黄昏很容易让我想到加勒比地区。柔和的、逐渐暗下来的光线与微风，沿着海边在陈旧的广场和海关大楼周围散布。我在广场上驻足休息，坐在长椅上看着眼前的人来人往。这时候，音乐响起。我蹚过去想一探究竟。在沿着广场人行道摆着的一行长椅旁边，有一群音乐人：一群男性，有年轻的，也有上年纪的，身边是各种各样的鼓、一个磕碰严重的长号、一个看上去由两个倒置的煎锅组成的乐器，甚至还有一个通常系在牛脖子上的铃铛。我开始调整随身带着的相机的焦距，想趁着光线还算可以，拍一张照片。然而就在这时，他们开始饱含激情地演奏起来。我将手中的相机放下，没有拍摄。他们用那些鼓、号、生锈的铁锅敲打出震耳欲聋的声音，不过节奏响在一处。这还真像回事。暴风雨般的，互不搭界的声音被一种节奏感驾驭着，将各种音符融合在一起。十几岁的少男少女围绕着这些音乐人翩翩起舞。后来得知，他们是在为即将举行的表演彩排。这是一个颇为壮观的景象。观察当时纷纷聚拢过来的本地人和游客，我不是唯一感到惊诧的人。因为身边没有音乐理论家和文化人类学家，我只好根据直觉判断，这种鼓乐和舞蹈可能来自非裔古巴人的传统。指导老师拍手给那些在广场上迈着轻盈舞步的年轻人打拍子。他们时而摇摆、时而旋转、时而有节奏地喊口号。虽然这已经构成了一道漂亮的风景，然而让人驻足不前的还有一个原因——这些少男少女穿的衣服从很浅的橄榄色逐渐过渡到深褐色。这些音乐人穿的也是这种颜色逐渐过渡的衣装。眼前的舞蹈和音乐好像在说，岛上的非裔古巴人传统是每个人生活的一部分。人们在微笑，人群在鼓掌喝彩。人们很容易再次将发现这种意外的幸运时刻理想化。这是真正的，还是我内心希望看到的古巴？

在过去的大约二十年里，有人用文化研究和历史领域的诸多新理论，用不同方法来阐述加勒比地区的特点。历史学家 B. W. 希格曼（B. W. Higman）认为，最重要的两个方法是奴隶社会视角和克里奥尔人视角。这两者之间的差别相当大。很多社会，比如罗马社会，可以被看作是古代的奴隶社会，然而克里奥尔人视角是加勒比地区特有的。希格曼认为，这种模式"强调各民族间的互动，以及存在于种植园奴隶制的残暴和剥削中的创造力"。[1] 这是一种乐观的概括，不一定所有人都会接受。然而，坐在古巴的这个广场上，距离奴隶制结束已有 100 多年，自古巴革命以后也有超过 50 年，我感到自己正看着这种理论的移动，拥有各种背景的人在这个让他们遭受太多苦难的、克里奥尔化的社会里讨生活。

*

1962 年，V. S. 奈保尔在他的加勒比地区游记《中途航线》（*The Middle Passage*）中提出了那个有名的让人们极为反感的观点，即"历史的中心是成就和创造，而西印度群岛什么也没有创造出来"。[2] 不过，不管他的原意如何——可能是反讽，也可能是认真的——人们对他的这句话认了真，认为这是对他们的冒犯。然而，在旅游业背景下，也许他是对的。维尔京海滩是一个保持着"原始美"的天堂。人们很容易认为西印度群岛是一个没有任何历史的群岛。有了这种想法，你就不会去认真思考为什么那里有贫穷和不平等，而只去憧憬永远在微风中摇曳的棕榈树，随时会有人给你的酒杯里续上朗姆潘趣酒（rum punch）。然而，在我们的后殖民时代、后现代社会里，这种想法早已过时。历史是什么？这个问题已经被剖析鉴别了 50 年。在这期间，有关西印度群岛历史的研究已经初具规模，研究范围正在从有关最早期居民的考古学延伸到 21 世纪"舞厅音乐（dancehall）"的音乐学。实际上，这看起来与奈保尔的看法正好相反：西印度群岛创造了一切。今天的欧洲，它的经济基础来自于数千英里之外的奴隶辛苦劳动创造的蔗糖利润和相关工厂。欧洲倡导的真正的平等理念来自 1794 年的法属圣多明各。甚至在"全球化"这个词语出现的数百年前，随着来来往往的船只将人和货物载向四面八方，这里实际上就已经出现了全球化和人口大迁徙。这一切都可以包含在加勒比地区。"这是安的列斯群岛体验的基础，这些遇难船的碎片、这些回声、这些丰富的部落词汇的碎片、这些残存于人们记忆中的风俗，不但没有腐败，反而更为坚实，"德里克·沃尔科特写道，"它们经历了中途航线、真主胜利号，后者就是将第一批签订了劳役契约的印度劳工从马德拉斯港运到费利西蒂（Felicity）的甘蔗地，将戴着镣铐的克伦威尔时代的英国犯人和被西班牙王室迫害的犹太人、开小商铺的中国人、骑着自行车卖布料样品的黎巴嫩人运到加勒比地区的那艘船。"[3]

即使是天堂，前方的道路也并非一帆风顺。所有岛屿都面临着大量有关未来走向的棘手问题：生态、移民、贫困和政治动荡等。当然，这些责任不应该都由加勒比地区承担。在写作本书之际，很多的欧洲经济体正在发生危机，美国则处于衰退中，中国正面临着前所未有的环境问题。不管是强国还是弱国，都存在着巨大的不确定性。哪个国家是这个世界上的"超级大国"——美国还是中国？那些正在崛起的国家，比如印度或巴西的发展前景如何？很难确切知道，接下来哪个国家将充当这个世界的领袖，哪个国家将控制全球资源或发动战争。不管力量的轴心在可预测的未来向谁倾斜，加勒比地区仍将是这个世界的中心，处于连接世界各地的十字路口，一如过去的 500 多年。

1492~1600 年

1492	哥伦布第一次远航（1492~1493），登上加勒比海岛屿
1493	哥伦布第二次远航（1493~1496）
1494	《托尔德西里亚斯条约》划分了西班牙和葡萄牙在"新世界"的势力范围
1497	约翰·卡博特发现了布里斯托尔与纽芬兰之间的水道
1498	瓦斯科·达·伽马开辟了前往印度的航线；哥伦布开始了第三次远航（1498~1500）
1502	巴托洛梅·德·拉斯·卡萨斯抵达伊斯帕尼奥拉岛；哥伦布开始进行第四次，也是最后一次远航（1502~1504）
1506	哥伦布在西班牙去世
1508	殖民者在波多黎各建立定居点
1509	殖民者在牙买加建立定居点
1511	殖民者在古巴建立定居点
1518	第一艘官方批准的载着非洲奴隶的运奴船驶往伊斯帕尼奥拉岛
1586	英格兰私掠者弗朗西斯·德雷克袭击西属圣多明各、卡塔赫纳及佛罗里达的圣奥古斯丁

1600~1699 年

1609	格劳秀斯发表《海洋自由论》
1612	荷兰人在托尔托拉岛建立定居点
1623	英格兰人开始殖民圣基茨岛
1625~1627	法兰西与英格兰瓜分圣基茨岛
1627	英格兰在巴巴多斯岛建立殖民地

1628	英格兰宣称尼维斯岛为英格兰领地
1629	英格兰普罗维登斯岛公司抵达加勒比地区，开始建立殖民地
1632	英格兰宣称安提瓜岛和蒙特塞拉特岛为英格兰领地
1634~1636	荷兰宣称库拉索、阿鲁巴和博奈尔三座岛屿是荷兰领地
1635	法国宣称瓜德罗普岛、马提尼克岛是法国领地
1646	西班牙摧毁了荷兰在托尔托拉岛建立的定居点
1648	法国宣称圣巴泰勒米岛是法国领地；法国和荷兰瓜分圣马丁岛；荷兰宣称圣尤斯特歇斯岛是荷兰领地；《威斯特伐利亚和约》终结了欧洲的"三十年战争"
1649	法国宣称格林纳达岛是法国领地
1650	英格兰宣称安圭拉岛是英格兰领地；法国人开始殖民圣卢西亚岛
1651	英格兰联邦颁布《航海法》
1655	英格兰的奥利弗·克伦威尔出兵圣多明各失败，但占据了牙买加岛
1668~1669	亨利·摩根袭击古巴、巴拿马和委内瑞拉
1671	摩根劫掠巴拿马城；英格兰和西班牙签订的《马德里条约》承认英格兰在加勒比地区的领地
1672	英格兰控制了维尔京群岛（托尔托拉岛、约斯特范代克岛）；丹麦人开始殖民圣托马斯岛
1692	大地震摧毁了牙买加的罗亚尔港
1697	《里斯威克条约》将伊斯帕尼奥拉岛西部三分之一的土地割让给法国，称为"法属圣多明各（Saint-Domingue）"

1700~1799 年

1733	丹属圣约翰岛（于1710年开始殖民）发生长达6个月的奴隶暴动；英属殖民地实施《糖蜜法案》

1739	"詹金斯的耳朵战争"爆发
1754	北美爆发"英法北美战争"
1756	法国和英国宣布开战,"七年战争"爆发
1760	牙买加爆发"塔基起义"
1763	"七年战争"结束;伯比斯(圭亚那)爆发奴隶起义
1764	英国颁布《蔗糖法案》
1772	英国作出"萨默塞特裁定"
1773	波士顿倾茶事件
1776~1783	美国独立战争
1784	詹姆斯·拉姆塞发表《论英属蔗糖殖民地非洲奴隶的待遇与改宗》
1787	废除奴隶贸易促进会在英国建立
1788	"黑人之友协会"在法国建立
1789	法国大革命开始;奥拉达·艾奎亚诺出版自传
1791	法属圣多明各的布瓦卡伊曼举行的伏都教仪式引发了奴隶暴动
1792	丹麦宣布计划在十年内取消奴隶贸易
1793	英国派军队前往法属圣多明各
1794	法国废除奴隶制
1795	《巴塞尔条约》将伊斯帕尼奥拉岛东部的西属领地割让给法国

1800~1899 年

1802	法国军队抵达法属圣多明各,准备从杜桑·卢维杜尔手中夺取控制权;法国殖民地恢复奴隶制
1803	杜桑·卢维杜尔死于法国;法国军队向让－雅克·德萨林的军队投降
1804	海地共和国建立

1807	《废除奴隶贸易法案》终结了英国商人的奴隶贸易；美国也禁止了奴隶输入
1833	英国通过《废奴法案》，不过设置了截至 1838 年的"学徒期"，黑奴此后才能获得全面自由
1847	丹麦和瑞典所属岛屿废除了奴隶制
1848	法国在其所有殖民地废除了奴隶制
1851	哥伦比亚废除了奴隶制
1854	委内瑞拉废除了奴隶制
1861~1865	美国内战爆发；战后奴隶制被废除
1863	荷兰宣布奴隶制为非法
1867	古巴结束了奴隶贸易
1868	波多黎各的拉尔斯发生暴动；古巴的亚拉发生暴动，随后演变成追求独立的战争（十年战争）
1886	古巴终止了奴隶制
1888	巴西成为整个美洲最后一个废除奴隶制的国家
1895	2 月，古巴独立战争开始；5 月，何塞·马蒂战死
1898	2 月 15 日，停泊在哈瓦那港口的美国军舰"缅因号"爆炸；7 月，战争结束，美国控制了波多黎各和菲律宾，古巴获得了受美国限制的名义上的独立

1900~1999 年

1902	马提尼克岛培雷火山喷发，毁掉了首府圣皮埃尔；圣文森特岛苏弗里耶尔火山喷发
1912	活动于古巴西部的古巴第一个黑人政党"有色人种独立党"被暴力镇压
1914	马库斯·加维在牙买加建立全球黑人进步协会（UNIA）；巴拿马运河投入使用

1915	"一战"中，英国西印度兵团建立；美国海军陆战队占领海地
1916	美国海军陆战队占领多米尼加共和国
1930~1939	加勒比地区的罢工和劳工运动此起彼伏
1937	10 月，大约 25000 名海地人在多米尼加共和国被屠杀
1938	英国王室西印度群岛调查委员会建立，调查英属岛屿民众的生活状况
1939~1945	第二次世界大战
1957	绰号"医生老爹"的弗朗索瓦·杜瓦利埃掌握海地政权
1958	西印度群岛联邦建立，由 10 个英属西印度领地组成
1959	菲德尔·卡斯特罗掌握古巴政权
1961	古巴发生"猪湾事件"
1962	古巴导弹危机；5 月，西印度群岛联邦解散；8 月，牙买加和特立尼达岛独立
1964	英国调整选举制度后，福布斯·伯纳姆当选英属圭亚那总理
1966	英属圭亚那独立；巴巴多斯独立
1973	巴哈马独立
1974	格林纳达独立
1978	多米尼克独立
1979	圣卢西亚、圣文森特和格林纳丁斯独立
1981	伯利兹独立
1983	圣基茨和尼维斯独立；美国对格林纳达实施"紧急狂暴行动"
1986	绰号"医生婴儿"的海地总统让－克劳德逃亡
1990	让－贝特朗·阿里斯蒂德当选海地总统，不过数月之后被政变推翻
1994	阿里斯蒂德获准回国复出，美国派军队到海地

1995　　　长期休眠的苏弗里耶尔火山再度活跃起来，蒙特塞拉特岛
　　　　　居民被迫离开岛屿

2000 年以后

2008　　　菲德尔·卡斯特罗将古巴总统职位交给弟弟劳尔·卡斯
　　　　　特罗
2010　　　大地震给海地造成巨大破坏
2013　　　劳尔·卡斯特罗宣布将于 2018 年辞去古巴总统职务

安圭拉　1650 年，附近圣基茨岛上的英国种植园主移居安圭拉岛。它最初作为背风群岛的一部分被纳入英国的殖民地管理体系。19 世纪，该岛由圣基茨管辖。1967 年，该岛与圣基茨和尼维斯合并为英国的联系邦。后来，该岛民众开始争取独立，这导致 1971 年它又被置于英国的直接管辖之下。今天，安圭拉岛是英国的海外领地。

安提瓜和巴布达　1493 年，克里斯托弗·哥伦布抵达安提瓜，但没有在该岛上殖民。直到 1632 年，英格兰人才开始殖民安提瓜岛。1678 年，英格兰人开始殖民巴布达岛。1685 年，巴布达岛被王室授予科德林顿家族（Codrington family）。19 世纪，该岛受安提瓜管辖。1981 年，这两个岛屿成为独立的国家"安提瓜和巴布达"。

阿鲁巴　起初，西班牙宣称拥有该岛。后来，荷兰人殖民阿鲁巴岛，并于 1636 年实施占领。今天，该岛屿是荷兰王国框架内的一个自治国，它于 1986 年取得这一地位。

巴哈马　据说克里斯托弗·哥伦布 1492 年第一次踏上美洲，登上的就是这个群岛中的圣萨尔瓦多岛。西班牙虽然宣称该岛屿归自己所有，却没有向这里殖民。1640 年代，英格兰开始向这个岛上殖民。1648 年，一批英格兰人移居该岛，在岛上开辟了种植园。1973 年之前，该岛屿一直处于英国的统治下。1973 年，巴哈马国（Commonwealth of the Bahamas）独立。

巴巴多斯　1625 年，英格兰人登上该岛屿进行考察。1627 年，第一批殖民者踏上该岛。英国人的统治一直持续到 1966 年。此后，巴巴多斯独立。

伯利兹　17世纪下半叶，英格兰私掠者、加勒比海盗以及伐木人在沿海地区定居下来。英国与首先宣称拥有这块领地的西班牙达成一致，但双方直到1763年才最后签署条约。1862年，这个地区被正式命名为"英属洪都拉斯"。1871年，它成为英国王室的殖民地。1981年，伯利兹独立。

伯比斯　参见"圭亚那"。

百慕大　虽然在地理上不属于加勒比地区，但它是美洲早期殖民历史的一部分。1609年，一批英格兰人被风暴吹偏航向，在这些岛屿上落脚。起初，这些殖民者称其为"萨默斯群岛"。从1684年开始，该群岛被纳入王室管辖，从此一直是英国的海外领地。

博奈尔　荷兰人于1636年前后殖民该岛。1954年，它成为"荷属安的列斯群岛自治领"的一部分。2010年，这一自治领解体。今天，博奈尔岛是荷兰的一个特别行政区。

英属圭亚那　参见"圭亚那"。

英属洪都拉斯　参见"伯利兹"。

英属维尔京群岛（托尔托拉岛、维尔京戈尔达岛、阿内加达岛、约斯特范代克岛）　荷兰人是托尔托拉岛上最早的殖民者，殖民时间大约起于1648年。1666年，该岛被英格兰占据。1672年，它成为英格兰背风群岛的一部分。在17世纪的后几十年里，英格兰人持续移居维尔京戈尔达岛、阿内加达岛和约斯特范代克岛。这些岛屿作为一个整体，处于英国的统一管辖之下。直到今天，它们仍是英国的海外领地。

开曼群岛（大开曼岛、小开曼岛、开曼布拉克岛） 据说它是哥伦布在加勒比地区看到的第一个群岛。1670 年，开曼群岛被割让给英格兰。生活在群岛上的人主要是私掠者和水手，也有少量种植园主。之前，该群岛归牙买加总督管辖。1962 年牙买加独立之后，该群岛重新由英国直接管辖。现在，它仍旧是英国的海外领地。

哥伦比亚 1525 年，西班牙人殖民加勒比海沿岸的圣玛尔塔。1533 年，西班牙人殖民卡塔赫纳，这个领地遂成为西班牙新格拉纳达总督辖区的一部分。独立之后，它与现在的巴拿马、委内瑞拉和厄瓜多尔被合称为大哥伦比亚（1819~1830）。缔造者是西蒙·玻利瓦尔。在联盟解体之后，哥伦比亚成为一个独立的共和国。

哥斯达黎加 哥伦布最后一次远航抵达了这里，但直到大约 1560 年代，西班牙人才开始殖民。这里由新西班牙总督管理。1821 年独立后，加入中美洲联合省。1838 年，哥斯达黎加脱离中美洲联合省独立。

古巴 1492 年，哥伦布抵达古巴。1511 年，西班牙人开始殖民。1762~1763 年，哈瓦那曾短暂地被英国控制。该岛屿后来一直受控于西班牙，虽然它在 1898 年美西战争爆发前多次争取独立。自美西战争结束到 1909 年，古巴曾两度被美国占领。美国对古巴的影响一直持续到 1959 年菲德尔·卡斯特罗领导的古巴革命。现在的古巴总统是菲德尔的弟弟劳尔·卡斯特罗。

库拉索 最初被西班牙宣称占有。1634 年前后，荷兰人开始殖民。1845 年，荷兰将该岛屿与其他几个荷属岛屿合在一起，称为"荷属安的列斯群岛"。2010 年，该自治领解体。现在，库拉索岛是荷兰王国框架内的一个自治国。

德默拉拉、伯比斯和埃塞奎博　参见"圭亚那"。

多米尼克　1630年代，最早的一批殖民者是法国人。根据1748年签订的《亚琛条约》，多米尼克作为中立领地由岛上的原住民自行管理，不过这没有阻止英国和法国的殖民者持续涌入。该岛屿多次在两个殖民强国之间转手，直到"七年战争"后的1763年，它被正式置于英国统治之下。1778年，法国再次占领该岛。1783年，英国夺回。此后，英国多次打退法军入侵。1978年，多米尼克岛取得完全独立。

多米尼加共和国　哥伦布在美洲的第一个定居点，当时被称为"圣多明各（Santo Domingo）"。1697年，根据《里斯威克条约》，该岛西部的三分之一土地被割让给法国，称为"法属圣多明各（Saint-Domingue）"。剩余的三分之二仍称圣多明各。此后多年，圣多明各一直处于西班牙的统治之下。1795年，该地区被割让给法国直到1809年。1822年，其被海地控制。1844年，它取得独立，成为多米尼加共和国。

埃塞奎博　参见"圭亚那"。

法属圭亚那　1620年，法国商人开始定居。不过到了1667年，这里才正式成为法国的官方领地。1946年，这里成为法国的海外省。1974年，进一步成为法国的海外大区。现在，它被称为"法属圭亚那海外省"。

大哥伦比亚　参见"哥伦比亚"。

格林纳达　最初被法国宣称为海外领地。1650 年代，法国人在圣乔治建立了一个定居点。1762 年，在"七年战争"期间，该岛屿被英国占领。第二年，又被割让给英国。1779 年，法国重新夺回格林纳达，不过到了 1783 年，它又重新回到英国手中。1974 年，格林纳达岛获得完全独立。

瓜德罗普　1493 年，哥伦布登上该岛。16 世纪初的几十年里，岛上原住民多次击退西班牙殖民者。然而 1620 年代，西班牙人设法在岛上建立了定居点，不久他们再次被赶走，这次赶走他们的是法国人。1674 年，该岛成为法国王室管辖的殖民地。1759 年，英国占领该岛，不过，该岛于 1763 年又回到法国手中。1794 年，英国再次入侵。1810 年，英国又一次占领该岛。1816 年，该岛再次回归法国。1946 年，瓜德罗普岛获得海外省地位。1974 年，成为法国的海外大区。今天，它被称为"瓜德罗普海外省"。

危地马拉　16 世纪时，西班牙人开始殖民。1821 年，危地马拉从西班牙统治下获得独立，加入中美洲联合省，直至 1838 年前后该联盟解体。此后，危地马拉获得独立。

圭亚那（Guiana）　参见"法属圭亚那"。

圭亚那（Guyana）　西班牙人最早发现这一地区，但最先殖民这里的是 16 世纪末的荷兰人。在 1792~1815 年欧洲战火纷飞的年代，这个殖民地多次在荷兰、英国、法国之间转手。然而 1814 年，英国购买了后来德默拉拉、伯比斯和埃塞奎博三个领地所在的区域。1831 年，这一地区被称为"英属圭亚那"。1966 年之前，它一直处于英国的管辖之下。之后，获得独立，改称"圭亚那"。

海地 最初是西属伊斯帕尼奥拉岛的一部分。1697 年，西班牙将岛屿西部三分之一大小的土地割让给法国，即"法属圣多明各"。1791 年，法属圣多明各爆发奴隶暴动。该暴动持续了 13 年，最终使这块殖民地和这块殖民地上的奴隶获得了自由。1804 年，海地共和国成立。

伊斯帕尼奥拉岛 西班牙的第一个殖民地。1697 年，岛屿西部成为"法属圣多明各"；1804 年独立，成立海地共和国。岛屿东部被称为"西属圣多明各"，1795~1809 年间处于法国管辖之下，1822~1844 年间被海地控制。1844 年，该地区脱离海地统治，取得独立，成立了多米尼加共和国。

洪都拉斯 16 世纪被西班牙占领，1821 年独立，加入中美洲联合省。1838 年，中美洲联合省解体，洪都拉斯独立。

牙买加 最初被西班牙人在 1509 年殖民。1655 年，被英国占领后割让给西班牙。牙买加是 1958 年建立的存在时间很短的西印度群岛联邦的创始成员，也是 1961 年第一个退出该联邦的成员。1962 年，牙买加独立。

马提尼克 1493 年，哥伦布发现该岛。1635 年，法国占领该岛。1674 年，该岛被置于法国王室的管辖之下。1762 年，英国占领该岛。第二年，马提尼克岛回到法国手中。1794 年，该岛再次落入英国手中，直到 1802 年。这种在英法之间转换的情况一直持续到 1809 年英国再次占领。1814 年，该岛再次回到法国手中。1946 年，它成为法国的一个海外省，1974 年成为海外大区。今天，它被称为"马提尼克海外省"。

约斯特范代克岛 参见"英属维尔京群岛"。

墨西哥 1518 年西班牙入侵墨西哥，1521 年被西班牙征服，最终成为新西班牙总督辖区。在 1821 年独立之前，墨西哥一直处于西班牙的统治之下。

蒙特塞拉特 1493 年，哥伦布发现这个岛屿。1632 年，圣基茨岛的爱尔兰天主教徒和英格兰殖民者占据该岛。1664 和 1667 年，法国两次占领这个岛屿。不过，该岛后来又回到英格兰手中。1782 年，法国再次占领该岛。第二年，法国将该岛归还英国。英国将该岛作为背风群岛的一部分进行管辖。后来，该岛加入存在时间很短的西印度群岛联邦。在联邦解体后，该岛民众没有选择独立。今天，它是英国的海外领地。

荷属安的列斯群岛自治领 这是一个解体于 2010 年的荷属加勒比海国家。它由阿鲁巴岛、博奈尔岛、库拉索岛、荷属圣马丁、萨巴岛和圣尤斯特歇斯岛组成。

尼加拉瓜 1524 年西班牙人殖民该岛。在 1821 年独立之前，它一直处于西班牙的控制之下。独立后加入了中美洲联合省。1838 年，尼加拉瓜退出中美洲联合省，取得完全独立。

巴拿马 1510 年，西班牙定居点建立。在 1821 年独立之前，这里一直是西班牙美洲领地的一部分。该年，巴拿马加入大哥伦比亚。大哥伦比亚解体之后，巴拿马成为哥伦比亚的一个省。在 20 世纪之交，美国打算继续 1880 年代法国人开启的挖掘工作，挖掘一条穿过巴拿马地峡的运河。哥伦比亚拒绝了美国的运河挖掘建议。1903 年，倾向独立的巴拿马人在美国的支持下脱离哥伦比亚，成立了独立的共和国，并允许美国推进运河修建计划。

波多黎各 于 1508 年被殖民。在 1898 年美西战争爆发前，它一直处于西班牙的管辖之下。战争爆发的同一年，被割让给美国。今天，该岛作为"波多黎各自由邦（Estado libre asociado de Puerto Rico）"一直处于美国的管辖之下。

萨巴 1632 年，荷兰人殖民萨巴岛，从此其长期处于荷兰的管辖之下。2010 年，"荷属安的列斯群岛自治领"解体之后，萨巴岛成为荷兰的一个特别行政区。

圣巴泰勒米 1648 年，法国人开始殖民。1784 年，该岛屿被卖给瑞典。将近一个世纪后，1877 年，该岛屿回到法国手中。起初，该岛被置于瓜德罗普岛管辖之下。2007 年，它成为法国的一个海外领地。

圣克罗伊岛 参见"美属维尔京群岛"。

法属圣多明各 参见"海地"。

圣尤斯特歇斯 英格兰人最早在这里殖民。1632 年，荷兰人控制了圣尤斯特歇斯。17 世纪时，该岛屿持续转手。1781 年，英国占领该岛，后来又回到荷兰手中。该岛屿是"荷属安的列斯群岛自治领"的一部分。2010 年，它成为荷兰的一个特别行政区。

圣约翰岛 参见"美属维尔京群岛"。

圣基茨和尼维斯 被哥伦布命名为"圣克里斯托弗"。1623 年，英格兰人殖民这里之后，将其简化为"圣基茨"。岛上既有英格兰人也有法兰西人，双方经常发生战斗。法国人后来被赶出该岛。1713 年，《乌得勒支条约》将圣基茨割让给英国。1782~1783 年，法国短暂地占领了该岛。尼维斯最早的殖民者是 1628 年上岛的英格兰人。1882 年，这两个岛屿与安圭拉相联合。1967 年，安圭拉脱离联邦。1980 年，联邦终结，但圣基茨和尼维斯没有分开。它们于 1983 年成为完全独立的国家。

圣卢西亚　在大约 1650 年之前，欧洲人多次试图殖民该岛，但一直没有成功。是年，法国人与敌意很深的原住民达成和解。1664 年，该岛屿被英格兰人占据，三年后，又回到法国手中。根据 1748 年签订的《亚琛条约》，英国和法国同意该岛屿保有中立地位。1762 年，英国占领该岛，不久它又回到法国手中。在 18 世纪接下来的几十年里，该岛屿在两个欧洲强国之间反复转手。1814 年，《巴黎条约》规定，该岛屿归英国所有。1979 年，圣卢西亚岛独立。

圣马丁　最初，法国人和荷兰人殖民该岛。1648 年，法国同荷兰划分定居范围，该岛北部成为荷兰殖民者居住的地方（即荷属圣马丁）。今天，法属圣马丁是法国的一个海外领地。

圣托马斯岛　参见"美属维尔京群岛"。

圣文森特和格林纳丁斯　因为本地原住民的强烈抵抗，欧洲人直到 18 世纪才开始殖民这里。第一批殖民者是法国人。1763 年，英国人根据《巴黎条约》控制了这座岛屿。1779 年，该岛屿被法国抢占。1783 年，它又回到英国手中。1979 年，它获得完全独立。

圣萨尔瓦多　参见"巴哈马"。

圣多明各　参见"多米尼加共和国"。

荷属圣马丁　岛上最初的殖民者是法国人和荷兰人。1648 年，双方划分各自的定居范围。岛屿南部成为法国人居住的地方（即法属圣马丁）。2010 年"荷属安的列斯群岛自治领"解体之前，荷属圣马丁一直是该领地的一部分。今天，它是荷兰王国框架内的一个自治国。

苏里南　最初的殖民者是英格兰的种植园主。1667 年，它被荷兰占领。后来，英格兰将它割让给荷兰以换取新阿姆斯特丹（纽约城）。1799~1802 年及 1804~1815 年，该岛两度回到英国手中，不过两次又被荷兰夺走。1975 年，苏里南独立。

多巴哥　参见"特立尼达和多巴哥"。

托尔托拉岛　参见"英属维尔京群岛"。

特立尼达和多巴哥　最早殖民特立尼达岛的是西班牙人，定居点出现在 1590 年代。18 世纪中期，大批法国种植园主涌入。1797 年，英国攻击该岛屿，将它从西班牙手中夺走。1802 年，该岛屿正式成为英国领地。同时，在 17~18 世纪，荷兰、波罗的海库尔兰地区（时间很短）、法国、英国等国家和地区的人开始移居多巴哥。这一地区逐渐为英法两国共同控制。1814 年，它完全由英国控制。1889 年，两个岛屿合并。1962 年，特立尼达和多巴哥独立。

特克斯和凯科斯群岛　1670 年代，第一批欧洲殖民者来到这里。一些殖民者来自附近的百慕大群岛。最初，特克斯岛被巴哈马吞并。1848 年，它获得特许权。1960 年代，这些岛屿再次被置于巴哈马的管辖之下。巴哈马独立之后，特克斯和凯科斯群岛没有独立。今天，这些岛屿是英国的海外领地。

美属维尔京群岛（圣托马斯岛、圣约翰岛、圣克罗伊岛） 17 世纪早期，荷兰人、英格兰人作为该群岛最早的殖民者登上圣克罗伊岛。虽然西班牙人进行干涉，但该岛最终还是落入法国手中。1651 年，法国将该岛出售给马耳他骑士团（Knights of Malta），后者后来又将该岛屿卖回法国。1674 年，该岛屿成为法国殖民地。1733 年，丹麦将这一岛屿买走。同样，圣托马斯岛最初也是由荷兰和丹麦殖民。1685 年，它成为荷兰西印度公司的领地。1754 年，又成为荷兰王室的领地。1807~1815 年，英国占据该岛，随后又交给丹麦。1717 年，圣约翰岛被欧洲人殖民。是年，一些种植园主登上岛屿，该岛被控制在丹麦手中。1917 年，丹麦将这三个岛屿出售给美国。今天，这三个岛屿被列为美国的"有建制的，未合并领土"。

委内瑞拉 1523 年，最早一批欧洲殖民者抵达，他们是西班牙人。在 1811 年宣布独立，1819 年成为大哥伦比亚一员之前，委内瑞拉一直处于西班牙的统治之下。1829 年，它脱离大哥伦比亚，取得完全独立。

　　这本书不是我一个人的作品——它是大西洋两岸很多人共同努力、慷慨奉献的结果。首先，我要感谢我的编辑乔治娜·莫里（Georgina Morley），感谢她对这一项目始终如一的热情。还要感谢我的代理人比尔·汉密尔顿（Bill Hamilton）。他在这本书还处于个人对话阶段就给予了大力支持。我还要感谢美国格罗夫大西洋出版公司（Grove Atlantic）的贾米森·斯托尔茨（Jamison Stoltz）的热情帮助。以上三人的倾力帮助让这本书受益无穷。

　　书中的错误都由我自己承担。胡安·何塞·庞塞－瓦兹库兹（Juan José Ponce-Vázquez）给予了深入的评论。胡安·费尔南多·科博·贝坦科特（Juan Fernando Cobo Betancourt）帮助我梳理写作思路。罗里·福斯特（Rory Foster）让所有细节更为浅显、准确。在成书阶段，特雷沃·霍伍德（Trevor Horwood）的排版和安东尼·希皮斯利（Anthony Hippisley）的校对帮助我避免了大量错误。马丁·鲁比科夫斯基（Martin Lubikowski）提供了漂亮的地图。泛麦克米兰出版公司（Pan Macmillan）的团队针对整个流程给予了鼎力支持。

　　能够完成这本书依托于两个关键方面：需要查询的大量历史资料，以及在必要时为我指点方向的热心的图书管理员和档案管理员。在英国、美国和加勒比地区，我有幸获得了这方面的大量帮助。对此，我十分感激。不论我走到哪里，不管是读博士时与同学们的交流，还是同伦敦、迈阿密、哈瓦那等地的美洲研究所（Institute of the Americas）新结识的人们交谈，学术界的同仁都为我的项目提供了具有启发性的讨论和热情的鼓励。

　　一路上，我欠下不少人情。在美国，简·兰德斯（Jane Landers）、布鲁克·伍尔德里奇（Brooke Wooldridge）、谢里·约翰逊（Sherry Johnson）、迈克尔·德贝特（Michael Deibert）百忙之中接受我的打扰。在海地,雅基·拉布罗姆(Jacqui Labrom)帮我找到方向。在牙买加,安东尼娅·格雷厄姆(Antonia Graham)、罗杰·德林考尔(Roger Drinkall)为作为游客的我敞开大门。克里斯托弗·怀姆斯-斯通(Christopher Whyms-Stone)向我解释了特伦奇镇的由来。安德林·科弗(Andrine Cover)向我介绍了曼德维尔。在多米尼克,波莉·帕塔洛(Polly Pattullo)邀请我享用了一顿难忘的午餐。如果没有马特奥·卡瓦佐斯(Matteo Cavazos)和克里斯托·加斯顿(Kristal Gaston),有关安提瓜的内容就不会那么丰富。在特立尼达岛,我感动于莎伦·米勒〔Sharon Millar,感谢泰德·戴维斯(Ted Davis)的介绍〕、萨洛基尼·拉姆纳林(Sarojini Ramnarain)、瓦拉里·凯斯科(Valerie Kelsick)、格雷戈里·乔治(Gregory George)的慷慨帮助。在古巴,很高兴认识并与阿萨德·舒曼〔Assad Shoman,感谢迪伦·弗农(Dylan Vernon)介绍我们认识〕、豪尔赫·雷诺托·伊巴拉·基塔特(Jorge Renato Ibarra Guitart)、豪尔赫·伊巴拉·库斯塔(Jorge Ibarra Cuesta)和埃琳娜·施耐德(Elena Schneider)进行交流。

我还要感谢英国、美国等地的一些朋友。他们热情地为我提供了沙发、饮料,或愿意倾听的耳朵——包括这三者的任意组合:安德里亚·阿克-克里辛(Andrea Acle-Kreysing)、莫里兹·克里辛(Moritz Kreysing)、丽莎·巴彻勒(Lisa Bachelor)、西蒙·希尔(Simon Hill)、蒂凡尼·费里斯(Tiffany Ferris)、克里斯·霍尔(Chris Hall)、维基·弗罗斯特(Vicky Frost)、安东尼·皮克斯(Anthony Pickles)、克里斯特尔·鲍克-布坎南(Crystal Paulk-Buchanan)、蒂格·布坎南(Teague Buchanan)、安妮-伊莎贝尔·理查德(Anne-Isabelle Richard)、亚历山德拉·阿方索(Alexandre Afonso)、詹妮弗·范登·博施(Jennifer Vanden Bosch)、达纳·伯利森(Dana Burleson)、戴维·巴迪(David Batty)、马克·贝里(Mark Berry)、本杰明·卡尔(Benjamin Carr)、迈克·卡特(Mike Carter)、史蒂

夫·库胜（Steve Cushion）、斯特凡尼·甘杰（Stefanie Gänger）、玛利亚玛·伊夫德（Mariama Ifode）、西蒙·皮拉里（Simon Pirani）以及伊夫尼·辛格（Yvonne Singh）。《卫报》（*Guardian*）和《观察家报》（*Observer*）的同事经常欢迎我在长期分别后回去小聚。尤其要感谢《卫报》"来信选登（Letters）"栏目的奈杰尔·威尔莫特（Nigel Willmott）和"评论（Comment）"团队。在美国，我的父母、兄弟和整个大家庭一如既往地给我的工作提供了耐心、热情的支持。我还要特别感谢我的表姐劳拉·格罗思（Laura Groth），我在华盛顿特区做研究工作时常住在她的家里。

最后，我要衷心感谢克里斯·斯坦福（Chris Stanford）。他虽然没有参与本项目的启动，但是如果没有他的慷慨、耐心和爱心，我无法想象怎样才能完成这本书。

这里仅列出一些我翻阅过的最近出版的，非专业读者可能感兴趣的书目。关于本书引用的所有一手和二手资料，请访问 carriegibson. co.uk。

Abulafia, David. *The Great Sea: A Human History of the Mediterranean*. London: Allen Lane, 2011.

—— *The Discovery of Mankind: Atlantic Encounters in the Age of Columbus*. New Haven, CT: Yale University Press, 2009.

Adams, William Howard. *On Luxury a Cautionary Tale, a Short History of the Perils of Excess from Ancient Times to the Beginning of the Modern Era*. Washington, DC: Potomac Books, 2012.

Ayala, César Jacques. *American Sugar Kingdom: The Plantation Economy of the Spanish Caribbean, 1989–1934*. Chapel Hill: University of North Carolina Press, 2003.

Barringer, T. J., Gillian Forrester, and Barbaro Martinez-Ruiz. *Art and Emancipation in Jamaica: Isaac Mendes Belisario and His Worlds*. New Haven, CT: Yale Center for British Art in association with Yale University Press, 2007.

Bailyn, Bernard, and Patricia L. Denault. *Soundings in Atlantic History: Latent Structures and Intellectual Currents, 1500–1830*. Cambridge, MA: Harvard University Press, 2009.

Bayly, C. A. *The Birth of the Modern World, 1780–1914: Global Connections and Comparisons*. Oxford: Blackwell, 2004.

Beckles, Hilary McD. *A History of Barbados* (2nd edn). Cambridge: Cambridge University Press, 2006.

—— *White Servitude and Black Slavery in Barbados, 1627–1715*. Knoxville: University of Tennessee Press, 1989.

Berg, Maxine. *Luxury and Pleasure in Eighteenth-century Britain* (illus., repr. edn). Oxford: Oxford University Press, 2007.

Berry, Christopher J. *The Idea of Luxury: A Conceptual and Historical Investigation*. Cambridge: Cambridge University Press, 1994.

Bethell, Leslie. *Cuba: A Short History*. Cambridge: Cambridge University Press, 1993.

Bethencourt, Francisco, and Diogo Ramada Curto. *Portuguese Oceanic Expansion, 1400–1800*. Cambridge: Cambridge University Press, 2007.

Bindman, David, and Henry Louis Gates (eds). *The Image of the Black in Western Art* (new edn). Cambridge, MA: Belknap Press of Harvard University Press in collaboration with the W. E. B. Du Bois Institute for African and African American Research and the Menil Collection, 2010.

Blackburn, Robin. *The Making of New World Slavery: From the Baroque to the Modern, 1492–1800*. London: Verso, 2010; originally published 1997.

——— *The Overthrow of Colonial Slavery 1776–1848*. London: Verso, 1988.

Block, Kristen. *Ordinary Life in the Caribbean: Religion, Colonial Competition, and the Politics of Profit*. Athens: University of Georgia Press, 2012.

Bolland, Nigel O. *The Formation of a Colonial Society: Belize, from Conquest to Crown Colony*. Baltimore: Johns Hopkins University Press, 1977.

——— *On the March: Labour Rebellions in the British Caribbean, 1934–9*. London: Ian Randle, 1995.

Boxer, C. R. *The Portuguese Seaborne Empire 1415–1825*. Manchester: Carcanet in association with the Calouste Gulbenkian Foundation, 1991.

Braudel, Fernand. *The Mediterranean and the Mediterranean World in the Age of Philip II* (trans. Siân Reynolds). London: Collins, 1972.

Brereton, B., G. Carrera Damas, P. C. Emmer, J. Ibarra Cuesta, B. W. Higman, F. Knight, K. O. Laurence, J. Sued-Badillo, (eds) *General History of the Caribbean*, vols 1–6 (London: Unesco, 1997–2011).

Brion Davis, David. *Inhuman Bondage: The Rise and Fall of Slavery in the New World*. Oxford: Oxford University Press, 2008.

Buck-Morss, Susan. *Hegel, Haiti, and Universal History*. Pittsburgh: University of Pittsburgh Press, 2009.

Bulmer-Thomas, Victor. *The Economic History of the Caribbean Since the Napoleonic Wars*. Cambridge: Cambridge University Press, 2012.

Bulmer-Thomas, Victor, John Coatsworth, and Roberto Cortés-Conde (eds). *The Cambridge Economic History of Latin America*. Cambridge: Cambridge University Press, 2006.

Carrington, Selwyn H. H. *The Sugar Industry and the Abolition of the Slave Trade, 1775–1810*. Gainesville: University Press of Florida, 2003.

Childs, Matt D. *The 1812 Aponte Rebellion in Cuba and the Struggle against Atlantic Slavery*. Chapel Hill: University of North Carolina Press, 2006.

Chomsky, Aviva. *West Indian Workers and the United Fruit Company in Costa Rica, 1870–1940*. Baton Rouge: Louisiana State University Press, 1996.

Colby, Jason M. *The Business of Empire: United Fruit, Race, and U.S. Expansion in Central America* (illus. edn). Ithaca: Cornell University Press, 2011.

Corwin, Arthur F. *Spain and the Abolition of Slavery in Cuba, 1817–1886*. Austin: Published for the Institute of Latin American Studies by the University of Texas Press, 1967.

Crosby, Alfred W. *The Columbian Exchange: Biological and Cultural Consequences of 1492*. Westport, CT: Greenwood, 2003.

Curran, Andrew S. *The Anatomy of Blackness: Science and Slavery in An Age of Enlightenment*. Baltimore: Johns Hopkins University Press, 2011.

Curtin, Philip D. *The Atlantic Slave Trade: A Census*. Madison: University of Wisconsin Press, 1969.

Dando-Collins, Stephen. *Tycoon's War: How Cornelius Vanderbilt Invaded a Country to Overthrow America's Most Famous Military Adventurer*. Cambridge, MA: Da Capo Press, 2009.

Darwin, John. *After Tamerlane: The Global History of Empire Since 1405*. London: Allen Lane, 2007.

Davies, Martin. *Columbus in Italy: An Italian Versification of the Letter on the Discovery of the New World: With Facsimiles of the Italian and Latin Editions of 1493*. London: British Library, 1991.

Deibert, M. *Notes from the Last Testament: The Struggle for Haiti*. New York: Seven Stories Press, 2011.

Drayton, Richard. *Nature's Government: Science, Imperial Britain, and the 'Improvement' of the World*. New Haven, CT: Yale University Press, 2000.

Dubois, Laurent. *Haiti: The Aftershocks of History*. New York: Picador/Metropolitan Books, 2013.

—— *Avengers of the New World: The Story of the Haitian Revolution*. Cambridge, MA: Belknap Press of Harvard University Press, 2004.

—— *A Colony of Citizens: Revolution & Slave Emancipation in the French Caribbean, 1787–1804*. Chapel Hill: University of North Carolina Press, 2004.

Edmonds, Ennis Barrington, and Michelle A. Gonzalez. *Caribbean Religious History: An Introduction*. New York: New York University Press, 2010.

Elliott, John Huxtable. *Empires of the Atlantic World: Britain and Spain in America, 1492–1830*. New Haven, CT: Yale University Press, 2006.

Eltis, David. *The Rise of African Slavery in the Americas*. Cambridge: Cambridge University Press, 2000.

Eltis, David, and Stanley L. Engerman. *The Cambridge World History of Slavery*, vol. 3: *AD 1420–AD 1804*. Cambridge: Cambridge University Press, 2011.

Emmer, Peter. *The Dutch in the Atlantic Economy, 1580–1880: Trade, Slavery and Emancipation*. Aldershot: Ashgate, 1998.

Engerman, Stanley, and Robert Paquette (eds). *The Lesser Antilles in the Age of European Expansion*. Gainesville: University Press of Florida, 1996.

Fernández-Armesto, Felipe. *1492: The Year the World Began*. London: HarperCollins, 2009.

———— *Pathfinders: A Global History of Exploration.* Oxford: Oxford University Press, 2006.

———— *Columbus and the Conquest of the Impossible.* London: Orion, 2000.

———— *Before Columbus: Exploration and Colonisation from the Mediterranean to the Atlantic, 1229–1492.* Philadelphia: University of Pennsylvania Press, 1987.

———— *The Canary Islands after the Conquest: The Making of a Colonial Society in the Early Sixteenth Century.* New York: Oxford University Press, 1982.

Fernández Olmos, Margarite, and Lizabeth Paravisini-Gebert. *Sacred Possessions: Vodou, Santería, Obeah, and the Caribbean.* New Brunswick, NJ: Rutgers University Press, 1997.

Fick, Carolyn E. *The Making of Haiti: The Saint Domingue Revolution from Below.* Knoxville: University of Tennessee Press, 1990.

Fradera, Josep Maria. *Colonias para Después de un Imperio.* Barcelona: Edicions Bellaterra, 2005.

Fraginals, Manuel Moreno. *El Ingenio: El Complejo Económico Social Cubano del Azúcar.* Havana: Editorial de Ciencias Sociales, 1978.

Geggus, David Patrick. *Haitian Revolutionary Studies.* Bloomington: Indiana University Press, 2002.

———— *The Impact of the Haitian Revolution in the Atlantic World.* Columbia: University of South Carolina Press, 2001.

———— *Slavery, War and Revolution: The British Occupation of Saint Domingue, 1793–1798.* Oxford: Clarendon Press, 1982.

Gill, Lesley. *The School of the Americas: Military Training and Political Violence in the Americas.* Durham, NC: Duke University Press, 2004.

Goldish, Josette C. *Once Jews: Stories of Caribbean Sephardim.* Princeton, NJ: Markus Wiener, 2009.

Goslinga, Cornelis Ch. *The Dutch in the Caribbean and in Surinam, 1791.* Assen: Van Gorcum, 1990.

Gott, Richard. *Cuba: A New History.* New Haven, CT: Yale University Press, 2005.

Grant, Colin. *I&I: The Natural Mystics: Marley, Tosh, and Wailer.* London: Jonathan Cape, 2011.

———— *Negro with a Hat: The Rise and Fall of Marcus Garvey.* Oxford: Oxford University Press, 2011.

Helg, Aline. *Our Rightful Share: The Afro-Cuban Struggle for Equality, 1886–1912.* Chapel Hill: University of North Carolina Press, 1995.

Heuman, Gad. *The Killing Time: The Morant Bay Rebellion in Jamaica.* London: Macmillan, 1994.

Higman, B. W. *A Concise History of the Caribbean* (Cambridge: Cambridge University Press, 2011).

Honychurch, Lennox. *The Dominica Story: A History of the Island,* 3rd edn. Oxford: Macmillan Education, 1995.

Hopkins, A. G. *Globalization in World History.* London: Pimlico, 2002.

Howard, David. *Coloring the Nation: Race and Ethnicity in the Dominican Republic.* Oxford: Signal Books, 2001.

Hulme, Peter, and Neil L. Whitehead. *Wild Majesty: Encounters with Caribs from Columbus to the Present Day: An Anthology.* New York: Oxford University Press, 1992.

Hurston, Zora Neale. *Tell My Horse: Voodoo and Life in Haiti and Jamaica.* New York: Perennial Library, 1990; originally published 1938.

James, C. L. R. *The Black Jacobins: Toussaint L'Ouverture and the San Domingo Revolution.* London: Penguin, 2001; originally published 1938.

———— *Beyond a Boundary.* Durham, NC: Duke University Press, 1993.

Johnson, Sherry. *Climate and Catastrophe in Cuba and the Atlantic World in the Age of Revolution.* Chapel Hill, University of North Carolina Press, 2011.

———— *The Social Transformation of Eighteenth-century Cuba.* Gainesville: University Press of Florida, 2001.

Karras, Alan L. *Smuggling: Contraband and Corruption in World History.* Lanham, MD: Rowman & Littlefield, 2010.

Klein, Herbert S. *The Atlantic Slave Trade.* Cambridge: Cambridge University Press, 1999.

———— *Slavery in the Americas: A Comparative Study of Virginia and Cuba.* Oxford: Oxford University Press, 1967.

Knight, Franklin W. *The Caribbean: The Genesis of a Fragmented Nationalism.* New York: Oxford University Press, 1990.

Kritzler, Edward. *Jewish Pirates of the Caribbean: How a Generation of Swashbuckling Jews Carved Out an Empire in the New World in Their Quest for Treasure, Religious Freedom – and Revenge.* New York: Knopf Doubleday, 2009.

Kriz, Kay Dian. *Slavery, Sugar, and the Culture of Refinement: Picturing the British West Indies, 1700–1840.* New Haven, CT: Yale University Press, 2008.

Kurlanksy, Mark. *Salt: A World History.* London: Jonathan Cape, 2002.

Lamming, George. *The Pleasures of Exile.* London: Pluto Press, 2005.

Landers, Jane G. *Atlantic Creoles in the Age of Revolutions* (illus. edn). Cambridge, MA: Harvard University Press, 2010.

Lasso, Marixa. *Myths of Harmony: Race and Republicanism During the Age of Revolution, Colombia, 1795–1831.* Pittsburgh: University of Pittsburgh Press, 2007.

Latimer, Jon. *Buccaneers of the Caribbean: How Piracy Forged an Empire.* Cambridge, MA: Harvard University Press, 2009.

Lazo, Rodrigo. *Writing to Cuba: Filibustering and Cuban Exiles in the United States.* Chapel Hill: University of North Carolina Press, 2005.

Lester, Toby. *The Fourth Part of the World: The Race to the Ends of the Earth, and the Epic Story of the Map that Gave America Its Name.* New York, Free Press, 2009.

Lewis, Gordon K. *Main Currents in Caribbean Thought: The Historical Evolution of Caribbean Society in Its Ideological Aspects, 1492–1900.* Lincoln: University of Nebraska Press, 2004.

Linebaugh, Peter, and Marcus Rediker. *The Many-Headed Hydra: Sailors, Slaves, Commoners and the Hidden History of the Revolutionary Atlantic*. Boston: Beacon Press, 2000.

Mann, Charles C. *1493: Uncovering the New World Columbus Created*. New York: Vintage Books, 2012.

Mawby, Spencer. *Ordering Independence: The End of Empire in the Anglophone Caribbean, 1947–1969*. Basingstoke: Macmillan, 2012.

May, Robert E. *The Southern Dream of a Caribbean Empire, 1854–1861*. Baton Rouge: Louisiana State University Press, 1973.

McNeill, J. R. *Mosquito Empires: Ecology and War in the Greater Caribbean, 1620–1914*. Cambridge: Cambridge University Press, 2010.

Midlo Hall, Gwendolyn. *Social Control in Slave Plantation Societies: A Comparison of St. Domingue and Cuba*. Baton Rouge: Louisiana State University Press, 1996.

Moya Pons, Frank. *The Dominican Republic: A National History*. New Rochelle, NY: Hispaniola Books, 1995.

Musgrave, Toby, and Will Musgrave. *An Empire of Plants: People and Plants that Changed the World*. London: Cassell, 2000.

Muthu, Sankar. *Enlightenment against Empire*. Princeton, NJ: Princeton University Press, 2003.

Nicholls, David. *From Dessalines to Duvalier: Race, Colour and National Independence in Haiti*. Warwick University Caribbean Studies. London: Macmillan, 1996.

Norton, Marcy. *Sacred Gifts, Profane Pleasures: A History of Tobacco and Chocolate in the Atlantic World* (illus. edn). Ithaca: Cornell University Press, 2010.

O'Shaughnessy, Andrew Jackson, *An Empire Divided: The American Revolution and the British Caribbean*. Philadelphia: University of Pennsylvania Press, 2000.

Pagden, Anthony. *Lords of All the World: Ideologies of Empire in Spain, Britain and France c.1500–c.1800*. New Haven, CT: Yale University Press, 1995.

Palmié, Stephan, and Francisco A. Scarano. *The Caribbean: A History of the Region and Its Peoples*. Chicago: University of Chicago Press, 2011.

Paquette, Robert L. *Sugar Is Made with Blood: The Conspiracy of La Escalera and the Conflict Between Empires over Slavery in Cuba*. Middletown, CT: Wesleyan University Press, 1988.

Parker, Matthew. *The Sugar Barons: Family, Corruption, Empire and War*. London: Hutchinson, 2011.

—— *Panama Fever: The Battle to Build the Canal*. London: Hutchinson, 2007.

Pattullo, Polly. *Last Resorts: The Cost of Tourism in the Caribbean* (London and New York: Latin America Bureau, 2005).

Pestana, Carla Gardina. *Protestant Empire: Religion and the Making of the British Atlantic World*. Philadelphia: University of Pennsylvania Press, 2009.

Phillips, William D. *The Worlds of Christopher Columbus*. Cambridge: Cambridge University Press, 1992.

Popkin, Jeremy D. *Facing Racial Revolution: Eyewitness Accounts of the Haitian Insurrection*. Chicago: University of Chicago Press, 2007.

Preston, Diana, and Michael Preston. *A Pirate of Exquisite Mind: Explorer, Naturalist, and Buccaneer: The Life of William Dampier*. New York: Berkeley Publishing Group, 2004.

Rediker, Marcus. *Villains of All Nations: Atlantic Pirates in the Golden Age*. London: Verso, 2004.

Reid, Basil A. *Myths and Realities of Caribbean History* (illus. edn). Tuscaloosa: University of Alabama Press, 2009.

Renda, Mary A. *Taking Haiti: Military Occupation and the Culture of US Imperialism, 1915–1940*. Chapel Hill: University of North Carolina Press, 2001.

Restall, Matthew. *Seven Myths of the Spanish Conquest*. New York: Oxford University Press, 2003.

Rodney, Walter. *A History of the Upper Guinea Coast, 1545–1800*. Oxford: Clarendon Press, 1970.

Rogozinski, Jan. *A Brief History of the Caribbean*. New York: Plume, 1999.

Russell, P. Edward. *Prince Henry 'the Navigator': A Life*. New Haven, CT: Yale University Press, 2000.

San Miguel, Pedro L. *The Imagined Island: History, Identity, and Utopia in Hispaniola*. Chapel Hill: University of North Carolina Press, 2005.

Scarano, Francisco A. *Sugar and Slavery in Puerto Rico: The Plantation Economy of Ponce, 1800–1850*. Madison: University of Wisconsin Press, 1984.

Schama, Simon. *Rough Crossings: Britain, the Slaves and the American Revolution*. London: HarperCollins, 2006.

Schmidt-Nowara, Christopher. *Empire and Antislavery: Spain, Cuba and Puerto Rico, 1833–74*. Pittsburgh: University of Pittsburgh Press, 1999.

Shoman, Assad. *Belize's Independence and Decolonization in Latin America: Guatemala, Britain, and the UN* (illus. edn). New York: Macmillan, 2010.

———— *13 Chapters of a History of Belize*. Belize City: Angelus Press, 1994.

Shovlin, John. *The Political Economy of Virtue: Luxury, Patriotism, and the Origins of the French Revolution* (illus. edn). Ithaca: Cornell University Press, 2007.

Simms, Brendan. *Three Victories and a Defeat: The Rise and Fall of the First British Empire, 1714–1783*. New York: Basic Books, 2008.

Smith, Godfrey P. *George Price: A Life Revealed: The Authorized Biography*. Kingston: Ian Randle, 2011.

Stearns, Peter N. *Globalization in World History*. London: Routledge, 2010.

———— *Consumerism in World History: The Global Transformation of Desire*. London: Routledge, 2006.

Striffler, Steve, and Mark Moberg. *Banana Wars: Power, Production, and History in the Americas*. Durham, NC: Duke University Press, 2003.

Thornton, John. *Africa and Africans in the Making of the Atlantic World*. Cambridge: Cambridge University Press, 1998.

Von Tunzelmann, Alex. *Red Heat: Conspiracy, Murder, and the Cold War in the Caribbean*. New York: Henry Holt, 2011.

White, Ashli. *Encountering Revolution: Haiti and the Making of the Early Republic*. Baltimore: Johns Hopkins University Press, 2010.

Wilentz, Amy. *Farewell, Fred Voodoo: A Letter from Haiti*. New York: Simon & Schuster, 2013.

Williams, Eric Eustace, *Capitalism and Slavery*. Chapel Hill: University of North Carolina Press, 1994.

——— *From Columbus to Castro: The History of the Caribbean, 1492–1969*. New York: Vintage Books, 1984.

Wilson, Andrew (ed.), *The Chinese in the Caribbean*. Princeton, NJ: Markus Wiener, 2004.

Wilson, Samuel M. *The Archaeology of the Caribbean*. New York: Cambridge University Press, 2007.

Wucker, Michele. *Why the Cocks Fight: Dominicans, Haitians, and the Struggle for Hispaniola*. New York: Hill and Wang, 2000.

Zahedieh, Nuala. *The Capital and the Colonies: London and the Atlantic Economy, 1660–1700*. Cambridge: Cambridge University Press, 2010.

引 言

1　Anthony Trollope, *The West Indies and the Spanish Main* (London: Chapman & Hall, 1859), p. 55.
2　Derek Walcott, Nobel Lecture: 'The Antilles: Fragments of Epic Memory', www.nobelprize.org/nobel_prizes/literature/laureates/1992/walcott-lecture.html (accessed 12 July 2013).
3　Stuart Hall, 'Cultural Identity and Diaspora', in Patrick Williams and Laura Chrisman (eds), *Colonial Discourse and Post-Colonial Theory: A Reader* (Columbus University Press, 1994), chapter 2, p. 296.
4　Ennis Barrington Edmonds and Michelle A. Gonzalez, *Caribbean Religious History: An Introduction* (New York University Press, 2010), p. 13.
5　George Lamming, *The Pleasures of Exile* (Pluto Press, 2005), p. 16.
6　Fernand Braudel, *The Mediterranean and the Mediterranean World in the Age of Philip I*, trans. Siân Reynolds (Collins, 1972), vol. 1, p. 16.

第 1 章
进入西印度群岛的通路

1　The surviving account of the expedition was written by court chronicler Gomes Eanes de Zurara, an admirer of his patron. Zurara witnessed the attack on Ceuta and wrote about it thirty-four years after the event. An English translation can be found in Edgar Prestage (ed.), *The Chronicles of Fernão Lopes and Gomes Eannes de Zurara* (Watford, 1928).
2　P. E. Russell, *Prince Henry 'the Navigator': A Life* (Yale University Press, 2000), p. 31.
3　Ibid., pp. 33–4.
4　Much of the biographical information on Henry comes from Russell, *Prince Henry*, chapter 1.

5 David Abulafia, *The Great Sea: A Human History of the Mediterranean* (Allen Lane, 2011), pp. 393–5.

6 B. W. Higman, *A Concise History of the Caribbean* (Cambridge University Press, 2011), p. 57.

7 See George D. Winius (ed.), *Portugal, the Pathfinder: Journeys from the Medieval toward the Modern World 1300–ca.1600* (Hispanic Seminary of Medieval Studies, 1995).

8 Toby Lester, *The Fourth Part of the World: The Race to the Ends of the Earth, and the Epic Story of the Map that Gave America Its Name* (Free Press, 2009), p. 31.

9 For a discussion on map-making see Felipe Fernández-Armesto, 'Exploration and Discovery', in Christopher Allmand (ed.), *The New Cambridge Medieval History* (Cambridge University Press, 1998), and Fernández-Armesto, *Pathfinders: A Global History of Exploration* (Oxford University Press, 2006).

10 See Jalil Sued Badillo, 'From Tainos to Africans in the Caribbean: Labour, Migration, and Resistance', in Stephan Palmié and Francisco Scarano (eds), *The Caribbean: A History of the Region and Its Peoples* (University of Chicago Press, 2011), pp. 103–9.

11 Luis Adão da Fonseca, 'The Discovery of Atlantic Space', in Winius, *Portugal, the Pathfinder*, p. 15.

12 *The Travels of Marco Polo* (Oliver & Boyd, 1845), p. 117.

13 See, for instance, Fernández-Armesto, *Pathfinders*, and Steven Epstein, *Genoa and the Genoese, 958–1528* (University of North Carolina Press, 1996).

14 Epstein, *Genoa*, p. 267.

15 John E. Kicza, 'Patterns in Early Spanish Overseas Expansion', *William and Mary Quarterly* 49, 2 (1992), pp. 231–2.

16 Epstein, *Genoa*, pp. 268–9.

17 Juan Gil (trans.), *The Book of Marco Polo: Copy with Annotations by Christopher Columbus Which Is Conserved at the Capitular and Columbus Library of Sevilla* (Testimonio Compañia Editorial, 1986), p. 84.

18 Ibid., p. 103.

19 David Abulafia, *The Discovery of Mankind: Atlantic Encounters in the Age of Columbus* (Yale University Press, 2009), p. 25.

20 William D. Phillips, *The Worlds of Christopher Columbus* (Cambridge University Press, 1992), p. 110.

21 Phillips, *Columbus*, p. 121.

22 John Huxtable Elliott, *Imperial Spain, 1469–1716* (Penguin, 2002), p. 61.

23 Phillips, *Columbus* p. 140.

24 Martin Davies, *Columbus in Italy: An Italian Versification of the Letter on the Discovery of the New World: With Facsimiles of the Italian and Latin Editions of 1493* (British Library, 1991).

25 Higman, *A Concise History*, p. 33.

26 Davies, *Columbus in Italy*.
27 Matthew Restall. *Seven Myths of the Spanish Conquest* (Oxford University Press, 2003), pp. 108–11.

第 2 章
进入新大陆的踏脚石

1 Felipe Fernández-Armesto, *Before Columbus: Exploration and Colonisation from the Mediterranean to the Atlantic, 1229–1492* (University of Pennsylvania Press, 1987), p. 153.
2 Ibid., p. 176.
3 The source for the retelling of this expedition in this section is Pierre Bontier and Jean Le Verrier, *The Canarian or Book of the Conquest and Conversion of the Canarians in . . . 1402, by J. De Béttencourt*, ed. and trans. Richard Henry Major (Hakluyt Society, 1872).
4 At around 3,718m (12,200ft), Mount Teide is so high it is usually snow-capped in the winter.
5 Bontier and Le Verrier, *The Canarian*, p. 9.
6 Some accounts put his death at 1422.
7 Bontier and Le Verrier, *The Canarian*, p. xxxiii.
8 Felipe Fernández-Armesto, *The Canary Islands after the Conquest: The Making of a Colonial Society in the Early Sixteenth Century* (Oxford University Press, 1982), p. 7.
9 Ibid., p. 13.
10 Leonara de Alberti and A. B. Wallis Chapman, 'English Traders and the Spanish Canary Inquisition in the Canaries During the Reign of Queen Elizabeth', *Transactions of the Royal Historical Society* 3 (1909), p. 245. Charles V made a grant in 1538 to English merchants, but this was often overshadowed by the ongoing Anglo-Spanish rivalry. The islands would come under attack by the English navy commanded by Sir Walter Raleigh in 1595.
11 Russell, *Prince Henry*, p. 85.
12 William D. Phillips, Jr, 'Old World Precedents: Sugar and Slavery in the Mediterranean', in Palmié and Scarano, *The Caribbean*, p. 77.
13 See Stewart B. Schwartz, 'The Economy of the Portuguese Empire', in Francisco Bethencourt and Diogo Ramada Curto (eds), *Portuguese Oceanic Expansion, 1400–1800* (Cambridge University Press, 2007).
14 Robin Blackburn, *The Making of New World Slavery: From the Baroque to the Modern, 1492–1800* (Verso, 1997), 2010 edn, p. 109.
15 Russell, *Prince Henry*, p. 101.
16 Schwartz, 'The Economy of the Portuguese Empire', p. 24.
17 Though in the case of Cape Verde, the fort on Ribeira Grande was not

built until the reign of Spain's Philip II (when Portugal and its territories were part of the Iberian Union).

18 C. Jane, and E. G. R. Taylor (eds), *Select Documents Illustrating the Four Voyages of Columbus* (Hakluyt Society, 1929), p. 24.

19 Davies, *Columbus in Italy*, pp. 49–51.

20 Jane and Taylor, *Select Documents*, p. 28.

21 See for instance Maximilian C. Forte, 'Extinction: The Historical Trope of Anti-Indigeneity in the Caribbean', *Issues in Caribbean Amerindian Studies 6*, 4 (2004), pp. 1–24. Certainly words have survived as well, not least *huracán* (or hurricane), barbecue, and hammock, among many others.

22 Basil A. Reid, *Myths and Realities of Caribbean History* (University of Alabama Press, 2009).

23 Samuel M. Wilson, *The Archaeology of the Caribbean* (Cambridge University Press, 2007).

24 Reid, *Myths*, see chapter 2.

25 Wilson, *The Archaeology of the Caribbean*, pp. 1–2.

26 Reid, *Myths*. Reid himself admits that the term 'Carib' 'is a product of European cultural biases, but Caribbean archaeologists will continue to use it, given the lack of a better alternative' (p. 11).

27 Wilson, *The Archaeology of the Caribbean*, p. 144.

28 Reid, *Myths*, p. 58.

29 Daniel Defoe, *The Life and Adventures of Robinson Crusoe*.

30 Jean-Baptiste Labat, *Memoirs of Père Labat, 1693–1705* (Constable, 1931), p. 102.

31 Higman, *A Concise History*, p. 35.

32 Restall, *Seven Myths*, p. 32.

33 Robin Law, 'Horses, Firearms, and Political Power in Pre-Colonial West Africa', *Past & Present* 72 (1976), pp. 112–32.

34 Lennox Honychurch, *The Dominica Story: A History of the Island*, 3rd edn (Macmillan, 1995), p. 21.

35 Gert Oostindie and Bert Paasman, 'Dutch Attitudes Towards Colonial Empire, Indigenous Cultures, and Slaves', *Eighteenth-Century Studies* 31, 3 (1998), p. 353.

36 Restall, *Seven Myths*, pp. 72–3.

37 Matthew Restall, 'Black Conquistadors: Armed Africans in Early Spanish America', *The Americas* 57, 2 (2000), pp. 171–205.

38 Frank Moya Pons, *The Dominican Republic: A National History* (Hispaniola Books, 1995), p. 30.

39 Jane and Taylor, *Select Documents*, pp. 50–51.

40 Higman, *A Concise History*, p. 63.

41 Luis N. Rivera-Pagán, 'Freedom and Servitude: Indigenous Slavery and the Spanish Conquest of the Caribbean', in Jalil Sued Badillo (ed.), *General*

History of the Caribbean, vol. 1: *The Autochthonous Societies* (Unesco, 1997), p. 322.

42　There are some discrepancies regarding the date of his birth, which could be as early as 1474 or as late as 1484. See Franklin Knight (ed.) and Andrew Hurley (trans.), *Bartolomé de las Casas, An Account, Much Abbreviated, of the Destruction of the Indies* (Hackett, 2003).

43　Rivera-Pagán, 'Freedom and Servitude', p. 325.

44　C. R. Johnson, 'Renaissance German Cosmographers and the Naming of America', *Past & Present* 191, 1 (2006), pp. 3–45.

45　Knight and Hurley, *Bartolomé de las Casas*, p. 89.

46　Sued Badillo, 'From Tainos to Africans', p. 105.

47　Restall, *Seven Myths*, p. 56.

48　Ibid., p. 54.

49　Higman, *A Concise History*, pp. 78–9.

50　Knight and Hurley, *Bartolomé de las Casas*, p. 7

51　Ibid., p. 9.

52　Rivera-Pagán, 'Freedom and Servitude', p. 345.

53　Molly A. Warsh, 'Enslaved Pearl Divers in the Sixteenth Century Caribbean', *Slavery & Abolition* 31, 3 (2010).

第 3 章
海盗与新教徒

1　Jon Latimer, *Buccaneers of the Caribbean: How Piracy Forged An Empire* (Harvard University Press, 2009).

2　See chapter 1 of Linda Colley, *Captives: Britain, Empire, and the World, 1600–1850* (Pantheon, 2002).

3　See Introduction in Charles Mann, *1493: Uncovering the New World Columbus Created* (Vintage Books, 2012).

4　D. O. Flynn and A. Giráldez, 'Born with A "Silver Spoon": The Origin of World Trade in 1571', *Journal of World History* 6, 2 (1995), p. 201.

5　Isaac Curtis, 'Masterless People: Maroon, Pirates and Commoners', in Palmié and Scarano, *The Caribbean*, p. 153.

6　Its Castilian title was somewhat more scientific: *Primera y segunda y tercera partes de la historia medicinal de las cosas que se traen de nuestras Indias Occidentales que sirven en medicina* (First, Second, and Third Parts of the Medicinal History of the Goods Brought from Our West Indies Serving in Medicine).

7　See 'Of Tobaco', in Nicolás Monardes, *Joyfull Newes Out of the Newe Founde Worlde*, original translation by John Frampton (1577), and edited by Stephen Gaselee (AMS Press, 1967), vol. 2.

8　Ibid.

9   Iain Gately, *Tobacco: The Story of How Tobacco Seduced the World* (Grove Press, 2001), p. 3.
10 Monardes, 'Of Tobaco'.
11 Gately, *Tobacco*, pp. 2–5.
12 Monardes, 'Of Tobaco'.
13 Ibid.
14 Gately, *Tobacco*, p. 23.
15 Ibid., p. 8.
16 Ibid., p. 44.
17 James I, *A Counterblaste to Tobacco* (1604), italics in original.
18 Ibid.
19 Gately, *Tobacco*, pp. 50–57.
20 Ibid., p. 114. The connection between Seville and tobacco was further – and much later – enshrined by the Georges Bizet opera *Carmen* (1874).
21 Ibid., p. 72
22 William Alexander, *An Encouragement to Colonies* (1624), p. 27.
23 J. P. Knox, *A Historical Account of St. Thomas, WI: With Its Rise and Progress in Commerce . . . And Incidental Notices of St. Croix and St. John's* (Charles Scribner, 1852), p. 35.
24 On Protestant settlement, see Carla Gardina Pestana, *Protestant Empire: Religion and the Making of the British Atlantic World* (University of Pennsylvania Press, 2009); Kristen Block, *Ordinary Life in the Caribbean: Religion, Colonial Competition, and the Politics of Profit* (University of Georgia Press, 2012).
25 In the Caribbean there would be no commercial banks until after 1830. Most goods were bartered or paid for in commodities such as sugar. See Higman, *A Concise History*, p. 175.
26 Juan José Ponce-Vázquez, 'Social and Political Survival at the Edge of Empire: Spanish Local Elites in Hispaniola, 1580–1697' (unpublished PhD thesis, University of Pennsylvania, 2011), pp. 31–2.
27 Moya Pons, *The Dominican Republic*, p. 45.
28 For an in-depth account of these events, as well as an analysis of where it fits into the wider narrative of Dominican history, see Ponce-Vázquez, 'Social and Political Survival', pp. 44–135.
29 Jon Miller, 'Hugo Grotius', in Edward N. Zalta (ed.), *The Stanford Encyclopedia of Philosophy* (Fall 2011 edn), http://plato.stanford.edu/archives/fall2011/entries/grotius/ (accessed 10 July 2013).
30 Lauren Benton, 'Legal Spaces of Empire: Piracy and the Origins of Ocean Regionalism', *Comparative Studies in Society and History* 47, 4 (2005), p. 703.
31 Ibid., p. 705.
32 Ibid., p. 707.
33 Ibid., p. 705.
34 John C. Appleby, 'An Association for the West Indies? English Plans for

a West India Company 1621–9', *Journal of Imperial and Commonwealth History* 15, 3 (1987), p. 213.

35 Jack Beeching, 'Introduction', in A. O. Exquemelin, *The Buccaneers of America . . .*, trans. Alexis Brown (Folio Society, 1972), p. 8.

36 Appleby, 'An Association for the West Indies?', p. 215.

37 This section is indebted to Karen Ordahl Kupperman, *Providence Island, 1630–1641: The Other Puritan Colony* (Cambridge University Press), 1993, pp. 1–24.

38 Ibid., pp. 153–72.

39 Ibid., pp. 336–8.

40 Hilary McD. Beckles, *White Servitude and Black Slavery in Barbados, 1627–1715* (University of Tennessee Press, 1989), pp. 14–16.

41 John Oldmixon, *The British Empire in America: Containing the History of the Discovery, Settlement, Progress and Present State of All the British Colonies, on the Continent and Islands of America*, 2nd edn (1741), p. 6.

42 Beckles, *White Servitude*, pp. 1–2.

43 Ibid., p. 10.

44 John Cordy Jeaffreson (ed.), *A Young Squire of the Seventeenth Century from the Papers (AD 1676–1686) of Christopher Jeaffreson* (Hurst & Blackett, 1878), p. 19.

45 B. Dyde, *Out of the Crowded Vagueness: A History of the Islands of St Kitts, Nevis & Anguilla* (Macmillan, 2005), pp. 18–26. See also Matthew Parker, *The Sugar Barons: Family, Corruption, Empire and War* (Hutchinson, 2011), pp. 20–22.

46 Honychurch, *The Dominica Story*.

47 Jeaffreson, *A Young Squire*, p. 192.

48 Ibid., pp. 210–11.

49 Ibid., p. 216.

50 Ibid., pp. 254–60.

51 Ibid., p. 192.

52 Mark Kurlanksy, *Salt: A World History* (Jonathan Cape, 2002), p. 6.

53 New York State Archives, Curaçao Papers, 1640–1665. trans. and ed. Charles T. Gehring, New Netherland Research Center, 2011, pp. 3–5, www.newnetherlandinstitute.org/research/online-publications/ curacao-papers/ (accessed 28 February 2013).

54 Ibid., p. 18.

55 Ibid., pp. 120–21.

56 Ibid., p. 23.

57 Isaac Samuel Emmanuel, 'New Light on Early American Jewry', *American Jewish Archives* 7, 1 (1955), pp. 20–21.

58 Curaçao Papers, pp. 51–4.

59 Emmanuel, 'New Light', pp. 20–21.

60 Ross Jamieson, 'The Essence of Commodification: Caffeine Dependencies in the Early Modern World', *Journal of Social History* 24, 2 (2001), p. 275.

61 Mark Pendergrast, *Uncommon Grounds: The History of Coffee and How It Transformed Our World*, 2nd edn (Basic Books, 2010), pp. 1–17.

62 John Garrigus, 'Blue and Brown: Contraband Indigo and the Rise of a Free Colored Planter Class in French Saint-Domingue', *The Americas* 50, 2 (1993), p. 238.

63 Frederick Harold Smith, *Caribbean Rum: A Social and Economic History* (University Press of Florida, 2005), p. 21.

64 Jeaffreson, *A Young Squire*, pp. 269–70.

65 Nuala Zahedieh, *The Capital and the Colonies: London and the Atlantic Economy, 1660–1700* (Cambridge University Press, 2010), p. 259. For currency values, I used the 'real price' calculation of worth. See www.measuringworth.com/ukcompare/relativevalue.php

66 Wim Klooster, 'Communities of Port Jews and Their Contacts in the Dutch Atlantic World', *Jewish History*, vol. 20, no. 2, 2006, pp. 129–45.

67 David Armitage, 'The Cromwellian Protectorate and the Languages of Empire', *Historical Journal* 35, 3 (1992), p. 532.

68 J. Eric S. Thompson (ed.), *Thomas Gage's Travels in the New World* (Greenwood, 1981).

69 Quoted in Armitage, 'The Cromwellian Protectorate', p. 538.

70 Thomas Gage, 'Some Briefe and True Observations Concerning the West-Indies, Humbly Presented to His Highness, Oliver, Lord Protector of the Commonwealth of England, Scotland, and Ireland', in Thomas Birch (ed.) *A Collection of the State Papers of John Thurloe, Esq.* (1742), pp. 59–60.

71 C. H. Firth (ed.), *The Narrative of General Venables* (Longmans, Green, 1900), p. 29.

72 Ibid., p. 29.

73 Ibid., p. 35.

74 Armitage, 'The Cromwellian Protectorate', pp. 538–40.

75 Ibid., p. 542.

76 Klooster, 'Communities', p. 140.

77 Beeching, 'Introduction', p. 8.

78 Exquemelin, *The Buccaneers of America*, p. 49.

79 Ibid., p. 59.

80 Indeed, in Bluefields, now in Nicaragua, non-Spanish traditions persist, such as the month-long celebration around the maypole, a remnant of more English times.

81 Exquemelin, *The Buccaneers of America*, p. 114.

82 For money conversions see www.measuringworth.com/ukcompare/relativevalue.php

83 Exquemelin, *The Buccaneers of America*, p. 187.

84 Ibid., p. 200.

85 Ibid., p. 207.

86　William Dampier, *Voyages and Descriptions*, 2nd edn (1700), p. 208.

87　Biographical sketch from Diana and Michael Preston, *A Pirate of Exquisite Mind: Explorer, Naturalist, and Buccaneer: The Life of William Dampier* (Berkeley Publishing Group, 2004).

88　J. R. McNeill, *Mosquito Empires: Ecology and War in the Greater Caribbean, 1620–1914* (Cambridge University Press, 2010), p. 108.

89　Mann, *1493*.

90　See account in Matthew Parker, *Panama Fever: The Battle to Build the Canal* (Hutchinson, 2007).

91　McNeill, *Mosquito Empires*, pp. 113–15.

92　Ibid., p. 119. For currency calculation see www.measuringworth.com/ukcompare/relativevalue.php

93　Jesse Cromwell, 'Life on the Margins: (Ex) Buccaneers and Spanish Subjects on the Campeche Logwood Periphery, 1660–1716', *Itinerario* 33, 3 (2009), p. 47.

94　Dampier, *Voyages and Descriptions*, p. 218.

95　Ibid., p. 280.

96　Frank Griffith Dawson, 'William Pitt's Settlement at Black River on the Mosquito Shore: A Challenge to Spain in Central America, 1732–87', *Hispanic American Historical Review* 63, 4 (1983), p. 677. Unfortunately there is no evidence of the two Pitts ever meeting.

97　Cromwell, 'Life on the Margins', p. 43.

98　Dawson, 'William Pitt's Settlement', p. 680.

99　Ibid.

100　Ibid., p. 683.

101　Ibid., p. 684.

102　The National Archives, London (hereafter TNA), Colonial Office (CO)123/1, The Declaration of Edward King of Mosquito Indians in the Presence of God under the British Standard.

103　TNA CO/123/1, Letter to Captain Hodgson, 5 October 1749.

104　TNA CO/123/1, The First Account of the State of That Part of America Called the Mosquito Shore in the Year 1757, 30 August 1759.

105　Ibid.

106　Nigel O. Bolland, *The Formation of a Colonial Society: Belize, from Conquest to Crown Colony* (Johns Hopkins University Press, 1977), chapter 3.

107　Jennifer L. Anderson, 'Nature's Currency: The Atlantic Mahogany Trade and Commodification of Nature in the Eighteenth Century', *Early American Studies*, vol. 12 no. 1, Spring 2004, pp 47–80.

108　Marcus Rediker. *Villains of All Nations: Atlantic Pirates in the Golden Age* (Verso, 2004), p. 10.

109　Ibid., p. 29.

第 4 章
蔗糖

1   The background on sugar for this section uses detail from from Toby Musgrave and Will Musgrave, *An Empire of Plants: People and Plants that Changed the World* (Cassell, 2000), chapter 2.

2   Frank Moya Pons, 'The Establishment of Primary Centres and Primary Plantations', in P. C. Emmer and Germán Damas Carrera (eds), *General History of the Caribbean*, vol. 2: *The Caribbean in the Long Sixteenth Century* (Unesco, 1999), pp. 66–7.

3   Bethencourt and Curto, *Portuguese Oceanic Expansion*, p. 25.

4   Moya Pons, 'The Establishment', pp. 66–7.

5   For a brief summary, see Matthew Parker, 'Barbados: Cavaliers of the Caribbean', *History Today* 61, 7 (2011), www.historytoday.com/matthew-parker/barbados-cavaliers-caribbean

6   Richard Ligon, *A True & Exact History of the Island of Barbados* (1657), pp. 2–22.

7   Ibid., p. 46.

8   Ibid., p. 85.

9   Quoted in Oldmixon, *The British Empire in America*, p. 7.

10 'A German Indentured Servant in Barbados in 1652: The Account of Heinrich von Uchteritz', *Journal of the Barbados Museum and History Society* 33, 3 (1970), pp. 92–3.

11 Oostindie and Paasman, 'Dutch Attitudes Towards Colonial Empire', p. 352.

12 *Curaçao Papers*, p. 145.

13 Hans Sloane, *A Voyage to the Islands Madera, Barbados, Nieves, S. Christophers and Jamaica* (1707), p. xiv.

14 This section is particularly indebted to the first part of Mann, *1493*.

15 See Chapter 3 in Mann, *1493*.

16 Ibid. and Reinaldo Funes Monzote, 'The Columbian Moment: Politics, Ideology, and Biohistory', in Palmié and Scarano, *The Caribbean*, p. 91.

17 Mann, *1493*.

18 Hilary McD. Beckles, 'The Economics of Transition to the Black Labor System in Barbados, 1630–1680', *Journal of Interdisciplinary History* 18, 2 (1987), pp. 227–8.

19 Ibid., p. 230.

20 Ibid., p. 242.

21 These calculations come from Voyages: The Trans-Atlantic Slave Trade Database, www.slavevoyages.org (accessed 4 March 2012). This accessible database is open to the public and is an excellent resource for anyone interested in the slave trade.

22 Beckles, 'The Economics of Transition', p. 226.

23 See Philip Morgan, 'Slavery in the British Caribbean', in David Eltis and

Stanley L. Engerman (eds), *The Cambridge World History of Slavery*, vol. 3: *AD 1420–AD 1804* (Cambridge University Press, 2011), p. 380; see also Matthew Parker, *The Sugar Barons* (Windmill, 2012).

24 Voyages: The Trans-Atlantic Slave Trade Database, www.slavevoyages.org

25 Edward Littleton, *The Groans of the Plantations: Or, A True Account of Their Grievous and Extreme Sufferings by the Heavy Impositions Upon Sugar, and Other Hardships Relating More Particularly to the Island of Barbados* (1698), p. 17.

26 Musgrave and Musgrave, *An Empire of Plants*, provides a clear description of the techniques.

27 Campbell, *Candid and Impartial Considerations on the Nature of the Sugar Trade (1763)*, pp. 22–3.

28 Ibid., p. 26.

29 Littleton, *The Groans of the Plantations*, p. 23.

30 Ibid., p. 1.

31 Richard S. Dunn, 'The Barbados Census of 1680: Profile of the Richest Colony in English America', *William and Mary Quarterly*, vol. 26 no. 1 (Jan. 1969), p.4.

第 5 章
奴隶制度的兴起

1 Sloane, *A Voyage*, p. xlvii.

2 David Wheat, 'The First Great Waves: African Provenance Zones for the Transatlantic Slave Trade to Cartagena De Indias, 1570–1640', *Journal of African History* 52, 1 (2011), pp. 1–22.

3 See Peter Emmer, 'Slavery and the Slave Trade of the Minor Atlantic Powers', in Eltis and Engerman, *The Cambridge World History of Slavery*, vol. 3, pp. 457–9.

4 Curaçao Papers, pp. 109–11.

5 This section is indebted to Emmer, 'Slavery and the Slave Trade', p. 471.

6 Ibid.

7 His actions are said to have laid the foundation for the Johnkankus/ Junkanoo carnivalesque masquerades found among slave communities near Christmas in Jamaica, the Bahamas and coastal North Carolina and Virginia. See Emmer, 'Slavery and the Slave Trade', p. 471.

8 Voyages: The Trans-Atlantic Slave Trade Database, www.slavevoyages.org

9 Carl Wennerlind, *Casualties of Credit: The English Financial Revolution, 1620–1720* (Harvard University Press, 2011), p. 222.

10 John Thornton, *Africa and Africans in the Making of the Atlantic World* (Cambridge University Press, 1998), pp. 73–7.

11 Ibid., pp. 86–99.

12 This and the quotes that follow come from Paul Erdmann Isert, *Letters on*

West Africa and the Slave Trade: Paul Erdmann Isert's Journey to Guinea and the Caribbean Islands in Columbia (1788), trans. and ed. S. Axelrod Winsnes (Sub-Saharan Publishers, 2007), pp. 31–252.

13 Olaudah Equiano, The Interesting Narrative of the Life of Olaudah Equiano, or Gustavus Vassa, the African. Written by Himself, 9th edn (1794; originally published 1789).

14 Recent scholarship suggests Equiano may have been born in North America and invented his African past in order to lend weight to his tract. Even if that were the case – and the jury is still out – his story still represents the experiences of people he would have known and spoken to, and remains valid. See Vincent Carretta, Equiano, the African: Biography of a Self-made Man (University of Georgia Press, 2005.)

15 For this and the subsequent passages, see Equiano, Interesting Narrative, pp. 32–49.

16 Voyages: The Trans-Atlantic Slave Trade Database, www.slavevoyages.org

17 Mary Prince, The History of Mary Prince: A West Indian Slave (London, 1831), available at Project Gutenberg (2006), www.gutenberg.org/files/17851/17851-h/17851-h.htm (accessed 19 December 2012), p. 4.

18 B. W. Higman, 'The Development of Historical Disciplines in the Caribbean', in P. C. Emmer, B. W. Higman and Germán Carrera Damas (eds), General History of the Caribbean, vol. 6: Methodology and Historiography of the Caribbean (Unesco, 1999), p. 31–2.

19 Sloane, A Voyage, p. xlvii.

20 John Stewart. An Account of Jamaica and Its Inhabitants by a Gentleman Long Resident in the West Indies (Longman, Hurst, Rees, and Orme, 1808), p. 236.

21 Ibid., p. 247.

22 A discussion of slavery in the Iberian world should make reference to the Tannenbaum debate: see Frank Tannenbaum, Slave and Citizen: The Negro in the Americas (Knopf, 1946), in which he argues that the emancipation had a different tenor because the Iberian system of slavery had different contours to the French and British, for example the right of slaves to buy their freedom. Since the work's reception in 1946 it has been a subject of controversy, with his thesis falling in and out of fashion. See, for instance, Alejandro de la Fuente, 'Forum: What Can Frank Tannenbaum Still Teach Us About the Law of Slavery?', Law and History Review 22, 2 (2008), pp. 339–71.

23 For an English translation of the code, see http://chnm.gmu.edu/revolution/d/335/ (accessed 4 March 2012).

24 Gwendolyn Midlo Hall, Social Control in Slave Plantation Societies: A Comparison of St. Domingue and Cuba (Louisiana State University Press, 1996), p. 95.

25 St Bart's slave code (in French) can be found at Le Code Noir suédois de Saint-Barthélemy, www.memoirestbarth.com/st-barts/esclavage/archives-code-noir-suedois (accessed 19 December 2012).

26 See Morgan, 'Slavery in the British Caribbean', p. 390.

27 Malick W. Ghachem, 'Prosecuting Torture: The Strategic Ethics of Slavery in Pre-Revolutionary Saint-Domingue (Haiti)', *Law and History Review* 29, 4 (2011), p. 993.

28 For a full account see ibid., pp. 985–1029.

29 Ibid., p. 1003.

30 Prince, *A West Indian Slave*, p. 7.

31 Bryan Edwards, *The History, Civil and Commercial, of the British Colonies in the West Indies*, 2 vols, 1806 edn (1801), vol. 2, bk 4, pp. 203; 343–55.

32 Ibid., pp. 204–7.

33 Ibid, p. 209.

34 Kay Dian Kriz, *Slavery, Sugar, and the Culture of Refinement: Picturing the British West Indies, 1700–1840* (Yale University Press, 2008), pp. 37–8.

35 Ibid., p. 38.

36 See Morgan, 'Slavery in the British Caribbean', p. 392.

37 This passage is based on Guillaume Aubert, 'The Blood of France: Race and Purity of Blood in the French Atlantic World', *William and Mary Quarterly* 61, 3 (2004), pp. 446–55.

38 Garrigus, 'Blue and Brown', p. 247.

39 Ibid., p. 239.

40 This sketch of the Raimond family comes from ibid., pp. 248–51.

41 Matt D. Childs, *The 1812 Aponte Rebellion in Cuba and the Struggle against Atlantic Slavery* (University of North Carolina Press, 2006), pp. 18, 98–100.

42 Ibid., pp. 102–3.

43 Jane G. Landers, *Atlantic Creoles in the Age of Revolutions* (Harvard University Press, 2010), pp. 147–8.

44 Margarite Fernández Olmos and Lizabeth Paravisini-Gebert, *Sacred Possessions: Vodou, Santería, Obeah, and the Caribbean* (Rutgers University Press, 1997), p. 5.

45 Ibid., p. 12.

46 Edwards, *The History*, vol. 2, bk 4, p. 302.

47 Knox, *A Historical Account*, p. 78.

48 TNA CO 71/10, Governor Orde to Whitehall, 6 February 1786.

49 TNA CO 260/4, Valentine Morris to Lord George Germain, 25 March 1777.

50 Knox, *A Historical Account*, p. 69.

51 Ibid., p. 70.

52 Sloane, *A Voyage*, p. lvii.

53 Michel de Montaigne, 'Of the Cannibals', in Derek Hughes (ed.), *Versions of Blackness: Key Texts on Slavery from the Seventeenth Century* (Cambridge University Press, 2007), p. 288.

54 Ibid., p. 289.

55 John Locke, *Two Treatises of Government* (1821), pp. 205–8.

56 See, for instance James Farr, 'Locke, Natural Law, and New World Slavery', *Political Theory* 36, 4 (2008), pp. 495–552.

57 Locke, *Two Treatises*, p. 213.
58 On the subject of improvement, see Richard Drayton, *Nature's Government: Science, Imperial Britain, and the 'improvement' of the World* (Yale University Press, 2000).
59 T. Fiehrer, 'Slaves and Freedmen in Colonial Central America: Rediscovering a Forgotten Black Past', *Journal of Negro History* (1979), p. 53.
60 James H. Sweet, 'The Iberian Roots of American Racist Thought', *William and Mary Quarterly* 54, 1 (1997), p. 145.
61 Eric Williams, *Capitalism and Slavery* (University of North Carolina Press, 1944) 1994 edn, p. 7.
62 Sloane, *A Voyage*, p. lv.
63 David Eltis, Frank D. Lewis, and David Richardson. 'Slave Prices, the African Slave Trade, and Productivity in the Caribbean, 1674–1807', *Economic History Review* 58, 4 (2005), p. 678. For money conversions see www.measuringworth.com/ukcompare/relativevalue.php. I used the factor 'income value' in assessing the worth.
64 Ron Chernow, *Washington: A Life* (Penguin, 2010), p. 106.
65 Ibid.
66 Christopher J. Berry, *The Idea of Luxury: A Conceptual and Historical Investigation* (Cambridge University Press, 1994), p. xii.

第 6 章
纷争的世界

 1 As might be imagined, there are numerous versions of this tale – in some he brought the ear, in others he did not; the ear was in a box, the ear was in a jar, etc.
 2 Edward Lawson, 'What Became of the Man Who Cut Off Jenkins' Ear?', *Florida Historical Quarterly* 37, 1 (1958), p. 33.
 3 Ibid.
 4 Ibid., p. 34.
 5 Ibid., p. 35.
 6 For a detailed account of the European power struggles during this period, see Brendan Simms, *Three Victories and a Defeat: The Rise and Fall of the First British Empire* (Basic Books, 2008).
 7 Kathleen Wilson, 'Empire, Trade and Popular Politics in Mid-Hanoverian Britain: The Case of Admiral Vernon', *Past & Present* 121 (1988), p. 81.
 8 Montesquieu, *The Spirit of the Laws*, ed. Anne Cohler, Basia Miller and Harold Stone (Cambridge University Press, 1989), p. 259.
 9 Christopher Miller, *The French Atlantic Triangle: Literature and Culture of the Slave Trade* (Duke University Press, 2008), p. 65.
10 Montesquieu, *The Spirit of the Laws*, p. 263.

11 Miller, *The French Atlantic Triangle*, p. 66.
12 David Hume, *Political Essay*, ed. Knud Haakonssen (Cambridge University Press), 1994, p. 86.
13 Louis Jaucourt, 'Slave Trade', in *The Encyclopedia of Diderot & d'Alembert Collaborative Translation Project*, trans. Stephanie Noble (University of Michigan Library, 2007), http://hdl.handle.net/2027/spo.did2222.0000.114 (accessed 7 March 2103).
14 Ibid.
15 Adam Smith, *Lectures on Jurisprudence*, ed. R. L. Meek, D. D. Raphael, and P. G. Stein (Liberty Classics, 1982), p. 185.
16 Susan Buck-Morss, *Hegel, Haiti, and Universal History* (University of Pittsburgh Press, 2009), p. 85.
17 Montesquieu, *The Spirit of the Laws*, pp. 246–8.
18 Antonio Sánchez Valverde, *Idea del Valor de la Isla Española*, ed. Emilio Rodríguez Demorizi and Fray Cipriano de Utrera (Editora Nacional, 1971), pp. 33–4.
19 Jean Rhys, *Wide Sargasso Sea* (Penguin, 1997), p. 40.
20 Sankar Muthu, *Enlightenment against Empire* (Princeton University Press, 2003).
21 Adam Smith, *The Wealth of Nations* (Viking Penguin, 2000; originally published 1776), p. 138.
22 For an extensive explanation of the debate about luxury, see István Hont, 'The Early Enlightenment Debate on Commerce and Luxury', in Mark Goldie and Robert Wokler (eds), *The Cambridge History of Eighteenth-Century Political Thought* (Cambridge University Press, 2006), p. 379.
23 Jean-François Saint-Lambert, 'Luxury', in *Encyclopedia of Diderot & d'Alembert*.
24 Ibid.
25 Berry, *The Idea of Luxury*, pp. 155–6.
26 John Shovlin, *The Political Economy of Virtue: Luxury, Patriotism, and the Origins of the French Revolution* (Cornell University Press, 2007), pp. 5–6.
27 Montesquieu, *The Spirit of the Laws*, pp. 403–4.
28 José del Campillo y Cossío, *Nuevo sistema de gobierno económico para la América* (Madrid, 1798), p. 33.
29 Íñigo Abbad y Lasierra, *Historia geográfica, civil y natural de la isla de San Juan Bautista de Puerto Rico* (San Juan, 1971), p. 179.
30 Archivo General de Indias, Seville (hereafter AGI), Santo Domingo, legajo 2395 *Comisión dada al Mariscal de Casupo Don Alejandro Orreli para la vista de aquella Ysla*, 1765.
31 Douglas Salisbury (attrib.), *A Letter Addressed to Two Great Men, on the Prospect of Peace; And the Terms Necessary to Be Insisted Upon the Negociation*, 2nd edn (1760), p. 4; pp. 30–35.
32 Anon., *Remarks on the Letter Addressed to Two Great Men* (1760), p. 14.

33 Ibid., p. 17.
34 Douglas Hamilton, 'Rivalry, War and Imperial Reform in the 18th-century Caribbean', in Palmié and Scarano, *The Caribbean*, p. 265.
35 Sherry Johnson, *Climate and Catastrophe in Cuba and the Atlantic World in the Age of Revolution* (University of North Carolina Press, 2011), pp. 41–7.
36 Patrick Mackellar, *A Correct Journal of Landing His Majesty's Forces on the Island of Cuba* (1762).
37 McNeill, *Mosquito Empires*.
38 Cuban and British historians had long claimed some 10,700 slaves were brought in during the occupation, but later the figure was revised to 4,000. For more detail on this, see Steve Cushion, 'Using the Transatlantic Slave Database to Shed More Light on a Historiographical Debate' (paper delivered at the Society of Caribbean Studies annual conference, 2013, caribbeanstudies.org.uk).
39 Francisco López Segrera, 'Dependence, Plantation Economy, and Social Class, 1762–1902', in Manuel Moreno Fraginals, Frank Moya Pons, and Stanley L. Engerman (eds), *Between Slavery and Free Labor: The Spanish-speaking Caribbean in the Nineteenth Century* (Johns Hopkins University Press, 1985), p. 81.
40 Allan J. Kuethe, *Cuba, 1753–1815: Crown, Military, and Society* (University of Tennessee Press, 1986), pp. 33–8.
41 Ibid., pp. 68–9.
42 This section is based on the more extensive account in E. Rothschild, 'A Horrible Tragedy in the French Atlantic', *Past & Present* 192, 1 (2006), pp. 67–108.
43 Ibid., p. 76.
44 One of these would later be known as Devil's Island and turned into a penal colony.
45 Rothschild, 'A Horrible Tragedy', p. 77; on the issue of disease in the colony, see also McNeill, *Mosquito Empires*.
46 T. D. Allman, *Finding Florida: The True History of the Sunshine State* (Atlantic Monthly Press, 2013), pp. 52–3.
47 Andrew Jackson O'Shaughnessy, *An Empire Divided: The American Revolution and the British Caribbean* (University of Pennsylvania Press, 2000), p. 64.
48 Ibid., p. 81.
49 Musgrave, 'An Empire of Plants', p. 90.
50 Ibid., pp. 93–4.
51 O'Shaughnessy, 'An Empire Divided', p. 143.
52 Ibid., pp. 146–54.
53 Johnson, *Climate and Catastrophe*, p. 148.
54 See Mann, *1493*, chapter 3.
55 Dawson, 'William Pitt's Settlement', p. 698.

56 O'Shaughnessy. *An Empire Divided*, p. 213.

57 Janet Schaw, *Journal of a Lady of Quality, Being the Narrative of a Journey from Scotland to the West Indies, North Carolina, and Portugal, in the Years 1774 to 1776*, ed. Evangeline Walker Andrews and Charles McLean Andrews (University of Nebraska Press, 2005), pp. 135–7.

58 O'Shaughnessy, *An Empire Divided*, p. 214.

59 TNA CO 111/1, Edward Thompson to Lord George Germain, 22 April 1781. See www.measuringworth.com/ukcompare/relativevalue.php, using 'historic standard of living' calculation.

60 Hamilton, 'Rivalry, War and Imperial Reform', p. 268.

61 Ibid. According to Hamilton this tactic was later put to good use by Admiral Horatio Nelson during the Battle of Trafalgar. Also see O'Shaughnessy, *An Empire Divided*, pp. 226–37.

62 Maya Jasanoff, *Liberty's Exiles: American Loyalists in the Revolutionary World* (Knopf, 2011), pp. 6–8.

63 See Jasanoff, *Liberty's Exiles*, and Simon Schama, *Rough Crossings: Britain, the Slaves and the American Revolution* (HarperCollins, 2006).

64 TNA CO 71/10, Petition of His Majesty's faithful American subjects, 16 April 1786.

65 TNA CO 71/10, Alex Stewart and Thomas Beech to the King, 17 April 1786.

66 See Jasanoff, *Liberty's Exiles*, p. 272.

67 O'Shaughnessy, *An Empire Divided*, p. 238.

68 The following passage is taken from James Ramsay, *An Essay on the Treatment and Conversion of African Slaves in the British Sugar Colonies* (1784), pp. 62–114.

69 Ibid., p. 63.

70 Equiano, *Interesting Narrative*, p. 357.

71 For a fuller account see Schama, *Rough Crossings*, pp. 37–55.

72 Morgan, 'Slavery in the British Caribbean', p. 385.

73 T. Clarkson, *An Essay on the Impolicy of the African Slave Trade in Two Parts*, 2nd edn (1788), pp. 9–10.

74 William Fox, *An Address to the People of Great Britain, on the Consumption of West-India Produce* (1791), pp. 2–11.

75 For the following, see Anon., *A Vindication of the Use of Sugar, the Produce of the West India Islands* (London, 1792), pp. 8–21.

76 Blackburn, *The Making of New World Slavery*, p. 403; Voyages: The Trans-Atlantic Slave Trade Database, www.slavevoyages.org.

77 AGI, Santo Domingo, legajo 954, Commander Vicente to Joaquín García, 5 November 1790.

78 For an English translation see http://avalon law.yale.edu/18th_century/rightsof.asp

79 John Lynch, *Bourbon Spain* (Basil Blackwell, 1993), pp. 378–9.

80 AGI, Caracas, 153, 27 January 1790.

81 Julien Raimond, *Observations on the Origin and Progression of the White Colonists' Prejudice against Men of Colour* (1791), quoted in Laurent Dubois and John D. Garrigus (eds), *Slave Revolution in the Caribbean, 1789–1804:*
A Brief History with Documents (Palgrave Macmillan, 2006), p. 80.

82 Médéric-Louis-Eli Moreau de Saint-Méry, *A Civilization that Perished: The Last Years of White Colonial Rule in Haiti*, ed. Ivor D. Spencer (University Press of America, 1985), p. 76.

83 Stewart R. King, *Blue Coat or Powdered Wig: Free People of Color in Pre-Revolutionary Saint Domingue* (University of Georgia Press, 2001), p. 42.

84 C. L. R. James, *The Black Jacobins: Toussaint L'Ouverture and the San Domingo Revolution* (Penguin, 2001; originally published 1938). p. 59. See also Laurent Dubois, *A Colony of Citizens: Revolution & Slave Emancipation in the French Caribbean, 1787–1804* (University of North Carolina Press, 2004) for more about the debates over slavery and *gens de couleur* in the National Assembly, and for events in the neighbouring French sugar island of Guadeloupe. Also see Carolyn E. Fick, *The Making of Haiti: The Saint Domingue Revolution from Below* (University of Tennessee Press, 1990).

85 Vincent Ogé to the Count de Peinier, 21 October 1790, quoted in Dubois and Garrigus, *Slave Revolution in the Caribbean*, p. 76.

86 Dubois and Garrigus, *Slave Revolution in the Caribbean*, p. 18.

87 AGI, Santo Domingo, legajo 1028, Pedro Catani to Floridablanca, 29 December 1790.

第 7 章
海地，奴隶制终结的起点

1 This section quotes Baron de Wimpffen (Francis Alexander Stanislaus), *A Voyage to Saint Domingo, in the Years 1788, 1789, and 1790* (1817 translation; originally published 1797), p. 51.

2 Ibid., p. 108.

3 Ibid., p. 201.

4 Ibid., p. 206.

5 Ibid., pp. 216–17.

6 Ibid., pp. 111–12.

7 Ibid., pp. 265–6.

8 Ibid., p. 333.

9 There is a large degree of mystery over these events, as, for obvious reasons, there was no note-taker present. For a discussion of the date

of this event and the larger use of voodoo in the incitement in Saint-Domingue, see David Patrick Geggus, *Haitian Revolutionary Studies* (Indiana University Press, 2002); and Robin Blackburn, 'Haiti, Slavery, and the Age of Democratic Revolution', *William and Mary Quarterly*, 63, 4 (2006), pp. 643–74. Antonio Benítez-Rojo has argued that voodoo was an integral part of not only the start of the Haitian Revolution, but that it was the central ideological force that propelled and sustained the slaves' fight. See his work, *The Repeating Island* (Duke University Press, 2005), pp. 159–66. See also James, *Black Jacobins*, pp. 69–71, and Laurent Dubois, *Avengers of the New World: The Story of the Haitian Revolution* (Belknap Press of Harvard University Press, 2004), pp. 94–102.

10 TNA CO 37/43, no. 218, Council Chamber of Bermuda to Henry Hamilton, 17 January 1792.

11 TNA CO 71/20, Orde to Lord Grenville, 3 February 1791.

12 TNA CO 71/20, The Examination of Polinaire: A Free Mulatto Man, 7 February 1791, p. 2. Italics in original.

13 For more on this incident, see Honychurch, *The Dominica Story*, pp. 100–103.

14 TNA CO 71/20, Bertrand to Orde, 17 February 1791.

15 Honychurch, *The Dominica Story*, pp. 100–103.

16 TNA CO 71/20, Adjournment of the King's Bench, 1 March 1791.

17 AGI, Papeles de Cuba, legajo 1434, Juan Bautista Vaillant to Luis de las Casas, 20 August 1790.

18 Voyages: The Trans-Atlantic Slave Trade Database, www.slavevoyages.org

19 Althea De Parham (ed. and trans.), *My Odyssey: Experiences of a Young Refugee from Two Revolutions, by a Creole of Saint Domingue* (Louisiana State University Press, 1959).

20 Ibid., p. 32.

21 Herbert S. Klein, *Slavery in the Americas: A Comparative Study of Virginia and Cuba* (Oxford University Press, 1967), p. 217.

22 Conde de Floridablanca to Luis de las Casas, 26 November 1791, Archivo Nacional de Cuba (hereafter ANC), legajo 42, no. 7, Correspondencia de los Capitanes Generales, in José Luciano Franco (ed.), *Documentos para la historia de Haití en el Archivo Nacional* (Comisión Nacional de la Academia de Ciencias, 1954), p. 67.

23 For more on Toussaint Louverture, his leadership of Saint-Domingue and his historical depiction, see James, *Black Jacobins*; Sibylle Fischer, *Modernity Disavowed: Haiti and the Cultures of Slavery in the Age of Revolution* (Duke University Press, 2004); David Scott, *Conscripts of Modernity: The Tragedy of Colonial Enlightenment* (Duke University Press, 2004); Dubois, *Avengers of the New World*.

24 For more on the life of Georges Biassou, see Landers, *Atlantic Creoles*; on

Toussaint, see James, *Black Jacobins*; Dubois; *Avengers of the New World*; Madison Smartt Bell, *Toussaint Louverture* (Vintage, 2008).

25 AGI, Papeles de Cuba, 1434, 15 September 1792.

26 Francisco de Arango y Parreño, 'Discurso sobre la agricultura de la Habana y medios de fomentarla', in *Obras*, vol. 1 (1888), pp. 62–3.

27 Manuel Moreno Fraginals, *El Ingenio: El Complejo Economico Social Cubano del Azucar* (Editoral de Ciencias Sociales, 1978).

28 Francisco de Arango y Parreño, 'Representación hecha á S.M. con motivo de la sublevación de esclavos en los dominios franceses de la Isla de Santo Domingo', 20 November 1791, *Obras*, vol. 1 (1888), pp. 48–9.

29 Dale Tomich, 'The Wealth of Empire: Francisco Arango y Parreño, Political Economy, and the Second Slavery in Cuba', in Christopher Schmidt-Nowara and John M. Nieto-Phillips (eds), *Interpreting Spanish Colonialism: Empires, Nations, and Legends* (University of New Mexico Press, 2005).

30 Chernow, *Washington*, p. 710.

31 For more on the fate of the refugees who went to the US, see Ashli White, *Encountering Revolution: Haiti and the Making of the Early Republic* (Johns Hopkins University Press, 2010).

32 Ashli White, 'The Politics of "French Negros" in the United States', in Alyssa Goldstein Sepinwall, *Haitian History: New Perspectives* (Routledge, 2012), chapter 5.

33 For more on Guadeloupe see Dubois, *A Colony of Citizens*.

34 Geggus, *Haitian Revolutionary Studies*, p. 13.

35 De Parham, *My Odyssey*, p. 91.

36 David Patrick Geggus, *Slavery, War and Revolution: The British Occupation of Saint Domingue, 1793–1798* (Clarendon Press, 1982), pp. 105–8.

37 Geggus, *Haitian Revolutionary Studies*, p. 180.

38 Gabriel Esteban Debien, 'Les colons de Saint-Domingue réfugiés à Cuba 1793–1815', *Revista de Indias* 54–6 (1953), pp. 11–37. He argues that there was a first wave lasting until 1798, which was followed by an evacuation from 1798 to 1802, and a great exodus in 1803–4, and then another triggered by events of 1808.

39 William Walton, *Present State of the Spanish Colonies; Including a Particular Report of Hispañola, of the Spanish Part of Santo Domingo; With A General Survey of the Settlements on the South Continent of America* (1810), p. 187.

40 For a detailed account, see Geggus, *Haitian Revolutionary Studies*, pp. 179–203.

41 AGI, Caracas, legajo 153, 'Estado de población y agricultura', 1795.

42 They were later tricked into a deal, and 600 were sent to Nova Scotia. See Higman, *A Concise History*, p. 142.

43 Seymour Drescher, 'The Long Goodbye: Dutch Capitalism and Antislavery in Comparative Perspective', *American Historical Review* (1994), pp. 58–9.

44 Johanna von Grafenstein, *Nueva España en el circuncaribe, 1779–1808: revolución, competencia imperial y vínculos intercoloriales* (Universidad Nacional Autónoma de México, 1997), pp. 252–3; AGI, Caracas, legajo 426, Expediente sobre la sublevación de los Negros de Coro, 12 June 1795.

45 AGI, Estado, legajo 5A, no. 15, Luis de las Casas to Eugenio Llaguno, 18 August 1795. See also, David Geggus, 'Slave Resistance in the Spanish Caribbean', in *A Turbulent Time: The French Revolution and the Greater Caribbean* (Indiana University Press, 1997), pp. 133–6.

46 There would be numerous other conspiracies on the island blamed on the 'francés' of Saint-Domingue. See Guillermo A. Baralt, *Esclavos rebeldes: Conspiraciones y sublevaciones de esclavos en Puerto Rico (1795–1873)*, 2nd edn (Ediciones Huracán, 1985).

47 ANC, Asuntos Políticos, legajo 255, sig 29, Conde de Santa Clara, 28 January 1799.

48 See Geggus, 'Slave Resistance', pp. 145–9, for more on the different types of revolts.

49 The Black Caribs are thought to be the ancestors of the Garifuna people who live along the Caribbean coast of Central America. See Michael Craton, 'The Black Caribs of St Vincent', in Stanley Engerman and Robert Paquette (eds), *The Lesser Antilles in the Age of European Expansion* (University Press of Florida, 1996), pp. 71–84.

50 Geggus, *Slavery, War and Revolution*, p. 192.

51 Geggus, *Haitian Revolutionary Studies*, p. 22.

52 Marcus Rainsford, *A Memoir of Transactions That Took Place in St. Domingo, in the Spring of 1799* (1802), pp. 6–7; 22–9.

53 He soon followed that up with a more substantial history of the island in 1805, *An Historical Account of the Black Empire in Hayti*.

54 For a clear summary of this very complicated period, see chapter 3 of Jeremy Popkin, *A Concise History of the Haitian Revolution* (Wiley, 2011).

55 This was reported in the newspapers, including the *General Advertiser*, Philadelphia, 16 March 1801, www2.webster.edu/~corbetre/haiti/history/revolution/takes-dr.htm (accessed 12 March 2013).

56 AGI, Santo Domingo, legajo 1039, Juan Gonzales Ferino and Juan de Lauastida to Miguel Cayetano Soler, 13 March 1801.

57 AGI, Caracas, legajo 148, Migares to Antonio Cornél, 24 February 1801.

58 AGI, Caracas, legajo 148, Suplica of Pedro Sánchez Valverde, 21 March 1801.

59 Ibid.

60 Haiti: The 1801 Constitution (English translation), The Louverture Project, Haitian Constitution of 1801, last updated 11 October 2007, http://thelouvertureproject.org/index.php?title=Haitian_Constitution_of_1801_(English) (accessed 10 March 2013). On the issue of Haitian constitutions, see Julia Gaffield, 'Complexities of Imagining Haiti: A

Study of National Constitutions, 1801–1807', *Journal of Social History*, 41, 1 (2007), pp. 81–103.

61 Grafenstein, *Nueva España*, p. 205.

62 Frank Moya Pons, 'The Land Question in Haiti and Santo Domingo: The Sociopolitical Context of the Transition from Slavery to Free Labour, 1801–1843', in Moya Pons, Fraginals and Engerman, *Between Slavery and Free Labour*, p. 188.

63 Philippe Girard, 'Jean-Jacques Dessalines and the Atlantic System: A Reappraisal', *William and Mary Quarterly* 69, 3 (2012), p. 557.

64 Philippe Girard, 'Black Talleyrand: Toussaint Louverture's Diplomacy, 1798–1802', *William and Mary Quarterly* 66, 1 (2009), p. 93.

65 *English Poetry II: From Collins to Fitzgerald*. The Harvard Classics (P. F. Collier & Son, 1909–14), vol. 41; available at www.bartleby.com/41/ (accessed 22 December 2012).

66 McNeill, *Mosquito Empires*, p. 258.

67 Jasanoff, *Liberty's Exiles*, p. 273.

68 Lady Nugent, *Lady Nugent's Journal* (Institute of Jamaica, 1939).

69 Ibid., p. 242.

70 Quoted in Geggus, *Haitian Revolutionary Studies*, p. 27.

71 Haiti 1805 Constitution, www.webster.edu/~corbetre/haiti/history/earlyhaiti/1805-const.htm (accessed 13 March 2013).

72 'American Papers', *The Times*, 11 July 1806.

73 Data from Voyages: The Trans-Atlantic Slave Trade Database, www.slavevoyages.org. It should also be noted that the database puts 'Danish/Baltic' together.

74 AGI, Estado, legajo 2, exp 43, Marqués de Someruelos to Pedro Ceballos, 20 December 1803; Emilio Bacardí y Moreau, *Crónicas de Santiago de Cuba* (Carbonell y Esteva, 1909), p. 45.

75 Debien, 'Les colons de Saint-Domingue', pp. 11–37.

76 Bacardí y Moreau, *Crónicas*, p. 46.

77 ANC, Asuntos Políticos, legajo 255, sig 36, Sebastián Kindelán, 7 July 1803.

78 Josep Maria Fradera, *Colonias para después de un imperio* (Barcelona, 2005), p. 705; Fraginals, *El Ingenio*.

79 Archivo General de Puerto Rico (hereafter AGPR), Fondo Gobernadores Españoles, Asuntos Políticos y Civiles, caja 174, Toribio Montes, 8 August 1808.

80 AGI, Santo Domingo, legajo 1042, Proclamation, General Louis Ferrand, 9 August 1808.

81 AGI, Santo Domingo, legajo 1042, Juan Sánchez Ramírez, 'Diario de las operaciones practicadas para la reconquista de la parte española de Santo Domingo', May 1808.

82 Moya Pons, *The Dominican Republic*, p. 114.

83 C. Armando Rodríguez (trans.), *Diario histórico (guerra domínico-francesa de 1808) por Gilbert Guillermin* (Santo Domingo, 1938), p. 60.

84 AGI, Santo Domingo, legajo 1042, Juan Sánchez Ramírez, March 1809.

85 Ibid.

86 Walton, *Present State*, p. 255.

87 Bacardí y Moreau, *Crónicas*, pp. 56–7.

88 Thomas Jefferson to James Madison, 19 April 1809, Library of Congress, Jefferson papers, http://memory.loc.gov/ammem/collections/jefferson_papers/ (accessed 10 March 2013).

89 ANC Cuba, Asuntos Políticos, legajo 142, no. 108, Lieutenant Governor of Holguín to Governor, 7 September 1808.

90 Debien, 'Les colons de Saint-Domingue', p. 18.

91 Archivo Histórico Provincial de Santiago de Cuba, Protocolos Notariales Escribanos de Santiago de Cuba; Escribanes Giro, no. 240, 15 and 24 April 1809.

92 ANC, Asuntos Políticos, legajo 255, sig 41, Sebastián Kindelán, 10 April 1809.

93 Fraginals, *El Ingenio*, p. 41.

94 Alexander von Humboldt, *The Island of Cuba: A Political Essay* (Princeton University Press, 2001), pp. 166, 198.

95 Alexander von Humboldt, *Personal Narrative of Travels to the Equinoctial Regions of the New Continent During the Years 1799–1804*, vol. 7 (Longman, 1829), p. 8.

96 Ibid., p. 12.

97 Ibid., pp. 163–4.

98 Ibid., p. 16.

99 Ibid., pp. 100–104.

100 John Huxtable Elliott, *Empires of the Atlantic World: Britain and Spain in America, 1492–1830* (Yale University Press, 2006), see chapter 12.

101 See, for instance, James F. King, 'The Colored Castes and American Representation in the Cortes of Cadiz', *Hispanic American Historical Review* 33, 1 (1953), pp. 33–64; Marixa Lasso, *Myths of Harmony: Race and Republicanism During the Age of Revolution, Colombia, 1795–1831* (University of Pittsburgh Press, 2007); Mario Rodriguez, *The Cádiz Experiment in Central America, 1808 to 1826* (University of California Press, 1978).

102 Quoted in King, 'The Colored Castes', p. 41.

103 Ibid., see footnote 14 in the article.

104 Lasso, *Myths of Harmony*, pp. 42–3.

105 *Diario de las discusiones y actas de las Cortes*, 2 April 1811, vol. 4, p. 439.

106 Ibid., p. 443.

107 Ibid., pp. 444–5.

108 Expediente, 18 March 1812, in *El proceso abolicionista en Puerto Rico: documentos para su estudio* (University of Puerto Rico, 1974), pp. 125–56.

109 Childs, *The 1812 Aponte Rebellion*, pp. 2–4. See Childs's book for a comprehensive account of events and testimony surrounding the rebellion. Also see the first chapter of Sibylle Fischer, *Modernity Disavowed*, for an examination of the trial of Aponte and the larger meanings of his book.

110 Voyages: The Trans-Atlantic Slave Trade Database, www.slavevoyages.org/, accessed 10 March 2013.

111 Raymond A. Mohl, 'A Scotsman in Cuba, 1811–1812', *The Americas* 29, 2 (1972), pp. 235–6.

第 8 章
古巴以及自由的矛盾

1 AGPR, Fondo Gobernadores Españoles, Asuntos Políticos y Civiles, caja 174, Real Cédula, 10 August 1815.

2 Voyages: The Trans-Atlantic Slave Trade Database, www.slavevoyages.org/

3 Kenneth F. Kiple, *Blacks in Colonial Cuba, 1774–1899* (University of Florida Press, 1976), p. 3.

4 George Dawson Flinter, *An Account of the Present State of the Island of Puerto Rico* (1834), p. 206.

5 Pablo Tornero Tinajero, *Crecimiento económico y transformaciones sociales: esclavos, hacendados y comerciantes en la Cuba colonial (1760–1840)* (Ministerio de Trabajo y Seguridad Social, 1996), p. 174.

6 Manuel Barcia Paz, *Seeds of Insurrection: Domination and Resistance on Western Cuban Plantations, 1808–1848* (Louisiana State University Press, 2008), p. 34.

7 Midlo Hall, *Social Control*, pp. 55–6.

8 Luis Diaz Soler, *Historia de la esclavitud negra en Puerto Rico* (University of Puerto Rico, 1965), p. 213.

9 Paul Verna, *Petión y Bolívar: cuarenta años (1790–1830) de relaciones haitiano-venezolanos y su aporte a la emancipación de Hispanoamérica* (Ministerio de Educación [Venezuela], 1969), p. 92.

10 Ibid., p. 94.

11 Ibid., p. 148.

12 Grafenstein, *Nueva España*, p. 238.

13 'A Letter by Simón Bolívar', trans. Lewis Bertrand, in *Selected Writings of Bolivar* (The Colonial Press, 1951), http:// faculty.smu.edu/bakewell/ BAKEWELL/texts/jamaica-letter.html (accessed 13 March 2013).

14 William F. Lewis, 'Simón Bolívar and Xavier Mina: A Rendezvous in Haiti', *Journal of Inter-American Studies* 11, 3 (1969), p. 461.

15 Alexandre Pétion to Simón Bolívar, 18 February 1816 quoted in Verna, *Pétion y Bolívar*, p. 537.

16 Simón Bolívar to Alexandre Pétion, 4 September 1816, quoted in Lewis, 'Simón Bolívar and Xavier Mina', p. 460.

17 For more on this period see, John Lynch, *Simón Bolívar: A Life* (Yale University Press, 2006), pp. 97–102.

18 Quoted ibid., p. 109. The issue of manumission would plague Bolívar for many years. Even after mandating manumission in 1821, further decrees were issued in 1823, 1827, and 1828 due to pro-slavery groups ignoring previous laws. See Harold A. Bierck, Jr, 'The Struggle for Abolition in Gran Colombia', *Hispanic American Historical Review* 33, 3 (1953), p. 367.

19 Charles Wilson Hackett, 'The Development of John Quincy Adam's Policy with Respect to an American Confederation', *Hispanic American Historical Review* 8, 4 (1928), p. 514.

20 John Quincy Adams, 'State of the Union Address to US Congress', 6 December 1825, www.ushistory.org/documents/monroe.htm (accessed 22 May 2010).

21 On the issue of wider public reaction, see Frances L. Reinhold, 'New Research on the First Pan-American Congress Held at Panama in 1826', *Hispanic American Historical Review* 18, 3 (1938), pp. 342–63.

22 Ralph Sanders, 'Congressional Reaction in the United States to the Panama Congress of 1826', *The Americas* 11, 2 (1954), p. 143.

23 Ibid., p. 144.

24 Anon., *Spanish America: Observations on the Instructions Given By the President of the United States of America to the Representatives of That Republic, At the Congress Held At Panama in 1826* (1829), pp. 59–60.

25 Moya Pons, 'The Land Question in Haiti and Santo Domingo', pp. 182–4.

26 Thomas Clarkson to Baron Turik Lecisos, 11 March 1820, Letter no. 160, Fold 6, Thomas Clarkson Papers, St John's College, Cambridge.

27 Arthur O. White, 'Prince Saunders: An Instance of Social Mobility Among Antebellum New England Blacks', *Journal of Negro History* 60, 4 (1975), pp. 527–8.

28 Ibid.

29 Prince Saunders, *Haytian Papers: A Collection of the Very Interesting Proclamations and Other Official Documents; Together with Some Account of the Rise, Progress, and Present State of the Kingdom of Hayti* (1816).

30 White, 'Prince Saunders', p. 530.

31 Ibid., p. 532.

32 Ibid., p. 534.

33 AGI, legajo 970, Jean-Pierre Boyer to Sebastián Kindelán, 22 December 1820.

34 Emilio Rodríguez Demorizi, *Santo Domingo y la Gran Colombia* (Academia Dominicana de la Historia, 1971), p. 53.

35 Victor Bulmer-Thomas, *The Economic History of the Caribbean Since the Napoleonic Wars* (Cambridge University Press, 2012), p. 551.

36 Loring Daniel Dewey, *Correspondence Relative to the Immigration to Hayti of the Free People of Colour* (1824), p. 8.

37 White, 'Prince Saunders', p. 534.

38 John Candler, *Brief Notices of Hayti: With Its Condition, Resources, and Prospects* (T. Ward & Co., 1842), p. 6.

39 Ibid., pp. 26–7.

40 Ibid., p. 38.

41 Ibid., p. 83.

42 Ibid., pp. 90–105.

43 John Quincy Adams to Hugh Nelson, Washington, 28 April 1823, in Worthington Chauncey Ford (ed.), *Writings of John Quincy Adams*, vol. 7 (Norwood Press, 1917), pp. 374–5.

44 Ibid.

45 James Monroe, 'Seventh Annual Message to Congress', 2 December 1823, www.ushistory.org/documents/monroe.htm (accessed 22 May 2013).

46 Eleazar Córdova-Bello, *La independencia de Haití y su influencia en hispanoamérica* (Instituto Panamericano de Geografía e Historia, 1967), p. 151.

47 ANC, Primera pieza de la causa por la Conspiración de los Soles de Bolívar, quoted in Roque E. Garrigó, *Historia documentada de la conspiración de los Soles y rayos de Bolívar* (A. Muñiz and Bros, 1927), p. 170.

48 Josep Maria Fradera, *Colonias para después de un imperio* (Edicions Bellaterra, 2005), p. 56.

49 Francisco Morales Padrón, 'Conspiraciones y masonería en Cuba (1810–1826)', *Anuario de Estudios Americanos* 29 (1972), pp. 375–7.

50 AGI, Estado, legajo 96, no. 108, Conde de la Alcudia to Manuel González Salmón, 22 August 1828.

51 William Manning, *Diplomatic Correspondence of the United States Concerning the Independence of the Latin-American Nations* (Oxford University Press, 1925), pp. 230–31.

52 Robert Francis Jameson, *Letters from the Havana, During the Year 1820, Containing an Account of the Present State of the Island of Cuba, and Observations on the Slave Trade* (John Miller, 1821), p. 19.

53 Ibid.

54 Eric Williams, 'The British West Indian Slave Trade After Its Abolition in 1807', *Journal of Negro History* 27, 2 (1942), p. 178.

55 Meredith A. John, 'Communications: The Smuggled Slaves of Trinidad, 1813', *Historical Journal* 31, 2 (1988), p. 365.

56 Ibid., p. 371.

57 Gert Oostindie, '"British Capital, Industry and Perseverance" Versus Dutch "Old School"?: The Dutch Atlantic and the Takeover of Berbice, Demerara and Essquibo, 1750–1815', *Low Countries Historical Review* 127, 4

(2012), p. 35; Voyages: The Trans-Atlantic Slave Trade Database, www.slavevoyages.org

58 Michael Craton, 'Proto-Peasant Revolts? The Late Slave Rebellions in the British West Indies 1816–1832', *Past & Present* 85 (1979), pp. 101–2.

59 Ibid., pp. 103–4.

60 Knox, *A Historical Account*, p. 95.

61 See the excellent digital resource Legacies of British Slave-ownership to follow where the compensation money went: www.ucl.ac.uk/lbs/project/ (accessed 21 August 2013).

62 T. J. Barringer, Gillian Forrester, and Barbaro Martinez-Ruiz, *Art and Emancipation in Jamaica: Isaac Mendes Belisario and His Worlds* (Yale Center for British Art in association with Yale University Press, 2007), pp. 72–3.

63 Selwyn H. H. Carrington, *The Sugar Industry and the Abolition of the Slave Trade, 1775–1810* (University Press of Florida, 2003), pp. 284–6.

64 Parker, *The Sugar Barons*, p. 363.

65 Aline Helg, *Liberty & Equality in Caribbean Colombia, 1770–1835* (University of North Carolina Press, 2004), pp. 152–61.

66 Marixa Lasso, 'Haiti as an Image of Popular Republicanism in Caribbean Colombia Cartagena Province (1811–1828)', in David Geggus (ed.), *The Impact of the Haitian Revolution in the Atlantic World* (University of South Carolina Press, 2001), p. 183.

67 Knox, *A Historical Account*, p. 114.

68 Ibid., p. 115.

69 Calculated at www.measuringworth.com.

70 Rodrigo Lazo, *Writing to Cuba: Filibustering and Cuban Exiles in the United States* (University of North Carolina Press, 2005), p. 3.

71 Anon., *Filibustiero: A Life of General Lopez, and History of the Late Attempted Revolution in Cuba* (1851), p. 3.

72 Ibid.

73 Ibid., p. 4.

74 From Cuban Filibuster Movement, www.latinamericanstudies.org/ filibusters.htm (accessed 30 March 12).

75 Robert E. May, *The Southern Dream of a Caribbean Empire, 1854–1861* (Louisiana State University Press, 1973), p. 23.

76 Lazo, *Writing to Cuba*, p. 5.

77 May, *The Southern Dream*, p. 79.

78 See Stephen Dando-Collins, *Tycoon's War: How Cornelius Vanderbilt Invaded a Country to Overthrow America's Most Famous Military Adventurer* (Da Capo Press, 2009).

79 Ibid., p. 251.

80 *Harper's New Monthly Magazine*, quoted in Amy S. Greenberg, 'A Gray-Eyed Man: Character, Appearance, and Filibustering', *Journal of the Early Republic* 20, 4 (2000), pp. 674–83.

81 Charles Swett, *A Trip to British Honduras, and to San Pedro, Republic of Honduras* (1868), pp. 5–25.

82 Ibid., pp. 121–3.

83 'Proclamations of Col. Alexander McDonald, Superintendent of British Honduras on the Settlement of the Colony of British Honduras', National Library of Jamaica, MS 825, 2 November 1840.

84 Archibald Robertson Gibbs, *British Honduras: An Historical and Descriptive Account of the Colony from Its Settlement, 1670* (Low, 1883), p. 117.

85 Ibid., pp. 158–9.

86 It would go on in that status until 1860, then there was a Miskito Reserve until 1894, then an Incorporated Reserve until 1905, and then it became part of Nicaragua.

87 Trollope, *The West Indies*, p. 115.

88 Ibid., p. 116.

89 For an account of this period and the corresponding debates, see Nicholas Guyatt, 'America's Conservatory: Race, Reconstruction, and the Santo Domingo Debate', *Journal of American History* 97, 4 (2011), pp. 974–1000.

90 James Redpath (ed.), *Guide to Hayti* (1861), p. 5.

91 Ibid., p. 64.

92 Dubois, *Avengers of the New World*, chapter 4.

93 Philip Magness, 'The Île à Vache: From Hope to Disaster', *New York Times*, 12 April 2013, http://opinionator.blogs.nytimes.com/2013/04/12/the-le-vache-from-hope-to-disaster/

94 George Staunton, *An Authentic Account of An Embassy from the King of Great Britain to the Emperor of China: Taken Chiefly from the Papers of His Excellency the Earl of Macartney*, vol. 1 (London, 1797), p. 21.

95 Ibid., p. 21.

96 Ibid., p. 527.

97 Julia Lovell, *The Opium War: Drugs, Dreams, and the Making of China* (Picador, 2011), p. 3.

98 Ibid., p. 23.

99 Ibid.

100 Ibid., p. 2.

101 Edward Brown, *Cochin-China, and My Experience of It* (1861), pp. 42–3.

102 Susan Campbell, 'Carnival, Calypso, and Class Struggle in Nineteenth Century Trinidad', *History Workshop* 26 (1998), p. 4.

103 Ibid., p. 5.

104 Ibid., p. 6.

105 Higman, *A Concise History*, p. 171.

106 Thomas Hancock, *Are the West India Colonies to Be Preserved? A Few Plain Facts* (1840), p. 6.

107 Ibid., p. 8.

108 See Capt. & Mrs Swinton, *Journal of a Voyage with Coolie Emigrants from Calcutta to Trinidad* (1859), pp. 3–15.

109 TNA CO 318/165. Controlling Indian Emigration to Jamaica, British Guiana and Trinidad, 16 November 1844.

110 Rosemarijn Hoefte, 'A Passage to Suriname? The Migration of Modes of Resistance by Asian Contract Laborers', *International Labor and Working-Class History* 54, Fall (1998), pp. 19–39.

111 Stanley Engerman, 'Contract Labor, Sugar, and Technology in the Nineteenth Century', *Journal of Economic History* 43, 3 (1983), p. 642.

112 Ibid., p. 645.

113 Joseph Dorsey, 'Identity, Rebellion, and Social Justice Among Chinese Contract Workers in Nineteenth-Century Cuba', *Latin American Perspectives* 31, 3 (2004), p. 21.

114 Ibid.

115 *Immigration: A Series of Articles Upon the Benefits of Indian Immigration to Trinidad* (Mole Bros, 1893), pp. 4–5.

116 Ibid., p. 6.

117 Ibid., p. 7.

118 Alan L. Karras, *Smuggling: Contraband and Corruption in World History* (Rowman & Littlefield, 2010), p. 99.

119 Honychurch, *The Dominica Story*, pp. 127–8.

120 *Anti-Slavery Reporter*, London, 1865; see also Gad Heuman, *The Killing Time: The Morant Bay Rebellion in Jamaica* (Macmillan, 1994); B. A. Knox, 'The British Government and the Governor Eyre Controversy, 1865–1875', *Historical Journal* 19, 4 (1976), pp. 877–900; Gillian Workman, 'Thomas Carlyle and the Governor Eyre Controversy: An Account With Some New Material', *Victorian Studies* 18 (1974), pp. 77–102.

121 Eltis, Lewis, and Richardson, 'Slave Prices', p. 678.

122 Leslie Bethell, *Cuba: A Short History* (Cambridge University Press, 1993), p. 16.

123 Tornero Tinajero, *Crecimiento económico*, p. 390.

124 David Eltis, *Economic Growth and the Ending of the Transatlantic Slave Trade* (Oxford University Press, 1987), p. 284; see www.measuringworth.com for calculations.

125 Jameson, *Letters from the Havana*, p. 39.

126 Trollope, *The West Indies*, pp. 147–8.

127 Voyages: The Trans-Atlantic Slave Trade Database, www.slavevoyages.org

128 Midlo Hall, *Social Control*, p. 132.

129 Ibid., p. 133.

130 David R. Murray, *Odious Commerce: Britain, Spain and the Abolition of the Cuban Slave Trade* (Cambridge University Press, 1980), p. 273.

131 Bethell, *Cuba*, p. 16.

132 Voyages: The Trans-Atlantic Slave Trade Database, www.slavevoyages.org

133 Bethell, *Cuba*, p. 27.

134 José Martí, *Our America: Writings on Latin America and the Struggle for Cuban Independence*, ed. Philip Foner, trans. Elinor Randall (Monthly Review Press, 1977), pp. 312–13.

135 Bethell, *Cuba*, p. 28.

136 Martí, *Our America*, p. 26.

第 9 章
香蕉战争和全球纷争

1 'The Korona Brings Roraima Survivors', *New York Times*, 21 May 1902.

2 Ibid.

3 Ibid.

4 Ibid.

5 Ibid.

6 Stephen J. Randall, Graeme S. Mount, and David Bright, *The Caribbean Basin: An International History* (Routledge, 1998), p. 37.

7 'The Platt Amendment', in C. I. Bevans (ed.), *Treaties and Other International Agreements of the United States of America, 1776–1949*, vol. 8 (United States Government Printing Office, 1971), pp. 1116–17; www.fordham.edu/halsall/mod/1901platt.asp (accessed 16 March 2013).

8 Theodore Roosevelt, Fourth Annual Message to Congress, 6 December 1904, www.presidency.ucsb.edu/ws/index.php?pid=29545 (accessed 16 March 2013).

9 Cesar J. Ayala, 'The American Sugar Kingdom, 1898–1934', in Palmié and Scarano, *The Caribbean*, p. 435; J. H. Galloway, 'Botany in the Service of Empire: The Barbados Cane-Breeding Program and the Revival of the Caribbean Sugar Industry, 1880s–1930s', *Annals of the Association of American Geographers* 86, 4 (1996), p. 682.

10 Galloway, 'Botany', p. 684.

11 César J. Ayala, *American Sugar Kingdom: The Plantation Economy of the Spanish Caribbean, 1989–1934* (University of North Carolina Press), 2003, p. 5.

12 Ibid., p. 30.

13 For an examination of this period, see Jorge Renato Ibarra Guitart, *El Tratado Anglo-Cubano de 1905* (Editorial de Ciencias Sociales, 2006).

14 Aline Helg, *Our Rightful Share: The Afro-Cuban Struggle for Equality, 1886–1912* (University of North Carolina Press, 1995), p. 2.

15 Ibid., p. 225; Bethell, *Cuba*, p. 44.

16 Walter Rodney, *A History of the Guyanese Working People, 1881–1905* (Johns Hopkins University Press, 1981), pp. 190–96.

17 This article marks the 100th anniversary of this event, and its connection

to the present: www.stabroeknews.com/2013/features/in-the-diaspora/
03/11/fatally-policed-protest-the-1913-rose-hall-uprising/

18 Rutherford B. Hayes: 'Special Message', 8 March 1880. See The American
Presidency Project by Gerhard Peters and John T. Woolley, online at
www.presidency.ucsb.edu/ws/?pid=68534 (accessed 21 August 2013).

19 Randall, Mount, and Bright, *The Caribbean Basin*, p. 39.

20 Ibid.

21 Ibid., p. 41.

22 For more on Panama and Barbados see Hilary McD. Beckles, *A History of
Barbados*, 2nd edn (Cambridge University Press, 2006), pp. 208–11.

23 TNA CO 137/648, Edward Hudson to Claude Mallet, 11 November 1905.

24 *Investigations of Panama Canal Matters: Hearings Before the Committee on
Interoceanic Canals of the United States Senate*, 4 vols (US Government
Printing Office, 1908), vol. 1, p. 932.

25 TNA CO 137/648, Mallet to Lansdowne, 6 May 1905.

26 TNA CO 137/648, Mallet to Lansdowne, 9 May 1905.

27 *Investigations of Panama Canal Matters*, p. 52.

28 Ibid., p. 53.

29 Beckles, *A History of Barbados*, pp. 208–11.

30 Colin Grant, *Negro with a Hat: The Rise and Fall of Marcus Garvey* (Oxford
University Press, 2011), p. 31.

31 John Soluri, 'Banana Cultures: Linking the Production and Consumption
of Export Bananas, 1800–1980', in Steve Striffler and Mark Moberg (eds),
Banana Wars: Power, Production, and History in the Americas (Duke University
Press, 2003), p. 49.

32 Jason M. Colby, *The Business of Empire: United Fruit, Race, and U.S. Expansion
in Central America* (Cornell University Press, 2011), p. 108.

33 'The Trade in Bananas', *New York Times*, 7 May 1882.

34 Frances Emery-Waterhouse, *Banana Paradise* (Stephen-Paul Publishers,
1947), p. 12.

35 Colby, *The Business of Empire*, p. 4.

36 See John Gallagher and Ronald Robinson, 'The Imperialism of Free
Trade', *Economic History Review* 6, 1 (1953), pp. 1–15.

37 Nigel O. Bolland, 'Labour Protests, Rebellions, and the Rise of
Nationalism during Depression and War', in Palmié and Scarano', *The
Caribbean*, p. 465.

38 Barry Carr, 'Identity, Class, and Nation: Black Immigrant Workers, Cuban
Communism, and the Sugar Insurgency, 1925–1934', *Hispanic American
Historical Review* 78, 1 (1998), p. 90.

39 Ibid., p. 93.

40 Emery-Waterhouse, *Banana Paradise*, p. 12.

41 Colby, *The Business of Empire*, p. 126.

42 Ibid., p. 163.

43 Laura T. Raynolds, 'The Global Banana Trade', in Striffler and Moberg, *Banana Wars*, p. 27.

44 Ibid., p. 27.

45 'Siquirres Notes', Limón *Times*, 27 April 1911, in Robert A. Hill (ed.), *The Marcus Garvey and Universal Negro Improvement Association Papers: The Caribbean Diaspora, 1910–1920* (Duke University Press, 2011), p. 26.

46 Grant, *Negro with a Hat*, pp. 53–4.

47 Colby, *The Business of Empire*, p. 133.

48 Ibid., p. 122.

49 Quoted in Colby, *The Business of Empire*, p. 123.

50 TNA Cabinet papers (CAB)/24/125, 'A Monthly Review of Revolutionary Movements in British Dominions Overseas and Foreign Countries', 31 May 1921.

51 TNA CAB/24/89, 'Unrest Among the Negros', 7 October 1919.

52 Grant, *Negro with a Hat*, p. 2.

53 Nigel O. Bolland, *On the March: Labour Rebellions in the British Caribbean, 1934–9* (Ian Randle, 1995), pp. 27–8.

54 Ibid.

55 Ibid., p. 28.

56 Eric Jennings, 'Monuments to Frenchness? The Memory of the Great War and the Politics of Guadeloupe's Identity, 1914–1945', *French Historical Studies* 21, 4 (1998), p. 562.

57 US National Archives and Records Administration (hereafter NARA), Records of the Government of the Virgin Islands of the United States, 1917, RG55, 'Virgin Islands of the United States: general conditions, 1 August 1917'.

58 NARA RG59 844D.014/8, 'Not For Sale', *Daily Gleaner*, 10 July 1933.

59 Bethell, *Cuba*, p. 47.

60 Ayala, 'The American Sugar Kingdom', p. 442.

61 Bolland, 'Labour Protests', p. 463.

62 Ibid., p. 461.

63 Ibid.

64 Bolland, *On the March*, p. 27.

65 Randall, Mount, and Bright, *The Caribbean Basin*, p. 65.

66 Bolland, *On the March*, pp. 44–6.

67 NARA RG59 844C.504/1, 'Subversive movements in the British West Indies', 30 November 1935.

68 Barbados National Archives (hereafter BNA) GH/4/52, 'Position of British West Indians in Central and South American Countries', July 1933.

69 TNA FO 288/204, 'Draft confidential letter from J Crosby, British Legation to the Hon Marquis of Reading', 8 September 1931.

70 Ibid.

71 BNA GH/4/89, Josiah Crosby, British Legation, Panama, 15 June 1933.

72 BNA GH/4/89, Letter to Governor Young from St Lucia, 10 November 1935.

73 Bolland, *On the March*, pp. 70–72.

74 NARA RG59 844C.504/1, 'Subversive Movements in the British West Indies', 30 November 1935.

75 Bolland, *On the March*, p. 58.

76 NARA RG59 844D.504/10, George Alexander Armstrong to US Secretary of State, 19 April 1935.

77 BNA GH/4/60, Letter from Guiana to Governor Young, 25 September 1933.

78 Bolland, *On the March*, p. 112.

79 TNA CO 28/325/12, E. J. Waddington, 'The Necessity for Emigration from Barbados', 27 October 1939.

80 *Ibid.*

81 Bolland, *On the March*, p. 129.

82 '1000 Labourers Halt Tate and Lyle in Westmoreand', *Daily Gleaner*, 2 May 1938, p. 1.

83 '4 Dead! 9 In Hospital!! 89 in Jail!!', *Daily Gleaner*, 3 May 1938, p. 1.

84 'Intrepid Gleanerman Says: I was in the mob when "hell broke loose" at Frome', *Daily Gleaner*, 3 May 1938, p. 1.

85 TNA CAB 23/93, Cabinet 26 (38) Meeting of the Cabinet to be held at No. 10 Downing Street, SW1, on Wednesday 25th May, 1938, at 11.00am. Jamaica – ff.352–3.

86 NARA RG59 844D.5045/13, 'Disturbances in Kingston, Confidential report from Hugh Watson, American Consul General', 25 May 1938.

87 Bolland, *On the March*, pp. 173–5.

88 Carr, 'Identity, Class, and Nation', p. 89.

89 Higman, *A Concise History*, p. 202.

90 Mary A. Renda, *Taking Haiti: Military Occupation and the Culture of US Imperialism, 1915–1940* (University of North Carolina Press, 2001), p. 30.

91 Higman, *A Concise History*, p. 206.

92 Renda, *Taking Haiti*, p. 10.

93 Laurent Dubois, *Haiti: The Aftershocks of History* (Picador USA, 2013), see chapter 6.

94 Quoted in Renda, *Taking Haiti*, p. 31.

95 *Ibid.*, p. 10.

96 Dubois, *Aftershocks of History*, chapter 6.

97 Renda, *Taking Haiti*, p. 10.

98 *Ibid.*, p. 33.

99 Caribbean Documents Collection, University of Miami Special Collections Folder 22, Letters to Helen Esqueme From Edmond; Account of His Trip to Haiti, 28 August 1930.

100 Quoted in Renda, *Taking Haiti*, p. 34.
101 Ibid., p. 4.
102 Ibid., p. 34.
103 Higman, *A Concise History*, p. 204.
104 Ibid., p. 205.
105 Quoted in Richard Turits, *Foundations of Despotism: Peasants, the Trujillo Regime, and Modernity in Dominican History* (Stanford University Press, 2004), p. 162.
106 Ibid., p. 163.
107 Ibid., p. 161.
108 Quoted ibid., p. 167.
109 Ibid., p. 168.

第 10 章
独立之路

1   TNA CAB 65/5/27, Conclusions of a Meeting of the War Cabinet held at 10 Downing Street, SW1, on Tuesday, January 30, 1940 at 11.30AM.
2   Ibid.
3   TNA CAB 65/5/42, Conclusions of a Meeting of the War Cabinet held at 10 Downing Street, SW1 on Thursday, February 15, 1940, at 11.30AM.
4   TNA CAB 66/61/21, War Cabinet: Publication of the West India Royal Commission Report, 27 January 1945.
5   Bolland, 'Labour Protests', p. 464.
6   NARA CP RG59 844C.4016/1. East Indians in the West Indies. 3 November 1939.
7   Ibid.
8   TNA CAB 67/4/45, War Cabinet: Recommendations of the West India Royal Commission, 13 February 1940.
9   Bolland, 'Labour Protests', p. 464.
10 TNA CO 28/332/4, Barbadian Affairs Intelligence & Situation Reports, 13 November 1944.
11 TNA CO 28/332/4, Bushe to Stanley, 11 July 1944.
12 TNA CO 28/332/4, Telegram No 388, 11 December 1944, Secretary of State for the Colonies to Barbados.
13 TNA CO 28/332/4, Barbadian Affairs Intelligence & Situation Reports, 13 November 1944.
14 Randall, Mount, and Bright, *The Caribbean Basin*, pp. 72–3.
15 V. S. Naipaul, *Miguel Street* (Penguin, 1987), p. 55.
16 Louis Nizer, *My Life in Court* (Doubleday, 1961), p. 236.
17 Ibid., p. 235.
18 Ibid., pp. 267–73.

19 Jennings, 'Monuments to Frenchness?', p. 561.
20 Randall, Mount, and Bright, *The Caribbean Basin*, p. 77.
21 Ibid., pp. 78–80.
22 TNA WO 106/2845, 'General Situation in Dominica', May 1943.
23 TNA WO 106/2845, Telegram no. 860, Sir A. Grimble to Secretary of State for Colonies, 28 July 1943.
24 TNA WO 106/2845, 'General Situation in Dominica', May 1943.
25 Ibid.
26 Angela Pidduck, 'Rotarians honour a Calypso Jew', *Trinidad and Tobago Newsday*, 29 July 2012, www.newsday.co.tt/features/0,164047.html (accessed 28 November 2012).
27 Hans Stecher, 'Historical Notes on the Jews in Trinidad' (1982), unpublished paper, West India Collection, University of West Indies, St Augustine, Trinidad.
28 Jean Rhys, *Voyage in the Dark* (Penguin, 2000; originally published 1934).
29 For a recent discussion of the state of this debate see Dale Tomich, 'Econocide? From Abolition to Emancipation in the British and French Caribbean', in Palmié and Scarano, *The Caribbean*, chapter 20.
30 Williams, *Capitalism and Slavery*.
31 See, for instance, Seymour Drescher, *Econocide: British Slavery in the Era of Abolition* (University of North Carolina Press, 2010); Hilary McD. Beckles, 'Capitalism, Slavery and Caribbean Modernity', *Callaloo* 20, 4 (1997), pp. 777–89; Selwyn H. H. Carrington, 'Capitalism & Slavery and Caribbean Historiography: An Evaluation', *Journal of African American History* 88, 3 (2003), pp. 304–12; Eltis, *Economic Growth*; Cedric J. Robinson, 'Capitalism, Slavery and Bourgeois Historiography', *History Workshop Journal* 23 (1987), pp. 122–40.
32 Colin A. Palmer, *Eric Williams and the Making of the Modern Caribbean* (University of North Carolina Press, 2008).
33 George Lamming, 'The Legacy of Eric Williams', *Callaloo* 20, 4 (1997), p. 731.
34 Spencer Mawby, *Ordering Independence: The End of Empire in the Anglophone Caribbean, 1947–1969* (Palgrave Macmillan, 2012), pp. 123, 180.
35 'Ministry Paper No. 32: Jamaica Independence Celebrations', 1962, National Library of Jamaica 31/1962.
36 Ibid., Annex V.
37 *Daily Gleaner*, 2 August 1962, p. 23.
38 *Daily Gleaner*, 5 August 1962, p. 5.
39 Ibid.
40 Dr Martin Luther King, Jr, 'The American Dream', http://mlk-kpp01. stanford.edu/index.php/encyclopedia/documentsentry/doc_the_

american_dream/ (accessed 21 March 2013). See also: Carter Mathes, 'Circuits of Political Prophecy: Martin Luther King Jr., Peter Tosh, and the Black Radical Imaginary', *Small Axe* 14, 2 (2010), pp. 17–41.

41 Barbados Independence Celebrations, 27 Nov.–4 Dec. 1966, West India Collection, UWI Cave Hill.

42 TNA FCO 141/40, Frank McDonald to Richard Nolte, report on Anguilla to the Institute of Current World Affairs, 17 March 1969.

43 *The Times*, 20 March 1969, p. 1.

44 *The Times*, 17 March 1969, p. 9.

45 Ibid.

46 BNA GH/3/6/5, MSS/G/2.

47 Richard Drayton, 'Anglo-American "Liberal" Imperialism: British Guiana, 1953–64 and the World Since September 11', in Wm Roger Louis (ed.), *Yet More Adventures with Britannia: Personalities, Politics, and Culture in Britain* (I. B. Tauris, 2005), p. 326.

48 Ibid., pp. 327–32.

49 TNA CAB 128/26, Conclusions of a Meeting of the Cabinet held at 10 Downing Street SW1 on Friday, 2nd October, 1953, at 11.30 am.

50 NARA RG59 Box 2, British Guiana, Confidential letter regarding impending visit of Dr Cheddi Jagan, 30 July 1959.

51 NARA RG59 Box 2, British Guiana, 'Confidential: Reported Cuban Loan to British Guiana', 15 September 1960.

52 Drayton, 'Anglo-American', p. 322.

53 NARA RG59 Box 2, British Guiana, General folder, 'Confidential Memorandum of Conversation', 21 October 1964.

54 Randall, Mount, and Bright, *The Caribbean Basin*, p. 33.

55 The definitive account of this period is by Assad Shoman, who was involved in the negotiations. See Assad Shoman, *Belize's Independence and Decolonization in Latin America: Guatemala, Britain, and the UN* (Palgrave Macmillan, 2010).

56 See Godfrey P. Smith, *George Price: A Life Revealed* (Ian Randle, 2011).

57 Shoman, *Belize's Independence*, p. 190.

58 NARA RG59, General Records of the Department of State, Bureau of Inter-American Affairs, Records relating to Costa Rica, 1958–62, Box 2, Whiting Willauer to Thomas Mann, 21 September 1960.

59 Colby, *The Business of Empire*, p. 204.

60 Ibid., p. 205.

61 Douglas Farah, 'Papers Show US Role in Guatemalan Abuses', *Washington Post*, 11 March 1999, p. 26.

62 Lesley Gill, *The School of the Americas: Military Training and Political Violence in the Americas* (Duke University Press, 2004).

63 John A. Booth, Thomas W. Walker, and Christine J. Wade (eds),

Understanding Central America: Global Forces, Rebellion, Change (Westview Press, 2010), pp. 83–4.

64　Ibid., p. 91.

65　James E. Genova, 'Constructing Identity in Post-War France: Citizenship, Nationality, and the Lamine Guèye Law, 1946–1953', *International History Review* 26, 1 (2004), p. 57.

66　Anne S. Macpherson, 'Toward Decolonization: Impulses, Processes, and Consequences since the 1930s', in Palmié and Scarano, *The Caribbean*, pp. 478–9.

第 11 章
在热带的冷战

1　Ruby Hart Phillips, *Cuba: Island of Paradox* (McDowell, Obolensky, 1959), p. 262.

2　Herbert L. Matthews, 'Cuban Rebel Is Visited in Hideout', *New York Times*, 24 February 1957.

3　Ibid.

4　Ibid.

5　Hart Phillips, *Cuba*, pp. 400–404.

6　Philip Benjamin, 'Castro Gets a Noisy Reception Here', *New York Times*, 22 April 1959.

7　'US Stand against Reds in Cuba Has Its Roots in Monroe Doctrine', *New York Times*, 19 April 1961.

8　Eric Williams, 'International Perspectives for Trinidad and Tobago', 1964, UWI, SA, Eric Williams Memorial Collection, No. 644.

9　Speech by Cuban Prime Minister Fidel Castro at friendship rally at 14 June rural basic secondary school, Isle of Pines, in honor of Trinidad-Tobago Prime Minister Eric Williams, 20 June 1975, http://lanic.utexas.edu/project/castro/db/1975/19750720.html (accessed 23 March 2013).

10　'Manley gets warm welcome in Cuba', *Daily Gleaner*, 10 July 1975, p. 1.

11　'PM returns from Cuba', *Daily Gleaner*, 14 July 1975, p. 1.

12　Letter, *Daily Gleaner*, 29 September 1977, p. 8.

13　'JLP to boycott Castro's visit', *Sunday Gleaner*, 16 October 1977, p. 1.

14　'Castro Is Here: Security Tight for Cuba Head', *Daily Gleaner*, 17 October 1977, pp. 1–2.

15　There is an excellent documentary about this called *Life and Debt*; see www.lifeanddebt.org/

16　Zora Neale Hurston, *Tell My Horse: Voodoo and Life in Haiti and Jamaica* (Perennial Library, 1990; originally published 1938), p. 83.

17　NARA, RG59, Records Relating to Haiti, 1960–74, Container 2, Policy Papers, Haiti, Robert Newbegin to Norman Warner, 28 November 1960.

18 Graham Greene, *The Comedians* (The Bodley Head, 1976), p. x.
19 Michele Wucker, *Why the Cocks Fight: Dominicans, Haitians, and the Struggle for Hispaniola* (Hill and Wang, 2000), pp. 120–21.
20 'Wild Welcome for Negus – And the Emperor Wept', *Daily Gleaner*, 22 April 1966, p. 1.
21 Barrington and González, *Caribbean Religious History*, p. 186.
22 National Census Report Jamaica, www.caricomstats.org/Files/ Publications/NCR%20Reports/Jamaica.pdf (accessed 9 July 2013).
23 *Daily Gleaner*, 22 April 1966.
24 Ibid.
25 'Selassie Leaves', *Sunday Gleaner*, 24 April 1966, p. 13.
26 Jacquiann Lawton, 'Social and Public Architecture in Kingston, Jamaica', *Docomomo* 33 (2005), pp. 58–9.
27 See chapter 6 of Colin Grant, *I&I: The Natural Mystics: Marley, Tosh, and Wailer* (Jonathan Cape, 2011).
28 Anthony Maingot, 'Independence and Its Aftermath: Suriname, Trinidad, and Jamaica', in Palmié and Scarano, *The Caribbean*, p. 533.
29 Richard Drayton, 'From Kabul to Kingston', *Guardian*, 14 June 2010, www.guardian.co.uk/commentisfree/2010/jun/14/jamaica-tactics-army-afghanistan (accessed 25 March 2013).
30 Brian Meeks, *Radical Caribbean: From Black Power to Abu Bakr* (University of the West Indies Press, 1996), p. 1.
31 Walter Rodney, *The Groundings with My Brothers* (Villiers, 1975), p. 60.
32 Quoted in Meeks, *Radical Caribbean*, p. 11.
33 Ibid., p. 19.
34 See Herman L. Bennett, 'The Challenge to the Post Colonial State: A Case Study of the February Revolution in Trinidad', in Franklin W. Knight and Colin A. Palmer (eds), *The Modern Caribbean* (University of North Carolina Press, 1989), chapter 6.
35 Meeks, *Radical Caribbean*, p. 30.
36 TNA CAB 128/45/18, 'Conclusions of a Meeting of the Cabinet held at 10 Downing Street, SW1, on Thursday, 23rd April, 1970'.
37 Maingot, 'Independence and Its Aftermath', p. 529.
38 Beckles, *A History of Barbados*, p. 282.
39 TNA FCO 63/443, 'Secret despatch re Stokely Carmichael', 15 May 1970.
40 Ibid.
41 TNA FCO 63/494, 'Confidential: Black Power EN Larmour to TRM Sewell', London, 29 May 1970.
42 Ibid.
43 TNA FCO 63/494, 'A Post-Trinidad Assessment of Jamaican Stability', 29 May 1970.
44 Ibid.
45 TNA FCO 141/50, Secret files on Black Power, 17 December 1970.

46 Ibid.

47 'Legislation Against Dreads, Advocate News, Barbados', *Star* (Dominica), 13 September 1974, pp. 1 and 3.

48 'Suppression of the Dreads Act Passed', *Star* (Dominica), 22 November 1974, p. 1.

49 'Premier on Dreads & Communism', *Star* (Dominica), 29 November 1974, p. 6.

50 'Dominica Is Given New Powers to Combat Black Guerrillas', *New York Times*, 7 December 1974, p. 8.

51 Robert Trimbull, 'Dominica's Harsh Law Against Black Guerrillas Stirs Concern', *New York Times*, 6 January 1975, p. 8.

52 Laurence Lindo, 'Unrest in Dominica', *The Times*, 9 July 1975, p. 15.

53 Sybil Farrell Lewis and Dale T. Mathews (eds), *Documents on the Invasion of Grenada* (Institute of Caribbean Studies, University of Puerto Rico, October, 1983), p. 5.

54 Ibid., p. 10.

55 Ibid., p. 41.

56 Ibid., p. 17.

57 'Grenada: Behind Reagan's propaganda victory: British and American press coverage', newspaper cuttings, University of Miami Special Collection, M0001, Caribbean and South American Ephemera Collection, Box 9.

58 Lewis and Mathews, *Documents on the Invasion of Grenada*, p. 51.

59 Socialist Action 'Hands Off Grenada!', University of Miami Special Collection, M0001, Caribbean and South American Ephemera Collection, Box 9.

60 US Anti-Imperialist League, 'The Invasion of Grenada'.

61 Lewis and Mathews, *Documents on the Invasion of Grenada*, p. 87.

62 Ibid., p. 107.

63 Ibid., p. 39.

64 Richard Bernstein, 'US Vetoes UN Resolution "Deploring" Grenada Invasion', *New York Times*, 29 October 1983.

65 Maingot, 'Independence and Its Aftermath', p. 530.

66 University of the West Indies (hereafter UWI), St Augustine MCD, Box 5, Folder 5, Statements from Witnesses, Verne Burnett, 29 September 1992.

67 UWI, St Augustine MCD, Box 6, Folder 1, *Financial Times* clipping, 3 August 1990.

68 UWI, St Augustine MCD, Box 5, Folder 5, Statements from Witnesses, Ismail Abdullah Muhammad, 28 February 1993.

69 Maingot, 'Independence and Its Aftermath', p. 530.

70 Rodney, *The Groundings with My Brothers*, p. 13.

第 12 章
岛上生活

1   Higman, *A Concise History*, p. 4.
2   'Two Years Later, Haitian Earthquake Death Toll in Dispute', *Columbia Journalism Review*, 12 January 2012, www.cjr.org/behind_the_news/one_year_later_haitian_earthqu.php?page=all (accessed 25 March 2013).
3   Kathie Klarreich and Linda Polman, 'The NGO Republic of Haiti', *The Nation*, 19 November 2012.
4   For a full account of this turbulent period, see Michael Deibert, *Notes from the Last Testament: The Struggle for Haiti* (Seven Stories Press, 2011).
5   See the 2003 documentary *The Agronomist* (available on DVD) for the story of Jean Dominique's extraordinary life and death in Haiti.
6   'Cries for help as Caribbean's largest lake continues mysterious growth', Caribbean 360, www.caribbean360.com/index.php/news/dominican_republic_news/656232.html#ixzz2IN7cGI9R (accessed 25 March 2013).
7   Haiti apparently passed a ban to begin 1 October 2012 on plastic bags and polystyrene containers, though it may take a while to see the effect.
8   See for instance, Nicola Miller, 'The Absolution of History: Uses of the Past in Castro's Cuba', *Journal of Contemporary History* 38, 1 (2003), pp. 147–62.
9   John Jeremiah Sullivan, 'Where is Cuba Going?', *New York Times*, 20 September 2012.
10 Humberto García Muñiz, 'The Colonial Persuasion', in Palmié and Scarano, *The Caribbean*, p. 548.
11 Census: PR poverty up, income down, 23 September 2012, http://caribbeanbusinesspr.com/news/census-pr-poverty-up-income-down-76580.html (accessed 12 January 2013).
12 Based on 2012 IMF figures, see www.imf.org.
13 Quoted in 'Islanders split as Whitehall takes over Turks and Caicos', *Guardian*, 16 August 2009, www.guardian.co.uk/politics/2009/aug/16/whitehall-takes-over-turks-caicos (accessed 12 January 2013).
14 García Muñiz, 'The Colonial Persuasion', p. 547.
15 Macpherson, 'Toward Decolonization", pp. 483–4.
16 Maingot, 'Independence and Its Aftermath', pp. 525–7.
17 Ibid., pp. 526–7.
18 David Howard, *Coloring the Nation: Race and Ethnicity in the Dominican Republic* (Signal Books, 2001), p. 3.
19 Wucker, *Why the Cocks Fight*, pp. 185–94.
20 Roberto Zurbano, 'For Blacks in Cuba, the Revolution Hasn't Begun', *New York Times*, 23 March 2013.
21 'Activist to sue Trinidad and Tobago entry ban on gays', 27 November 2012, www.gaystarnews.com/article/activist-sue-trinidad-and-tobago-entry-ban-gays271112 (accessed 11 January 2013).

22 Joe Mirabella, 'Advocates Tell Puerto Rico: Do Not Eliminate Hate Crimes Protections', Huffington Post, 12 August 2011, www.huffingtonpost.com/ joe-mirabella/puerto-rico-hate-crimes-protections_b_1135384. html?ref=latino-voices&ir=Latino%20Voices (accessed 25 March 2013).

23 'Cuban transsexual elected to public office', *Guardian*, 18 November 2012, www.guardian.co.uk/world/2012/nov/18/cuban-transsexual-adela-hernandez-elected (accessed 11 January 2013).

24 Gay man weds transsexual woman in Cuba, 14 August 2011, *Guardian*, www.guardian.co.uk/world/2011/aug/14/gay-man-weds-trans-sexual-woman-cuba (accessed 11 January 2013).

25 'Remarks by Vice Premier Wang Qishan at the Opening Ceremony of the 3rd China–Caribbean Economic and Trade Cooperation Forum', 12 September 2011, http://tt.chineseembassy.org/eng/zt/3rdCNCForum/ t860706.htm (accessed 11 January 2013)

26 Ibid.

27 'Dominica Defends Relationship with China', *Daily Gleaner*, 26 October 2011, http://jamaica-gleaner.com/gleaner/20111026/business/business6. html (accessed 25 March 2013).

28 'Taiwan's "Caribbean headache"', BBC News, 30 March 2004, http://news. bbc.co.uk/2/hi/asia-pacific/3583733.stm (accessed 11 January 2013).

29 'Grenada: Bandleader Loses Job in Chinese Anthem Gaffe', *New York Times*, 8 February 2007.

30 Paper presented at the IMF/UWI Conference on 'The Caribbean Challenges after the Global Crisis', Barbados, 27–28 January 2011, www.imf.org/external/np/seminars/eng/2010/carib/pdf/bernal2.pdf (accessed 11 January 2013).

31 Simon Romero, 'With Aid and Migrants, China Expands Its Presence in a South American Nation', *New York Times*, 10 April 2011.

32 'Why is China spending billions in the Caribbean?', 22 April 2011, www.globalpost.com/dispatch/news/regions/americas/110325/ china-caribbean-investment-tourism (accessed 11 January 2013).

33 See note 30 above.

第 13 章
进口与出口

1 NARA RG59, Department of State, 844d.114, Narcotics, enclosure no. 9 to despatch no. 314 . . . on the subject of Laws and regulation relating to traffic in narcotic drugs, 29 October 1931.

2 NARA RG59, Department of State, 844d.114, Narcotics, Paul C. Squire to Fred D. Fisher, 27 June 1931.

3 NARA RG59, Department of State, 844d.114, Narcotics/27, Alfredo L. Demorest to US Secretary of State, 28 October 1932.

4 NARA RG59, Department of State, 844d.114, Narcotics/31, Gaston A. Cournoyer to US Secretary of State, 13 January 1933.

5 NARA RG59, Department of State, 844d.114, Narcotics/29, A. S. Jelf, Colonial Secretary, to W. W. Corcoran, US Consul in Jamaica, 12 January 1933.

6 Mattathias Schwartz, 'A Massacre in Jamaica', *New Yorker*, 12 December 2011.

7 Ed Pilkington, 'Christopher "Dudus" Coke handed 23-year US jail term for drug trafficking', *Guardian*, 8 June 2012, www.guardian.co.uk/world/2012/jun/08/christopher-dudus-coke-jail-term (accessed 25 March 2013); Mattathias Schwartz, 'As Jamaican Drug Lord is Sentenced, U.S. Still Silent on Massacre', 8 June 2012, www.newyorker.com/online/blogs/newsdesk/2012/06/christopher-coke-tivoli-massacre.html#ixzz2Ob7mYLgC (accessed 25 March 2013).

8 Schwartz, 'A Massacre in Jamaica'.

9 'Christopher Coke's Letter to Sentencing Judge', *New York Times*, 21 September 2011, www.nytimes.com/interactive/2011/09/21/nyregion/21coke-letter.html?ref=nyregion (accessed 25 March 2013).

10 Robert Goddard, 'Tourism, Drugs, Offshore Finance, and the Perils of Neoliberal Development', in Palmié and Scarano, *The Caribbean*, p. 576.

11 'Indebted Caribbean Tax Havens Look to Tax Foreign Investors', 26 November 2012, www.csmonitor.com/World/Americas/2012/1126/Indebted-Caribbean-tax-havens-look-to-tax-foreign-investors (accessed 12 January 2013).

12 Ibid.

13 'Antigua Declares Trade War on US', 9 December 2012, www.belfasttelegraph.co.uk/news/world-news/antigua-declares-trade-war-on-us-16248226.html?r=RSS (accessed 12 January 2013).

14 Ibid.

15 Ibid.

16 'WTO grants Antigua right to launch "pirate" site selling US media', *Wired*, 29 January 2013, www.wired.co.uk/news/archive/2013-01/29/antigua-legitimate-piracy (accessed 26 March 2013).

17 'Struggling Caribbean Islands Selling Citizenship', 12 February 2013, www.usnews.com/news/world/articles/2013/02/12/struggling-caribbean-islands-selling-citizenship?page=2 (accessed 25 March 2013).

18 'Caribbean Island of Grenada Plans to Revive Program Selling Citizenship to Global Investors', *Washington Post*, 27 March 2013, www.washingtonpost.com/business/caribbean-island-of-grenada-plans-to-revive-program-selling-citizenship-to-global-investors/2013/03/27/847fcc90–9705–11e2-a976–7eb906f9ed9b_story.html (accessed 27 March 2013).

19 Goddard, 'Tourism, Drugs', p. 580.

20 'US Rum Subsidies Hammer Caribbean Producers', 10 August 2012, http://finance.yahoo.com/news/us-rum-subsidies-hammer-caribbean-

producers-144901594--finance.html (accessed 12 January 2013).

21 Lauren Derby, 'Gringo Chickens with Worms: Food and Nationalism in the Dominican Republic', in G. M. Joseph, Catherine LeGrand and Ricardo Donato Salvatore *American Encounters/global Interactions* (Duke University Press, 1998).
22 Higman, *A Concise History*, p. 283.
23 Indeed, in 2012 the traditional chief of the Algonquian people symbolically adopted the Haitian community who live on their historic territory.
24 Higman, *A Concise History*, p. 284.
25 Christine M. Du Bois, 'Caribbean Migrations and Diasporas', in Palmié and Scarano, *The Caribbean*, pp. 586–8.
26 Higman, *A Concise History*, p. 283
27 Goddard, 'Tourism, Drugs', p. 590.
28 Higman, *A Concise History*.
29 FCO Blog, 'Coming Home to Jamaica', http://blogs.fco.gov.uk/ukinjamaica/2013/02/19/coming-home-to-jamaica/ (accessed 25 March 2013).
30 Interview taken from *Home Again: Stories of Migration and Return*, comp. Celia Sorhaindo and Polly Pattullo (Papillote Press, 2012).
31 Gina Athena Ulysse, 'Defending Vodou in Haiti', 18 October 2012, www.huffingtonpost.com/gina-athena-ulysse/defending-vodou-in-haiti_b_1973374.html (accessed 13 January 2013).
32 'Jamaica's Patois Bible: The Word of God in Creole, BBC News, 24 December 2012, www.bbc.co.uk/news/magazine-16285462, accessed 13 January 2103.
33 Campbell, 'Carnival, Calypso, and Class Struggle', p. 8.
34 Ibid., p. 10.
35 C. L. R. James, *Beyond A Boundary* (Serpent's Tail, 1994; originally published 1963).
36 See the excellent documentary *Fire in Babylon* for more on the glory days of international West Indian Test cricket.
37 Brian Homewood, 'Alpine Skiing – Jamaica Edge Haiti in Caribbean Slalom Duel', 16 February 2013, www.globalpost.com/dispatch/news/thomson-reuters/130216/alpine-skiing-jamaica-edge-haiti-caribbean-slalom-duel (accessed 25 March 2013).

第 14 章
传说中的天堂

1 Quoted in Polly Pattullo, *Last Resorts: The Cost of Tourism in the Caribbean* (Latin American Bureau, 2005), p. 13.
2 West India Collection, UWI Cave Hill, *Barbados Tourist Guide* (Hanschell & Co., 1914).
3 Goddard, 'Tourism, Drugs', p. 574.

4   Ibid., p. 572.
5   Ibid.
6   Ibid.
7   Quoted in Pattullo, *Last Resorts*, p. 81.
8   'Castro's Jamaica Press Conference 30/10/77', http://lanic.utexas.edu/
    project/castro/db/1977/19771030.html (accessed 11 November 2012).
9   Goddard, 'Tourism, Drugs', p. 573.
10 Pattullo, *Last Resorts*, p.6.
11 'Tourism: Ca Ka Fait?', *Star* (Dominica), 8 February 1974, p. 2.
12 'Shots and Chops', *Star* (Dominica), 1 March 1974, p. 1.
13 'Fire & Foul Play: Canadian Couple Killed', *Star* (Dominica) 29 November
    1974, p. 1.
14 Goddard, 'Tourism, Drugs', p. 575.
15 'Haiti Among the Safest Destinations in the Americas', 4 January 2013,
    http://finance.yahoo.com/news/haiti-among-safest-destinations-amer-
    icas-223000869.html (accessed 26 March 2013).
16 Pattullo, *Last Resorts*, p. 7.
17 Caribbean Tourism Organization: Latest Statistics 2012: 4 June 2012,
    www.onecaribbean.org/wp-content/uploads/June142013Lattab2012.pdf
    (accessed 15 July 2013).
18 'Dutch Caribbean 2012 Tourism Growth Beats Caribbean Average',
    14 February 2013, www.curacaochronicle.com/tourism/dutch-caribbean-
    2012-tourism-growth-beats-caribbean-average/ (accessed 26 March 2013).
19 Amy Wilentz, 'Letter From Haiti: Life in the Ruins', *The Nation*, 28
    January 2013.
20 World Bank, 'Jamaica – Country Economic Memorandum: Unlocking
    Growth', https://openknowledge.worldbank.org/handle/10986/2756
    (accessed 26 March 2013).
21 Quoted in Dubois and Garrigus, *Slave Revolution in the Caribbean*, p. 59.
22 Ezra Fieser, 'In Dominican Republic Seaside Village, a Virtual Super-
    market of Sex', *Miami Herald*, 2 February 2013, www.miamiherald.
    com/2013/02/02/v-fullstory/3214575/in-dominican-seaside-village-a.
    html#story (accessed 26 March 2013).
23 Jamaica Kincaid, *A Small Place* (Farrar Straus & Giroux, 1988).
24 'Walcott, 'The Antilles: Fragments of Epic Memory'.

结　语

1   Higman, *A Concise History*, pp. 137–9.
2   V. S. Naipaul, *The Middle Passage* (Picador, 2001; originally published
    1962), p. 20.
3   Walcott, 'The Antilles: Fragments of Epic Memory'.

（此部分页码为英文版页码，即本书页边码。）

图书在版编目（CIP）数据

帝国的十字路口：从哥伦布到今天的加勒比史 /
（英）卡丽·吉布森（Carrie Gibson）著；扈喜林译
. -- 北京：社会科学文献出版社，2018.8（2020.12重印）
书名原文：Empire's Crossroads: A History of
the Caribbean from Columbus to the Present Day
ISBN 978-7-5201-2956-5

Ⅰ.①帝…　Ⅱ.①卡…②扈…　Ⅲ.①加勒比海-群
岛-历史　Ⅳ.①K75

中国版本图书馆CIP数据核字（2018）第134082号

帝国的十字路口
从哥伦布到今天的加勒比史

著　　者 / 〔英〕卡丽·吉布森（Carrie Gibson）
译　　者 / 扈喜林

出 版 人 / 谢寿光
项目统筹 / 段其刚
责任编辑 / 陈旭泽　周方茹

出　　版 / 社会科学文献出版社·联合出版中心（010）59367151
　　　　　　地址：北京市北三环中路甲29号院华龙大厦　邮编：100029
　　　　　　网址：www.ssap.com.cn
发　　行 / 市场营销中心（010）59367081　59367083
印　　装 / 北京盛通印刷股份有限公司

规　　格 / 开　本：787mm×1092mm 1/16
　　　　　　印　张：32.25　插页：1　字　数：453千字
版　　次 / 2018年8月第1版　2020年12月第2次印刷
书　　号 / ISBN 978-7-5201-2956-5
著作权合同
登 记 号 / 图字01-2016-6846号
定　　价 / 88.00元

本书如有印装质量问题，请与读者服务中心（010-59367028）联系